Concise Indonesian Dictionary

Kamus Inggeris Ketjil

VAN GOOR's

CONCISE INDONESIAN DICTIONARY

ENGLISH-INDONESIAN

INDONESIAN-ENGLISH

BY

A. L. N. KRAMER, Sr.

CHARLES E. TUTTLE COMPANY
Rutland, Vermont & Tokyo, Japan

VAN GOOR's

KAMUS INGGERIS
KETJIL

INGGERIS-BAHASA INDONESIA

BAHASA INDONESIA-INGGERIS

OLEH

A. L. N. KRAMER, Sr.

CHARLES E. TUTTLE COMPANY
Rutland, Vermont & Tokyo, Japan

PREFACE.

The fact that Indonesia is situated between English speaking countries and also the fact that English is the most important commercial and speaking language, have induced us to compile a dictionary the titles of which are „**Concise Indonesian Dictionary**" and „**Kamus Inggeris Ketjil**".

Although our work can only be called a first attempt we expect it to suffice reasonable demands. It will prove to be of good use to pupils' of the Secondary Schools in Indonesia and to those who use the English and Indonesian languages in connection with their work.

Also those who read English books, newspapers and magazines in order to improve their knowledge may consult this dictionary.

To make it easier for English-speaking users the prefix „**me**" (*mem, men, meng*) is placed behind the stems of the verbs and where nasal zation occurs even the complete form. At the same time the accent sign for pronunciation is given separately e.g. **leher** [léhér].

At the end of the second part we add a list with Irregular Verbs for the Indonesian users.

Furthermore another list states the abbreviations which are most in use.

We hope that this dictionary will be a valuable aid to the English and Indonesian student.

The Hague   **A. L. N. KRAMER, Sr.**

Representatives

Australasia: PAUL FLESCH & CO., PTY. LTD., *Melbourne* ,
Canada: M. G. HURTIG LTD., *Edmonton*

This edition is published by arrangement with G. B. van Goor Zonen's Uitgeversmaatschappij N. V., 's-Gravenhage/Holland by the Charles E. Tuttle Co., Inc., of Rutland, Vermont & Tokyo, Japan with editorial offices at Suido 1-chome, 2-6, Bunkyo-ku, Tokyo, Japan.

First printing, 1966
Third printing, 1971

PRINTED IN JAPAN

PENDAHULUAN.

Dinegeri-negeri jang mengelilingi Indonesia, jakni: Melaka, Filipina dan Australia, adalah suatu bahasa jang dipergunakan untuk perniagaan dan perhubungan, ialah: ,,Bahasa Inggeris"

,,**Kamus Inggeris Ketjil**" (**Concise Indonesian Dictionary**) jang kami sadjikan ini bolehlah dipandang sebagai suatu pertjobaan.

Kamus ini dapat dipakai pada Sekolah Menengah dan sekolah-sekolah jang sederadjat dengan itu.

Pun kepada mereka jang harus mempergunakan bahasa Inggeris waktu melakukan kewadjibannja berdjasalah kitab ini.

Kepada pembatja kitab, surat kabar dan madjalah Inggeris sudah tentu berguna djuga kamus ini. Arti kata-kata terdapatlah dengan setjukupnja didalamnja.

Pendjelasan tentang pemakaian awalan ,,**me**", dan lafal kata-kata dengan bunji **é**, semata-mata dimaksudi untuk pembatja bangsa asing.

Sebagai lampiran ditambahkan suatu daftar ,,Irregular Verbs" dan daftar kependekan-kependekan jang telah lazim.

Kami harap dengan penuh pengharapan hendaklah pemakai memberi teguran dan ketjaman agar supaja isi kamus ini dapat diperbaiki dan apa jang kurang dapat dilengkapi. Sebelum dan sesudahnja kami mengutjapkan diperbanjak terima kasih.

Mudah-mudahan ,,**Kamus Inggeris Ketjil**" ini memenuhi dengan sekadarnja hasrat si-pemakai untuk menambah pengetahuannja.

Penjusun,
A. L. N. KRAMER Sr.

Den Haag

INDONESIAN ABBREVIATIONS.

a.l.	*antara lain.*	among other things.
a.n.	*atas nama.*	in the name of.
a.p.	*atas perintah.*	by order of.
b.i.	*bulan ini.*	this month, inst.
b.l.	*bulan lalu.*	last month.
d.a.	*dengan alamat.*	care of.
d.l.l.	*dan lain lain.*	
dsb.	*dan sebagainja.*	
dsl.	*dan selandjutnja.*	and so on.
dst.	*dan seterusnja.*	
j.a.d.	*jang akan datang.*	next.
jg.	*jang.*	that, which.
j.l.,	*jang lalu.*	
jbl.	*jang baru lalu.*	past, last.
jtl.	*jang telah lalu.*	
J.M.	*Jang Mulia.*	His Excellency.
jth.	*jang terhormat.*	dear; Esq.
l.k.	*lebih kurang.*	about.
P.T.	*Paduka Tuan.*	in address: Mr.; you
Rp.	*rupiah.*	guilder.
s.b.b.	*sebagai berikut.*	as follows.
sdr.	*saudara.*	brother; you(r).
tg.; tgl.	*tanggal.*	date.
t.l.	*tahun lalu.*	last year.
tsb.	*tersebut.*	as mentioned.
tt.	*tanda tangan; tertanda tangani.*	signature; signed.
ttd.	*tertanda.*	signed.
ttg.	*tertanggal.*	dated.
wk.	*wakil.*	acting.

KEPENDEKAN DALAM BAHASA INGGERIS.

A.C.	*alternating current.*	arus bolak balik.
a.m.	*ante meridiem.*	pagi (hari).
B.C.	*before Christ.*	sebelum Nabi Isa.
cf., cp.	*confer, compare.*	bandingkanlah.
c/o	*care of.*	dengan alamat.
Co, Coy	*company.*	maskapai.
C.O.D.	*cash on delivery.*	remburs.
d.	*denarius, penny.*	$^1/_{12}$ shilling.
D.C.	*direct current.*	arus searah.
D.P.	*displaced person.*	pengungsi.
Dept.	*department.*	departemen; bagian.
doz.	*dozen.*	losin.
Esq.	*esquire.*	paduka tuan.
e.g.	*exempli gratia.*	umpamanja.
ft.	*foot, feet.*	kaki (ukuran).
G.B.	*Great Britain.*	Negeri Inggeris.
G.P.O.	*General Post Office.*	Kantor Pos Besar.
H.P.	*horse-power.*	daja kuda.
H.Q.	*Headquarters.*	Markas Besar.
id.	*idem.*	sama.
i.e.	*id est.*	jaitu.
in.	*inch(es).*	intji (ukuran).
inc.	*incorporated.*	dipersatukan; perseroan terbatas.
inst.	*instant.*	bulan ini.
inv.	*invoice.*	faktur.
I.O.U.	*I owe you.*	surat utang.
Jav.	*Javanese.*	...... Djawa.
k.o.	*knock out.*	pukul kalah.
lb.	*libra(e).*	pon (timbangan).
Ltd.	*Limited (company).*	(perseroan) terbatas.
M.O.	*Medical Officer; money-order.*	Opsir Kesehatan; poswesel.
M.P.	*Member of Parliament; military police.*	Anggota Parlemen; polisi militer.

m.p.h.	*miles per hour.*	mil sedjam.
n.d.	*no date.*	tidak tertanggal.
O.K.	*all correct.*	baiklah!; teratur.
oz.	*ounce(s).*	$^1/_{16}$ pon.
p.a.	*per annum.*	setahun.
p.m.	*post meridiem.*	petang, sore.
P.M.	*Prime Minister.*	Perdana Menteri.
P.S.	*postscript.*	kata menjusul.
P.T.O.	*please turn over.*	lihat halaman disebelah.
R.A.F.	*Royal Air Force.*	Angkatan Udara Inggeris.
R.N.	*Royal Navy.*	Angkatan Laut Inggeris.
S.A.	*Salvation Army.*	Tentera Keselamatan.
S.O.S.	*save our souls!*	selamatkanlah djiwa kami!
S.S.	*steamship.*	kapal asap.
sh.	*shilling.*	$^1/_{20}$ pon (uang).
U.K.	*United Kingdom.*	negeri Inggeris.
U.N.O	*United Nations Organization.*	Perserikatan Bangsa-bangsa.
U.S.A	*United States of America.*	Amerika Serikat.
ult.	*ultimo.*	penghabisan.
viz.	*videlicet.*	jakni.
vol.	*volume.*	djilid.
W.C.	*water closet.*	kamar ketjil, kakus.
Xmas	*Christmas.*	hari Natal.
yd.	*yard.*	ukuran pandjang, 91 cm.
Zoo	*Zoological Gardens.*	Taman Hewan.

A.

a, (huruf) a, (huruf) alif.

a, suatu, se ......

aback, mundur; *to be taken* ~, berdiri tertjengang.

abandon, tinggalkan (meninggalkan), biarkan(mem), serahkan (menjerahkan); *to* ~ *oneself to,* menjerahkan diri kepada.

abase, rendahkan (me), hinakan (meng).

abash, beri (mem) malu.

abate, kurangkan (mengurangkan), surutkan (menjurutkan), turunkan (menurunkan).

abbess, kepala biarawan wanita.

abbey, asrama biarawan.

abbot, kepala biarawan.

abbreviate, pendekkan (memendekkan), ringkaskan (me).

abbreviation, kependekan, ringkasan.

abdicate, turun dari tachta (keradjaan).

abdication, turun tachta.

abduct, larikan (me), tjulik (men).

abduction, pentjulikan.

abductor, pentjulik.

abed, ditempat tidur.

abet, adjak (meng), hasut (meng), tolong (menolong), bantu (mem).

abhor, ngeri akan, bentji (mem).

abhorrence, ngeri, bentji.

abide, berada; bertekun; *to* ~ *by,*

tjukupi (men), penuhi (memenuhi).

ability, kepandaian, ketjakapan, kesanggupan.

abject, hina, kedji.

abjure, djauhkan (men) dengan sumpah, buang (mem), bertobat.

ablaze, pidjar, panas terik.

able, pandai, tjakap, sanggup; *to be* ~, dapat, bisa.

able-bodied, kuat dan sehat.

ably, pandai, tjakap, tjekatan.

abnormal, gandjil, luar biasa.

aboard, dikapal; *to go* ~, naik kapal.

abode, tempat tinggal, tempat kediaman.

abolish, hapuskan (meng), hilangkan (meng), tjabut (men), tiadakan (meniadakan), basmi (mem).

abolishment, *abolition,* penghapusan, pentjabutan, peniadaan, pembasmian.

abominable, ngeri, kedji; makeruh.

abomination, ngeri.

aborigines, penduduk asli.

abound, berkelimpahan, berkemewahan.

about, keliling; lebih kurang, tentang, dari hal; ~ *me,* ta' ada uang padaku; *to be* ~ *to,* sedia akan, hampir hendak; *all* ~, dimana-mana.

above, (di)atas. dari atas; lebih dari pada; ~ *all,* istimewa pula, terutama.

above-board, djudjur, tulus.

above-mentioned, tersebut diatas.

abreast, seorang disebelah seorang; ~ *of,* tahu akan.

abridge, ringkaskan (me), pendekkan (memendekkan).

abridgement, ringkasan, kependekan.

abroad, dinegeri orang, luar negeri; *from* ~, dari luar negeri.

abrogate, tiadakan (meniadakan), tjabut (men).

abrupt, tiba-tiba, sekonjong-konjong.

abscess, abses.

abscond, lari, menarik langkah seribu, kabur.

absence, ketiadaan, ketiadaan hadir.

absent, tidak ada, tiada hadir.

absent-minded, lalai, termenung.

absolute, mutlak; tiada berhingga; dengan leluasa.

absolution, absolusi, keampunan dosa.

absolve, tobatkan (menobatkan, mentobatkan).

absorb, serap (menjerap), isap (meng); *absorbed by (in, with),* asjik, leka; *absorbed in thought,* termenung.

absorption, penjerapan, serapan, isapan.

abstain, tahan diri (daripada), djauhkan diri (dari), bertarak.

abstainer, *total* ~, orang jang sekali-kali tidak minum alkohol (minuman keras).

abstemious, tahu menahan diri, tahu pantang.

abstention, pertarakan.

abstinence, pantang.

abstract, mudjarad, niskala.

absurd, mustahil, bukan-bukan, gila.

abundance, kelimpahan, kemewahan, kemurahan, kebanjakan.

abundant, limpah, mewah, murah.

abuse, salah adat; tjertja(an); *to* ~, perkuda (mem); maki (me); tjertjai (men), nistai (me).

abusive, salah; kasar; ~ *language,* hamunan.

abut, berbatas, bersempadan.

abyss, ngarai.

academic(al), akademis.

academy, akademi, sekolah tinggi.

accede, to ~ to, memulai (djabatan), naik (radja); benarkan (mem), luluskan (me), kabulkan (mengabulkan).

accelerate, segerakan (menjegerakan), pertjepatkan (mem).

acceleration, pertjepatan.

accelerator (pedal), pedal gas, indjakan gas.

accent, aksen, tekanan suara; bunji.

accentuate, bunjikan (mem); utamakan (meng).

accept, terima (menerima), sambut (menjambut).

acceptable, boleh diterima, dapat diterima; masuk pada akal.

acceptance, penerimaan; aksep; *without* ~ *of persons,* dengan tidak memandang bulu.

acceptation, penerimaan; arti (jang dimisalkan).

acceptor, jang menerima (aksep).

access, *easy of* ~, mudah dihampiri; bangkit (penjakit).

accessible, dapat (boleh) dihampiri.

accessory, sambilan; pembantu,

penolong; *accessories,* bagian-
bagian, kelengkapan.
accident, tjelaka, ketjelakaan.
accidental, kebetulan, tiada di-
sangka; tidak sengadja.
acclaim, soraki (menjoraki),
bertempik sorak.
acclamation, perkenan(an), perse-
tudjuan.
accomodate, sesuaikan (menje-
suaikan); tumpangkan (menum-
pangkan).
accommodating, sabar.
accommodation, penjesuaian; tum-
pangan, perumahan.
accompaniment, kawan, penqi-
ringan.
accompany, kawani (mengawani),
temani (menemani), hantarkan
(meng), iringi (meng).
accomplice, pembantu, penolong,
kawan berbuat.
accomplish, lakukan (me), penuhi
(memenuhi), hasilkan (meng),
sempurnakan (menjempurna-
kan), tunaikan (menunaikan),
laksanakan (me).
accomplished, sempurna; berpel-
adjaran; berbudi bahasa.
accomplishment, penglaksanaan,
pertunaian, penjempurnaan;
kesempurnaan; kepandaian,
budi, akal.
accord, persetudjuan, permufakat-
an, perdjandjian; *of one's own*
~, dengan kehendaknja sendiri;
with one ~, sepakat, sekata; *to*
~, setudju; kabulkan (menga-
bulkan), perbolehkan (mem),
izinkan (meng).
accordance, persetudjuan, permu-
fakatan.
according, seperti, sebagai, sesuai;
~ *to,* menurut, sekadar, makin.

accordingly, sebab itu, setudju
dengan, berbetulan dengan.
accordion, harmonika.
account, perhitungan, kira-kira;
keterangan; perslah; *to take in-*
to ~, timbang (menimbang),
memberi kira-kira; *to turn to*
~, mempergunakan; *of no* ~,
tiada penting, tiada berguna; *on*
~ *of,* (oleh) karena, dari sebab,
lantaran; *on his own* ~, atas
tanggungannja sendiri; *on no*
~, *not on any* ~, sekali-kali
tiada; *to* ~ *for,* terangkan (me-
nerangkan), tanggung (me-
nanggung), sanggup, mengaku;
the great (last) ~, hari kiamat.
accountable, menanggung, ber-
tanggung djawab.
accountant, akuntan.
accrue, bertambah-tambah.
accumulate, bertimbun.
accumulation, timbunan.
accumulator, penghimpun, aki.
accuracy, teliti, ketjermatan,
kesaksamaan.
accurate, dengan teliti, tjermat,
dengan saksama.
accursed, accurst, dikutuki, disum-
pahi.
accusation, tuduhan, dakwa.
accusative, akusatif.
accuse, menuduh, mendakwa,
mengadukan, mempersalahkan;
the accused, jang terdakwa.
accustom, biasakan (mem).
accustomed, biasa.
acetylene, gas karbit.
ache, sakit.
achieve, lakukan (me), hasilkan
(meng), tjapai (men), peroleh
(mem).
acid, asam, masam.
acidity, kadar asam.

acknowledge, mengaku; chabarkan (meng), beri (mem) tahukan.

acknowledg(e)ment, pengakuan; surat tanda penerimaan, pemberi tahuan.

acquaint, maklumkan (me), chabarkan (meng); *to ~ oneself with,* saksikan (menjaksikan), persaksikan (mem).

acquaintance, perkenalan; kenalan; *to make one's ~,* perkenalkan (mem) diri, berkenalkenalan.

acquiesce, terima (menerima), rela; setudju, menjetudjui, kabulkan (mengabulkan), izinkan (meng).

acquiescence, kerelaan, persetudjuan, izin.

acquire, beroleh, peroleh (mem), dapat (men).

acquisition, perolehan.

acquit, lepaskan (me), ampuni (meng); petjatkan (memetjatkan); *to ~ oneself of,* lakukan (me), selesaikan (menjelesaikan), penuhi (memenuhi).

acquittal, keputusan pembebasan, pemetjatan.

acquittance, pembajaran lunas; kwitansi.

acrid, tadjam, pedih, pedis.

acrimonious, tadjam, pedis.

acrobat, penambul.

across, (me)lintang, tersengkang, bersilang, diseberang.

act, perbuatan; babak(an); undang-undang; *taken in the (very) ~,* tertangkap tangan, tepergok; *to be in the ~ of,* djustru hendak ber......; sedang ber......, lagi ber......; *to ~,* berbuat; mendjadi; main (tonil); *-ing,* pemangku.

action, aksi, kegiatan, perbuatan; proses; *to take ~,* bertindak; *ed in ~,* tiwas, tewas, gugur.

active, aktif, giat, radjin, sibuk.

activity, kegiatan, keradjinan, kesibukan.

actor, anak tonil, pemain tonil, peran.

actress, pemain tonil wanita, peran wanita.

actual, sungguh, sungguh-sungguh, betul.

actuality, kesungguhan.

actually, sesungguhnja, dengan sesungguhnja, sebenarnja; pada sa'at itu.

acute, tadjam (otak), bidjaksana; mendadak, menggarang; teruk.

adage, pepatah, bidal, peribahasa.

adapt, sesuaikan (menjesuaikan); perguriakan (mem); sadur (menjadur).

adaptation, penjesuaian; saduran.

add, tambahi (menambahi), djumlahkan (men); *to ~ to,* pertambah (mem).

adder, ular biludak.

addict, *addicted to opium,* ketagihan tjandu (madat).

addition, tambahan, penambahan, pertambahan, djumlah; *in ~,* tambahan pula, lagi pula.

additional, ditambahi; ekstra, lebih, tambah.

address, alamat; pidato, amanat; *to ~,* alamatkan (meng); tegur (menegur), berpidato, sapa (menjapa).

addressee, jang dialamatkan.

adequate, berbandingan, lajak, patut; tjukup.

adhere, lekat (me), berlekat, lengket (me); anut (meng).

adherent, penganut; melekat.

adhesion, adhesi.

adieu, selamat tingga!., selamat
djalan; perpisahan.

adjacent, berdekatan, berdam-
pingan.

adjective, kata sifat, kata
keadaan.

adjoin, lampirkan (me); berdam-
ping dengan.

adjourn, tunda (menunda), tang-
guhkan (menangguhkan), un-
durkan (meng).

adjournment, penundaan, penang-
guhan, pengunduran.

adjudge, menghukum, djatuhkan
(men) hukum.

adjudicate, putuskan (memutus-
kan); to ~ one (a bankrupt),
palitkan (memalitkan), menja-
takan palit.

adjunct, tambahan, lampiran;
adjung, pembantu.

adjust, aturkan (meng), kenakan
(mengenakan), urus (meng);
sesuaikan (menjesuaikan).

adjustment, aturan, urusan; penje-
suaian.

adjutant, adjidan.

administer, perintahkan (meme-
rintahkan), urus (meng); laku-
kan (me), djalankan (men); be-
ri (mem); to ~ justice, adili
(meng), putuskan (memutus-
kan) hukum; to ~ an oath, am-
bil (meng) sumpah.

administration, pemerintahan,
urusan; pemerintah; perlakuan;
pemberian.

administrator, pemerintah,
pengurus.

admirable, terpudji, mengadjaib-
kan, patut dikagumi; elok.

admiral, laksamana.

admiration, kekaguman.

admire, kagumi (mengagumi).

admirer, pengagum.

admissible, boleh dibiarkan, diper-
bolehkan, sah, halal; bolen di-
terima, masuk dalam akal.

admission, izin masuk; penerimaan;
pengakuan.

admit, izinkan (meng) masuk; te-
rima (menerima); mengaku,
sahkan (men).

admittance, tempat masuk; no ~,
dilarang masuk.

admonish, tegur (menegur), ingati
(meng), nasihatkan.

admonition, teguran, ingatan,
nasihat.

ado, peragaan, susah.

adolescence, kemudaan.

adolescent, remadja.

adopt, angkat; turutkan (menu-
rutkan); kutip (mengutip).

adoption, pengangkatan; kutipan.

adoptive, ~ child, anak angkat.

adorable, patut disembah; manis
sekali, djelita.

adoration, penjembahan, pudja.

adore, sembah (menjembah),
pudja (memudja); sangat tjinta
akan, gila akan.

adorn, hiasi (meng), berdandan.

adornment, perhiasan, dandanan.

adrift, terapung, terkatung-katung.

adroit, tjekatan, pantas.

adulation, budjukan.

adulator, pembudjuk, pemudji.

adult, orang dewasa, orang akil
balig.

adulterate, palsukan (memalsu-
kan), lantjungkan (me).

adulteration, pemalsuan.

advance, kemadjuan; uang muka;
kenaikan (pangkat, harga); pe-
naikan; in ~, lebih dahulu, se-
belum dan sesudahnja; to ~,

madjukan (me); naikkan (me); kemukakan (mengemukakan); naik (harga).

advancement, kenaikan (pangkat); kemadjuan; uang muka.

advantage, untung, keuntungan, laba; *to* ~, untungi (meng), untungkan (meng).

advantageous, menguntungi, melabakan.

advent, kedatangan.

adventure, *to* ~, membawa untung, membawa nasib.

adventurous, tjandang, dakar, berani sekali.

adverb, kata tambahan.

adversary, lawan, seteru, musuh.

adverse, musuh, berlawanan; ~ *wind,* angin sakal.

adversity, malang, untung-malang.

advertise, beri (mem) tahukan, pasang (memasang) adpertensi.

advertisement, adpertensi, iklan, reklame, pemberitahuan.

advice, nasihat, petua.

advisable, ada baiknja, sebaiknja.

advise, nasihatkan (me), berpetua.

advisedly, ditimbang baik-baik, dipikirkan baik-baik; dengan sengadja.

adviser, penasihat.

advisory, jang memberi nasihat.

advocate, apokat, pengatjara, pembela; *to* ~, membela.

aerial, antena; ...... hawa.

aerodrome, lapangan terbang.

aero-engine, motor pesawat terbang.

aeronautics, penerbangan.

aeroplane, pesawat terbang.

afar, djauh; *from* ~, dari djauh.

affability, tegur sapa.

affable, manis, ramah.

affair, perkara, hal.

affect, pakai (memakai); berdjangkit; dalihkan (men); *affected with,* dihinggapi (penjakit).

affected, iba, rawan, anggun, songar; pura-pura.

affection, keibaan, sajang, kasih.

affectionate, taruh (menaruh) sajang.

affiliate, gabungkan (meng) diri.

affiliation, (peng)gabungan.

affinity, affinitet, gaja gabung.

affirm, iakan (meng), tetapkan (menetapkan), sungguhkan (menjungguhkan), benarkan (mem), akui (meng), tegaskan (menegaskan).

affirmation, penetapan, penjungguhan, pengakuan, penegasan.

affirmative, mengiakan, menetapkan, menegaskan.

affix, lekatkan (me), bubuhi (mem), tempelkan (menempelkan).

afflict, sedihkan (menjedihkan), dukakan (men), sakiti (menjakiti); balai (mem).

affliction, kesedihan, dukatjita, kesakitan, bala.

affluence, kelimpahan, kemewahan.

afford, beri (mem); *I cannot* ~ *it,* saja ta' dapat (sanggup) membajar.

affray, perkelahian.

affront, nista; *to* ~, nistakan (me), nistai (me).

aflame, bernjala.

afloat, hanjut, terapung-apung.

afoot, berdjalan kaki.

aforesaid, jang tersebut (tadi).

afraid, takut.

afresh, sekali lagi.

Africa, Afrika.

African, ... Afrika.

after, belakang; kemudian; menurut; setelah, sesudah; ~ all, biarpun begitu; be ~ ......, berniat, bermaksud.

afternoon, petang, sore.

after-pains, rojan.

afterward(s), kemudian, kelak.

again, sekali lagi; ~ and ~, selalu, kerap kali.   [wanan.

against, bertentangan, berla-

agape, ternganga.

agate, akik.

age, abad; umur, usia; the Middle ~s, Abad Pertengahan; of ~, akil balig, dewasa, sampai umur; under ~, belum akil balig, belum dewasa, dibawah umur; he is ten years of ~, ia berumur sepuluh tahun.

aged, tua, djauh umur, berida.

agency, pengewalian, perwakilan; organisasi, susunan, instansi; perantaraan.

agenda, agenda, atjara, daftar pekerdjaan.

agent, agen, pengewali, wakil.

agglomeration, penimbunan.

aggrandize, besarkan (mem), perbesar (mem).

aggrandizement, pembesaran.

aggravate, beratkan (mem).

aggregate, bersama-sama, djumlah.

aggression, serangan, penjerangan.

aggressive, menjerang, galak.

aggressor, penjerang.

aggrieve, sedihkan (menjedihkan), rugikan (me), aniajai (meng).

aghast, tertjengang.

agile, tangkas, tjepat.

agility, ketangkasan, ketjepatan.

agitate, katjaukan (mengatjaukan), gemparkan (meng), asut (meng).

agitation, kekatjauan, kegemparan, pengasutan.

agitator, pengatjau, pengasut.

ago, lalu, sudah.

agony, sakratulmaut; sengsara njawa.

agree, bermupakat, sepakat, setudju; kabulkan (mengabulkan), perkenankan (mem); agreed! mupakat! setudju!

agreeable, sedap, njaman, enak, senang; if you are ~, kalau tuan suka.

agreement, permufakatan, persetudjuan; perdjandjian.

agricultural, ~ produce, hasil pertanian.

agriculture, pertanian, perusahaan tanah.

aground, kandas, terdampar.

ague, gigil.

ahead, didepan, dimuka.

aid, pertolongan; in ~ of, teruntuk; to ~, tolong (menolong), bantu (mem).

ail, What ails you?, Apa kurang kamu?

ailing, tjelomes, ngukngik.

aim, sasaran, maksud, tudjuan; to take ~, bedek (mem); to ~ at, bedeki (mem), intjari (meng); maksudkan (me); tudjukan (menudjukan).

aimless, tiada bertudjuan.

air, udara; angin; lagu, ragam, sikap; by ~, dengan kapal terbang; on the ~, dimuka tjorong radio; over the ~, dengan perantaraan radio; to take the ~, makan angin; naik keudara; to ~, anginkan (meng).

aircraft, pesawat terbang, kapal terbang, mesin terbang; ~ *carrier,* kapal induk (pesawat terbang).

aircraft(s)man, tukang (membuat) pesawat terbang.

air crew, anak buah pesawat terbang.

airfield, lapangan terbang.

air force, angkatan udara.

air gunner, penembak (di)pesawat terbang.

air hostess, pelajan udara.

airing, mendjemurkan, menganginkan; *to take an* ~, makan angin.

air line, perhubungan udara.

air liner, pesawat (terbang) lalu lintas.

air mail, pos udara.

airman, penerbang, djuru terbang.

airplane, pesawat terbang, mesin terbang, kapal terbang.

airport, pelabuhan mesin terbang.

airpump, pompa udara, pompa hawa.

air raid, serangan udara; ~ *warning,* tanda bahaja udara.

airship, kapal udara.

air-tight, hampa udara, pakum.

airway, perhubungan udara.

airwoman, penerbang wanita.

airy, berangin.

ajar, berenggang.

akimbo, *(with) arms* ~, bertjangking.

akin, bersanak saudara, bersemenda.

alabaster, batu pualam.

alarm, gempar; haru biru, huru hara; beker; *to* ~, gemparkan (meng), harukan (meng).

alas, adu hai, wahai.

Albion, Albion, negeri Inggeris.

album, album.

albumen, zat (putih) telur.

alcohol, alkohol.

alcoholic, (mengandung) alkohol; *alcoholics,* minuman keras.

alderman, pembantu wali kota.

ale, bir.

alert, djaga; tangkas; *on the* ~, waspada.

algebra, aldjabar.

algebraic, ~ *number,* bilangan aldjabar.

alibi, alibi.

alien, orang asing; asing, luar negeri.

alienate, djauhkan (men) hati; pindah (memindah) tangankan.

alienation, pemindahan tangan.

alight, terpasang, menjala; *to* ~, turun dari; hinggap.

align, sedjadjarkan (menjedjadjarkan).

alike, sama, sematjam, sedjenis.

alive, hidup; ~ *to,* insaf akan.

all, semua, antero; semuanja, seantero; sekalian, sekotah, seluruh; ~ *but,* hampir-hampir; ~ *of us,* kita sekalian; *not at* ~, sekali-kali tidak; ~ *day,* sehari-harian, sepandjang hari; ~ *right!,* baiklah!

allay, padamkan (memadamkan), hiburkan (meng); ringankan (me); sabarkan (menjabarkan).

allegation, penjebutan, kata.

allege, sebut (menjebut), katakan (mengatakan).

allegiance, kesetiaan.

allegory, ibarat.

alleviate, ringankan (me), lembutkan (me), kurangkan (mengurangkan).

alleviation, keringanan, kelembutan.

alley, lorong, gang: *blind* ∼, gang buntu.

alliance, perserikatan, pergabungan.

allied, serikat, tergabung; semenda.

alligator, buaja.

allocate, untukkan (meng); bagi (mem); memberi hak.

allocation, bagian; pemberian hak.

allot, untukkan (meng); bagi (mem).

allotment, bagian; nasib; persil.

allow, perbolehkan (mem), izinkan (meng); kabulkan (mengabulkan); mengaku.

allowance, izin, permisi; uang belandja, tundjangan; potongan.

alloy, tjampuran, paduan; *to* ∼, tjampur (men).

all-round, pandai segala hal.

All Saints' (Day), Hari raja orang Kudus.

All Souls' (Day), Hari Arwah.

allude, sindir (menjindir), kiaskan (mengiaskan).

allure, budjuk (mem).

allurement, budjukan.

alluring, membudjuk.

allusion, sindiran; kias.

ally, sekutu; *to* ∼, gabungkan (meng), berserikat.

almanac, penanggalan, takwim.

almighty, maha kuasa, kadir.

almond, buah badam.

almost, hampir.

alms, derma, sedekah, djakat.

aloft, atas, keatas.

alone, sendiri, seorang diri.

along, sepandjang; *all* ∼, selalu; *come* ∼!, marilah!; *get* ∼!, njahlah!; ∼ *with*, bersama dengan.

alongside, disisi, ditepi.

aloof, djauh.

aloud, dengan suara keras (njaring).

alphabet, abdjad, alifbata.

already, telah, sudah.

also, djuga, pula.

altar, altar, mazbah.

alter, ubah (meng), robah (me).

alteration, perubahan, perobahan.

altercation, pertjektjokan. perbantahan.

alternate, selang (menjelang). menjelang-njelingkan; berselang-seling.

alternating, ∼ *current,* arus bolak-balik.

although, meskipun, walaupun.

altitude, tinggi(nja).

altogether, sama sekali, semata-mata.

alum, tawas.

aluminium, aluminium.

always, selalu, senantiasa.

A.M. *ante meridiem,* pagi.

amalgamate, tjampurkan (men); satukan (menjatukan), leburkan (me).

amass, timbunkan (menimbunkan); kumpulkan (mengumpulkan).

amateur, penggemar.

amaze, herankan (meng).

amazement, keheranan.

ambassador, duta besar; utusan.

amber, ambar.

ambiguity, dua pengartian.

ambiguous, dua artinja, berarti dua.

ambition, kegairahan; tjita-tjita, idam-idaman.

ambitious, gairah, tjari (men) nama.

ambulance, usungan.

ambush, pengadangan; to ~, adang-adangi (meng).

ameliorate, perbaiki (mem).

amelioration, perbaikan.

amen, amin.

amenable, penurut, taat.

amend, betulkan (mem).

amendment, pembetulan; usul perubahan, amendemen.

amends, to make ~, silih (menjilih), ganti (meng) rugi.

amenity, kelembutan; kenjamanan; *amenities,* kenikmatan.

America, (negeri, benua) Amerika.

American, ... Amerika.

amiability, kemanisan, laku manis.

amiable, manis.

amicable, ramah tamah.

amid(st), ditengah, diantara.

amiss, salah; to take ~, ambil (meng) marah.

amity, persahabatan.

ammonia, amonia.

ammunition, munisi, mesiu, mesiu-peluru.

amnesty, amnesti, pengampunan; to ~, ampuni (meng).

among(st), ditengah, diantara.

amorous, berahi, asjik.

amortization, pelunasan.

amortize, lunaskan (me).

amount, djumlah; banjaknja; to ~ to, berdjumlah.

ample, luas; pandjang lebar.

amplifier, pengeras.

amplitude, lingkar; keluasan; kelimpahan; amplitido.

amputate, kudung (mengudung), potong (memotong), kerat (mengerat).

amulet, djimat.

amuse, sukakan (menjukakan), bersuka-sukaan.

amusement, kesukaan.

amusing, jang menjukakan; lutju.

an, suatu, satu, sesuatu.

anaemia, kurang darah.

anaemic, kurang darahnja.

anaesthesia, pembiusan.

anaesthetic, obat bius.

anaesthetize, biusi (mem).

analogous, seperti, seumpama, serupa, bersamaan.

analogy, umpama, persamaan.

analyse, uraikan (meng).

analysis, uraian, analisis.

anatomy, ilmu urai (tubuh), anatomi.

ancestor, mojang, nenek mojang.

ancestry, nenek mojang, leluhur.

anchor, sauh, djangkar; to ~, labuhkan (me) sauh, berlabuh.

anchorage, perlabuhan; pelabuhan.

ancient, dahulu kala, purbakala.

and, dan, serta.

anecdote, lelutjon.

anew, sekali lagi.

angel, malaekat.

anger, kemarahan, murka; marahkan (me).

angle, kail; pantjing; to ~, mengail, pantjing (memantjing).

angler, pengail, pemantjing.

angling-rod, djoran, djuaran.

Anglo-, Inggeris.

angry, marah, murka.

angular, berpendjuru.

aniline, anilin, nila.

animal, binatang, hewan; hewani.

animate, gembirakan (meng), kobarkan (mengobarkan).

animated, bersemangat, hidup-hidup.

animation, kegembiraan.

animosity, dendam.

anise, adas.

ankle, mata kaki, buku lali.

annals, buku tahun, tarich.

annex, hubungan, lampiran; *to* ~, hubungkan (meng), lampirkan (me); ta'lukkan (men).

annexation, pena'lukan.

annihilate, binasakan (mem), basmi (mem), musnahkan (me).

annihilation, pembinasaan, pembasmian, kemusnahan.

anniversary, ulang tahun, hari tahun; pesta tahunan.

annotate, membubuhi tjatatan.

annotation, tjatatan.

announce, beri (mem) tahukan, maklumkan (me), beritakan (mem).

announcement, pemberitahuan, maklumat, berita.

announcer, pemberi tahu; penjiar (radio).

annoy, susahkan (menjusahkan), sakatkan (menjakatkan).

annoyance, kesusahan, sakat.

annoying, jang menjusahkan, jang menjakatkan.

annual, tahunan, tiap-tiap tahun.

annuity, tjagak hidup, bunga hidup, angsuran.

annul, batalkan (mem), tjabut (men).

annulment, pembatalan, pentjabutan.

anodyne, penawar.

anomaly, kelainan, kegandjilan.

anonymous, tidak bernama; *-letter,* surat kaleng.

another, satu lagi; lain.

answer, djawab(an); *to* ~, mendjawab, membalas (surat).

answerable, tanggung (djawab).

ant, semut.

antagonist, lawan.

antarctic, kutub selatan.

antecedent, jang mendahului.

antenna, antena; sungut.

anterior, jang mendahului; dahulu.

anthem, *the national* ~, lagu kebangsaan.

ant-hill, busut.

anthology, bunga rampai, warna sari.

anti-aircraft artillery, meriam penangkis.

antic, kelutjuan.

anticipate, tegahkan (menegahkan); harapkan (meng); dahului (men); djelang (men).

anticipation, penegahan; harapan; *in* ~, lebih dahulu, sebelum dan sesudahnja, mendjelang.

antidote, penawar.

antipathy, antipati, perasaan tidak bersetudjuan.

antiquarian, ahli barang-barang kuno.

antiquary, pendjual barang-barang kuno.

antique, kuno.

antiquity, Zaman Purbakala.

antler, tanduk (rusa).

anvil, landasan, paron.

anxiety, kemasjgulan; kerinduan.

anxious, masjgul; rindu akan.

any, sesuatu, sebarang, sembarang.

anybody, siapapun, seseorang.

anyhow, bagaimanapun djuga.

anyone, seorang, barang siapapun.

anything, barang apa, apa-apa, apapun.

anywhere, barang dimana.

apace, tjepat, lekas, ladju.

apart, satu-satu, tersendiri, berasing-asing, terpisah; ~

from, selain dari.

apartment, ruang, bilik.

apathetic, gundah gulana, murung; teledor.

apathy, apati; keteledoran.

ape, siamang, mawas; *to* ~, adjuk (meng), tiru (meniru).

aperture, lubang, liang.

apiece, sesuatu, tiap-tiap, masing-masing.

apologize, minta ma'af, minta ampun.

apology, ma'af, ampun.

apoplexy, penjakit pitam, penjakit ketangkapan.

apostasy, ridat; pendurhakaan.

apostate, murtad, durhaka.

apostle, rasul.

appal, dahsjatkan (men).

apparatus, perkakas, alat.

apparent, njata, kentara.

apparition, hantu, chajal.

appeal, apel, permohonan, permintaan; *to* ~, pandjat (memandjat) perkara; *to* ~ *against,* njatakan (me) protes.

appealing, memohon.

appear, tampak; muntjul, timbul (menimbul), menghadap; bertindak.

appearance, rupanja; tindakan; gedjala.

appease, puaskan (memuaskan), hiburkan (meng).

append, tambah (menambah).

appendicitis, radang umbai tjatjing.

appendix, tambahan, lampiran.

appetite, selera, nafsu makan.

applaud, bertepuk tangan.

apple, (buah) apel.

appliance, pemakaian; perkakas, pesawat.

applicable, boleh dilakukan,

berkenaan dengan.

applicant, pelamar; sipeminta, sipemohon.

application, pemakaian; keradjinan; pelamaran; ~ *form,* pormulir permintaan.

apply, kenakan (mengenakan); pakai (memakai), pergunakan (mem); melamar, menghadap.

appoint, tentukan (menentukan); tetapkan (menetapkan); angkat (meng).

appointment, ketentuan, ketetapan; keangkatan, pengangkatan.

appraisal, taksiran, nilaian.

appraise, taksir (menaksir), nilaikan (me).

appreciable, patut dihargai.

appreciate, taksir (menaksir); hargai (meng); timbangkan (menimbangkan); mengerti.

appreciation, taksiran; timbangan; penghargaan; pengertian.

apprehend, tangkap (menangkap); mengerti; takut akan.

apprehensible, masuk (dalam) akal.

apprehension, penangkapan; pengertian; ketakutan.

apprehensive, menakuti.

apprentice, peladjar, murid.

approach, *to* ~, hampiri (meng), dekati (men).

approachable, boleh dihampiri.

approbation, perkenan(an), izin, pengabulan.

appropriate, patut, lajak, berpadanan; *to* ~, ambil (meng), rampas (me); untukkan (meng).

appropriation, pengambilan, perampasan; keuntukan.

approval, perkenan(an), pengabulan, izin.

approve, perkenankan (mem), kabulkan (mengabulkan); izinkan (meng).

approximately, kira-kira, lebih kurang.

apricot, abrikos.

April, (bulan) April.

apt, lajak, patut; tjakap; tjenderung.

aptitude, ketjakapan; ketjenderungan.

Arab, orang Arab.

Arabia, negeri Arab.

Arabian, ... Arab.

Arabic, bahasa Arab.

arbitration, pewasitan, perdamaian.

arbitrator, wasit, pendamai.

arc, busur (lingkaran).

arch, busur; to ∼, melengkungi.

archer, (orang) pemanah.

archipelago, kepulauan, nusantara

architect, arsitek, mimar, ahli bangun-bangunan.

architecture, ilmu bangunan.

archives, arsip, pamehan.

archly, lutju, djenaka.

arctic, kutub utara.

ardour, kepanasan; kesibukan, keradjinan.

area, daerah, keluasan.

Argentine, (negeri) Argentina.

argue, paparkan (memaparkan), njatakan (me); bahas (mem).

argument, alasan, paparan, pernjataan; perbahasan.

arid, kering, kersang.

arise, berbangkit; terbit.

aristocracy, kaum ningrat.

arithmetic, ilmu hitungan.

ark, bahtera.

arm, lengan; sendjata; to ∼,

persendjatai (mem).

armament, persendjataan.

armchair, kursi sandar(an).

armistice, gentjatan sendjata, gentjatan perang.

armour, kelengkapan sendjata; badju besi; -ed car, mobil badja.

armpit, ketiak, kelek.

army, tentera, bala tentera.

aroma, bau, keharuman.

aromatic, harum (baunja).

around, sekeliling, sekitar.

arrange, urus (meng), atur (meng), berdjandji.

arrangement, urusan, aturan, perdjandjian.

array, urus (meng), atur (meng); hiasi (meng).

arrear(s), tunggakan; in ∼s, menunggak.

arrest, penahanan, penangkapan; to ∼, tahan (menahan), tangkap (menangkap).

arrival, kedatangan.

arrive, datang, tiba.

arrogance, kesombongan.

arrogant, sombong, bongkak.

arrow, anak panah.

arsenic, warangan.

arson, pembakaran, penunuan.

art, seni; daja (upaja); muslihat; hikmat.

artery, pembuluh nadi.

article, kata sandang; fasal, bab; barang-barang.

articulate, bersendi; melafalkan dengan djelas.

artifice, muslihat, tipu daja.

artificial, buatan.

artillery, barisan meriam.

artist, seniman.

as, sama, se......; seperti; oleh sebab, karena; ∼ for, akan, tentang; ∼ if, seolah-olah.

asbestos, asbes.
ascend, naik, mendaki, pandjat (memandjat).
ascendancy, ascendency, keunggulan; pengaruh.
ascension, miradj.
ascertain, selidiki (menjelidiki), tentukan (menentukan), tetapkan (menetapkan).
ash, abu.
ashamed, malu.
as~re, to go ~, naik kedarat.
ash-tray, tempat abu.
Asia (benua) Asia.
Asiatic, …Asia.
aside, disebelah.
ask, bertanja, minta (me), pohon (memohon).
askance, serong.
asleep, tertidur.
aspect, tindjauan, tjorak; sudut, djurusan.
asphalt, aspal.
aspiration, embusan; tjita-tjita, idam-idaman.
aspire, idam-idamkan (meng), tjita-tjitakan (men).
ass, keledai.
assail, serang (menjerang); serbu (menjerbu).
assailant, penjerang, penjerbu.
assassinate, bunuh (mem).
assassination, pembunuhan.
assault, serangan, penjerbuan; to ~, serang (menjerang), serbu (menjerbu).
assaulter, penjerang, penjerbu.
assemble, berkumpul, berhimpun, bersidang.
assembly, perkumpulan, perhimpunan, persidangan.
assent, pengabulan, izin, perkenan(an); to ~, kabulkan (mengabulkan), izinkan

(meng), perkenangkan (mem), setudjui (menjetudjui).
assert, tuntut (menuntut), njatakan (me); kendalikan (mengendalikan).
assertion, kenjataan; pengendalian.
assess, taksir (menaksir), nilai (me); kenakan (mengenakan) padjak.
assessment, taksiran, nilaian; ketetapan padjak.
assiduous, radjin.
assign, serahkan (menjerahkan); untukkan (meng).
assignation, penjerahan.
assimilate, samakan (menjamakan).
assist, tolong (menolong), bantu (mem); to ~ at, hadiri (meng).
assistance, pertolongan, bantuan.
assistant, penolong, pembantu; pelajan toko.
associate, kawan, peserta; sekutu; pembantu; to ~, gabungkan (meng); sertai (menjertai); bersekutu, berserikat.
association, (per)gabungan, persekutuan, perserikatan.
assort, sortir (menjortir).
assuage, lembutkan (me), puaskan (memuaskan).
assume, terima (menerima); sangka (menjangka).
assurance, perdjandjian; kepastian; ketentuan.
assure, tentukan (menentukan), pastikan (memastikan).
aster, (bunga) aster.
astern, diburitan.
asthma, penjakit bengek, penjakit sesak dada.
asthmatic, bengek, sesak dada.
astonish, herankan (meng).
astonishment, keheranan.

astound, dahsjatkan (men).

astraddle, mengangkang.

astray, sesat. tersesat.

astride, mengangkang.

astronomy, ilmu nudjum, ilmu falak.

astute, tjerdik, berakal.

asunder, tersendiri, satu-satu; terbelah.

asylum, tempat perlindungan; *lunatic* ~, rumah orang gila.

at, ~ *home,* dirumah; ~ *last,* achirnja; ~ *least,* sekurang-kurangnja; ~ *once,* sekarang djuga; ~ *seven o'clock,* (pada) pukul tudjuh.

atheism, ilmu fasik.

athlete, atlit.

Atlantic, Atlantik.

atlas, atlas, buku peta.

atmosphere, hawa, udara, angkasa; suasana.

atom, atom.

atone, kena denda; kena siksanja; balaikan (mem); ganti (meng) rugi.

atonement, denda; ganti rugi.

atrocious, jang menjebabkan ngeri.

atrocity, perbuatan bengis.

attach, tambat (menambat); lekatkan (me); sambung (menjambung), hubungkan (meng).

attachment, sambungan, hubungan; pembeslahan.

attack, serangan; *to* ~, serang (menjerang).

attempt, (per)tjobaan; *to* ~, tjoba (men).

attend, iringi (meng); lajani (me); rawati (me); hadiri (meng); kundjungi (mengundjungi).

attendance, hadirat; pelajanan;

perawatan; kundjungan.

attendant, pelajan; djuru rawat; *his* ~*s,* iringannja.

attention, perhatian, minat; ~*!,* (ber)siap!, awas!

attentive, dengan ingat-ingat.

attest, terangkan (menerangkan), saksikan (menjaksikan).

attestation, surat keterangan.

attire, pakaian.

attitude, sikap; pendirian.

attorney, pokrol; wakil, djuru kuasa; *power of* ~, surat kuasa.

attract, tarik (menarik) hati, ambil (meng) hati.

attraction, penarik hati.

attractive, jang menarik hati, jang mengambil hati.

attribute, sifat, tjiri.   [(me).

auction, lelang; *to* ~, lelangkan

auctioneer, tukang lelang.

audacious, berani sekali, tjandang, dakar.

audible, kedengaran.

audience, para pendengar, orang banjak; *to have an* ~, menghadap.

augment, tambahkan (menambahkan), bertambah; naikkan (me); besarkan (mem).

augmentation, pertambahan; penaikan.

August, (bulan) Agustus.

aunt, bibi.

auspice, *under the* ~*s of,* dengan pengawasan.

Australia, (benua) Australia.

Australian, orang Australia; ... Australia.

Austria, (negeri) Austria.

Austrian, ...Austria.

authentic(al), sah, jang dipersaksikan.

authenticate, sahkan (men).
author, pengarang.
authoress, pengarang wanita.
authoritative, berkuasa.
authority, pembesar; kekuasaan; jang berwadjib, instansi.
authorization, penguasaan.
authorize, kuasakan (menguasakan).
automatic, otomatis.
autonomous, otonom.
autonomy, otonomi, swapradja.
autopsy, periksa majat.
autumn, musim gugur, musim runtuh.
auxiliary, pembantu, penolong.
avail, guna, faedah; *to* ~, berguna, berfaedah.
available, boleh dipergunakan; laku.
avarice, kekikiran.
avaricious, kikir, bachil.
avenge, balaskan (mem).
average, pertengahan; kerugian; *on an* ~, rata-rata, pukul rata.
averse, enggan.
aversion, keengganan.
avert, tangkiskan (menangkiskan).
aviation, penerbangan.
aviator, djuru terbang, penerbang.
avoid, djauhkan (men) diri.
avow, mengaku.
avowal, pengakuan.
await, nantikan (me).
awake, bangun; *to* ~, bangun, berbangkit; bangkitkan (mem).
awaken, bangunkan (mem).
award, pemberian; *to* ~, beri (mem) (hadiah).
aware, *be* ~ *of*, ketahui (mengetahui), sadar akan.
away, *go* ~, pergilah!, njahlah!
awful, hebat, dahsjat.

awkward, kekok, tjanggung.
awl, penggerek.
ax(e), kapak.
axiom, aksioma.
axis, poros, sumbu.
azure, lazuardi, biru.

B.

babble, ronjeh (ɪne).
babe, anak ketjil.
baby, anak ketjil.
bachelor, budjang.
bacillus, basil.
back, belakang; kebelakang; *at the* ~ *of*, dibelakang; *to* ~, sokong (menjokong); bertaruh; mundur.
backbite, fitnahkan (mem), umpat (meng).
backbiter, pengumpat.
backbone, tulang belakang.
backdoor, pintu belakang.
backing, sokongan.
backroom, kamar belakang.
backward(s), kebelakang, mundur.
bacon, daging babi asap.
bacterium, bakteri, kuman-kuman.
bad, kurang baik, buruk.
badge, lantjana, lentjana, tanda.
badness, keburukan.
baffle, dahsjatkan (men); gagalkan (meng), sia-siakan (men).
bag, tas, saku, kantong, karung; *give the* ~, petjatkan (memetjatkan).
baggage, bagase, barang-barang.
bail, djamin, djaminan.
bait, umpan.

bake, bakar (mem), goreng (meng).

baker, tukang roti.

balance, neratja, datjing, timbangan; kesetimbangan; saldo, sisa lebih.

balance-sheet, neratja.

balcony, beranda.

bald, gundul, botak.

bale, bungkus, bandela, karung.

ball, bola.

ballast, tolak bara.

ballet, balet.

balloon, balon, balon melajang.

ballot, buang (mem) undi.

balustrade, susuran tangga.

bamboo, bambu.

ban, pengutjilan; to ~, kutjilkan (mengutjilkan).

banana, pisang.

band, pengikat; kawanan; korps musik.

bandage, kain pembalut; balut (mem).

bandit, penjamun, perisau.

bandoleer, sandang, selempang.

bang, letus, detus, detar; to ~, berdetar, mendetar.

banish, buang (mem).

banishment, pembuangan.

banisters, susuran tangga.

bank, bang, gedung uang, bank; tebing, beting.

banker, bankir.

banknote, uang kertas.

bankrupt, bangkerut, djatuh.

bankruptcy, kebangkerutan.

banner, tunggul, pandji-pandji, kain pentang. [an.

banquet, persantapan, perdjamu-

banter, bersenda-gurau.

baptism, baptisan, permandian.

baptize, permandikan (mem).

bar, palang pintu, batang, kisi,

rudji, alangan, rintangan; to ~, palangkan (memalangkan), alangi (meng), rintangi (me).

barb, ruit; ~ed wire, kawat berduri.

barbarous, lalim, bengis.

barber, tukang tjukur, tukang rambut.

bare, telandjang; to ~, telandjangkan (menelandjangkan).

barefoot(ed), dengan kaki telandjang.

bareheaded, bergundul.

barely, hampir tiada.

bargain, pembelian, pembelian jang murah.

bark, kulit kaju, samak; perahu; to ~, kupas (mengupas), kuliti (menguliti); salak (menjalak).

barn, bangsal.

barometer, barometer.

barracks, asrama, tangsi.

barrage, bendung, pengempang.

barrel, tong; laras (bedil); teromol.

barren, tandus, kersang.

barricade, rintangan; to ~, rintangkan (me), rintangi (me).

barrier, sengkang, palang, rintangan.

barrister, apokat, pengatjara.

barrow, kereta sorong.

barter, perniagaan tukar-menukar.

base, alas; hina; to ~, alaskan (meng).

base-minded, durdjana.

bashful, malu, kesipu-sipuan.

basic, azasi.

basin, mangkok.

bask, berdjemur.

basket, bakul, kerandjang.

bastard, haram zadah, anak gampang.

bat, kelelawar, keluang, kampret.

bath, permandian; *to* ~, mandikan (me).
bathe, *to* ~, mandi, bermandi.
bath-room, kamar mandi.
battalion, bataljon.
batter, adonan.
battery, baterai.
battle, pertempuran; *to* ~ bertempur.
battle ground, medan peperangan.
battleship, kapal penempur.
bawl, berteriak.
bay, teluk.
bayonet, mata sangkur, bajonet.
bazaar, pasar derma.
be, ada; *how are you?,* apa kabar?
beach, pantai, pesisir.
beacon, rambu, pandu.
bead, manik-manik.
beak, paruh, tjotok.
beam, balok; sinar; *to* ~, bersinar.
bean, buntjis, katjang.
bear, beruang; *to* ~, tahan (menahan); beranak, bersalin.
beard, djanggut.
bearded, berdjanggut.
beardless, tidak berdjanggut.
bearer, pembawa.
bearing, sikap, kelakuan; arah, tudjuan.
beast, binatang, hewan.
beastly, selaku binatang, tjabul.
beat, pukulan, paluan; *to* ~, pukul (memukul), palu (memalu); ~ *it!,* njahlah!, *it* ~*s me,* itu tiada masuk kedalam akal saja.
beaten, terpukul, terpalu.
beautiful, bagus, elok, tjantik, molek.
beautify, perbaguskan (mem), hiasi (meng).
beauty, kebagusan, keelokan, ketjantikan; perempuan tjantik.

because, sebab, karena; ~ *of,* dari sebab, oleh karena, lantaran.
beckon, lambai (me).
become, djadi (men); masuk.
becoming, lajak, patut, senonoh.
bed, tempat tidur; ~ *of a river,* palung, alur.
bedroom, kamar tidur.
bedspread, seperai.
bedstead, tempat tidur.
bee, lebah, tawon.
beef, daging sapi.
beefsteak, bistik.
beeftea, kaldu.
bee-hive, kandang lebah.
beer, bir.
beeswax, lilin.
beetle, kumbang.
befit, patut, wadjib, lajak.
before, dimuka, dihadapan; sebelum.
beforehand, lebih dahulu.
beg, meminta-minta; pohonkan (memohonkan); *I* ~ *to inform you,* dengan hormat saja chabarkan (memberi tahukan) kepada Tuan.
beggar, peminta-minta, pengemis.
beggarly, miskin, papa.
begin, mulai (me).
beginning, permulaan.
beguile, tipu (menipu), akali (meng); budjuk (mem).
behalf, *in* ~ *of,* untuk, untuk kepentingan; *on* ~ *of,* atas nama.
behave, lakukan (me) diri; *to* ~ *oneself,* berbahasa sopan, berbuat baik.
behaviour, kelakuan.
behead, penggal (memenggal) kepala, potong (memotong) kepala.
behind, dibelakang, kebelakang.

behindhand, lambat; menunggak.

being, keadaan, kedjadian.

Belgian, ... Belgia.

Belgium (negeri) Belgia.

belief, kepertjajaan, keimanan.

believe, pertjaja, beriman.

believer, orang beriman.

belittle, ketjilkan (mengetjilkan, memperketjilkan).

bell, bel, lontjeng, genta.

belligerent, jang berperang.

bellow, uak (meng), kuak (menguak).

bellows, *a pair of* ∼, embusan, pengembusan.

belly, perut.

belong, punja, empunja.

belongings, kepunjaan.

beloved, kekasih, ketjintaan; dikasihi, ditjintai.

below, dibawah, kebawah.

belt, ikat pinggang.

bemoan, sajangi (menjajangi), sesali (menjesali).

bench, bangku.

bend, pengkolan, pembelokan; *to* ∼, memengkol, membelok, bengkokkan (mem).

beneath, dibawah.

benediction, berkat.

benefit, untung, laba, faedah; *for the* ∼ *of,* untuk, untuk kepentingan.

benevolence, kemurahan, kedermawanan.

benevolent, murah hati, dermawan.

benign, lemah lembut.

bent, tjenderung hati; *to be* ∼ *on,* bertudjuan; bermaksud.

benumb, kebaskan (mengebaskan), lumpuhkan (me).

bequeath, wasiatkan (me).

bequest, wasiat istimewa.

beret, pitji.

berth, kamar, bilik (dikapal).

beseech, pohon (memohon).

beside, disisi, hampir, dekat; ketjuali, diluar; *he was* ∼ *himself,* hilang akalnja.

besides, lagi pula, tambahan pula.

besiege, kepung (mengepung).

best, baik sekali, terbaik, paling baik.

bestial, selaku binatang, sangat bengis.

bestir, *to* ∼ *oneself,* bergopoh-gopoh.

bestow, beri (mem), anugerahi (meng).

bet, petaruhan.

betray, chianat (meng).

betrayal, pengchianatan.

betrothal, pertunangan.

betrothed, tunangan.

better, lebih baik; sembuh; *our* ∼*s,* orang diatas; *to* ∼, perbaiki (mem).

betterment, perbaikan.

bettor, orang jang bertaruh.

between, antara, diantara, ditengah.

beverage, minuman.

bevy, kawan, gerombolan.

bewail, tangisi (menangisi), sesali (menjesali).

beware, djaga (men); ingat diri.

bewilder, bingungkan (mem).

bewilderment, kebingungan.

bewitch, manterai (me).

beyond, sebelah, lebih daripada; ketjuali, melainkan.

bias, ketjenderungan; prasangka.

bib, oto.

bible, kitab indjil.

bicycle, sepeda, kereta angin; *to* ∼, naik sepeda, bersepeda.

bid, tawaran; *to* ~, suruh (menjuruh); tawar-menawar.

bidder, orang jang menawar.

bidding, penawaran.

bide, nanti (me), tunggu (menunggu).

bier, usungan majat.

bifurcate, bertjabang.

bifurcation, tjabang.

big, besar; gemuk.

bight, teluk.

bike, sepeda, kereta angin; *to* ~, naik sepeda, bersepeda.

bile, empedu.

bill, paruh; rekening, nota; wesel; daftar; pelakat, surat selebaran; atjara; rantjangan undang-undang; ~ *of exchange,* (surat) wesel; ~ *of fare,* daftar makanan; ~ *of lading,* surat muatan (kapal).

billet, surat, pekerdjaan, djabatan; asrama.

billow, ombak, gelombang.

bin, peti, tempat; *dustbin,* tempat kotoran.

bind, ikat (meng), hubungkan (meng); wadjibkan (me); ~ *up,* balut (mem), djilidkan (men).

binder, pendjilid.

bindery, pendjilidan.

binding, djilid; mewadjibkan.

biography, riwajat hidup.

biplane, pesawat (terbang) bersajap dua.

bird, burung, unggas.

bird's-eye, ~ *view,* sepintas lalu.

birth, asal, kedjadian, kelahiran; *Indonesian by* ~, anak orang Indonesia, asalnja orang Indonesia.

birthday, hari lahir, hari djadi.

birth-mark, tahi lalat.

biscuit, biskuit.

bishop, uskup.

bit, sedikit, sepotong, sekerat; *not a* ~, sedikitpun tidak, sekali-kalipun tidak.

bitch, andjing betina.

bite, suap; *to* ~, gigit (meng).

bitter, pahit; rindu dendam.

blab, bertjeloteh.

black, hitam, gelap; ~ *and blue,* biru lebam; ~ *out,* gelapkan (meng); penggelapan.

blackboard, papan tulis.

blacken, hitamkan (meng).

blackguard, bangsat; kedji.

blacking, semir sepatu (hitam).

blacklead, pinsil, potlot.

blackmail, pemerasan, pengantjaman berhasil.

black market, pasar gelap; pertjatutan.

black marketeer, tukang tjatut.

black-out, penggelapan.

blacksmith, tukang besi, pandai besi.

bladder, kandung, pundi-pundi, gelembung.

blade, helai; daun; mata (sendjata).

blamable, tidak patut, tidak lajak, tidak senonoh.

blame, tjela, teguran, kesalahan; *to* ~, tjela (men), salahkan (menjalahkan).

blameless, tiada berketjelaan, sempurna.

blanch, kelantang (mengelantang).

blank, ruangan terbuka (kosong), surat isian belangko; ~ *cartridge,* peluru bohong.

blanket, selimut.

blaspheme, fitnah (mem), hudjat (meng).

blasphemous, dengan fitnah,

dengan hudjat.

blasphemy, hudjat akan Allah.

blast, angin kentjang; isi peletup (letupan).

blast-furnace, tempat api tinggi.

blaze, njala, panas; to ~, bernjala, menjala, berpidjar-pidjar.

bleach, kelantang (mengelantang).

bleat, embik (meng).

bleed, berdarah.

blemish, selekeh, noda, tjatjat; to ~, mentjatjat.

blend, tjampuran; to ~, tjampur (men).

bless, berkati (mem).

blessed, berkat.

blind, kerai; buta; ~ of (in) one eye, buta sebelah mata; to ~, butakan (mem).

blindfold, membuta, membuta tuli; tutup (menutup) mata dengan kain.

blindly, buta tuli.

blindness, kebutaan.

blink, intai (meng); kedjapkan (mengedjapkan) mata.

bliss, selamat.

blister, lepuh.

blitz, serangan udara jang hebat.

bloat, bengkak (mem), gelembung (meng); asapi (meng).

block, kerek, landas, bongkah; to ~, rintangi (me), batasi (mem), kepung (mengepung).

blockade, pembatasan, pengepungan; to ~, kepung (mengepung).

blockhead, orang bodoh, orang bebal.

blood, darah; to ~, pantik (memantik) darah.

bloodrelation, sanak saudara, keluarga sedarah.

blood-stain, bekas darah.

bloodsucker, lintah.

bloodthirsty, ganas.

blood-vessel, pembuluh darah.

bloody, berdarah.

blossom, bunga; to ~, berbunga.

blot, noda tinta, selekeh; menodai, menjelekeh; to ~ out, hapuskan (meng), tjoret (men).

blotting-paper, kertas sap.

blouse, blus.

blow, pukul, pukulan, tampar; baju; to ~, bertiup; to ~ one's nose, buang (mem) ingus.

blub, tangis (menangis).

bludgeon, belantan, gada.

blue, biru.

bluejacket, matros, kelasi.

bluff, tjakap angin; to ~, bertjakap angin, menjombong.

blunder, kechilafan, kesalahan.

blunt, madjal, tumpul.

blush, seri muka; to ~, berseri muka.

bluster, kegaduhan; kesombongan; to ~, bergaduh; menjombong.

boar, babi djantan.

board, papan; makanan; dewan, panitia, departemen, kementerian; karton, kertas tebal; on ~, dikapal.

boarder, anak semang, orang menumpang.

boarding-house, rumah tempat menumpang.

boarding-school, asrama (murid sekolah).

board-wages, belandja makan.

boast, tjakap angin; to ~, bertjakap angin, sombong (menjombong).

boat, kapal, perahu, sampan.

boat-race, perlombaan perahu (sampan).

boatswain, serang.

bob, anggul (meng).

bobbin, gelendong, kumparan.

bobby, agen polisi.

bodice, kutang.

bodkin, penggerek, djarum pentjotjok.

body, badan, tubuh; organisasi; golongan.

bodyguard, pengawal.

boil, didih (men), rebus (me); bisul.

boiler, ketel kukus.

boisterous, ribut, geger, kentjang.

bold, berani, gagah berani; *make ~ to,* beranikan (mem) diri.

bole, batang kaju.

bolt, baut, palang; anak panah; halilintar, mata petir; *to ~,* palangkan (memalangkan).

bomb, bom; *to ~,* membom.

bombard, membom, mengebom.

bombardment, pemboman.

bomber, pelempar bom.

bond, pengikat; kewadjiban; obligasi.

bondage, perbudakan.

bone, tulang.

bonnet, topi perempuan.

bonny, manis, djelita.

bonus, premi, untung pegawai.

booby, orang bodoh, orang dungu.

book, buku, kitab.

bookbinder, tukang mendjilid, pendjilid.

bookbinding, pendjilidan.

book-case, lemari buku.

book-end, sandaran buku.

book-keeper, djuru buku, pengurus buku.

book-keeping, hal memegang buku, pembukuan; *~ by double entry,* pembukuan rangkap; *~ by single entry,* pembukuan tunggal.

booklet, buku ketjil.

bookseller, pendjual buku.

bookshop, toko buku.

book-stall, tempat pendjual buku (dipasar).

book-trade, perdagangan buku.

boom, batangan, pebian; reklame; kenaikan harga; dentuman.

boor, orang bongkak, orang biadab.

boorish, bongkak, biadab.

boost, *to ~ up,* naikkan (me).

boot, sepatu tinggi.

booted, bersepatu tinggi.

bootlace, tali sepatu.

boot-polish, semir sepatu.

booty, rampasan.

border, tepi, sisi; tapal batas; *to ~,* kandangi (mengandangi); batasi (mem).

bore, jang memberi bosan (djemu); *to ~,* gerek (meng); bosankan (mem), djemukan (men).

born, dilahirkan.

borrow, pindjam (memindjam).

bosom, dada; susu, tetek.

boss, pemimpin.

botanist, ahli tumbuh-tumbuhan.

botany, ilmu tumbuh-tumbuhan.

both, kedua, dua-dua; baik ...... baik.

bother, kesusahan; *to ~,* susahkan (menjusahkan); repek (me), djemukan (men).

bottle, botol; *to ~,* botolkan (mem).

bottom, bawah, pantat, alas; *at the ~ of,* dibawahnja, ditempat jang dibawah.

bottomless, tiada bawahnja.

bough, dahan, ranting. [(me).

bounce, bingkas (mem), lambung

bound, *to ~,* lompat (me); pantul

(memantul); batasi (mem); ~
for, hendak ke, berlajar ke.
boundary, batas, tapal batas.
boundless, tidak berhingga, tidak
terhingga.
bounteous, dermawan, murah.
bounty, kedermawanan, kemu-
rahan; anugerah, karunia, premi.
bouquet, karangan bunga.
bow, sudjud; haluan; panah;
busur; penggesek; to ~, tunduk
(menunduk); sudjak.
bowels, isi perut.
bower, pundjung.
bowl, pinggan, mangkok; bola; to
~, melempar bola.
bow-legs, pengkar kedalam.
bow-net, bubu.
bowsprit, tjutjur.
box, dos, peti, kopor, kotak,
tempat; tempeleng; lose (komi-
di); to ~, bertindju, menindju;
to ~ one's ear, menempeleng.
boxer, pemain tindju.
boxing-match, penindjuan.
box-iron, seterika.
boy, anak laki-laki, budak.
boycott, bekot; to ~, membekot.
boyhood, masa budak.
boyish, kebudak-budakan.
boy scout, pandu.
brace, pasang, pasangan.
bracelet, gelang (tangan).
bracken, paku (resam).
bracket, ~s, tanda kurung; to ~,
mengurung.
brackish, pajau, masin.
brag, bertjakap angin, menjom-
bong.
brain, otak, benak.
brake, rem; to ~, merem.
bran, dedak.
branch, tjabang, dahan; bagian;
to ~, bertjabang.

branch-office, kantor tambahan.
brand, tjap, merek; to ~, tjapkan
(men).
bran(d)-new, baru sekali.
brandy, berendi.
brass, tembaga, kuningan.
brass-works, petuangan tembaga,
peleburan tembaga.
brave, berani, gagah berani,
perwira.
bravery, keberanian, keperwiraan.
brawl, pertikaian, pergaduhan,
perbantahan.
brawn, urat, otot; kuat urat.
brawny, berotot, tjegak, tegap.
bray, tumbuk (menumbuk).
brazen, (dari) tembaga; kurang
adjar.
Brazil (negeri) Brasilia.
Brazilian, ... Brasilia.
breach, patahan; pelanggaran.
bread, roti.
breadth, lebarnja.
break, putusan; waktu bersenam
(perhentian), djeda; to ~,
petjahkan (memetjahkan);
putuskan (memutuskan); rom-
bak (me); ~ down, gagal, tidak
tahan lagi, roboh.
breakdown, kegagalan, kerobohan;
kerusakan.
breaker, perombak, penutuh; ~s,
petjahan ombak, empasan.
breakfast, makanan pagi; to ~,
makan pagi.
breakwater, tumpuan gelombang.
breast, dada; susu.
breath, nafas, napas.
breathe, bernapas, menarik napas.
breeches, tjelana pendek, seluar.
breed, bangsa; to ~, peranakkan
(mem), peliharakan (memeliha-
rakan), ternakkan (menernak-
kan), didik (men), latih (me).

breeder, peternak.

breeze, angin.

brethren, saudara laki-laki (kiasan).

brevet, idjazah.

brevity, ringkasnja.

brew, masak (me) (bir).

brewer, tukang masak (bir).

brewery, tempat masak (bir), perusahaan bir.

bribable, dapat disuapi, dapat disogok.

bribe, uang suap, uang sogokan; to ~, suapi (menjuapi), sogok (menjogok).

bribery, suapan, sogokan.

brick, batu bata, batu bakar.

brick-kiln, pembakaran batu (bata).

bricklayer, tukang batu.

bride, mempelai perempuan, pengantin perempuan.

bridegroom, mempelai laki-laki, pengantin laki-laki.

bridge, djambatan, titian.

bridle, tali kekang, tali kang, kendali; to ~, mengekang, kendalikan (mengendalikan).

brief, pendek, ringkas, singkat.

brigade, regu, brigade.

bright, terang, gemilang; tjerdik, pandai; suka hati, gembira.

brighten, terangkan (menerangkan); gembirakan (meng).

brightness, terangnja; kepandaian.

brilliancy, tjahaja, kilau, seri; kemuliaan.

brilliant, gilang-gemilang, berseri; berlian.

brim, tepi, pinggir.

brimful, pudat, penuh tepas.

brimstone, belerang, welirang.

brine, air garam, air masin.

bring, bawa (mem); to ~ on, se-

babkan (menjebabkan), datangkan (men); to ~ round, sedarkan (menjedarkan).

brink, sisi, tepi.

briny, masin, garam.

brisk, ramai, pantas, sibuk.

Britain, Great ~, negeri Inggeris.

British, ... Inggeris; orang [Inggeris.

brittle, rapuh, repas.

broach, penggerek.

broad, lebar, luas.

broadcast, penjiaran radio; to ~, siarkan (menjiarkan) dengan radio; berpidato dimuka tjorong radio.

broaden, lebarkan (me), perluaskan (mem).

broad-minded, berpemandangan luas.

broil, panggang (memanggang).

broken, ~ down, roboh; letih-lesu.

broker, tjangku, tjengkau, dalal, makelar.

bromine, brom.

bronze, suasa, gangsa.

brooch, bros.

brood, perindukan, pengeraman; to ~, mengeram.

brook, anak sungai.

broom, sapu.

Bros. = Brothers, Bersaudara.

broth, kaldu.

brother, saudara laki-laki.

brotherhood, persaudaraan.

brother-in-law, ipar laki-laki.

brow, kening, alis; dahi.

brown, merah tua, warna sawo.

bruise, memar; bengkak.

brush, sikat; kuas; perkelahian; to ~, menjikat, gosok (meng), sapu (menjapu).

brushwood, semak, semak samun.

brutal, selaku binatang, bengis,

kasar, ganas, garang.

brutality, kebengisan, kekasaran, keganasan.

brute, orang garang; garang, ganas.

bubble, gelembung (sabung); *to* ~, bual (mem).

buck, rusa djantan.

bucket, ember.

buckle, gesper.

bud, kuntum; *to* ~, berkuntum, bersemi.

budge, bergerak.

budget, anggaran (belandja).

buff, kulit penggosok.

buffalo, kerbau.

buffer, penjangga.

buffet, bopet.

bug, kutu busuk.

build, dirikan (men), bangunkan (mem), tegakkan (menegakkan), buat (mem).

builder, jang mendirikan; anemer.

building, rumah, gedung, bangunan.

bulb, lampu pidjar, bola lampu listerik.

Bulgaria, (negeri) Bulgaria.

Bulgarian, ... Bulgaria.

bulge, kembung, bengkak, menggelembung, tombol.

bulk, besarnja; kebanjakan.

bulky, tebal, besar.

bull, lembu djantan, sapi djantan.

bullet, peluru, pelor.

bulletin, surat sebaran, berita kilat.

bull's-eye, mata sasaran.

bulwark, katlum, selekoh.

bump, bengkak, bintjul; *to* ~, tumbuk (menumbuk), tjampakkan (men).

bumper, penjangga; bumper.

bun, roti bola kismis.

bunch, tandan, djurai, gugus.

bundle, bungkus(an), buntelan, berkas.

bungle, rusakkan (me).

bunk, balai-balai, kuteri.

bunker, ruangan arang batu.

bunny, kelintji, tupai.

buoy, pelampung.

buoyancy, kegembiraan.

buoyant, gembira.

burden, beban; muatan, tanggungan; *to* ~, bebani (mem), muati (me), berati (mem).

bureau, kantor; medja tulis.

bureaucracy, burokrasi.

bureaucrat, burokrat.

bureaucratic, burokratis.

burglar, penetas (rumah).

burglary, tetasan rumah.

burgle, tetas (menetas) rumah.

burgomaster, wali kota.

burial, penguburan, pemakaman.

burial-ground, burial place, pekuburan.

burn, luka angus, luka kena api; *to* ~, bakar (mem), tunu (menunu), bernjala.

burner, pembakar.

burnish, upam (meng), gilap (meng).

burrow, sungkur (menjungkur).

burst, retak; letusan; *to* ~, retak (me), letus (me).

bury, tanamkan (menanamkan), kuburkan (menguburkan).

bus, bis.

bush, semak, semak samun.

busily, sibuk.

business, pekerdjaan, perkara; perdagangan; perusahaan; djabatan.

business-man, orang dagang, pedagang, saudagar.

bustle, kesibukan; *to* ~, bersibuk.

busy, sibuk.
but, tetapi; melainkan, ketjuali.
butcher, tukang daging, pem-
 bantai, tukang potong.
butchery, pembantaian.
butt, sasaran.
butter, mentega.
butter-dish, tempat mentega.
butterfly, kupu-kupu, rama-rama.
button, kantjing, buah badju; to
 ~ up, mengantjing.
buttonhole, rumah kantjing.
buy, beli (mem).
buyer, pembeli.
buzz, berdengung, deru (men).
by, oleh, dengan; ~ himself, da-
 lam hatinja; ~ and ~, nanti,
 kelak; ~ Allah, demi Allah.
bye-bye, tabik!
bystander, penonton.
by-street, simpang djalan.

C.

cab, kereta sewa; taksi.
cabbage, kol, kubis.
cabby, kusir, sais.
cabin, kamar, kabin.
cabinet, kabinet.
cable, kabel; telegram, kawat; to
 ~, kawatkan (mengawatkan),
 pukul (memukul) kawat.
cabman, kusir, sais.
cacao, tjoklat.
cackle, berkotek.
cactus, kaktus; lidah buaja.
cadence, irama.
cadet, kadet.
cadre, kader.
cage, sangkar, kurungan; to ~,
 sangkarkan (menjangkarkan),
 kurungkan (mengurungkan).

cajole, budjuk (mem).
cake, keek, kue.
calamity, bentjana.
calculate, kira-kira (mengira-
 ngira), hitung (meng).
calculation, kira-kiraan, perkiraan,
 perhitungan.
calendar, almanak, takwim.
calf, anak sapi, anak lembu; buah
 betis.
calibre, kaliber.
calico, belatju.
call, panggilan, teriak(an), seru,
 penjeruan; pertjakapan tilpon;
 kundjungan, tandang; to ~,
 panggil (memanggil), berteriak,
 seru (menjeru), telepon (mene-
 lepon); berkundjung, bertan-
 dang; to ~ attention to, mohon
 diperhatikan; to ~ at, mampir;
 to ~ for, minta (me); to ~ on,
 bertandang.
call-box, kamar telepon.
caller, tamu, orang berkundjung.
callosity, kapalan, belulang.
callous, berkapalan, berbelulang.
calm, ketenangan, keteduhan;
 tenang; teduh; to ~, tenangkan
 (menenangkan).
calumniate, fitnahkan (mem),
 umpat (meng).
calumniator, pengumpat.
calumny, fitnah, umpat.
calyx, kelopak.
camel, unta.
camera, kamera, perkakas potret.
camouflage, penjamaran; to ~,
 samarkan (menjamarkan).
camp, perkemahan; to ~, berke-
 mah.
camphor, kapur barus.
can, belek, kaleng; dapat, bisa;
 to ~, masukkan (me) kedalam
 kaleng.

Canada, (negeri) Canada, Kanada.

Canadian, ... Canada, Kanada.

canal, terusan.

canary, burung kenari.

cancel, hapuskan (meng), tjoret(men), tjabut (men), tiadakan (meniadakan), batalkan (mem).

cancellation, penghapusan, pentjabutan, pembatalan.

cancer, penjakit pekung.

candid, tulus, tulus ichlas.

candidate, kandidat, tjalon.

candidature, pentjalonan.

candle, lilin, dian.

candlestick, tempat lilin, kandil.

candour, ketulusan hati.

candy, gula batu.

cane, rotan; tongkat; *sugar* ~, tebu.

cannibal, pemakan orang, kanibal.

cannon, meriam.

canoe, kano, kolek.

canopy, langit-langit, pelantar.

canteen, kantin.

canto, njanjian.

canvas, kampas, kain lajar.

caoutchouc, karet.

cap, kopiah, pitji.

capability, ketjakapan, kesanggupan, kepandaian.

capable, tjakap, pandai.

capacious, luas, lapang, berlapang.

capacity, ketjakapan, kesanggupan, kapasitet; keluasan, isi.

cape, tandjung, udjung tanah.

capital, modal; ibu negeri; huruf besar; ~ *punishment,* hukuman mati.

capitalist, kapitalis.

capitulate, serahkan (menjerah-

kan) diri, menjerah kalah.

capitulation, penjerahan.

capoc, kapuk.

capon, ajam kebiri.

caprice, tingkah.

capricious, bertingkah.

capsize, *capsized,* terbalik.

captain, kapten, nachoda.

captious, jang memperdajakan.

captivate, ambil (meng) hati, tarik (menarik) hati.

captive, tawanan; tertawan.

captivity, penawanan, hal tawanan.

capture, penangkapan; *to* ~, tangkap (menangkap).

car, pedati, kendaraan; mobil, oto.

carat, karat.

caravan, kafilah.

carbine, karabin.

carbon, (zat) arang.

carbon copy, tembusan.

carbonic, ~ *acid,* asam arang.

carbuncle, manikam, (permata) mirah; bisul.

carburetter, karburator.

carcass, bengkarak, rangka.

card, kartu; kartjis.

cardboard, kertas tebal, karton.

cardinal, terutama; kardinal.

care, pemeliharaan, penjelenggaraan, pendjagaan; ~ *of,* dengan alamat; *with* ~!, awas!; *have a* ~!, awas, ati-ati!; *to take* ~, ingat diri; *to take* ~ *of,* peliharakan (memeliharakan), selenggarakan (menjelenggarakan); *to* ~ *(about),* perduli akan, perdulikan (mem), indahkan (meng); *to* ~ *for,* sukai (menjukai), djaga (men).

career, djalan pekerdjaan, djalan kehidupan. [ati-ati.

careful, tjermat, saksama, dengan

careless, alpa, lalai, teledor.

caress, belaian; *to* ~, belai (mem).

care-taker, pendjaga rumah.

cargo, muatan kapal.

cargo-boat, kapal barang.

caricature, karikatur, gambar olok-olok.

carnage, pembunuhan.

carnation, anjelir.

carol, njanjian.

car park, tempat memparkir (mobil).

carpenter, tukang kaju.

carpet, permadani.

carriage, kereta, wagon; pengangkutan; sikap.

carrier, (tempat) bagase; pengangkut; kapal induk.

carrion, bangkai.

carrot, bortol, bortel.

carry, angkat (meng), angkut (meng), bawa (mem); berisi; *to* ~ *on,* teruskan (meneruskan); *to* ~ *out,* djalankan (men), lakukan (me).

cart, kereta, pedati, gerobak.

cartilage, rawan.

cart-load, muatan pedati (gerobak).

cartoon, gambar olok-olok politik; pilem gambar.

cartridge, pelor, peluru.

carve, ukir (meng).

case, peti, lemari; tas; teromol; hal, perihal; *in* ~ *of,* djika, djikalau.

cash, uang kontan, uang tunai; ~ *down,* kontan, tunai; *in* ~, dengan uang tunai; *to* ~, pungut (memungut).

cash-book, kasbuk.

cashier, kasir; *to* ~, petjatkan (memetjatkan).

cash payment, pembajaran kontan.

cash price, harga kontan, harga tunai.

cask, tong.

cast, lemparan; tuangan, atjuan; pembagian peranan; *to* ~, lempar (me), lontar (me); tuang (menuang).

castaway, orang jang kena karam kapal.

caste, kasta.

castigate, siksa (menjiksa).

castigation, siksaan.

cast-iron, besi tuang.

castle, *to build* ~*s in the air,* menggantang asap.

castor oil, minjak djarak, kastroli.

casual, kebetulan; lalai, alpa.

casualty, *casualties,* orang-orang jang mati dan luka.

cat, kutjing.

catalogue, kataloges, daftar; *to* ~, daftarkan (men).

cataract, air terdjun, djeram.

catastrophe, bala, mala petaka.

catch, penangkapan; *to* ~, tangkap (menangkap); kenai (mengenai); dapat (men); *to* ~ *one's attention,* tarik (menarik) perhatian seseorang.

catchword, sembojan.

catechism, peladjaran serani.

categorical, tentu, pasti.

category, golongan, fihak, bagian.

caterpillar, ulat.

cathedral, geredja Katolik jang besar.

catholic, Katolik.

cattle, ternak.

cattle show, seleteng ternak.

cauldron, ketel, kawah.

cauliflower, kol kembang.

caulk, pakal (memakal).

causal, sebab akibat.

cause, sebab; to ~, sebabkan (menjebabkan).

caution, pendjagaan.

cautious, djaga, awas, ati-ati.

cavalry, pasukan kuda.

cave, gua.

cavern, gua.

cavity, rongga, lobang.

cayman, buaja.

cease, perhentikan (mem), berhenti.

ceaseless, terus-menerus, tiada berkeputusan.

cedar, aras, araz.

cede, serahkan (menjerahkan).

ceiling, langit-langit; loteng.

celebrate, rajakan (me).

celebrated, masjhur, termasjhur, kenamaan.

celebration, perajaan.

celery, selderi.

celibacy, pembudjangan.

cell, sel; bilik pendjara.

cement, semen, perekat.

cemetery, pekuburan, makam.

cenotaph, tugu kubur.

censor, penjaring surat-surat; to ~, saring (menjaring) surat-surat, periksa (memeriksa) surat-surat.

censorship, sensur.

censurable, patut ditjela, patut ditjatjat.

censure, tjelaan, tjatjat; to ~, tjela (men), tjatjat (men).

census, tjatjah djiwa.

centipede, lipan.

central, dari sebuah pusat, ditengah, ditengah-tengah.

centralize, pusatkan (memusatkan).

centre, pusat; ~ of gravity, titik berat, pusat berat, pusat bobot.

century, abad.

cereals, padi-padian.

ceremonial, sebagai upatjara.

ceremony, upatjara.

certain, tentu, sungguh, pasti.

certainty, ketentuan, kepastian.

certificate, surat keterangan, idjazah.

certified, beridjazah.

certify, terangkan (menerangkan), tentukan (menentukan); sahkan (men).

cessation, penghentian.

cession, penolakan harta benda.

chafe, gosok (meng).

chaff, sekam; to ~, perolok-olokkan (mem), usik (meng).

chain, rantai, belenggu.

chair, kursi, kerosi.

chairman, ketua.

chalk, kapur Belanda.

challenge, adjakan, tantangan; to ~, adjak (meng), tantang (menantang); ~ cup, piala berganti.

chamber, kamar; ~ of commerce, balai dagang, madjelis dagang.

chambermaid, babu kamar.

chameleon, bunglon.

champagne, sampanje, anggur puf.

champion, djuara.

championship, kedjuaraan.

chance, kesempatan; by ~, kebetulan; to ~ upon, kebetulan bertemu dengan.

change, perubahan; uang retjeh; to ~, tukarkan (menukarkan), ubahkan (meng); to ~ (carriages), berganti kereta; to ~ one's clothes, bertukar pakaian; to ~ one's mind, berubah niat.

changeable, suka berubah, tiada tetap.

channel, terusan, saluran, selat.

chaos, kekatiauan.

chaotic, berkatjau, katjau bilau.

chapel, anak geredja.

chaplain, paderi (bala tentera).

chapter, bab, fasal, pasal.

character, perangai, watak, budi pekerti; sifat, tjorak; huruf.

characterize, tandai (menandai), njatakan (me), tundjukkan (menundjukkan) tanda.

charcoal, arang.

charge, muatan; pesan; pemeliharaan; pasien, murid; ongkos; harga; serangan; tuduhan; be in ~, bekerdja, berdjabatan; in ~ of, dipertanggungkan dengan, diserahkan kepada, dibawah pengawasan; to ~, muati (me), pesani (memesani), peliharakan (memeliharakan), serang (menjerang); to ~ for, minta (me) harga.

charitable, dermawan, murah hati.

charity, kedermawanan.

charm, pesona, to ~, berahikan (mem).

charming, djelita, djuita.

chart, peta; to ~, petakan (memetakan).

charter, surat piagam; to ~, sewa (menjewa).

chase, pemburuan; to ~, buru (mem), kedjar (mengedjar).

chasm, ngarai, tubir.

chaste, sutji, nirmala.

chastise, siksa (menjiksa).

chastisement, siksaan.

chastity, kesutjian.

chat, bertjakap-tjakap, omong-omong (meng).

chatter, bertjeloteh, ronjeh (me).

chatterbox, orang gelatak.

cheap, murah.

cheapen, turunkan (menurunkan) harga.

cheat, tipu, penipuan; penipu; to ~, menipu.

check, pengendalian; tanda terima, resi; to ~, kendalikan (mengendalikan); tahan (menahan); awasi (meng).

checkmate, sah.

cheek, pipi.

cheeky, kurang adjar.

cheer, kegembiraan, kesukaan, keramaian; sorak, tempik sorak; to ~, sukakan (menjukakan) hati; bersorak, soraki (menjoraki).

cheerful, gembira, senang hati, suka hati.

cheerless, susah hati, duka tjita.

cheese, kedju.

cheesemonger, pendjual kedju.

chemist, ahli kimia; ahli obat.

chemistry, ilmu kimia, ilmu pisah.

cheque, tjek.

cherish, sajangi (menjajangi); peliharakan (memeliharakan).

chess, permainan tjatur.

chess-board, papan tjatur.

chess-man, buah tjatur.

chest, peti, kopor; dada; ~ of drawers, medja latji.

chestnut, berangan.

chew, kunjah (mengunjah).

chicken, anak ajam; ajam.

chicken-pox, tjatjar air.

chide, gusari (meng), tegur (menegur).

chief, kepala, sep, pemimpin; terutama; commander in ~, panglima jang tertinggi.

chiefly, pada galibnja, pertama-tama.

chieftain, kepala, penghulu.

child, anak, kanak-kanak.
childhood, masa muda.
childish, keanak-anakan.
childless, tidak beranak.
children, anak-anak.
chilly, sedjuk, dingin.
chimera, chajal.
chimney, tjorong asap; semperong.
chin, dagu.
China, (negeri) Tiongkok.
china, porselin, tembikar.
Chinaman, orang Tiong Hoa, orang Tjina.
Chinese, ... Tjina, Tiong Hoa.
chink, tjelah.
chintz, kain tjita.
chip, bilah, sembilu.
chisel, pahat; to ∼, memahat.
chivalrous, bersifat orang ksatria, bahaduri.
chivalry, keksatriaan.
chlorine, chlor.
chloroform, chloroform, obat bius.
chock-full, penuh sesak.
chocolate, tjoklat.
choice, pilihan; pemilihan; terpilih. [(me).
choke, tjekik (men); lemaskan
cholera, (penjakit) kolera.
choose, pilih (memilih).
chop, tjentjang (men), tetakkan (menetakkan), potong (memotong), parang (memarang).
chopper, parang, pisau tjentjang.
Christ, Kristus.
christen, permandikan (mem).
Christendom, segala orang Serani, ummat Masehi.
christening, permandian.
Christian, Serani, Masehi; orang Keristen.
christianize, seranikan (men).

Christmas, Hari Natal.
chrome, chrom.
chromium, chrom.
chronic, menahun.
chronicle, tarich, tawarich.
chronology, tarich.
chubby, montok, sintal.
chum, sobat, kawan.
chunk, gumpal, potong, kerat.
church, geredja.
churchyard, pekuburan.
churlish, kekok, bongkak.
cider, sider.
cigar, serutu, tjerutu.
cigar-case, tempat serutu.
cigarette, sigaret, rokok.
cigar-holder, pipa serutu.
cinder, terak, bara api.
cine-camera, perkakas (alat) pilem.
cinema, komidi gambar, bioskop.
cinnamon, kaju manis, kulit manis.
cipher, angka; to ∼, berhitung angka.
circle, lingkaran, bulatan; to ∼, putar (memutar), beredar.
circuit, peredaran, keliling, lilit.
circuitous, a ∼ road, djalan penjimpangan.
circular, surat edaran; bulat, bundar; ∼ letter, surat edaran maklumat.
circulate, edarkan (meng), beredar.
circulation, peredaran.
circumcise, sunatkan (menjunatkan).
circumstance, hal-ihwal, keadaan
circumstantial, dengan pandjang lebar.
circus, komidi kuda.
citadel, benteng.
citation, surat dakwa, saman,

surat sita; sebutan.

cite, dakwa (men), sita (menjita); sebut (menjebut), petik (memetik).

cither(n), siter; ketjapi.

citizen, penduduk kota.

city, kota besar.

civil, sipil; beradab, tahu adat.

civilian, orang sipil, orang preman.

civility, keadaban.

civilization, peradaban.

civilize, peradabkan (mem).

claim, tuntutan, gugatan; to ~, tuntut (menuntut), gugat (meng).

claimant, penuntut, penggugat.

clamber, pandjat (memandjat).

clammy, kemal, lengas.

clamorous, riuh, dengan gempar.

clamour, gempar, gaduh, geger.

clan, suku, bangsa.

clandestine, tjara gelap, diam-diam.

clap, tepuk (menepuk), bertepuk.

clapper, anak lontjeng.

clarify, djernihkan (men), sutjikan (menjutjikan); djelaskan (men), terangkan (menerangkan).

clarinet, serunai.

clarity, kedjernihan, kesutjian.

clash, perselisihan.

clasp, pengantjing; pemeluk; djabatan tangan; to ~, mengantjing; peluk (memeluk).

clasp-knife, pisau lipat.

class, kelas, pangkat.

classic, klasik.

classify, perbedakan(mem).

clatter, gemertak, gemerentjang.

clause, sjarat.

claw, tjakar; sepit.

clay, tanah liat.

clean, bersih; to ~, bersihkan (mem).

cleaning, pembersihan.

cleanse, bersihkan (mem), tjutji (men).

clear, terang, djernih, djelas; entjer, njaring, njata; to ~, djernihkan (men), djelaskan (men), njatakan (me); to ~ the table, angkat medja.

clearance penerangan, pendjelasan; ~ sale, pendjualan habis.

clearing, perhitungan.

clear-sighted, berakal, pandjang akal, tjendekia.

cleave, belah (mem).

clemency, kerahiman.

clement, rahim.

clench, genggam (meng).

clergyman, paderi, pendeta.

clerk, djuru tulis, kerani.

clever, pandai, tjerdik, pintar.

clew, tika-tika.

cliff, karang batu jang tjuram.

climate, iklim.

climb, pandjat (memandjat), naiki (me).

cling, lekat (me).

clinic, kelinik.

clink, bunjikan (mem).

clip, djepitan; to ~, djepit (men), gunting (meng).

clique, kumpulan.

cloak, mantel.

cloak-room, kamar pakaian.

clock, djam.

clod, gumpal, ketul.

clog, terompah, kelom.

cloister, biara.

close, berdekatan, dari dekat; mesra, tulus; (sahabat) keras, kental; to ~, tutup (menutup), sudahkan (mendjudahkan).

close-fisted, kikir, singkat tangan, bachil.

closet, kamar ketjil, kakus.

closure, penutupan, penghabisan.

clot, gumpal; *to* ~, bergumpal.

cloth, kain medja, kain hamparan medja.

clothe, berpakaian; lapisi (me).

clothes, pakaian.

clothes-horse, sampaian.

clothes-peg, djepitan (tjutjian).

clotty, bergumpal.

cloud, awan.

cloudy, berawan.

clove, tjengkih.

clown, badut.

club, perhimpunan, perkumpulan.

clue, tanda, alamat, pertundjuk.

clumsy, kekok.

cluster, gugus, tandan, rangkai; gerombolan.

clutch, kopling; *to* ~, tjekau (men).

coach, kereta; pelatih; *to* ~, sediakan (menjediakan); latih (me).

coachman, kusir, sais.

coagulate, bergumpal, bekukan (mem).

coagulation, pembekuan.

coal, arang batu.

coal-box, tempat arang batu.

coalition, koalisi.

coal-pit, tambang arang batu.

coarse, kasar.

coast, pantai, tepi laut.

coastal, ... pantai.

coat, djas; mantel, badju; lapisan; kulit; ~ *of arms,* perisai; *to* ~, lapisi(me); *coated,* berpakaian djas, berbadju; (lidah) kotor.

coax, budjuk (mem), peletjeh (memeletjeh).

cobble, batu.

cobbler, tukang sepatu.

cobweb, sarang laba-laba.

cock, ajam djantan.

cockatoo, (burung) kakatua.

cockpit, gelanggang; ruangan untuk djuru terbang.

cockroach, lipas.

cocksure, pasti, positif.

coco(a), pohon kelapa, pohon njiur.

cocoa (pohon) tjoklat.

coco(a)-nut, buah kelapa, buah njiur.

cocoon, kepompong.

code, code; undang-undang; peraturan.

coerce, paksa (memaksa).

coercion, paksa, paksaan.

coffee, kopi, kahwa.

coffer, kopor, peti (uang).

coffin, peti mati, keranda.

cog, gigi (djentera).

cognate, sepupu.

cog-wheel, roda gigi, djentera gigi.

coherence, hubungan, perhubungan.

coherent, berhubungan, koheren.

coin, mata uang; *to* ~, tempa (menempa) uang.

coincide, bersetudjuan dengan, bertepatan dengan.

coincidence, pertepatan.

coke, kokas.

cold, dingin, kedinginan; selesma.

colic, mulas perut.

collaborate, bantu (mem), bekerdja sama.

collaboration, pembantuan, kerdja sama.

collaborator, pekerdja sama, kolaboratur.

collapse, roboh, amberuk; gagal.

collar, kerah, leher badju.

collarbone, tulang selangka.

colleague, orang sedjawat, rekan.

collect, pungut (memungut); kumpulkan (mengumpulkan).

collection, pungutan; kumpulan, koleksi.

collective, bersama-sama.

collector, pemungut, pengumpul; penerima.

college, pengadjaran disekolah tinggi; kulliah.

collide, tersentuh, terlanggar, tabrak (menabrak), tubruk (menubruk).

collier, pekerdja tambang; pedagang arang batu.

colliery, tambang arang batu.

collision, tabrakan, tubrukan.

colloquial, ramah, ramah tamah; biasa.

colloquy, pertjakapan.

colon, titik dua.

colonel, kolonel.

colonial, kolonial, pendjadjahan.

colonist, orang bojongan, orang kolonisasi.

colonize, djadjahi (men).

colony, djadjahan.

colour, warna; ~s, bendera; to ~, warnai (me), warnakan (me).

colourful, berwarna-warni.

colt, anak kuda.

column, tiang; barisan.

comb, sisir; to ~, sisir (menjisir).

combat, peperangan, pertempuran.

combination, gabungan, kombinasi.

combine, gabungkan (meng).

come, datang, tiba, sampai.

comedian, pemain tonil, anak tonil, peran.

comet, bintang berekor, bintang berasap.

comfort, penghiburan, kenikmatan; to ~, hiburkan (meng).

comfortable, nikmat, enak, senang.

comforter, penghibur.

comic(al), lutju.

coming, kedatangan.

comma, koma.

command, perintah, komando; to ~. perintahkan (memerintahkan), pimpin (memimpin).

commander, komandan, pemimpin, panglima.

commemorate, peringati (mem), rajakan (me).

commemoration, peringatan, perajaan.

commence, mulai (me).

commencement, permulaan.

commend, pudjikan (memudjikan).

commendable, patut dipudji.

commendation, pemudjian, pudjipudjian.

comment, keterangan, tafsir(an); to ~ on, tafsirkan (menafsirkan).

commentary, tafsir, penafsiran.

commentator, djuru tafsir; djuru berita (radio).

commerce, perdagangan, perniagaan.

commercial, ... perdagangan, ... perniagaan.

commission, pesan, perintah; pengangkatan; komisi; to ~, perintahkan (memerintahkan); angkat (meng), pesan (memesan).

commissioner, komisaris.

commit, lakukan (me); to ~ to prison, pendjarakan (memendjarakan).

committee, komisi, panitia.

commodity, (barang) dagangan.

common, biasa, umum, jang bersama; in ~, bersama-sama; out of the ~, luar biasa, istimewa.

commonly, biasanja.

commoner, orang kebanjakan.

commotion, gempar, gaduh, keonaran, huru-hara.

communicate, beritahukan (mem), permaklumkan (mem); berhubungan dengan.

communication, pemberi tahuan; perhubungan.

communion, persekutuan; pergaulan.

communiqué, kominike.

communist, kominis, komunis.

community, masjarakat, ummat.

commute, bertukar, menukar.

companion, kawan, sahabat, teman.

companionable, ramah tamah.

company, rombongan, maskapai, kongsi.

compare, perbandingkan (mem).

comparison, perbandingan.

compartment, bagian (kereta).

compass, pedoman.

compasses, a pair of ~, djangka.

compassion, kasihan, belas kasihan.

compassionate, mengasihani.

compatriot, orang senegeri.

compel, paksa (memaksa).

compendious, singkat, ringkas.

compensate, ganti (meng) rugi.

compensation, pengganti rugi.

compete, bersaingan, bertanding, melamar.

competence, hak, kekuasaan.

competent, berhak, berkuasa; tjakap.

competition, persaingan; pertandingan.

competitive, (jang) bersaingan.

competitor, saingan, pelamar.

compile, kumpulkan (mengumpulkan), susun (menjusun).

complacent, puas dengan dirinja.

complain, aduh (meng); adu (meng).

complaint, pengaduan.

complement, tambahan; penjiku (sudut).

complementary, tambahan.

complete, lengkap; to ~, lengkapkan (me); tjukupkan (men), genapi (meng).

completely, sama sekali, genap, sempurna.

completion, kesudahan; tambahan.

complex, gabungan, himpunan.

complexion, air muka, raut muka.

compliance, izin, pengabulan; in ~ with, selaras, sesuai dengan.

complicate, sulitkan (menjulitkan); ~d, sulit.

complication, kesulitan, penjulit.

complicity, pembantuan.

compliment, hormat, ruadat; pudjian; tabik; to ~, utjap (meng) selamat.

comply, bertawakkal, terima (menerima); to ~ with a request, kabulkan (mengabulkan) permohonan.

component, bagian.

comportment, kelakuan, sikap.

compose, susun (menjusun), bentuk (mem); karang (mengarang); gubah (meng).

composer, penjusun, pembentuk, pengarang, penggubah.

composite, madjemuk, bersusun.

composition, susunan; gubahan, karangan.

compositor, tukang menjusun huruf, penjusun huruf, tukang tjetak.

composure, ketenangan, keteduhan, kesenangan.

compound, susunan; tjampuran; bersusun; *to* ~, susunkan (menjusunkan); tjampurkan (men).

comprehend, erti (meng), paham akan, memahami.

comprehensible, masuk dalam akal, terang.

comprehension, pengertian, budi.

compress, djaram, pendjaram, tuam; *to* ~, mampatkan (me).

comprise, liputi (me), bermuat.

compromise, kompromi, perdjandjian, perdamaian; *to* ~, berdjandji, berdamai.

compulsion, paksa.

compulsory, paksa, wadjib; ~ *service,* kewadjiban masuk dinas tentera.

compunction, sesal, penjesalan.

computation, perhitungan.

compute, hitungkan (meng).

comrade, kawan, teman, sobat.

concave, leluk, tjekung.

conceal, sembunjikan (menjembunjikan).

concealment, penjembunjian, persembunjian.

concede, izinkan (meng); mengaku.

conceit, kesombongan.

conceited, sombong.

conceive, erti (meng); anggap (meng), sangka (menjangka).

concentrate, pusatkan (memusatkan), kumpulkan (mengumpulkan).

concentration, perpusatan, pemusatan, pengumpulan.

conception, pengertian, anggapan; rantjangan.

concern, perkara, hal; perusahaan; perhatian; kemasjgulan.

concerned, masjgul; bersangkutpaut; *be* ~ *about,* taruh (menaruh) minat; *be* ~ *in,* bersangkut-paut.

concerning, tentang, akan hal.

concert, konser.

concession, izin, permisi, konsesi.

conciliate, damaikan (men), perdamaikan (mem).

conciliation, perdamaian.

concise, pendek, ringkas.

conclude, tentukan (menentukan), putuskan (memutuskan), tarik (menarik) kesimpulan.

conclusion, keputusan, kesimpulan; penghabisan.

concord, mupakat, persesuaian, persetudjuan.

concordant, sesuai, setudju.

concourse, gerombolan, kumpulan orang.

concrete, njata, tegas.

concur, setudju, tjotjok; bekerdja sama.

concurrence, persetudjuan, ketjotjokan; kerdja sama.

concussion, kedjut; ~ *of the brain,* gegar otak.

condemn, hukumkan (meng); tjela (men), salahkan (menjalahkan).

condemnable, patut ditjela, makruh.

condemnation, hukuman.

condensation, kondensasi.

condense, embun (meng).

condescend, rendahkan (me) diri.

condition, keadaan; sjarat, djandji, pangkat, tingkat, martabat; *to* ~, tuntut (menuntut).

conditional, dengan sjarat, bersjarat.

condole, turut berdukatjita.

condolence, belasungkawa.

condone, ampuni (meng), maafkan (me).

conduct, kelakuan; pimpinan; to ~, pimpin (memimpin).

conductor, pemimpin; kondektur; penghantar.

cone, kerutjut.

confection, pembikinan, pembuatan; manisan, manis-manisan, gula-gula; konfeksi.

confectioner, orang jang membuat gula-gula.

confederate, sekutu; bersekutu.

confederation, persekutuan.

confer, anugerahi (meng); bermusjawarat.

conference, permusjawaratan, konperensi, muktamar.

confess, mengaku; ikrarkan (meng), anut (meng).

confession, pengakuan; ikrar, anutan; pengakuan dosa.

confessor, penganut; paderi pengakuan dosa.

confidant(e), orang kepertjajaan.

confide, pertjaja akan, pertjajai (mem).

confidence, kepertjajaan (pada diri sendiri).

confidential, ramah, beradik berkakak; atas pertjaja.

confine, batasi (mem); pendjarakan (memendjarakan), kurungkan (mengurungkan).

confinement, pembatasan; pengurungan.

confirm, tegaskan (menegaskan); tetapkan (menetapkan).

confirmation, penegasan, penetapan.

confiscate, rampas (me), membeslah.

confiscation, perampasan, pembeslahan.

conflict, perselisihan, pertikaian, pertjektjokan; to ~, berselisih, bertikai, bertjektjok; ~ing, bertentangan, berlainan dengan.

confluence, pertemuan kuala.

conform, menurut, sesuai.

conformity, penjesuaian, persetudjuan.

confound, kusut (mengusut); malukan (me); gagalkan (meng).

confounded, kusut, malu.

confront, bandingkan (mem); semukakan (menjemukakan), tentang (menentang).

confrontation, perbandingan; penentangan.

confuse, katjaukan (mengatjaukan), kusutkan (mengusutkan).

confusion, kekatjauan, kekusutan.

congeal, bekukan (mem).

congelation, pembekuan.

congenital, asli, bawaan.

congestion, kesesakan.

conglomeration, kumpulan, himpunan.

congratulate, utjapkan (meng) selamat.

congratulation, utjapan selamat.

congregate, bersidang, berkumpul.

congregation, persidangan, kumpulan.

congress, konggres, muktamar.

conic(al), berbentuk kerutjut.

conjecture, sangka (menjangka); sangka, persangkaan.

conjunction, kata penghubung, kata perangkai; in ~ with, bersama-sama.

conjurer, tukang sulap, penjulap.
connect, hubungkan (meng),
 sambung (menjambung).
connection, connexion, hubungan,
 perhubungan, sambungan;
 koneksi.
connive, biarkan (mem).
connoisseur, ahli.
conquer, kalahkan (mengalah-
 kan), menangi (me), rebutkan
 (me).
conquerer, pemenang.
conquest, pengalahan,
 kemenangan, perebutan.
conscience, angan-angan hati.
conscientious, dengan saksama,
 teliti, telaten.
conscious, sadar.
consciousness, kesadaran.
conscript, orang jang diwadjibkan
 masuk dinas tentera.
conscription, kewadjiban masuk
 dinas tentera.
consecrate, tahbiskan (men),
 berkati (mem), kuduskan (me-
 nguduskan), sutjikan,
 (menjutjikan).
consecration, tahbis, penjutjian.
consecutive, berturut-turut.
consensus, mupakat, permu-
 pakatan.
consent, izin, pengabulan; to ~,
 izinkan (meng), kabulkan
 (mengabulkan).
consequence, akibat; in ~, oleh
 sebab itu.
consequent, konsekwen.
consequently, oleh karena itu.
conservation, pemeliharaan,
 pembelaan.
conservative, kolot, kuno.
conservatory, sekolah musik.
conserve, awetan; to ~, awet
 (meng).

consider, anggap (meng);
 timbang (menimbang);
 indahkan (meng); berpendirian.
considerable, banjak.
consideration, anggapan, pertim-
 bangan; the cost is no ~,
 harganja tidak peduli.
considering, sesudah memper-
 timbangkan segala-galanja.
consign, serahkan (menjerahkan);
 kirimkan (mengirimkan).
consignee, jang dialamatkan.
consigner, sipengirim.
consignment, kiriman, konsinjasi.
consist, to ~ of, terdiri atas.
consistent, konsekwen, tidak
 berubah.
consolation, hiburan, penghiburan.
console, hiburkan (meng).
consolidate, teguhkan (meneguh-
 kan, memperteguhkan).
consonant, huruf mati.
consort, kawan, teman; suami;
 radja perempuan.
conspicuous, kentara, terang.
conspiracy, permupakatan djahat.
conspirator, sepakat djahat.
conspire, bermupakat djahat.
constable, agen polisi.
constancy, ketetapan, keteguhan.
constant, tetap, teguh; selalu.
constellation, bintang-bintang.
consternation, kekedjutan, dah-
 siat.
constitution, konstitusi, undang-
 undang dasar; resam tubuh.
constitutional, menurut undang-
 undang dasar, menurut konsti-
 tusi.
constrain, paksa (memaksa),
 tahan (menahan).
constraint, paksa.
construct, bangunkan (mem),
 dirikan (men), buat (mem),

bentuk (mem), lukiskan (me).

construction, bangunan, pendirian, konstruksi.

constructor, pembangun, pendiri.

consul, konsol, wakil.

consulate, konsolat.

consult, bermusjawarat.

consultation, permusjawaratan.

consultative, consultatory, memberi nasihat.

consulting-room, kamar bitjara.

consume, pakai (memakai), makan dan minum.

consumer, pemakai, konsumen.

consumption, pemakaian; makanan dan minuman (direstoran); penjakit batuk kering.

consumptive, orang jang berpenjakit batuk kering.

contact, kontak.

contagious, menular, mendjangkit.

contain, berisi, bermuat.

contaminate, tulari (menulari), djangkiti (men).

contamination, penularan, pendjangkitan; kontaminasi.

contemplate, pikirkan (memikirkan), renungkan (me).

contemplation, pikiran, renungan.

contemplative, termenung.

contemporary, pada masa itu djuga; seumur; jang pada masa ini.

contempt, penghinaan.

contemptible, hina.

contend, berbantah.

content, kepuasan; *to one's heart's* ~, sesuka hati; *to* ~, puaskan (memuaskan).

content(s), isi, muatan.

contented, puas, senang.

contention, perkelahian, perbantahan, pertengkaran.

contentious, bantahan.

contest, perselisihan, perbantahan; pertandingan; *to* ~, berselisih, berbantah, bertanding.

contestable, dapat dibantahi.

context, perhubungan, pertalian.

contiguous, berdekatan, bertempel.

continence, pertarakan, pantang.

continent, daratan; benua; bertarak, berpantang.

continental, ... benua.

contingency, hal jang tidak disangka-sangka, kemungkinan, kedjadian, peristiwa.

contingent, pembatasan, bagian; kebetulan, tidak tentu, mungkin; bergantung kepada.

continual, selalu, tiada berkeputusan, menetap.

continue, tidak diberhentikan, teruskan (meneruskan); *to be* ~*d,* akan disambung.

continuous, tidak berkeputusan, selalu, senantiasa.

contort, pulas (memulas), piuh (memiuh), putar (memutar), memutar balikkan.

contour, bajangan, keliling.

contraband, barang penjelundupan.

contract, kontrak, surat perdjandjian; *to* ~, kuntjup (menguntjup); berdjandji, borong (mem).

contraction, kuntjup, kontraksi.

contractor, anemer, pemborong.

contractual, menurut kontrak.

contradict, lawan (me), sanggah (menjanggah).

contradiction, perlawanan, sanggahan; pertentangan.

contradictory, bertentangan, berlainan.

contrary, lawannja, sebaliknja; *on the* ~, melainkan, berlawanan.

contrast, lawan; *to* ~, melawan, berlawanan.

contravention, pelanggaran; *in* ~ *of,* bersalahan dengan.

contribute, sumbang (menjumbang), sokong (menjokong); bantu (mem).

contribution, sumbangan, sokongan, kontribusi.

contrition, sesal, penjesalan.

contrivance, pendapatan; daja upaja; alat, benda.

contrive, dapati (men); ichtiarkan (meng).

control, pimpinan; pemerintahan; penggunaan; pengawasan, kontrol; *be in* ~ *of,* berlaku sebagai pemimpin; *to* ~, perintahi (memerintahi), awasi (meng), periksai (memeriksai).

controller, pengawas, kontelir.

control tower, menara lalu lintas.

controversy, pertentangan, pertanjaan pertentangan.

contumely, penghinaan, tjela.

contusion, memar.

convalescence, pemulihan, kesembuhan.

convene, panggil (memanggil), kerah (mengerah).

convenience, kenikmatan; *at your* ~, djika Tuan sempat; djika Tuan suka.

convenient, nikmat, sempat.

convention, permupakatan, perdjandjian.

conventional, dimupakatkan; lazim.

conversant, pandai, tjakap, berpengalaman.

conversation, pertjakapan, pembitjaraan.

converse, bertjakap-tjakap.

conversely, terbalik.

conversion, kebalikan, tobat.

convert, orang baru masuk agama; *to* ~, balikkan (mem), ubah (meng); tobatkan (menobatkan).

convertible, dapat diubahi.

convex, lengkung, tjembung.

convey, bawa (mem), angkut (meng); serahkan (menjerahkan).

conveyance, pembawaan, pengangkutan; kendaraan.

convict, orang rantai; *to* ~, salahkan (menjalahkan), hukumkan (meng).

conviction, hukuman.

convince, jakinkan (me).

convocation, panggilan, kerahan, undangan.

convoke, panggil (memanggil), kerah (mengerah).

convoy, iring-iringan.

convulse, kuntjup (menguntjup).

convulsion, kuntjup.

convulsive, kedjang.

coo, peram (memeram).

cook, koki, djuru masak; *to* ~, masak (me).

cookery, masakan.

cook-shop, dapur umum.

cool, sedjuk, dingin; *to* ~, sedjukkan (menjedjukkan), dinginkan (men).

cooler, pendingin.

coolie, kuli.

co-operate, bekerdja sama.

co-operation, kerdja sama, koperasi.

co-operative, ~ *store,* toko koperasi.

co-operator, pekerdja sama.

cop, agen polisi.

cope, ~ *with,* sali akan.

copious, mewah, limpah.

copper, tembaga.

copper-smith, tukang tembaga, pandai tembaga.

coppice, belukar.

copy, salinan, petikan, turunan, kopi; *to* ∼, salin (menjalin), petik (memetik); tiru (meniru).

copy-book, buku tulisan.

copyist, penjalin.

copyright, hak pengarang.

coral, karang.

cord, tali.

cordage, tali-temali.

cordial, dengan sungguh hati.

core, teras, hati, inti.

cork, kaju gabus; sumbat.

corkscrew, pembuka botol, kotrek.

corn, gandum; djagung; kati-mumul.

corned, ∼ *beef,* daging belek, daging kaleng.

corner, sudut, pendjuru; kornel.

cornet, tampin.

coronation, pelantikan, pena-balan.

coroner, pemeriksa majat.

corporal, kopral; djasmani.

corporation, perkumpulan, persekutuan, korporasi.

corps, korps; pasukan; golongan.

corpse, majat, bangkai.

corpulent, tambun, gemuk.

correct, benar, betul; *to* ∼, per-baiki (mem), adjari (meng).

correction, pembetulan. perbaikan; pengadjaran..

correspond, berkirim-kiriman surat, surat-menjurat; sesuai dengan.

correspondence, surat-menjurat, hal berkirim-kiriman surat; persesuaian.

correspondent, koresponden, djuru surat-menjurat, djuru kabar;

bersesuaian.

corroborate, sahkan (men), tegaskan (menegaskan).

corroboration, pengesahan, penegasan.

corrode, makan, makan karat, berkarat.

corrosive, keras.

corrugate, ∼*d iron,* besi lantai bergelugur.

corrupt, busuk, rusak; korup, dapat disuapi; *to* ∼, rusakkan (me); suapi (menjuapi).

corruptible, dapat disuapi.

corruption, korupsi, kebusukan, suapan.

corsair, perompak, badjak laut.

corset, korset.

cortege, iringan, pengiringan.

cost, harga, ongkos, belandja; *to* ∼, berharga.

costly, mahal, mahal harganja.

costume, pakaian.

cosy, senang; kupluk.

cottage, pondok.

cotton, kapas, kain.

cotton-mill, paberik kain (kapas).

cotton-wool, kapas.

cough, batuk.

coulter, najam.

council, dewan.

councillor, anggauta dewan.

counsel, dewan; nasihat, permu-sjawaratan; penasihat; *to* ∼, nasihatkan (me); *to take* ∼, minta musjawarat.

counsellor, penasihat.

count, hitung (meng), bilang (mem).

countenance, muka, durdja, wadjah.

counter, pembilang; medja ke-daian; berlawanan; *to* ∼, rintangi (me); tangkiskan (menangkiskan).

counterfeit, tiruan, palsu, lantjung.

countermand, tjabut (men); tiadakan (meniadakan), hapuskan (meng).

counterpane, seperai.

counterpart, lawan; kopi.

counter-plea, balasan djawab.

countersign, penanda tangani serta.

countless, tidak terbilang.

country, negeri, tanah air, tanah tumpah darah; desa, dusun.

countryman, orang desa, orang dusun.

couple, kelamin, djodoh, pasang; to ~, hubungkan (meng), djodohkan (men).

couplet, ajat, bait.

coupon, kupon.

courage, keberanian.

courageous, berani.

courier, utusan, pesuruh.

course, djalan, tudju, perlumbaan; lapangan perlumbaan; kursus; djadjar; sadjian; kelakuan; in due~, djika waktu mengizinkan; in the ~ of, selama sementara; of ~, tentu, memang.

courser, kuda patjuan.

court, pengadilan tinggi, mahkamah; istana, dalam; taman, pekarangan; tempat main (tenis); to ~, tjari (men); tudju (menudju); berkasih-kasihan.

courteous, berbudi bahasa, beradab, dengan hormat.

courtesy, budi bahasa, adab, keadaban.

courtier, anggota istana.

courtly, lemah lembut.

court-martial, pengadilan tentera, madjelis hukum perang.

courtship, tjumbu-tjumbuan.

cousin, saudara sepupu.

covenant, perdjandjian, piagam.

cover, tutupan, penutupan; sampul, sarung; ban luar; perlindungan; to ~, tutup (menutup); sampuli (menjampuli); liputi (me); tempuh (menempuh) djarak.

coverlet, seperai.

covert, gelap, samar, tersembunji.

covet, inginkan (meng).

covetous, ingin; loba.

covey, kawan, gerombolan.

cow, lembu, sapi; to ~, takutkan (menakutkan).

coward, penakut, pengetjut.

cowardice, ketakutan.

cowardly, tjabar, tjabar hati.

cower, berdjongkok, tunduk.

cow-house, kandang sapi.

coxcomb, pesolek.

coxswain, djuru mudi.

coy, sopan, malu, kesipuan.

crab, kepiting.

crabbed, merengus.

crack, retak(an); bunji; djempol(an); to ~, meretak, bunjikan (mem); ~ed, gila.

cracker, petasan; biskuit.

cradle, buaian, ajunan.

craft, pekerdjaan tangan, pertukangan; tipu daja.

craftsman, pekerdja tangan, tukang.

crafty, tjerdik.

cram, djedjal (men).

cram-full, penuh sesak.

cramp, rojan, mulas, kedjang.

cranium, tengkorak, batu kepala.

crank, putaran (oto).

crash, kertak, gempar, gaduh; kedjatuhan; to ~, gertak

(meng), djatuh; to ~ against,
bertumbuk dengan.

crate, pembungkus (dari kaju atau
bambu).

crater, kawah.

cravat, dasi.

crave, pohon (memohon),
rindukan (me).

craving, ketagihan.

crawl, rangkak (me), rajap (me);
to ~ with, germut (meng).

crayon, kapur gambar.

crazy, gila.

creak, gertah (meng), berkeriut.

cream, kepala susu; kesuma
(bangsa); putih kuning.

crease, kisut, lipatan.

create, tjiptakan (men), adakan
(meng), sebabkan (menjebab-
kan), djadikan (men).

creation, tjiptaan, kedjadian

creator, pentjipta.

creature, machluk, chalajak,
kedjadian.

credentials, surat-surat kepertja-
jaan, surat-surat pengesahan.

credible, boleh dipertjajai.

credit, kepertjajaan; keharuman;
pengaruh; kredit; to ~,
pertjajai (mem); kreditkan
(mengereditkan).

creditable, sopan, mulia.

creditor, penagih utang, kreditur.

credulous, lekas pertjaja.

creed, kepertjajaan, iman, agama.

creek, teluk, suak.

creep, rangkak (me), rajap (me),
djalar (men); it made my flesh
~, seram kulit saja; to ~ with,
berkerumun, menjemut.

creepy, mengerikan.

cremation, pembakaran majat.

crescent, bulan timbul.

crest, djambul.

cretaceous, berupa kapur.

crevice, tjelah.

crew, anak kapal; regu; kawanan.

cricket, djangkrik, belalang.

crier, penjiar.

crime, kedjahatan.

criminal, pendjahat; djahat.

crimson, kirmizi.

cringe, hinakan (meng) diri.

cripple, timpang, pintjang.

crisis, krisis, kegentingan.

crisp, garing.

critic, pengeritik, pengetjam.

critical, keritis, genting.

criticism, keritik, ketjaman.

criticize, keritikkan (menge-
ritikkan), bahas (mem),
ketjamkan (mengetjamkan).

critique, keritik, bahas, ketjaman.

croak, uik (meng).

crochet, radjutan; to ~, radjut
(me).

crockery, tembikar.

crocodile, buaja.

crony, sobat keras.

crook, kait, keluk; penipu; to ~,
berkeluk, bengkokkan (mem),
perdajakan (mem), tipu
(menipu).

crooked, bengkok, lengkung;
keroh.

croon, bersenandung.

crop, penuaian, panen, hasil
tanah; to ~, tuai (menuai),
ketam (mengetam).

cross, salib; persimpangan,
persilangan; lintang; to ~,
sengkelang (menjengkelang),
silang-menjilang; seberangi
(menjeberangi).

crossing, kelintangan, persim-
pangan; pelintasan; penje-
berangan.

cross-road, persimpangan,

simpang dua, simpang empat, perapatan.

cross-word puzzle, teka-teki silang.

crouch, tunduk, endap (meng).

crow, gagak; to ~, berkokok.

crowbar, linggis.

crowd, orang banjak; perhimpunan, perkumpulan; gerombolan; to ~, berkerumun, berdujun-dujun; ~ed, penuh (sesak).

crown, mahkota; ubun-ubun; mata uang (5 shilling); to ~, tabalkan (menabalkan), kenakan (mengenakan) mahkota.

crucial, berupa salib; genting.

crucible, kui.

crucify, salibkan (menjalibkan).

crude, kasar, mentah (minjak); primitip.

cruel, bengis.

cruelty, kebengisan.

cruet-stand, tempat tjuka.

cruise, pelajaran simpang siur; to ~, berlajar simpang siur, djeladjah (men).

cruiser, kapal djeladjah, pendjeladjah.

crumb, remah: to ~, meremah-remah.

crumble, repih (me).

crumbly, repih.

crumple, kisut (mengisut), kumalkan (mengumalkan).

crunch, kerkah (mengerkah).

crupper, emban ekor.

crush, hantjurkan (meng); tekan (menekan); peras (memeras).

crust, kulit, kerak.

crustacean, kerang-kerangan.

crutch, tongkat ketiak.

cry, teriak(an), pekik(an); to ~,

berteriak, pekik (memekik); tangis (menangis).

crystal, hablur, kristal.

crystallize, menghablur, mengristal.

cube, dadu; kubus.

cubic(al), kubik.

cucumber, ketimun, mentimun.

cudgel, gada, pentung, belantan.

cue, pertundjuk, isjarat.

cuff, manset; tampar, tempeleng.

cuirass, badju zirah, badju besi.

culminate, memuntjak.

culmination, puntjak.

culpable, salah, bersalah.

culprit, orang salah, pendjahat.

cult, ibadat.

cultivate, usahakan (meng), tanamkan (menanamkan), biakkan (mem); peradabkan (mem).

cultivation, pengusahaan, penanaman, biakan; peradaban.

culture, kultur, peradaban.

cunning, tjerdik.

cup, mangkok, tjawan, piala; penampung (getah).

cupboard, lemari.

cupola, kubah.

cup-tie, pertandingan piala.

curator, wali (al-mal).

curb, rantai kekang; to ~, kendalikan (mengendalikan), tahankan (menahankan).

curbstone, pinggir djalan tepi.

curdle, bergumpal, beku (mem).

cure, pengobatan; to ~, obati (meng).

curfew, djam malam; pembatasan berdjalan malam.

curiosity, keadjaiban, kegandjilan; keinginan tahu.

curious, adjaib, gandjil, ingin tahu.

curl, ikal; lingkar; *to* ∼, ikal (meng), lingkar (me).

curly, mengikal, keriting.

currant, kismis.

currency, kurs, imbangan; peredaran, uang.

current, arus; laku; beredar; hangat.

curry, kari.

curse, kutuk; *to* ∼, kutuki (mengutuki).

cursive, miring, tjondong.

cursory, sepintas lalu, segera.

curtail, pendekkan (memendekkan).

curtain, tirai, tabir.

curts(e)y, tunduk (menunduk).

curve, keluk, lengkung; belok; *to* ∼, berkeluk, membelok.

cushion, bantal.

custody, tahanan, hukuman kurungan.

custom, adat, kebiasaan; langganan; ∼*s,* pabean.

customary, biasa, lazim.

customer, langganan.

custom-house, kantor pabean; ∼ *officer,* pengawas bea.

cut, potongan, tetak; *a short* ∼, djalan memotong; *to* ∼, potong (memotong), gunting (meng), tetak (menetak), rintas (me).

cuticle, kulit ari.

cutlet, karmonantji.

cut-out, guntingan (surat kabar).

cut-throat, pembunuh.

cycle, sepeda, kereta angin; peredaran; *to* ∼, naik sepeda, bersepeda.

cyclist, orang naik sepeda.

cyclone, pusaran angin, topan.

cylinder, silinder.

cylindric(al), pandjang bulat, bulat torak.

cypress, saru.

cyst, kista.

D.

dab, djaram (men).

dad, pak, bapak.

dagger, keris, sekin.

dahlia, (bunga) dalia.

daily, tiap-tiap hari, sehari-hari; harian.

dairy, tempat memerah (air) susu.

dale, lembah.

dally, berkeras-kerasan; *to* ∼ *away,* boroskan (mem).

dam, bendung, bendungan; *to* ∼ *(up),* bendungi (mem).

damage, rugi, kerugian; kerusakan; ∼*s,* ganti rugi; *to* ∼, rugikan (me), rusakkan (me).

damn, kutub, la'nat; *to* ∼, kutuki (mengutuki), bersumpah, menjumpahi, la'natkan (me).

damnable, patut kena la'nat.

damp, kabut, kelembaban; lembab; *to* ∼, lembabkan (me).

dance, tari, dangsa; *to* ∼, bertari, menari, berdangsa.

dancer, penari, orang berdangsa.

dancing, tari-tarian; ruangan (tempat) orang berdangsa.

dandruff, kelemumur.

dandy, pesolek.

danger, bahaja.

dangerous, berbahaja.

dangle, berdjuntai.

dank, lembab, basah.

Danube, (sungai) Donau.

dare, berani; *I* ∼ *say,* pada pikiran saja.

daredevil, orang berani mati.

daring, keberanian.

dark, gelap.

darken, mendjadi gelap, gelapkan (meng).

darkness, kegelapan.

darling, kekasih, tangkai hati.

darn, djerumat (men).

dash, ketuk; teguk; tanda perangkai; *to* ~, retjik (me); *to* ~ *away*, bantingkan (mem).

dash-board, sepatbor; papan alat-alat.

dastard, penakut, pengetjut; tjabar.

data, pemberian-pemberian, keterangan-keterangan.

date, tanggal, tarich, hari bulan; perdjandjian; kurma; *out of* ~, kolot, tjara dulu kala; *up to* ~, modern, mutachir; *to* ~, tanggalkan (menanggalkan), tarichkan (men); *to* ~ *from,* mulai tanggal.

daub, lumuran; *to* ~, lumurkan (me).

daughter, anak perempuan.

daughter-in-law, menantu perempuan.

dauntless, tidak takut, berani.

dawn, fadjar, dini hari; *at* ~, waktu fadjar menjingsing.

day, hari; *one* ~, sekali peristiwa.

daybreak, dini hari, fadjar.

day-labourer, pekerdja harian, orang upah harian.

daze, silaukan (menjilaukan), butakan (mem); dahsjatkan (men).

dazzle, silaukan (menjilaukan); samarkan (menjamarkan).

dead, mati; sunji senjap; ~ *certainty,* kepastian jang mutlak; *in* ~ *earnest,* dengan sungguh mati.

deaden, matikan (me).

deadlock, *be at a* ~, menemui djalan buntu.

deadly, mematikan, kematian.

deaf, tuli; ~ *and dumb,* bisu tuli.

deafen, tulikan (menulikan).

deafness, ketulian.

deal, banjaknja; *a great (good)* ~, banjak sekali; *to* ~, bagi (mem), berniaga, berdjual; *to* ~ *with,* berniaga dengan; perlakukan (mem); *it is a* ~*!,* mupakat!, akur!

dealer, pembagi; pedagang, saudagar, pendjual.

dealing, perlakuan, perbuatan; *have no* ~*s with,* tiada bersangkut paut.

dear, kekasih, jang dikasihi; mahal; ~ *Sir,* Tuan jang terhormat.

dearness, kemahalan.

dearth, kekurangan.

death, kematian.

death-bed, tempat tidur orang mati.

death-rate, permautan.

debar, tegahkan (menegahkan), tolakkan (menolakkan).

debase, hinakan (meng); palsukan (memalsukan).

debate, debat, perdebatan; *to* ~, berdebat; perdebatkan (mem).

debility, kelemahan.

debit, debit; *to* ~, debitir (men).

debt, utang.

debtor, orang berutang, si berutang.

debut, tindakan jang pertama.

decadence, kemunduran.

decanter, karap.

decapitate, memenggal(p) kepala.

decay, kemunduran; *to* ~, mundur, mendjadi buruk.

decease, meninggal, mangkat,

wafat.

deceit, tipu. penipuan.

deceitful, tipuan.

deceive, tipu (menipu); *deceived,* tertipu.

December, (bulan) Desember.

deceiver, penipu.

decency, kesopanan.

decent, sopan, patut, lajak, tahu adat.

decentralization, desentralisasi, pemantjaran pemerintahan.

deception, tipu, penipuan.

decide, putuskan (memutuskan), tentukan (menentukan), tetapkan (menetapkan).

decimal, persepuluhan.

decision, keputusan, ketentuan, penetapan.

deck, geladak, dek.

deck-chair, kursi dek.

declaration, keterangan; maklumat.

declare, terangkan (menerangkan); maklumkan (me).

declination, deklinasi, simpang datar.

decline, kemunduran; *to* ~, miring; mundur; tolak (menolak).

declivity, lereng.

decompose, uraikan (meng).

decomposition, uraian.

decorate, hiasi (meng).

decoration, hiasan, perhiasan; tanda kehormatan.

decorous, sopan, sopan santun.

decorum, kesopanan; hiasan.

decoy, pikatan; *to* ~, pikat (memikat).

decrease, pengurangan; *to* ~, kurangkan (mengurangkan), berkurang.

decree, keputusan, penetapan,

firman; *to* ~, putuskan (memutuskan), tetapkan (menetapkan).

decry, salahkan (menjalahkan), tjelakan (men).

dedicate, serahkan (menjerahkan) diri.

dedication, penjerahan diri.

deduce, turunkan (menurunkan).

deduct, potong (memotong).

deduction, potongan; kesimpulan.

deed, perbuatan; kenjataan.

deem, sangka (menjangka).

deep, dalam.

deepness, kedalaman.

deep-rooted, berurat berakar.

deer, rusa, mendjangan.

deface, rusakkan (me); kotorkan (mengotorkan); hapuskan (meng).

defamation, fitnah, umpat(an).

default, ketiadaan; *by* ~, dengan tak hadir; *to* ~, alpakan (meng), lalaikan (me).

defeat, kealahan; *to* ~, alahkan (meng); tolakkan (menolakkan); gagalkan (meng).

defecate, buang (mem) air.

defect, tjatjat, salah, kerusakan.

defection, durhaka, murtad.

defence, pertahanan, pembelaan, perlawanan.

defenceless, tidak dapat melawan.

defend, pertahankan (mem); lindungkan (me); bela (mem), lawan (me).

defendant, orang jang disita, terdakwa.

defender, pembela.

defer, tunda (menunda), undurkan (meng); turutkan (menurutkan).

deference, hormat, kehormatan.

defiance, tantangan.

defiant, menantang.

deficiency, kekurangan.

deficient, berkekurangan.

deficit, kekurangan (uang).

defile, depile; to ~, tjemarkan (men); perkosa (mem).

defilement, ketjemaran, perkosaan.

define, sifatkan (men); tentukan (menentukan), tetapkan (menetapkan), batasi (mem).

definite, tertentu, pasti.

definition, ketetapan, ketentuan, definisi.

deflect, bias (mem).

deformed, salah bentuk.

deformity, tjatjat rupa.

defraud, tipu (menipu).

defray, belandjai (mem).

defrayment, pembelandjaan.

degenerate, djadi (men) buruk, mendegenerasi.

degeneration, degenerasi.

degradation, penurunan pangkat.

degrade, turunkan (menurunkan) pangkat.

degree, pangkat, deradjat, martabat; by ~s, lama kelamaan.

deign, sudi, bertjemar kaki.

deity, ketuhanan.

dejected, murung.

delay, penundaan, pertangguhan, kelambatan; to ~, tunda (menunda), tangguhkan (menangguhkan), lambatkan (me).

delegate, wakil, utusan, djuru kuasa; to ~, wakilkan (me), utus (meng), kuasakan (menguasakan).

delegation, delegasi, perwakilan, pengutusan.

deliberate, dengan sengadja; timbang-menimbang; to ~, timbang (menimbang); berembuk, berunding.

deliberation, perembukan, perundingan, timbangan.

delicacy, sedapan, penganan.

delicate, sedap, lazat; sopan (santun).

delicious, njaman, enak.

delight, kesukaan, kenikmatan.

delightful, sedap, enak, lazat.

delinquent, pelanggar, pendjahat.

delirious, meratjau, mengigau; gila, madjenun.

deliver, lepaskan (me), merdekakan (me), bebaskan (mem); hantarkan (meng), serahkan (menjerahkan); to ~ a speech, berpidato, utjapkan (meng) pidato.

deliverance, kelepasan, kebebasan, kemerdekaan.

delivery, penjerahan; persalinan.

delta, delta.

delude, tipu (menipu).

deluge, air bah.

delusion, chajal, waham.

demagogue, pengandjur rakjat.

demand, tuntutan, permintaan, permohonan; ~ and supply, permintaan dan penawaran; in ~, laku; to ~, tuntut (menuntut), minta (me).

demarcation, batas, perbatasan.

demean, ~ oneself, berhina diri.

demeanour, sikap, kelakuan.

demented, sakit otak, sakit rohani, gila.

demerit, tjatjatan, kekurangan.

demesne, tanah negeri; daerah.

democracy, demokrasi, kerakjatan.

democrat, demokrat.

democratic(al), demokratis.

demolish, runtuhkan (me), bongkar (mem), musnahkan (me).

demolition, keruntuhan, pembongkaran, kemusnahan.

demon, djin, buta, iblis, setan.

demonstrate, tundjukkan (menundjukkan), terangkan (menerangkan), buktikan (mem).

demonstration, pertundjukan, keterangan, bukti, demonstrasi.

demoralize, rusakkan (me) semangat, rusakkan (me) moril.

demur, beragu-ragu; berkeberatan, protes (memerotes), sanggah (menjanggah).

demure, sopan, susila.

den, djerumun, gua.

denial, keingkaran, penjangkalan.

Denmark, Denemarken.

denominate, namai (me), gelari (meng); ~d, bernama.

denomination, nama, gelaran.

denominational, ~ education, pengadjaran beragama.

denominator, penjebut (petjahan).

denote, tundjuk (menundjuk), tandakan (menandakan).

denounce, beri (mem) tahukan, maklumkan (me); putuskan (memutuskan), perhentikan (mem).

dense, rapat, lebat; bebal.

dent, lekuk, kepuk; to ~, lekukkan (me), kepukkan (mengepukkan).

dental, ~ surgery, ilmu penjakit gigi.

dentist, dokter gigi; tukang gigi.

dentistry, ilmu penjakit gigi.

denunciation, pemberi tahuan, maklumat, perhentian.

deny, ingkari (meng), sangkal (menjangkal), mungkiri (me).

depart, berangkat, pergi, bertolak; to ~ from life, meninggal (dunia).

department, departemen; bagian; daerah; djabatan; ~ store, toko barang-barang.

departure, keberangkatan, kepergian.

depend, ~ on, bergantung kepada; ta'luk.

dependencies, rumah turutan; daerah ta'luk.

dependent, tergantung kepada, bergantung kepada.

deplorable, patut disajangi.

deplore, sajangi (menjajangi), ratapi (me).

deport, buang (mem).

deportation, pembuangan.

deportee, (orang) buangan.

deportment, sikap, kelakuan. tindakan.

deposit, petaruh, simpanan, penjimpanan; endapan, enapan; to ~, menaruh, menjimpan.

depositor, penjimpan.

depot, depot, gedung.

depravation, kerusakan, kedjahatan.

deprave, rusakkan (me); ~d, djahat, tjabul.

depravity, kedjahatan.

deprecate, batalkan (mem), tjela (men).

depreciate, tjapak (men); turun harga.

depreciation, (penghapusan sebab) harga menurun.

depress, tekan (menekan), susahkan (menjusahkan) hati.

depression, murung, kedukaan; depresi; meleset.

deprivation, pengambilan; pemetjatan.

deprive, ambil (meng); petjatkan (memetjatkan).

depth, dalam(nja).

deputation, utusan, suruhan. deputasi, wakil.

depute, utus (meng), wakilkan (me).

deputize, ~ for, ganti (meng).

deputy, utusan, djuru kuasa, penguasa; wakil.

derail, be ~ed, keluar rel.

derange, katjaukan (mengatjaukan).

derangement, kekatjauan.

derelict, tertinggal; tiada terpelihara.

dereliction, ~ of duty, kelalaian kewadjiban.

deride, olok-olok (meng), perolokkan (mem), sindir (menjindir).

derision, (olok)-olokan, sindiran.

derivation, turunan; asal.

derive, turunkan (menurunkan); berasal.

derogate, ~ from, rugikan (me).

derrick, kuda-kuda, tjagak; (menara) pemboran minjak.

descend, turun, berasal.

descendant, turunan, anak tjutju.

descent, keturunan.

describe, sifatkan (menjifatkan), surati (menjurati), perikan (memerikan).

description, sifat, keterangan, kenjataan, uraian; keterangan rupa.

desecrate, tjabuli (men), nadjiskan (me).

desert, padang pasir, gurun; sunji, sunji senjap, ketinggalan; djasa; to ~, tinggalkan (meninggalkan), belot (mem).

deserter, pembelot, orang pelari (dari tentera).

desertion, peninggalan, pelarian.

deserve, patut di ......, harus di

......; to ~ well of, berdjasa.

deservedly, menurut ketjakapan.

deserving, berdjasa.

design, gambar, peta, lukisan; rantjangan, tjontoh; maksud; by ~, dengan sengadja; to ~, rantjangkan (me); maksudi (me).

designate, tandai (menandai), namai (menamai), untukkan (meng).

designation, tanda, nama, penguntukan.

designedly, dengan sengadja.

designer, perantjang; djuru gambar, pelukis.

desire, kehendak, hasrat, keinginan, kerinduan; to ~, kehendaki (mengehendaki), hasratkan (meng), ingini (meng).

desirous, ingin, rindu.

desist, tinggalkan (meninggalkan), biarkan (mem), berhenti.

desk, medja tulis; kas.

desolate, sunji senjap; to ~, binasakan (mem).

desolation, pembinasaan; kesunjian.

despair, putus asa, keputus asaan.

desperate, berputus asa, berputus harap.

despicable, hina, leta, kedji.

despise, hinakan (meng), kedjikan (mengedjikan).

despite, meskipun, kendati.

despondent, tawar hati.

despot, orang lalim, penganiaja.

dessert, tambul.

destination, tempat (jang ditudju).

destine, takdirkan (men); ~d hour, adjal.

destiny, nasib, takdir.

destitute, papa, miskin, perlu ditolong.

destitution, kepapaan, kemiskinan.

destroy, binasakan (mem), rusakkan (me), robohkan (me), musnahkan (me).

destroyer, pengrusak; kapal pengrusak.

destruction, pembinasaan, pengrusakan, perobohan, kemusnahan.

destructive, membinasakan, merobohkan.

detach, tjeraikan (men); asingkan (meng); pekerdjakan (mem).

detachment, pentjeraian, pengasingan; detasemen.

detail, ~s, hal ihwal; seluk-beluk.

detain, tahan (menahan), tahani (menahani).

detainment, tahanan.

detect, djumpai (men), temui (menemui); susuli (menjusuli).

detection, pendjumpaan, penemuan; penjusulan.

detective, polisi rahasia, sersi, penjusul.

deter, djerakan (men).

deteriorate, mendjadi buruk, mendjadi busuk.

deterioration, keburukan, kebusukan.

determination, ketetapan, penetapan.

determine, tetapkan (menetapkan), putuskan (memutuskan); achiri (meng).

determined, tetap, bulat hati, keras hati.

detest, djidjikkan (men), bentji (mem).

detestable, djidjik, kebentjian.

dethrone, mazulkan (me).

detract, ~ from, rugikan (me), lemahkan (me); hinakan (meng).

detraction, penghinaan, umpatan.

detractor, pengumpat.

detriment, rugi, kerugian.

detrimental, merugikan.

deuce, go to the ~!, pergi persetan!

deuced, persetan.

devastate, binasakan (mem).

devastation, pembinasaan.

develop, uraikan (meng), kupas (mengupas); tjerdaskan (men); perluaskan (mem); tjutji (men) (pilem); bina (mem).

development, uraian, kupasan, ketjerdasan; perluasan; pembinaan.

deviate, simpang (menjimpang), bias (mem), berbeda.

deviation, simpangan, perbedaan.

device, maksud, muslihat, daja; sembojan; left to his own ~s, terlantar.

devil, setan, iblis.

devilish, setani.

devicus, berbelit-belit.

devise, pikirkan (memikirkan), akali (meng).

devolve, serahkan (menjerahkan); ~ upon, beralih kepada.

devote, tahbiskan (men), baktikan (mem); wakafkan (me), serahkan (menjerahkan).

devoted, tahbis, asjik, berbakti.

devotee, orang jang berbakti.

devotion, pembaktian, keimanan.

devour, makan (me).

devout, saleh, beriman.

dew, embun; to ~, mengembun.

dexterity, ketangkasan.

dexterous, tangkas.

diabetes, penjakit gula, penjakit

kentjing manis.

diabetic, orang jang berpenjakit gula.

diabolic, setani.

diagnosis, diagnosa.

diagonal, garis sudut-menjudut.

diagram, diagram.

dialect, dialek.

dialogue, pertjakapan.

diameter, garis menengah.

diamond, intan.

diaphragm, sekat rongga badan; diafragma (lensa).

diary, buku harian.

dice, dadu; to ~, main dadu.

dictate, imlakan (meng), diktekan (men).

dictation, imla, dikte.

dictator, diktator.

dictatorship, diktatur.

diction, lagu.

dictionary, kamus, logat.

die, dadu; tjap, tera; to ~, mati, meninggal, mangkat, wafat.

diet, makan berpantang.

differ, berbeda, berlainan, berselisih.

difference, perbedaan, kelainan, perselisihan.

different, berbeda, lain daripada.

difficult, sukar, susah.

difficulty, kesukaran, kesusahan.

diffident, malu.

diffuse, tersebar; landjut; to ~, sebarkan (menjebarkan).

diffusion, penjebaran.

dig, gali (meng).

digest, ichtisar; to ~, tjernakan (men).

digestion, pentjernaan.

digger, penggali.

dignified, nulia.

dignitary, pembesar.

dignity, kemuliaan.

digression, sesatan, kesesatan.

dike, bendung.

dilapidated, telantar, bobrok, buruk.

dilate, muai, kembang (mengembang); to ~ upon, landjutkan (me) perkataan; ~d eyes, mata terbeliak.

dilemma, pilihan jang sulit.

diligence, keradjinan.

diligent, radjin.

dilute, entjerkan (meng).

dilution, entjeran.

dim, kelam; to ~, kelamkan (mengelamkan); mendim (lampu oto).

dime, sepersepuluh dollar.

dimension, ukuran, matra.

diminish, kurangkan (mengurangkan).

diminution, pengurangan.

diminutive, kata pengetjil.

dimness, kekelaman.

dimple, tjawak (pipi).

din, gempar, gaduh, geger.

dine, makan malam.

dingy, kotor, buruk.

dining-car, kereta makan.

dining-room, kamar makan.

dinner, makan(an) malam.

dinner-party, perdjamuan makan malam.

dinner-plate, piring tjeper.

dinner-time, waktu makan malam.

dip, tjelupkan (men).

diphthong, bunji jang berpadai, bunji jang berpadu.

diploma, (surat) idjazah, diploma.

diplomacy, diplomasi.

diplomat, diplomat.

diplomatic, diplomatis.

diplomatist, ahli diplomat.

dire, ngeri, mendahsjatkan.

direct, langsung; serta-merta; terus

terang; ~ *current,* arus searah;
to ~, pimpin (memimpin), pe-
rintahkan (memerintahkan);
alamatkan (meng); tundjukkan
(menundjukkan).

direction, direksi, pimpinan,
pemerintahan; alamat; petun-
djuk; arah.

directive, pertundjuk, pedoman.

directly, dengan sebentar, serta-
merta; pada saat itu djuga.

director, direktur, pemimpin,
pengurus, pengemudi.

directory, buku alamat.

directress, direktur wanita.

dirge, ratapan sabak.

dirigible, dapat dikemudikan.

dirt, kotoran, ketjemaran.

dirt-cheap, bukan main murahnja.

dirty, kotor, tjemar.

disable, lemahkan (me), rusakkan
(me); ~*d,* ilat.

disadvantage, rugi, kerugian.

disadvantageous, merugi(kan).

disaffected, rongseng, kurang
senang; durhaka.

disagree, berbeda, tidak setudju,
tidak sepakat; tidak sesuai.

disagreeable, tidak sedap, tidak
enak; tidak berkenan akan.

disagreement, perbedaan, perse-
lisihan, pertjektjokan.

disappear, hilang, lenjap.

disappearance, kehilangan,
kelenjapan.

disappoint, ketjewakan
(mengetjewakan).

disappointment, keketjewaan.

disapprobation, penolakan,
pengapkiran, pembatalan.

disapprove, salahkan (menja-
lahkan), tjelakan (men), tolak
(menolak), apkir (meng),
batalkan (mem).

disarm, lutjutkan (me) sendjata.

disarmament, perlutjutan sendjata.

disaster, bala, tjelaka, mara.

disastrous, malang, tjelaka.

disavow, sangkal (menjangkal),
mungkirkan (me).

disavowal, sangkalan, penjang-
kalan, mungkiran.

disband, bubarkan (mem).

disbelieve, tidak pertjaja, tidak
beriman.

disburse, bajar (mem), membajar
dimuka.

discard, buang (mem).

discharge, pemetjatan, lepas; pem-
bebasan; *to* ~,
petjatkan (memetjatkan),
lepaskan (me); bebaskan
(mem); lepaskan (me) tem-
bakan.

disciple, murid.

discipline, disiplin, tata tertib,
ketertiban.

disclose, buka (mem), njatakan
(me); wahjukan (me).

disclosure, pembukaan, pernja-
taan, wahju.

discolour, luntur, turun warna,
berubah warna.

discomfort, kesusahan.

disconcert, gagalkan (meng);
bingungkan (mem), katjaukan
(mengatjaukan).

disconnect, buka (mem); uraikan
(meng).

disconsolate, tidak terhiburkan.

discontented, rongseng, kurang
senang.

discontinue, perhentikan (mem).

discord, perselisihan; ketjederaan.

discordant, tidak selaras, tidak
sepadan, djanggal.

discount, potongan, diskonto; *to*
~, potong (memotong).

discourage, tjabarkan (men) hati, tawarkan (menawarkan) hati.

discourse, risalat, pidato; to ~, bitjarakan (mem).

discover, dapat (men), menemui; buka (mem) (rahasia).

discoverer, pendapat.

discovery, pendapat(an), penemuan.

discredit, kehilangan gensi; tidak pertjaja akan, busukkan (mem) nama.

discreditable, kedji.

discreet, bidjaksana, berbudi.

discrepancy, pertentangan.

discrepant, bertentangan, tidak sesuai, tidak setudju dengan.

discretion, kebidjaksanaan, akal, ichtiar.

discriminate, bedakan (mem).

discrimination, perbedaan.

discus, tjakeram, tjakera.

discuss, bitjarakan (mem), rembukkan (me).

discussion, pembitjaraan, perembukan.

disdain, hinakan (meng).

disdainful, menghinakan.

disease, penjakit.

diseased, sakit.

disembark, mendarat, turun dari kapal.

disembarkation, pendaratan.

disengage, lepaskan (me), bebaskan (mem).

disentangle, uraikan (meng).

disfavour, murka.

disgrace, in ~, kena murka; to ~, nistakan (me), bubuh (mem) arang dimuka.

disgraceful, kedji.

disguise, samaran; in ~, samar; without ~, dengan terus terang, bertalaran; to ~, samarkan

(menjamarkan); sembunjikan (menjembunjikan).

disgust, keseganan; muak, mual; to ~, djemukan (men), mualkan (me).

disgusting, memualkan, kedji.

dish, pinggan; sadjian, hidangan; to ~ up, angkat (meng)makan- [an.

dish-cloth, lap piring.

dishearten, tjabarkan (men) hati.

dishevel, kusut (mengusut).

dishonest, serong hati, tidak tulus.

dishonesty, keserongan.

dishonour, malu, tjela; to ~, memberi malu; tjabuli (men), rogol (me).

disillusion, keketjewaan.

disillusionize, ketjewakan (mengetjewakan).

disinclined, ~ to, enggan, segan.

disinfect, hapuskan (meng) hama.

disinfection, hapus hama.

disingenuous, pura-pura, munafik.

disinherit, tolak (menolak) dari warisan.

disinter, gali (meng).

disinterested, dengan tiada mentjari untung.

disinterment, penggalian.

disjoin, pisahkan (memisahkan), buka (mem).

disjoint, uraikan (meng).

disk, tjakera, tjakeram.

dislike, kesegan, bentji; to ~, segani (menjegani), tiada suka.

dislocated, terkehel, kiat.

dislocation, letak beralih.

dislodge, pindahkan (memindahkan); halaukan (meng).

disloyal, tidak teguh setianja, durhaka.

disloyalty, chianat, pendurhakaan.

dismal, susah hati.

dismantle, bongkar (mem), rombak (me).

dismay, kekedjutan, dahsjat; *to* ~, kedjutkan (mengedjutkan), dahsjatkan (men).

dismiss, bubarkan (mem), petjatkan (memetjatkan).

dismissal, pembubaran, pemetjatan.

dismount, turun; bongkar (mem).

disobedience, pendurhakaan.

disobedient, durhaka, tidak patih.

disobey, tidak turut (menurut) perintah, langgar (me).

disorder, kekatjauan; penjakit; ~*s,* huru-hara, kekusutan; *to* ~, katjaukan (mengatjaukan).

disown, tidak mengaku, sangkalkan (menjangkalkan).

disparage, hinakan (meng).

disparagement, penghinaan.

disparity, ketidaksamaan.

dispassionate, tidak memihak sebelah.

dispatch, pengiriman dengan segera; berita kilat, kawat; *to* ~, kirimkan (mengirimkan) dengan segera, selesaikan (menjelesaikan) dengan segera.

dispatch-note, kartu alamat (pospaket).

dispatch-rider, ordonans (ber) motor.

dispel, usir (meng), halaukan (meng).

dispensary, rumah obat.

dispensation, pembagian; pembebasan, kelonggaran.

dispense, bagi (mem), bebaskan (mem), ma'afkan (me).

disperse, tjerai-beraikan (men); usir (meng), halaukan (meng), hambur (meng).

dispirit, tjabarkan (men) hati.

displace, pindahkan (memindahkan); gantikan (meng).

display, pertundjukan, demonstrasi; *to* ~, pertundjukkan (mem).

displeased, sakit hati.

displeasure, murka, marah.

disposal, *have the* ~ *of,* dapat (boleh) mempergunakan; *for* ~, akan didjual.

dispose, atur (meng); untukkan (meng); *to* ~ *of,* kuasai (menguasai); bantahi (mem); djual (men); ~*d,* tjenderung.

disposition, aturan, peraturan; putusan, disposisi, ketjenderungan.

dispossess, rampas (me).

dispossession, perampasan.

disproportion, perbandingan djanggal.

disprove, bantahi (mem).

dispute, perselisihan, perbantahan; *to* ~, berselisih, berbantah.

disqualify, tjabut (men) hak (kuasa); ketjualikan (mengetjualikan).

disquiet, kegelisahan; *to* ~, gelisahkan (meng).

disregard, pelalaian; *to* ~, lalaikan (me), abaikan (meng), tidak mengindahkan, tidak memperdulikan.

disreputable, busuk nama, kedji.

disrespectful, kurang hormat.

dissatisfaction, keketjewaan.

dissatisfy, ketjewakan (mengetjewakan).

dissect, uraikan (meng).

dissection, uraian.

dissemble, samarkan (menjamarkan); berpura-pura.

disseminate, taburkan (menaburkan).

dissension, pertjederaan.

dissimilar, tidak sama, berbedaan.

dissimulate, samarkan (menjamarkan), sembunjikan (menjembunjikan); berpurapura.

dissipate, halaukan (meng), usir (meng); buang (mem), boroskan (mem).

dissociate, tjeraikan (men).

dissolute, risau, djangak.

dissolve, larut (me), hantjurkan (meng); leburkan (me).

dissonance, bunji djanggal.

dissuade, tegahkan (menegahkan).

distance, djauh(nja).

distant, djauh, terpentjil.

distaste, segan, muak.

distasteful, tidak sedap, tidak njaman.

distil, suling (menjuling).

distillation, sulingan.

distinct, berbedaan, berlainan; tersendiri; njaring; tentu, pasti; *as ~ from,* melawan, sebaliknja dari.

distinction, perbedaan, kelainan; kemuliaan, deradjat, martabat, pangkat.

distinguish, perbedakan (mem).

distinguished, mulia, berpangkat.

distort, ~*ed,* riuk, erot, tjengkong.

distract, katjaukan (mengatjaukan), bingungkan (mem), sesatkan (menjesatkan).

distracted, katjau, bingung, sesat; gila.

distraction, kekatjauan, kebingungan, kesesatan; *love to ~,* gila berahi.

distress, kesukaran, kesusahan, darurat; *to ~,* sukarkan (menjukarkan), susahkan (menjusahkan); sedihkan

(menjedihkan).

distribute, siarkan (menjiarkan); bagikan (mem).

distribution, penjiaran; pembagian, distribusi.

district, distrik; daerah; kewedanan.

distrust, sjak wasangka.

distrustful, menaruh sjak.

disturb, katjaukan (mengatjaukan), ganggu (meng), gaduhkan (meng).

disturbance, kekatjauan, gangguan, kegaduhan; ~*s,* kekusutan, keributan.

disunite, tjeraikan (men).

ditch, selokan, parit.

ditto, dito.

ditty, ragam, njanjian.

divan, dipan.

dive, selam (menjelam), selundup (menjelundup).

dive-bomber, pesawat penjelundup pelembar bom.

diver, djuru selam.

diverge, simpang (menjimpang), pentjar (mementjar), berbeda.

divergence, simpangan, perbedaan.

divergent, menjimpang, berbeda, mementjar.

diverse, berbagai-bagai, bermatjam-matjam, aneka, pelbagai.

diversion, kesenangan.

divert, tangkiskan (menangkiskan); palingkan (memalingkan); senangkan (menjenangkan).

diverting, menjenangkan, menjukakan hati, lutju.

divide, bagi (mem), tjeraikan (men).

dividend, bilangan jang dibagi; dividend, untung sero.

divine, ilahi; *to* ~, terka (menerka); ramalkan (me).

divinity, keilahian, ilahiat; keallahan.

divisible, dapat dibagi, habis dibagi.

division, pembagian; bagian; dipisi.

divisor, pembagi.

divorce, pertjeraian, talak; *to* ~, bertjerai.

divulge, maklumkan (me), umumkan (meng), membuka rahasia.

dizzy, pusing kepala, pening, bingung.

do, buat (mem), bikin (mem), kerdjakan (mengerdjakan); *how do you* ~?, apa chabar?; *that will* ~!, bolehlah, djadilah!; *don't,* djangan.

docile, patih, ta'at.

dock, kalangan, limbung.

dockyard, kalangan, galangan.

doctor, doktor; tabib, dokter.

doctrine, adjaran.

document, dokumen.

dodge, elakkan (meng); selundupkan (menjelundupkan).

doe, rusa betina.

dog, andjing; *lucky* ~, pemudjur.

dogged, liat, alot.

dogma, kepertjajaan agama.

doing, perbuatan; *his* ~s, tingkah lakunja.

dole, derma.

doleful, murung, dukatjita.

doll, boneka, anak-anakan.

dolphin, ikan lumba-lumba.

domain, tanah, daerah.

domestic, ~ *servant,* djongos, babu.

domicile, tempat kedudukan, tempat tinggal, tempat kediaman.

dominate, perintahkan (memerintahkan), djadjahi (men), lebihi (me).

domination, pemerintahan, pendjadjahan, kelebihan.

dominion, djadjahan Inggeris jang berpemerintah sendiri.

domino, domino.

donation, pemberian, anugerah, hadiah.

donkey, keledai.

donor, pemberi.

don't, *do not,* djangan.

doom, hukum, keputusan, nasib; *to* ~, menghukum.

door, pintu.

door-keeper, pendjaga pintu, penunggu pintu.

door-step, ambang, bendul pintu.

doorway, tempat masuk; pintu.

dope, pernis, minjak rengas; obat bius; kabar.

dormitory, ruangan tidur.

dose, takaran.

dot, titik, noktah, pertjik.

dote, mangut; sangat menggemari.

double, ganda, berganda; *to* ~, pergandakan (mem), lipatgandakan (me).

double-dealing, nifak.

doubt, sjak; *to* ~, taruh (menaruh) sjak, mensjaki.

doubtful, ada sjak dalamnja.

doubtless, tiada sjak, nistjaja.

dough, adonan.

dove, merpati, ketitiran.

dowdy, kotor, buruk.

down, bulu halus, bulu dada burung; tanah jang berbukit-bukit; dibawah, kebawah.

downcast, murung, benguk.

downfall, kerobohan.

down-hearted, tjabar hati, tawar hati.

downpour, hudjan lebat.

downright, semata-mata; terus terang.

downstairs, kebawah (tangga).

downward(s), kebawah.

downy, berbulu halus.

dowry, mas kawin, isi kawin, uang peminangan.

doze, mengantuk, tidur ajam.

dozen, losin.

draft, rang, rangrangan, selekeh; wesel; detasemen; to ~, rantjangkan (me).

drag, seret (menjeret), tarik (menarik).

drag-net, pukat.

dragon, naga.

drain, aliran, saluran; to ~, alirkan (meng), hilirkan (meng), keringkan (mengeringkan).

drainage, pengaliran, pengeringan tanah, drenasi.

drake, itik djantan, bebek

drama, drama.   [djantan.

dramatic, dramatis; hebat.

draper, tokowan jang berdjual kain-kain pakaian.

drapery, kain-kain pakaian; langsai.

drastic, sampai keakar.

draught, angin; tegul:; penangkapan; rantjangan; dalamnja; wesel; ~s, dam-dam.

draught-horse, kuda penghela.

draughtsman, djuru gambar, pelukis; perantjang; buah dam.

draughty, berangin.

draw, tarik (menarik); regangkan (me); buat (mem) (laporan); lukiskan (me).

drawback, keberatan; akibat jang tiada menjenangkan (memuaskan).

drawee, jang berkepentingan (wesel).

drawer, pelukis; latji ~s, tjelana dalam; lemari latji.

drawing, gambar, lukisan.

drawing-pin, paku djamur.

drawing-room, kamar sambutan.

dread, ketakutan; to ~, takut akan.

dreadful, hebat.

dreadnought, kapal penempur, kapal penggempur.

dream, mimpi, mimpian; to ~, bermimpi.

dreamer, orang jang bermimpi, pemimpi.

dreary, suram, muram

dredge, pukat; sauh terbang; mesin penggali lumpur; to ~, memukat; gali (meng) lumpur.

dredger, penggali lumpur.

dredging-machine, mesin penggali lumpur.

dregs, tahi (minjak, kopi).

drenched, basah kujup.

dress, pakaian; to ~, berpakaian, kenakan (mengenakan) pakaian; buat (mem), bikin (mem); hiasi (meng).

dressing, pakaian; pembuatan, pembikinan.

dressmaker, tukang djahit (pakaian njonja).

drift-wood, pelampung.

drill, gurdi, intjar; latihan; kain linan; to ~, menggurdi, melatih.

drink, minuman; to ~, minum.

drinkable, boleh diminum, dapat diminum.

drinker, peminum.

drip, bertitik, menitik.

drive, halaukan (meng); djalankan (men) (oto), kemudikan (mengemudikan) (oto).

drivel, air liur; *to* ~, berliur.

driver, kusir, sais, sopir, masinis; penghalau.

drizzle, hudjan rintik-rintik, gerimis.

droll, lutju.

drollery, kelutjuan.

drone, berdengung.

droop, merana.

drop, titik, tetes; anting-anting; turun harga; *to* ~, djatuhkan (men); biarkan (mem); turunkan (menurunkan); *to* ~ *a hint,* memberi isjarat, ingatkan (meng); *to* ~ *a line,* berkirim surat; *to* ~ *in,* mampir.

drought, musim panas, musim kemarau.

drove, kawan, kelompok, gerombolan.

drover, gembala.

drown, tenggelamkan (menenggelamkan), liputi (me); *he was* ~*ed,* ia mati lemas, ia mati tenggelam.

drowsy, mengantuk.

drubb, laberak (me).

drudge, berlelah, banting (mem) tulang.

drug, obat-obatan, djamu; obat bius; *to* ~, biusi (mem).

druggist, pendjual obat-obatan, pendjual bahan djamu.

drum, gendang, tambur.

drummer, tukang tambur.

drunk, mabuk.

drunkard, peminum, pemabuk.

drunken, mabuk.

dry, kering; tiada tertjampur; tiada manis; *to* ~, djemurkan (men), keringkan (mengeringkan).

dub, namakan (me).

dubious, ada sjak dalamnja, tiada tentu.

duck, itik, bebek; *to* ~, tjelupkan (men); selundupkan (menjelundupkan), selamkan (menjelamkan).

duckling, anak itik.

due, perlu, wadjib; patut, lajak; *in* ~ *time,* senjampang, pada waktunja; *the train is* ~, kereta api akan masuk (datang).

dues, bea, tjukai.

dug-out, tempat perlindungan pada waktu pemboman.

dull, bodoh, dungu; bojak; pekak.

duly, patut, lajak; dengan sebenarnja, sudah selajaknja.

dumb, bisu.

dumb-bell, halter.

dumbfound, dahsjatkan (men), tertjengangkan (men).

dummy, tiruan; orang-orang.

dump, tempat menuangkan kotoran (sampah); tempat menaruh ......

dun, penagih utang; penagihan; kelabu; *to* ~, menagih.

dunce, si-bodoh.

dune, bukit pasir.

dung, badja, tahi, pupuk; *to* ~ taruh (menaruh) badja, memupuk.

dunghill, timbunan badja.

dupe, jang tertipu; *to* ~, tipu (menipu).

duplicate, rangkap kedua, salinan, kembar; *to* ~, pergandakan (mem); membuat rangkap dua.

durability, kekekalan.

durable, kekal, awit.

duration, lama.

during, selama, sementara.

dusk, sendjakala.

dusky, sambur limbur.

dust, abu, debu; *to* ~, angkat (meng) abu.

dustbin, tempat kotoran.

duster, lap abu; penjapu.

dusty, berdebu.

Dutch, Belanda.

Dutchman, orang Belanda.

dutiful, patih, turut perintah.

duty, kewadjiban; pekerdjaan, tugas; bea.

dwarf, katai, orang katik, tjebol.

dwell, diam, tinggal.

dwelling, tempat kediaman, tempat tinggal.

dwindle, berkurang, surut, susut.

dye, tjelupkan (men).

dyer, tukang tjelup.

dynamic, dinamis.

dynamite, dinamit.

dynamo, dinamo.

dynamometer, dinamometer.

dynasty, keluarga radja.

dysentery, medjan.

E.

each, masing-masing, tiap-tiap, saban; ~ *other,* seorang ...... (akan, kepada) seorang, saling.

eager, gairat, kangen; sangat.

eagle, burung radjawali.

ear, telinga, kuping.

ear-drop, anting-anting.

ear-drum, gendang pendengar.

early, pagi-pagi, siang-siang; ~ *next month,* pada permulaan bulan muka.

earn, peroleh (mem), dapat (men).

earnest, kesungguhan.

earnings, pendapatan, upah.

earth, bumi, tanah, pertiwi.

earthenware, tembikar.

earthquake, gempa bumi, lindu.

ease, istirahat, perhentian; kesenangan, kenikmatan; *to* ~, senangkan (menjenangkan) hati; permudahkan (mem), ringangkan (me).

easiness, kemudahan.

East, timur.

Easter, Paskah.

eastern, ketimuran; disebelah timur.

easy, mudah, gampang, senang; *in* ~ *circumstances,* berada, hartawan.

easy chair, kursi malas.

eat, makan, santap (menjantap).

eatable, boleh dimakan, dapat dimakan.

eavesdropper, orang jang suka pasang kuping.

ebb, air surut, pasang surut.

ebony, kaju arang.

eccentric, roda luar pusat.

echo, gema, gaung, kemandung.

eclipse, gerhana.

economic, ~s, ilmu ekonomi.

economical, hemat; ekonomi(s).

economist, ahli ekonomi.

economize, hematkan (meng).

economy, ekonomi; hemat, kehematan; dunia perusahaan.

ecstasy, kegairahan, kenikmatan.

eddy, pusaran air. olakan air; pusaran angin.

edge, mata (pisau); pinggir, sisi, tepi, kelim; *to* ~, tadjamkan (menadjamkan); mengelim.

edible, boleh dimakan, dapat dimakan; ~s, makanan.

edification, pembangunan, pembinaan.

edifice, bangunan, gedung.

edify, bangunkan (mem), bina (mem).

edit, sadur (menjadur) (kitab).

edition, terbitan, penerbitan, keluaran.

editor, penjadur, redaktur, pengarang.

editorial, induk karangan, tadjuk rentjana.

educate, didik (men); adjarkan (meng).

education, pendidikan, pengadjaran, ketjerdasan.

eel, ikan belut.

efface, hapuskan (meng).

effect, akibat, hasil, kedjadian; andil, saham; dajaguna; ~s, barang-barang, milik; to ~, kerdjakan (mengerdjakan), sebabkan (menjebabkan), adakan (meng), djadikan (men).

effective, berguna, tepat.

effeminate, seperti perempuan.

efficacious, mustadjab, mudjarrab.

efficiency, peraturan hemat dan berhasil.

efficient, dengan effisien, tepat dan berguna.

effigy, gambaran, orangan.

effort, pertjobaan, ichtiar.

e.g., = for instance, umpamanja, seandainja, misalnja.

egg, telur, telor.

egg-cup, tempat telur.

egg-shell, kulit telur.

egg-spoon, sendok telur.

egoism, angan-angan kesaaan, sifat nafsi-nafsi.

egoist, orang jang bersifat nafsi-nafsi.

egoistic, nafsi-nafsi, tama'.

Egypt, Mesir, Masir.

Egyptian, orang Mesir; ...... Mesir.

eight, delapan.

eighteen, delapan belas.

eighteenth, kedelapan belas.

eighth, kedelapan.

eighty, delapan puluh.

either, salah seorang, salah suatu; ~ ... or, atau... atau.

eject, buang (mem) keluar, keluarkan (mengeluarkan).

elaborate, teratur; sulit; landjut; teliti; to ~, kerdjakan (mengerdjakan) dengan sempurna.

elapse, liwat, lampau, lalu.

elastic, (getah) karet; kenjal, mengenjal, mulur.

elation, kegembiraan.

elbow, siku.

elder, lebih tua; ~ brother, kakak.

elderly, agak tua.

eldest, jang tertua.

elect, pilih (memilih); terpilih.

election, pemilihan.

elector, pemilih.

electric, listrik.

electricity, listrik, elektrik.

electrode, elektroda.

electrolysis, elektrolisis.

electromotor, motor listrik.

electron, elektron.

electroscope, elektroskop.

elegant, apas.

elegy, njanjian ratap.

element, bahan, unsur, bagian, elemen, anasir.

elementary, puntja, permulaan; ~ school, sekolah rendah.

elephant, gadjah.

elevate, angkat (meng), naikkan (me).

elevation, pengangkatan, tempat tinggi; sudut atas.

elevator, pesawat pengangkat; pesawat untuk penaikkan dan penurunkan orang, lift.

eleven, sebelas.

eleventh, kesebelas.

elf, peri.

eligible, dapat dipilih.

eliminate, lenjapkan (me); tidak mempertimbangkan.

elimination, pelenjapan.

ell, ela, elo.

ellipse, penampang djorong, bulat pandjang.

eloquence, fasihat, pasihat.

eloquent, fasih, pasih.

else, lain; djikalau tidak; *what* ~?, apa lagi?; *somebody* ~, orang lain.

elsewhere, ditempat lain.

elucidate, terangkan (menerangkan), djelaskan (men).

elucidation, keterangan, pendjelasan.

elude, larikan (me); selundupkan (menjelundupkan).

emaciate, mengurus.

emaciation, kekurusan.

emanate, *to* ~ *from,* terbit, djadi, berasal.

emancipate, merdekakan (me), lepaskan (me), bebaskan (mem); madjukan (me).

emancipation, kemerdekaan, kelepasan, pembebasan; kemadjuan.

embalm, rempah-rempahi (me).

embankment, pangkalan.

embargo, pembeslahan (kapal), penahanan.

embark, naik perahu, naik kapal.

embarkation, (hal) naik kapal.

embarrass, malukan (me); bingungkan (mem); susahkan (menjusahkan).

embarrassment, kesusahan, kebingungan.

embassy, kedutaan.

embellish, hiasi (meng).

embellishment, perhiasan.

embers, bara api.

embezzle, tjuri (men), gelapkan (meng).

embezzlement, pentjurian, penggelapan.

embitter, pahitkan (memahitkan).

embitterment, kepahitan.

emblem, alamat, tanda, lambang.

embody, kandungkan (mengandungkan), liputi (me).

embrace, peluk (memeluk).

embrocation, minjak gosok, minjak param.

embroider, sudji (menjudji), sulam (menjuiam), bordir (mem).

embroidery, sudjian, sulaman, bordiran.

emerald, djamrud.

emerge, timbul, muntjul.

emergency, kedjadian tidak tersangka; keadaan darurat.

emergency door, pintu darurat.

emergency meeting, rapat kilat.

emery-paper, kertas penggosok.

emigrant, orang bojong.

emigrate, berbojong.

emigration, pembojongan, emigrasi.

eminent, mulia, mashur; tinggi.

emissary, pesuruh.

emission, pengeluaran, emisi.

emit, keluarkan (mengeluarkan).

emolument, pendapatan lain-lain, penghasilan tambahan, emolumen.

emotion, keibaan hati.

emperor, kaisar.

emphasis, tekanan.

emphasize, tekankan (menekankan).

emphatic, dengan sungguh-sungguh, dengan kuat.

empire, keradjaan (kaisar).

employ, pekerdjaan, dinas; *to* ~, pakai (memakai), pergunakan (mem), upahkan (meng).

employee, pegawai, buruh.

employer, madjikan.

employment, pekerdjaan; pemakaian.

empower, beri (mem) kuasa, wakilkan (me).

empress, kaisar perempuan, permaisuri kaisar.

emptiness, kekosongan.

empty, kosong, hampa; *to* ~, kosongkan (mengosongkan).

emulate, saingi (menjaingi).

emulation, persaingan.

enable, mungkinkan (me).

enamel, email.

encamp, berkemah.

enchant, berahikan (mem).

enchantment, keberahian.

encircle, kepung (mengepung), kelilingi (mengelilingi).

enclose, masukkan (me); kurungkan (mengurungkan); pagari (memagari).

enclosure, pagar; lampiran.

encounter, pertemuan; pertempuran; *to* ~, bertemu, berdapatan dengan.

encourage, adjak (meng), galakkan (meng); beri (mem) hati.

encouragement, adjakan, pengadjak, penggalak.

encumber, rintangi (me); beratkan (mem).

encumbrance, rintangan; beban; hipotek.

end, kesudahan, penghabisan, udjung, achir; *in the* ~, achirnja; *to no* ~, pertjuma, sia-sia; *to what* ~?, akan apa, untuk apa?; *to* ~, sudahkan

(menjudahkan), habiskan (meng).

endanger, bahajakan (mem).

endearing, mengambil-ambil hati, manis, djuita.

endeavour, pertjobaan, ichtiar; *to* ~, tjoba (men), ichtiarkan (meng).

endive, andewi.

endless, tiada berkesudahan, tiada berkeputusan, tiada berhingga.

endow, anugerahi (meng), karuniakan (mengaruniakan).

endowment, anugerah, karunia; wasiat istimewa.

endurance, ketahanan, gaja bertahan.

endure, tahan (menahan), derita (men).

enemy, musuh, seteru.

energetic, dengan penuh tenaga, keras hati.

energy, tenaga, usaha.

enervate, lemahkan (me), lumpuhkan (me).

enfeeble, lemahkan (me).

enforce, paksa (memaksa); kerasi (mengerasi), kendalikan (mengendalikan).

enforcement, paksa, paksaan, kekerasan, pengendalian.

engage, berdjandji; bertunangan; gadjikan (meng); sewa (menjewa); tempah (menempah); *number* ~*d!,* lagi bitjara! (tilpon).

engagement, perdjandjian; pertunangan; *without* ~, tiada terikat.

engaging, mengambil-ambil hati.

engender, djadikan (men), sebabkan (menjebabkan), lahirkan (me).

engine, masin, mesin, pesawat.

engineer, insinjur; masinis.

engineering, ilmu teknik mesin; ~ *works*, paberik mesin.

England (tanah, negeri) Inggeris.

English, ... Inggeris.

Englishman, orang Inggeris.

Englishwoman, perempuan Inggeris.

engrave, ukir (meng), lukis (me).

engraver, pengukir, pelukis.

engraving, ukiran, lukisan.

enhance, naikkan (me), besarkan (mem).

enjoin, perintahkan (memerintahkan).

enjoy, sukai (menjukai); *to ~ oneself*, sukakan (menjukakan) hati, senangkan (menjenangkan) hati.

enjoyable, njaman, sedap.

enjoyment, kesukaan, kesedapan, kenikmatan.

enlarge, besarkan (mem), perluaskan (mem).

enlargement, pembesaran, pengluasan.

enlighten, terangi (menerangi).

enlist, kerahkan (mengerahkan), masuk dinas tentera.

enlistment, kerahan, pemasukan dinas tentera.

enliven, hidupkan (meng), gembirakan (meng).

enmity, permusuhan, perseteruan.

enormous, hebat; bukan main; mendahsjatkan.

enough, tjukup, sampai.

enrage, marahkan (me).

enrich, perkaja (mem).

enroll, daftarkan (men); terima (menerima) bahari.

ensign, pandji, bendera; letnan muda.

enslave, perhambakan (mem).

ensnare, djerat (men).

ensue, akibatkan (meng).

ensure, tentukan (menentukan), pastikan (memastikan); djamin (men).

entanglement, kekatjauan, kekusutan; kawat berduri.

enter, masuki (me), masukkan (me).

enterprise, pengusahaan, semangat berusaha; ichtiar, inisiatip.

entertain, djamui (men), sukakan (menjukakan).

entertainer, tuan jang berdjamu.

entertainment, perdjamuan; permainan.

enthrone, radjakan (me), tabalkan (menabalkan).

enthusiasm, kegembiraan, gelora semangat.

enthusiastic, gembira, menggelora.

entice, budjuk (mem).

entire, seluruh, antero.

entitle, gelari (meng), namai (me).

entrails, isi perut.

entrance, djalan masuk, pintu.

entreat, pohonkan (memohonkan).

entreaty, permohonan.

entrench, bentengi (mem).

entrenchment, benteng.

entrust, pertjajakan (mem).

entry, djalan masuk, pintu; pendaftaran; pembukuan; deklarasi.

enumerate, bilang (mem), sebut (menjebut).

enumeration, bilangan, hitungan, djumlah.

enunciate, permaklumkan (mem), njatakan (me), utjapkan (meng).

envelop, salut (menjalut), selubung (menjelubung).

envelope, salut, salut surat.

amplop; selubung.

envenom, ratjuni (me).

envious, menaruh dengki, berdengki, tjemburu, djelus.

environ, kelilingi (mengelilingi), kitari (mengitari).

environs, sekitar, sekeliling.

envoy, utusan, pesuruh.

envy, dengki; to ~, dengki akan, tjemburu akan.

epidemic, waba(h).

epilepsy, penjakit ajan, sawan.

epilogue, kata penjusul; pidato penutup.

epistle, surat.

epithet, nama, nama sindiran.

epoch, masa, djaman, zaman, waktu.

equal, sama, tara; to ~, samakan (menjamakan), samai (menjamai).

equality, kesamaan, kesamarataan.

equalization, persamaan.

equalize, ratakan (me).

equanimity, ketetapan hati.

equation, persamaan.

equator, katistiwa, chatu'listiwa.

equilateral, samasisi.

equilibrist, orang jang menari diatas tali.

equilibrium, kesetimbangan.

equip, lengkapi (me).

equipment, perlengkapan.

equitable, patut, adil.

equity, keadilan.

equivalent, seharga, sederadjat.

equivocal, ada sjak dalamnja; tjuriga.

era, tarich, perhitungan tahun; masa, zaman.

eradicate, bantun (mem), basmi (mem).

eradication, pembasmian.

erase, hapuskan (meng).

erasure, penghapusan.

erect, dirikan (men), bangunkan (mem).

erection, pendirian, pembangunan.

Erin, Irlandia.

erode, kikis (mengikis).

erosion, kikisan.

err, sesat; chilaf, salah.

errand, pesan, pesanan.

error, kechilafan, salah, kesalahan.

erupt, letus (me).

eruption, letusan.

erysipelas, api luka.

escape, lari, berlepas diri, melarikan diri.

escort, iringan; to ~, iringi (meng).

especial, istimewa, spesial, chusus.

especially, pada chususnja.

espionage, pelulukan.

Esq. = esquire, Abdullah Esq., Jang terhormat tuan Abdullah.

essay, pertjobaan; karangan; to ~, tjoba (men).

essence, wudjud, pati, sari.

essential, dengan wudjud, ta' dapat tiada, perlu sekali.

establish, dirikan (men), adakan (meng); tentukan (menentukan), tetapkan (menetapkan).

establishment, pendirian, penentuan, penetapan; para pegawai, formasi.

estate, pangkat, deradjat, martabat; kebun, perusahaan kebun, perkebunan.

esteem, hormat, kehormatan, penghargaan; to ~, hormati (meng), hargai (meng).

estimate, taksiran, nilaian, anggaran, penghargaan; to ~,

taksirkan (menaksirkan),
nilaikan (me), anggar (meng),
hargakan (meng).

estimation, taksiran, nilaian,
penghargaan; pendapat.

estuary, muara, kuala.

eternal, abadi, kekal.

eternity, abadiat, kekekalan.

ethic(al), etis.

ethics, etika.

etiquette, budibahasa, tata tjara.

etui, etwi, sarung.

eulogize, pudji (memudji).

Europe, (benua) Eropah.

European, Eropah; orang Eropah.

evacuate, singkir (menjingkir),
ungsi (meng).

evacuation, penjingkiran,
pengungsian, epakuasi.

evacuee, penjingkir, pengungsi.

evade, elakkan (meng); larikan
(me).

evaluate, tetapkan (menetapkan)
harga.

evaporate, uapkan (meng), ha-
wa (meng).

evaporation, uapan.

evasion, elakan; pelarian (tjukai).

evasive, berelak.

Eve, Sitti Hawa.

eve, malam, pohon petang; *on the
~ of,* mendjelang.

even, rata, genap; bahkan; *~
now,* barusan sadja.

evening, petang, sore.

evening-dress, pakaian malam.

event, peristiwa, kedjadian, per-
kara, hal; pertandingan.

eventual, djika ada, djika perlu,
djika dapat.

eventually, achirnja.

ever, pernah; selalu, senantiasa;
thank you ~ so much!, banjak
terima kasih!

everlasting, kekal, abadi.

evermore, (untuk) selamanja.

every, tiap-tiap, saban; *~ other
day,* selang sehari.

everybody, semua orang, saban
orang, masing-masing.

everyday, tiap-tiap hari, sehari-
hari.

everyone, semua orang, segala
orang.

everything, semua, semuanja.

everywhere, dimana-mana.

evidence, penjaksian; bukti; *to
give ~,* naik saksi; *to ~,*
buktikan (mem), persaksikan
(mem).

evident, njata, terang.

evil, djahat; kedjahatan.

evolution, perkembangan;
peredaran.

evolve, perkembangkan (mem);
edarkan (meng).

ewe, domba betina.

ewer, tempat air tjutji muka.

exact, betul, tjermat, saksama,
persis; *to ~,* tuntut (menun-
tut), minta (me) dengan keras,
peras (memeras).

exaction, tuntutan; pemerasan.

exactitude, exactness, kesaksa-
maan, ketelitian.

exaggerate, lebih-lebihi (me).

exalt, tinggikan (meninggikan),
permuliakan (mem).

exaltation, peninggian, permu-
liaan, kelebihan tjita.

exalted, mulia, tinggi; gembira;
madjenun, djunun.

examination, udjian, pemeriksaan.

examine, udji (meng), periksai
(memeriksai).

examinee, jang diudji.

examiner, jang mengudji,
pengudji; pemeriksa.

example 67 exhale

example, teladan, tjontoh; *for* ~, misalnja, seandainja.

exasperate, pahitkan (memahitkan), pedaskan (memedaskan) hati, bangkitkan (mem) marah.

exasperation, kepahitan, kebangkitan marah.

excavation, penggalian, lekuk, legokan.

excavator, mesin penggali.

exceed, lebihi (me), lampaui (me).

exceeding(ly), terlalu, terlampau, istimewa.

excel, alahkan (meng), lebihi (me), berkelebihan.

excellency, jang mulia.

excellent, sempurna, terutama, terbaik.

except, ketjuali, melainkan; *to* ~, ketjualikan (mengetjualikan).

excepting, terketjuali.

exception, ketjualian, pengetjualian, eksepsi.

exceptional, bukan main, luar biasa, istimewa, terketjuali.

excerpt, kutipan, petikan, ichtisar; *to* ~, kutip (mengutip), petik (memetik), ichtisarkan (meng).

excess, kemewahan, hal luar biasa; kelebihan; ekstra.

excessive, mewah, luar biasa.

exchange, pertukaran, penukaran; imbangan, kurs; alat-alat pembajaran luar negeri; kantor pusat tilpon; *to* ~, tukarkan (menukarkan).

exchequer, baitulmal, chazanah.

excise, tjukai.

excite, adjak (meng), asut (meng), rangsangkan (me).

excitement, adjakan, asutan, perangsang.

exclaim, berteriak, seru (menjeru).

exclamation, teriak(an), seruan, penjeruan.

exclude, ketjualikan (mengetjualikan).

exclusion, pengetjualian.

exclusive, hanja, melulu; bernafsinafsi; ~ *of*, ketjuali, tidak termasuk.

excommunication, pengutjilan, pengintjitan; pembuangan.

excursion, darmawisata, tamasja.

excuse, maaf; ampun; *to* ~, maafkan (me), ampuni (meng).

execute, lakukan (me), langsungkan (me), kerdjakan (mengerdjakan), lakukan (me) hukum, djalankan (men) keputusan.

execution, perlakuan, perlangsungan; perlakuan hukum.

executioner, algodja, pelebaja.

executive, kekuasaan melakukan undang-undang; pemimpin (harian); melakukan; memimpin.

exemplary, terutama.

exempt, bebaskan (mem); dibebaskan.

exemption, pembebasan.

exercise, usaha, peladjaran, latihan; *to* ~, usahakan (meng), peladjari (mem), latih (me); bariskan (mem).

exercise-book, kitab tulisan.

exert, *to* ~ *oneself,* sibukkan (menjibukkan), usahakan (meng) diri, bertekun.

exertion, kesibukan, usaha, ketekunan. [uap.

exhalation, napas jang keluar;

exhale, keluarkan (mengeluarkan) napas; beruap.

exhaust, pajahkan (memajahkan); habiskan (meng).

exhaustion, kepajahan.

exhibit, pertundjukkan (mem), perlihatkan (mem).

exhibition, pertundjukan, seteleng.

exhilarate, sukakan (menjukakan) hati.

exhilaration, kesukaan.

exhort, nasihatkan (me), tegur (menegur).

exhortation, nasihat, teguran.

exigence, kebutuhan, kesusahan.

exile, buangan; pembuangan; *to* ~, buang (mem).

exist, ada.

existence, keadaan, wudjud.

exit, pergi; djalan keluar, tempat keluar.

exodus, kepergian.

exonerate, sutjikan (menjutjikan), lepaskan (me) dari, bebaskan (mem). [basan.

exoneration, penjutjian, pembe-

exorbitant, terlampau, melampaui barisan, keliwatan.

exorcise, serapah (menjerapah), papas (memapas).

exotic, dari negeri asing, garib.

expand, perluaskan (mem), hamparkan (meng), berkembang, muai (me).

expanse, keluasan, luasnja; *the* ~ *of heaven,* angkasa.

expansible, dapat muai.

expansion, perluasan, pengluasan, perkembangan, pemuaian.

expatiate, landjutkan (me) perkataan.

expect, nantikan (me), harapkan (meng).

expectance, pengharapan.

expectant, dengan menunggu, dengan penuh pengharapan;

boleh djadi.

expectation, harapan, pengharapan.

expedient, daja, djalan lepas; lajak, patut.

expedite, pertjepatkan (mem), segerakan (menjegerakan), selesaikan (menjelesaikan) dengan segera.

expedition, ekspedisi.

expeditious, dengan segera.

expel, buang (mem); halaukan (meng); enjahkan (meng).

expend, keluarkan (mengeluarkan) uang, belandjakan (mem), biajakan (mem), pakai (memakai).

expense, belandja, biaja, ongkos.

expensive, mahal.

experience, pengalaman, hal ihwal; *to* ~, alami (meng); ~*d,* berpengalaman.

experiment, tjobaan, pertjobaan; *to* ~, tjobakan (men).

experimental, menurut pertjobaan.

experimentation, pertjobaan.

expert, ahli; tjakap, pandai.

expiration, napas jang keluar; adjal; keliwatan waktu; waktu djatuh tempo.

expire, keluarkan (mengeluarkan) napas; meninggal; liwat waktu; djatuh tempo.

explain, terangkan (menerangkan), njatakan (me), djelaskan (men).

explainable, dapat diterangkan, dapat dinjatakan, dapat didjelaskan.

explanation, keterangan, kenjataan, pernjataan, pendjelasan.

explanatory, jang menerangkan, jang menjatakan, jang mendjelaskan.

explicit, terang, njata, djelas.

explode, letus (me), ledak (me), letup (me).

exploit, pekerdjaan; perbuatan (seorang pahlawan); to ~, perusahakan (mem).

exploitation, pengusahaan, perusahaan.

exploration, pemeriksaan, penjelidikan.

explore, periksa (memeriksa), tjari (men), selidiki (menjelidiki).

explorer, pemeriksa, penjelidik.

explosion, letusan, peletusan, ledakan, perledakan, letupan.

explosive, barang meledak, bahan meletup; dapat meletup; lekas marah.

export, ekspor, pengeluaran; to ~, eksportir (meng), keluarkan (mengeluarkan).

exportation, ekspor, pengeluaran.

exporter, eksportir, pengekspor.

expose, pertundjukkan (mem), setelengkan (menjetelengkan); tjahajai (men).

exposure, pertundjukan, seteleng; pentjahajaan.

expound, terangkan (menerangkan).

express (kereta api) espres; dengan sengadja, spesial; to ~, perah (memerah); utjapkan (meng).

expression, utjapan; rupa, muka; peribahasa; pemerahan.

expropriate, ambil (meng), rampas (me).

expropriation, pengambilan, perampasan.

exquisite, terpilih, sempurna; pesolek.

extant, ada, sedia.

extend, rentangkan (me), bentangkan (mem); perluaskan (mem), perpandjang (mem).

extension, bentangan, perluasan, pemandjangan.

extensive, terentang, terbentang luas.

extensively, setjara besar-besaran.

extent, keluasan, luasnja; kadar; to the ~ of, sedjumlah.

extenuate, lembutkan (me), ringankan (me).

exterior, luar, luarnja.

exterminate, basmi (mem), musnahkan (me).

extermination, pembasmian, kemusnahan.

external, luar; luar negeri.

extinct, padam; hilang, hapus.

extinction, pemadaman.

extinguish, padamkan (memadamkan).

extinguisher, pemadam api.

extol, pudji (memudji).

extort, rampasi (me), peras (memeras).

extortion, pemerasan.

extra, ekstra.

extract, ekstrak, petikan, ringkasan; to ~, tjabut (men).

extraction, pentjabutan; bangsa, asal.

extradite, serahkan (menjerahkan) kembali.

extradition, penjerahan kembali.

extraordinary, luar biasa, istimewa.

extravagant, terlampau, terlewat, kelewatan, memboroskan.

extreme, jang terdjauh, jang paling ...

extremely, terlalu, sangat, ... sekali.

extremity, udjung, putjuk; *extremities,* anggota gerak.

extricate, lepaskan (me), bebaskan (mem), uraikan (meng).

exuberance, kesuburan; kelimpahan; keriaan.

exuberant, subur, limpah; ria.

exult, bersorak.

exultant, jang bersorak.

exultation, sorak, sorak sorai.

eye, mata.

eye-ball, bidji mata, anak mata.

eyebrow, kening, alis.

eyelash, bulu mata.

eyelid, pelupuk mata, kelopak mata.

eye-sight, penglihat.

eye-witness, saksi jang menjaksikan dengan mata sendiri.

F.

fable, tjeritera (perumpamaan).

fabric, buatan, bikinan; kain.

fabricate, buat (mem), bikin (mem).

fabrication, pembuatan, pembikinan.

fabricator, pembuat, pembikin.

fabulous, lengkara; mustahil.

facade, muka rumah.

face, muka, paras, wadjah, durdja; ~ *to* ~, berhadaphadapan; *to* ~, hadapi (meng), tentang (menentang).

face value, harga nominal, harga tetapan.

facilitate, permudahkan (mem), ringangkan (me).

facility, kemudahan, keringanan, kelonggaran.

fact, perkara sungguh-sungguh, kenjataan; *in* ~, sungguh-sungguh.

factitious, buatan, tiruan.

factor, faktor.

factory, paberik.

faculty, daja, kekuasaan; fakultet.

fad, tempat hati.

fade, laju, luntur.

fag, pajahkan (memajahkan), penatkan (memenatkan).

fag-end, puntja, puntung.

fail, kurang; gagal; tiada djadi: terlalai; palit, djatuh; *without* ~, pasti.

failure, kegagalan; palit; kelalaian; kesalahan.

faint, pingsan; lemah, letih; *to* ~, djatuh pingsan.

faint-hearted, tjabar hati.

fair, pasar tahunan, pasar gambir; tjantik, elok; adil; *trade* ~, pasar raja tahunan.

fairly, agak; dengan adil.

fair-spoken, manis (mulut), dengan tegur sapa.

fairy, peri.

fairy-tale, tjeritera (peri).

faith, iman, agama; kepertjajaan; *(in)* ~*!,* sungguh mati!; *in good* ~, dengan itikad baik, dengan hati djudjur.

faithful, beriman, berbakti, setia.

faithfully, *yours* ~, hormat kami.

faithless, tiada teguh setia; kafir.

fake, tipu daja; tipuan, penipuan, tiruan; *to* ~, tirukan (menirukan), palsukan (memalsukan).

falcon, burung elang.

fall, kedjatuhan, keruntuhan, keguguran: djeram, air terdjun; musim gugur, musim runtuh; *to* ~, djatuh, runtuh, gugur; *to* ~

ill, djatuh sakit.

fallacious, keroh, dengan tipu.

fallible, dapat bersalah.

fallow, tandus, kosong.

false, palsu, lantjung; bohong; durhaka.

falsehood, kepalsuan, dusta.

falsification, pemalsuan.

falsify, palsukan (memalsukan).

falter, tersaruk-saruk; gagap (meng); gundah.

fame, nama jang harum; kemegahan.

famed, ternama, kenamaan, termasjhur, harum nama.

familiar, ramah tamah; kepertjajaan; ketahuan, biasa.

familiarize, biasakan (mem).

family, batih, anak bini; keluarga.

famine, kelaparan, bala kelaparan; kekurangan.

famish, laparkan (me).

famous, masjhur, kenamaan, terkenal.

fan, penampi, kipas, baling-baling angin; embusan; orang jang bergembira; *to* ~, tampi (menampi); kipasi (mengipasi), embus (meng), tiupkan (meniupkan).

fanatic, fanatik.

fanaticism, kefanatikan.

fancier, penggemar.

fancy, fantasi; chajal; kehendak hati; *to* ~, sangka (menjangka), pikir (memikir).

fancy fair, pasar derma, pasar amal.

fancy price, harga jang amat mahal.

fang, taring.

fantastic, chajali; adjaib.

far, djauh; *as* ~ *as,* hingga; *so* ~, sehingga, hingga kini.

farce, lelutjon.

farcical, lutju.

fare, pembajaran, uang tambangan, tarip; makanan.

farewell, selamat tinggal; perpisahan.

farm, ketanian.

farmer, petani; peladang.

farming, pertanian.

farrier, tukang besi kuda, tukang ladam.

far-seeing, far-sighted, mata djauh.

farther, lebih djauh.

farthermost, djauh sekali, terdjauh.

farthest, jang terdjauh; *at the* ~, sedjauh-djauhnja, setinggi-tingginja.

farthing, seperempat penny.

fascinate, ambil (meng) hati, tarik (menarik) hati; ~*d,* terpesona.

fascination, pesona.

fascist, fasis.

fashion, tjara, laku, ragam, mode; potongan; adat.

fast, puasa; tjepat, ladju; kukuh; ~ *friends,* sobat kental; ~ *train,* kereta api senel; *to* ~, berpuasa.

fasten, tambatkan (menambatkan), ikatkan (meng).

fastidious, rewel, pemilih, mengolah.

fat, gemuk, tambun; lemak.

fatal, tjelaka; mematikan.

fatality, bala, malapetaka.

fate, nasib.

father, bapa(k), ajah.

father-in-law, mentua laki-laki.

fatherly, tjara bapa.

fathom, depa; *to* ~, mendepa(i); menduga.

fathomless, tiada terduga.

fatigue, kelelahan, kepajahan; *to* ~, lelahkan (me), pajahkan (memajahkan).

fatten, tambunkan (menambunkan).

fatty, lemak, gemuk; si Gemuk.

fatuity, kegilaan.

fatuous, gila.

fault, kesalahan, kechilafan; tjatjat.

faultless, tiada bersalah, sempurna.

faulty, bersalah, bertjatjat.

favour, karunia, anugerah; ampun; *in* ~ *of,* untuk keuntungan; *be in* ~ *of,* perkenankan (mem); *to* ~, karuniakan (mengaruniakan), anugerahi (meng); dahulukan (men).

favourable, baik, menguntungkan.

favourite, kekasih; jang disukai.

fear, ketakutan; *to* ~, takut akan.

fearful, dahsjat, hebat; ~ *of,* menakuti.

fearless, dengan tiada takut, berani.

feast, pesta, perdjamuan, keramaian; *to* ~, berpesta.

feat, perbuatan; prestasi, kesanggupan.

feather, bulu.

feathered, berbulu.

feature, raut muka, paras; pilem utama; *to* ~, pertundjukkan (mem), perlihatkan (mem).

February, (bulan) Februari.

fed, *be* ~ *up with,* bosan.

federal, federal, berserikat.

federalism, federalisme, serba serikat.

federation, federasi, perserikatan.

fee, upah, gadji, pembajaran; uang.

feeble, lemah, daif.

feed, beri(mem) makan, suapi (menjuapi); *to* ~ *on,* makan, hidup dengan.

feel, berasa, merasa; raba(me).

feeler, sungut; balon-balonan.

feeling, perasaan.

feet, kaki.

feign, pura-pura, berpura-pura.

feint, dalih.

felicity, keselamatan, kebahagiaan.

fell, tebang (menebang).

felloe, pelek.

fellow, sahabat, sobat, kawan; djodoh; anggota; se ......

fellowship, persahabatan; persaudaraan; pergaulan; keanggotaan.

felly, pelek.

felon, orang djahat, pendjahat; djahat.

felony, kedjahatan, kesalahan besar.

felt, bulu kempa.

female, perempuan, wanita; betina.

feminine, setjara perempuan.

fen, paja, rawa.

fence, pagar; *to* ~, pagari (memagari); dekar (men).

fencer, pendekar.

fend, pertahankan (mem).

fennel, adas.

ferment, peram; *to* ~, memeram.

fermentation, peraman.

fern, paku, paku resam.

ferocious, ganas, buas.

ferocity, keganasan, kebuasan.

ferry, tambangan; *to* ~, tambangkan (menambangkan).

ferry-boat, perahu tambangan.

ferryman, penambang.

fertile, subur, biak.

fertility, kesuburan.

fervent, bersemangat, gembira.

fervour, semangat, kegembiraan.

fester, bernanah.

festival, pesta, perajaan, hari raja.

festivity, keramaian.

fetch, ambil (meng), bawa (mem); tarik (menarik).

fetid, berbau, busuk.

fetter, belenggu; to ~, membelenggu.

feud, permusuhan, perseteruan.

feudal, feodal.

fever, demam.

feverish, rasa demam.

few, a ~, sedikit, beberapa.

fiancé, tunangan.

fibre, sabut, serabut.

fibrous, berserabut.

fiction, angan-angan.

fictitious, dibuat-buat, pura-pura

fiddle, biola.

fiddler, pemain biola.

fiddlestick, penggesek biola; ~s!, omong kosong!

fidelity, kesetiaan.

fidget, gelisah (meng).

fidgety, gelisah.

fie, tjih!

field, padang, medan, daerah.

field-marshal, djenderal besar.

fiend, hantu djahat, setan, iblis.

fiendish, setani.

fierce, buas, galak, ganas.

fiery, berapi-api.

fifteen, lima belas.

fifteenth, kelima belas.

fiftieth, kelima puluh.

fifty, lima puluh.

fig, buah ara; I don't care a ~!, sedikit djugapun saja tidak peduli!

fight, perkelahian, pertempuran, perdjuangan; sabungan; to ~, berkelahi, bertempur, berperang; sabung (menjabung).

fighter, pedjuang; pesawat terbang pemburu.

figurative, dengan kiasan.

figure, rupa; lukisan; angka, harga; to ~, rupakan (me); to ~ out, hitungkan (meng).

filch, tjuri (men).

file, kikir; baris, saf; ~s, arsip, pamehan; to ~, kikir (mengikir); tusuk (menusuk), untai (meng); simpan (menjimpan); to ~ one's petition in bankruptcy, mohon dipalitkan seseorang.

filial, keanak-anakan.

filings, kikiran, serbuk besi.

fill, isi (meng), isikan (meng), tempati (menempati), penuhi (memenuhi); filled with, berisi.

filly, anak kuda betina.

film, selaput; pilem, gambar hidup.

filmy, berselaput.

filter, saringan, penjaring, penapis; to ~, saring (menjaring), tapis (menapis).

filtering-paper, kertas saring, kertas tapis.

filthy, tjarut, kotor.

filtrate, (air) saringan, (air) tapisan.

fin, sirip.

final, penghabisan, terbelakang, terachir.

finally, pada kesudahannja, achirnja; jang pasti, tetap.

finance, keuangan; to ~, biajai (mem), ongkosi (meng), modali (me).

financial, keuangan.

financier, jang memberi modal.

find, dapat (men); djumpai (men), bertemu; tjahari (men).

fine, denda; bagus, elok, permai, baik; to ~, dendai (men).

finery, hiasan, perhiasan.

finger, djari; *little* ~, (djari) kelingking; *ring*~, djari manis; *middle* ~, djari hantu (malang, mati); *index(*~*)*, (djari) telundjuk.

finger-bowl, finger-glass, tempat tjutji tangan.

finger-post, penundjuk djalan.

finger-print, bekas djari.

finish, penghabisan, achir; penjelesaian; *to* ~, habiskan (meng) selesaikan (menjelesaikan), achiri (meng); berhenti, hentikan (meng).

Finland, Finlandia.

fire, api; kebakaran; *on* ~, kebakaran; *to set* ~ *to,* bakar (mem), tunukan (menunukan); *to* ~, lepaskan (me) tembakan; gelorakan (meng).

fire-annihilator, alat pemadaman.

fire-arm, sendjata api.

fire-bomb, bom pembakar.

fire-brigade, pasukan pemadam api, pasukan kebakaran.

fire-engine, pompa (pemadam) api.

fire-fly, kelip-kelip, kunang-kunang.

fire-insurance, asuransi kebakaran.

fireman, pemadam api; tukang api.

fire-proof, tahan api.

fireworks, bunga api, mertjon, petasan.

firm, firma, perseroan perniagaan, kongsi; tetap, tabah hati.

firmament, angkasa, langit, akas.

first, pertama; *at* ~, mula-mula; semula; *from* ~ *to last,* daripada awalnja sampai keachirnja.

first-born, sulung.

firstly, pertama.

first-rate, terbaik.

firth, muara.

fish, ikan; *to* ~, tangkap (menangkap) ikan.

fish-bone, tulang ikan.

fisherman, penangkap ikan, nelajan.

fishery, perikanan.

fishing-boat, perahu nelajan.

fishmonger, pendjual ikan, tukang ikan.

fishing-rod, djoran, djuaran.

fishy, banjak ikannja; anjir; tiada kepertjajaan.

fissure, tjelah.

fist, tindju, genggam.

fit, lajak, patut; segar; *to* ~, kenakan (mengenakan), bersetudjuan.

fitful, tiada beratur, tiada tetap, tiada tentu.

fitter, montir, tukang.

five, lima.

fix, tetapkan (menetapkan), tambatkan (menambatkan); *to* ~ *up,* uruskan (meng).

fixation, penetapan.

fixed, tetap, tertentu.

fizzle, berdesar, mendesar.

flabby, lembik.

flag, bendera.

flagstaff, tiang bendera.

flag-wagging, beri (mem) tanda dengan bendera.

flagstone, ubin.

flake, serpih, lapis.

flame, api, njala; *to* ~, bernjala, menjala.

flank, sisi, rusuk.

flannel, kain panas, planel.

flap, puntja.

flapper, anak dara, perawan.

flare, bernjala, menjala; *to* ~ *up,* berbangkit dengan marah.

flash, tjahaja, kilau, kilap; a ~ of lightning, halilintar, mata petir; in a ~, dalam sekedjap mata; to ~, berkilat-kilat.

flash-light, lampu senter.

flask, botol.

flat, rata, datar; a ~ tyre, ban kempis.

flat-iron, seterika.

flatten, ratakan (me), datarkan (men).

flatter, budjuk (mem), peletjeh (memeletjeh).

flatterer, pembudjuk.

flattery, budjukan.

flavour, rasanja, baunja, bau harumnja.

flaw, retak; tjelah; salah, tjatjat.

flax, rami.

flaxen, ... rami; perang.

flay, kuliti (menguliti).

flea, kutu andjing.

flee, berlepas diri, lari.

fleece, kulit domba.

fleet, angkatan laut, armada; tjepat, ladju.

fleeting, sepintas lalu; fana.

flesh, daging.

fleshy, gemuk, tambun.

flexible, lentuk, lembut; turut-menurut.

flick, djentik.

flicker, berkilau-kilau.

flight, penerbangan; gerombolan; ~ of stairs, tangga.

flight-deck, geladak pesawat terbang.

flighty, gila, gelo; kepala angin.

flimsy, halus; tiada teguh.

flinch, bimbang, beragu-ragu, mundur.

fling, buangkan (mem), lemparkan (me).

flint, batu api.

flippant, botjor mulut, sembrono.

flirt, main mata; bertjumbu-tjumbuan.

flit, lajang (me), terbang.

float, rakit; pelampung; to ~, alir (meng), lampung (me), terapung-apung.

flock, kawan, gerombolan, kumpulan; to ~ together, berkumpul, berhimpun.

flog, pukul (memukul), laberak (me).

flood, air pasang, air bah.

floodgate, pintu air.

floor, lantai; tingkat.

floor-plan, peta dasar.

floor-tile, ubin, djubin.

flop, lebak, lepak, lebap.

floral, ... bunga.

florid, berbunga-bunga.

florist, pendjual bunga.

flounder, geragau (meng).

flour, tepung, tepung terigu.

flourish, rambak (me), lambai-lambai (me).

flow, aliran; to ~, alir (meng).

flower, bunga, kembang; ~ed, berbunga.

flower-pot, pot bunga.

flowery, berbunga-bunga.

flu, demam pilek.

fluctuate, naik turun, bergojang.

fluctuation, kegojangan (harga).

flue, pipa api, tjorong asap.

fluency, ketjakapan, ketangkasan.

fluent, tjakap, lantjar, tangkas.

fluff, bulu, bulu kain.

fluid, zat tjair, air; leleh, tjair.

fluke, untung.

flurry, ragukan (me), bingungkan (mem).

flush, berpantjar; berseri muka; memerah.

flute, suling; pelipatan, gelugur.

flutter, kirap (mengirap); berkibar-kibar; berdebar-debar.

flux, ~ *and reflux,* air surut dan air pasang.

fly, lalat, laler; *to* ~, terbang; lari; berkibar-kibar; kibarkan (mengibarkan); *to* ~ *into a rage,* naik darah; *to* ~ *a kite,* naikkan (me) lajang-lajang; menaikkan balon-balonan.

flyer, pelari, pengungsi.

flying-boat, kapal terbang air.

flying-bridge, djambatan darurat.

fly-wheel, roda gila.

foal, anak kuda.

foam, buih, busa; *to* ~, berbuih, berbusa.

focus, titik api, pusat; *to* ~, pusatkan (memusatkan).

fodder, makanan hewan.

foe, musuh, seteru.

fog, kabut.

foggy, berkabut; kelam kabut.

foil, gagalkan (meng), malukan (me).

fold, lipatan; *to* ~, lipatkan (me).

folding-chair, kursi lipat.

folk, orang.

follow, turuti (menuruti).

follower, penurut, pengikut.

folly, kebodohan.

fond, suka, berahi, berkasih-kasihan; *to be* ~ *of,* suka akan, berahi akan, gila akan.

fondle, usap (meng), belai (mem).

fondness, kasih, keberahian.

food, makanan, santapan.

food-stuffs, bahan-bahan makanan.

fool, orang gila, orang bodoh; *to make a* ~ *of,* perolok-olokan (mem).

foolery, kebodohan.

foolhardy, berani, dakar.

foolish, gila, bodoh.

foot, kaki; pasukan djalan.

football, bola, bola sepak.

footballer, pemain bola.

foot-brake, rem kaki.

foothold, tempat tumpuan.

footing, *on an equal* ~, sederadjat.

footman, pelajan istana.

foot-mark, bekas kaki.

foot-path, djalan ketjil.

footstool, penumpu kaki.

foot-wear, sepatu, kasut.

fop, pesolek, orang antun.

foppish, solek, antun.

for, karena, oleh sebab; selama; akan; ~ *all I know,* setahuku; ~ *hours,* berdjam-djam.

forage, makanan, perbekalan.

forbear, leluhur, nenek mojang; *to* ~, tahan (menahan) diri dari; bersabar.

forbearance, kesabaran.

forbearing, sabar.

forbid, larang (me).

forbidden, terlarang, pantang, pemali.

force, kekuatan; *the (armed)* ~s, pasukan-pasukan, tentera; *by* ~, dengan kekerasan; *to* ~, paksa (memaksa), kerasi (mengerasi), keraskan (mengeraskan).

forcedly, terpaksa.

forcible, dengan paksa.

ford, arung-arungan; *to* ~, arungi (meng).

fore, dihadapan, dimuka.

foreboding, tanda, alamat.

forecast, nudjuman tjuatja; *to* ~, nudjumkan (me), ramalkan (me).

forefather, nenek mojang, leluhur.

forefinger, (djari) telundjuk.

forefront, muka rumah, haluan.

foregoing, mendahului.

foregone, tertentu.

forehead, dahi.

foreign, asing, luar negeri.

foreigner, orang asing.

foreman, mandur, tandil.

foremost, terutama.

forenoon, pagi hari.

forest, hutan.

forestall, dahului (men).

forester, ahli kehutanan.

forestry, kehutanan.

foretell, tenung (menenung), ramalkan (me).

forge, tempa (menempa), tiru (meniru); palsukan (memalsukan).

forger, penempa; pemalsu.

forgery, pemalsuan, tiruan.

forget, lupa, lupakan (me).

forgetful, pelupa, lupa-lupaan.

forgive, ampuni (meng), ampunkan (meng), ma'afkan (me).

forgiveness, ampun, pengampunan.

forgiving, pengampun.

fork, garpu; tjabang; to ~, bertjabang.

forlorn, putus asa; ketinggalan.

form, rupa, bangun, bentuk; pormulir, surat isian; bangku; kelas, pangkat; to ~, rupakan (me), bentuk (mem), susun (menjusun).

formal, formil; beradat; opisil, resmi.

formality, sjarat, aturan.

formation, formasi, susunan.

former, dahulu, bekas, lama.

formerly, dahulu kala.

formidable, hebat, dahsjat.

formula, rumus.

formulate, rumuskan (me).

forsake, tinggalkan (meninggalkan), buangkan (mem).

forswear, to ~ oneself, makan sumpah, bersumpah bohong.

fort, benteng.

forth, and so ~, dan sebagainja.

forthcoming, jang akan datang.

forthright, terus terang, bertalaran.

forthwith, serta merta, pada sa'at itu djuga.

fortification, benteng, kubu.

fortify, bentengi (mem); kubui (mengubui).

fortitude, ketabahan.

fortnight, dua minggu.

fortnightly, tiap-tiap dua minggu.

fortress, benteng; flying ~, benteng udara.

fortuitous, kebetulan.

fortunate, beruntung.

fortune, untung, nasib.

fortune-teller, tukang tenung, penenung.

forty, empat puluh.

forward, kemuka, kehadapan, madju; tjergas; for this day ~, mulai hari ini; to ~, madjukan (me); kirimkan (mengirimkan).

forwarding, kemadjuan; pengiriman, ekspedisi; ~ agent, djuru kirim, ekspeditur.

fossil, fosil.

foster, peliharakan (memeliharakan), didik (men); madjukan (me).

foster-brother, saudara susuan.

foster-child, anak susuan.

foster-father, bapa angkat.

foster-mother, ibu angkat.

foul, kotor, nadjis, busuk, berselekeh; djahat; ~ copy, buram;

to ~, kotori (mengotori), me-
njelekeh.

found, dirikan (men); alaskan
(meng).

foundation, pendirian, alas,
jajasan; harta persediaan, dana.

founder, pendiri; *to* ~, tenggelam,
karam; gagal.

foundling, anak pungut.

fountain, pantjaran air.

fountain-pen, pulpen.

four, empat.

fourteen, empat belas.

fourteenth, keempat belas.

fourth, keempat; perempat,
prapat.

fowl, unggas, ajam.

fox, rubah.

fraction, petjahan; bahagian.

fracture, patah; *to* ~, patahkan
(mematahkan).

fragile, lekas petjah; mubut;
lemah.

fragment, potong, kerat, keping.

fragrant, harum, wangi.

frail, lemah, daif.

frailness, kelemahan.

frame, rangka; pembidangan;
bingkai; tubuh, badan; *to* ~,
bentuk (mem), buatkan (mem),
bingkaikan (mem).

France, negeri Perantjis.

franchise, hak mendahulu; pembe-
basan; hak memilih.

frank, tulus, mustakim.

frantic, gila.

fraternity, persaudaraan.

fraud, tipu, penipuan, penipu.

fraudulent, dengan tipu.

fray, perkelahian, perbantahan;
frayed, tjompang-tjamping.

freak, tingkah.

freakish, bertingkah.

freckle, tahi lalat.

free, bebas, terlepas, merdeka;
sukarela; tjuma-tjuma, dengan
pertjuma; *to* ~, bebaskan
(mem), lepaskan (me); merde-
kakan(me).

freebooter, perompak.

freedom, kemerdekaan, kebebasan.

free-handed, murah, murah
tangan, rojal, lojar.

free-spoken, terus terang, tiada
takut.

free trade, perdagangan bebas.

freeze, membeku.

freight, muatan; *to* ~, muati
(me).

freighter, kapal muatan.

French, ... Perantjis.

Frenchman, orang Perantjis.

frenzied, gila.

frenzy, kegilaan.

frequent, berulang-ulang; *to* ~,
kerap kali mengundjungi.

frequently, kerap kali, banjak
kali.

fresh, baru; bersih; sedjuk.

freshly, baru; baru-baru, baru
tadi.

freshwater, air tawar.

fret, makan(me); rangsangkan
(me).

fretfulness, perangsangan.

friar, perangsangan.

friction, pergesekan; perselisihan.

Friday, (hari) Djumahat.

fried, goreng.

friend, sahabat, sobat.

friendly, manis, ramah;
bersahabat.

friendship, persahabatan.

fright, kekedjutan; ketakutan.

frighten, kedjutkan (menge-
djutkan).

frightful, hebat.

frigid, dingin, sedjuk.

frisk, lompat-lompat (me).

frivolous, riah, sembrono.

friz(z), frizzle, mengeriting.

frock, pakaian rahib; pakaian perempuan.

frog, katak, kodok.

frolic, bersenda-gurau.

from, dari, dari pada.

front, muka; bagian dimuka; hadapan; *in ~ of,* dimuka, berhadapan; jang dimuka.

frontage, hadap; muka rumah, hadap rumah.

front-door, pintu muka.

frontier, tapal batas.

frost-bitten, beku.

froth, busa, buih; *to ~,* berbusa, berbuih.

frown, kernjit (mengernjit); bersut.

frugal, bersahadja.

fruit, buah; buah-buahan.

fruiterer, pendjual buah.

fruitful, berbuah; peridi, biak.

fruitless, tiada berbuah; pertjuma, sia-sia.

fruit-tree, pohon buah.

frustrate, gagalkan(meng); ketjewakan (mengetjewakan).

frustration, kegagalan; keketjewaan.

fry, goreng (meng).

frying-pan, penggorengan; *out of the ~ into the fire,* lepas dari mulut harimau djatuh kemulut buaja.

fuel, bahan bakar.

fugitive, (orang) pelari.

fulfil, sampaikan (menjampaikan), penuhi (memenuhi).

full, penuh; lengkap; purnama.

full-blooded, totok.

full-grown, akil balig, habis besarnja, dewasa.

fulminate, letus (me), ledak (me); bergalak.

fumble, raba (me).

fume, asap, uap; *to ~,* berasap, beruap; asapi (meng), uapi (meng).

fun, lelutjon, senda gurau; *make ~ of,* perolok-olokkan (mem), persendakan (mem).

function, djabatan, tugas; *to ~,* berdjalan.

functionary, pendjabat, pekerdja, pegawai. [modal.

fund, persediaan uang, dana; *~s,*

fundamental, alas, dasar, asas; azasi, menurut dasar.

funeral, penguburan, pemakaman.

fungus, djamur, tjendawan.

funk, penakut, pengetjut.

funnel, tjorong, teropong.

funny, lutju, djenaka.

furbish, upam (meng).

furious, marah sekali, geram.

furl, gulung (meng), lipat (me).

furlough, perlop, tjuti, liburan.

furnace, dapur, dapur leburan.

furnish, adakan (meng); lengkapkan (me), alati (meng).

furniture, perkakas rumah, perabot rumah.

furrow, alur.

further, lebih djauh; lebih landjut.

furthermore, tambahan pula.

furthermost, djauh sekali, terdjauh.

furtive, tjuri-tjuri, diam-diam.

fury, kemarahan, berang, mata gelap.

fuse, sumbu, sekring, pendjaga aliran; *to ~,* lebur (me).

fusion, peleburan, fusi, gabungan.

fuss, kegaduhan, keonaran, ketjatjauan; *to ~,* menggaduh, mengatjau.

fusty, apak, apek.

futile, sia-sia, pertjuma, tiada berguna.

futility, kesia-siaan, kebatalan.

future, masa jang akan datang, masa depan; jang akan datang, bakal.

fy!, tjih!

G.

gab, repet (me).

gad, ~ *about,* lantjong (me).

gadget, daja, tipu daja, akal.

gag, sumbat mulut; dusta, tipu; *to* ~, sumbatkan (menjumbatkan) mulut; perdajakan (mem), akali (meng).

gage, petaruh.

gaiety, kesukaan, keramaian.

gain, keuntungan; *to* ~, peroleh (mem), dapat (men), tjapai (men).

gainings, laba, untung.

gainsay, lintangi (me) perkataan.

gait, tjara berdjalan.

gale, angin ribut.

gall, empedu; luka letjet.

gallant, berani, perkasa.

gallantry, keberanian, keperkasaan.

gallery, serambi; musium lukisan-lukisan.

galley, gali.

gallon, 4,54 liter.

gallop, tjongklang.

gallows, penggantungan.

galore, kelimpahan, kemewahan.

gamble, main djudi.

gambler, pendjudi.

game, permainan; perburuan; *have* **a** ~ *of,* main ......; *none of*

your ~*s,* djangan main gila.

game-cock, ajam sabungan, ajam djalak.

gamester, pendjudi.

gaming-house, (rumah) pendjudian.

gander, gangsa djantan.

gang, kawanan, ketumbukan, pasukan, geng.

gang-board, leper-leper.

gangster, perisau, perampok, garong.

gangway, leper-leper.

gaol, pendjara.

gaoler, pendjaga pendjara.

gap, lobang, tjelah.

gape, menguap; *to* ~ *at,* ngangai (me).

garage, garasi, kamar oto.

garb, pakaian.

garden, kebun, taman.

gardener, tukang kebun.

gargle, berkumur.

garland, karangan bunga.

garlic, bawang putih.

garment, pakaian.

garnish, hiasi (meng).

garnishment, perhiasan.

garrison, asrama; pendudukan; *to* ~, asramakan (meng); duduki (men).

garrulous, gelatak, pandjang lidah.

garter, pengikat kaos.

gas, gas; bensin.

gas-bill, rekening gas.

gas-burner, pembakar gas.

gas-cooker, kompor gas, pornes gas.

gas-fitter, tukang gas.

gash, kerat, penggal.

gas-mask, kedok gas.

gas-meter, meter gas.

gasoline, minjak gas.

gasp, ngungap; *be at the last* ~, hampir-hampir mati.

gasper, sigaret.

gasworks, paberik gas.

gate, pintu, pintu gerbang.

gather, kumpulkan (mengumpulkan); petik (memetik), berkumpul, berkampung, berhimpun.

gaudy, terhias sangat.

gauge, ukuran, kadar; lebarnja; makannja dalam air; *to* ~, ukur (meng), duga (men)

gaunt, kurus.

gauze, kasa.

gay, suka hati, suka tjita; ramai; puspa warna.

gaze, merenung.

gazette, surat berita negara (Inggeris).

gear, perkakas, perabot; per-

gee!, tobat!   [sneling.

geese, angsa, gangsa.

gelatin, gelatin, agar-agar.

gem, permata, manikam.

gender, djenis kelamin.

general, am, umum; djenderal; *in* ~, pada umumnja.

generalization, persamarataan.

generalize, samaratakan (menjamaratakan).

generally, biasanja; kerap kali.

generate, djadikan (men), hasilkan (meng), bangunkan (mem); *generating station,* pusat tenaga (listrik).

generation, pendjadian, penghasilan, pembangunan; turunan, generasi.

generosity, kemurahan, kedermawanan.

generous, murah hati, dermawan.

genial, ramah tamah.

genitive, genetif.

genius, djin, afrit; bakat, pembawaan.

gentle, lemah lembut; berbangsa, bangsawan.

gentlefolk(s), orang kaja-kaja, orang baik-baik.

gentleman, tuan, djentelman; orang berbahasa.

gentlemanlike, berbahasa, tahu adat.

gently, perlahan-lahan; dengan lemah lembut.

gentry, orang-orang jang mulia.

genuine, betul, sedjati, tulen.

genus, djenis kelamin.

geographer, ahli bumi.

geographic(al), ... bumi.

geography, ilmu bumi.

geologist, ahli tanah.

geology, ilmu tanah.

geometry, ilmu ukur.

germ, ketjambah; *to* ~, berketjambah.

German, orang Djerman; ...... Djerman.

Germany, negeri Djerman.

germinate, berputjuk, berketjambah, bertunas.

gesture, isjarat.

get, dapat (men), peroleh (mem); mengerti; ~ *you gone!* enjahlah!; *to* ~ *ill,* djatuh sakit; *to* ~ *away,* pergi, lari, menarik langkah seribu; *to* ~ *on,* madju; *to* ~ *out,* ketahuan, njata; keluar, turun; ~ *out!* keluar!; *to* ~ *round,* pulih, sembuh; *to* ~ *up,* bangun.

ghastly, putjat lesi; ngeri, dahsjat.

gherkin, mentimun kate.

ghost, hantu.

GI, *Government Issue,* serdadu Amerika.

giant, raksasa.

gibe, sindir (menjindir), tjertjai (men).

giddy, pusing kepala, pening.

gift, pemberian, hadiah, derma.

gigantic, besar sekali.

giggle, kekek.

gild, sadur (menjadur) mas; hiasi (meng).

gill, insang.

gillyflower, anjelir.

gilt, sadur.

gin, sopi.

ginger, djae, djahe.

gipsy, orang Zanggi.

giraffe, zurafat, zirapah.

gird, sandang (menjandang), ikat (meng); kelilingi (mengelilingi), kepung (mengepung).

girdle, ikat pinggang.

girl, anak perempuan, gadis, anak perawan.

girlhood, masa muda orang perempuan.

girlish, tjara anak perempuan.

gist, sari pati.

give, beri (mem), kasi; to ~ *battle,* bertempur; to ~ *away,* beri (mem), buka (mem) rahasia; *to* ~ *over,* serahkan (menjerahkan); *to* ~ *up,* biarkan (mem); *to* ~ *birth to,* beranak, bersalin.

glacier, gletser, sungai es.

glad, girang, riang, suka hati, suka tjita, besar hati.

gladden, sukakan (menjukakan).

gladly, dengan suka hati.

gladness, kegirangan, suka tjita.

glamour, pesona.

glance, kedjap; at a ~, dalam sekedjap mata; to ~, berkilat; toleh (menoleh).

gland, kelendjar.

glare, sinar, tjahaja; bahang; *to* ~, bersinar, bertjahaja.

glass, katja, gelas; tjermin; teropong; ~*es,* katja mata.

gleam, sinar, tjahaja, kilap; *to* ~, bersinar, bertjahaja, berkilap.

glen, lembah.

glib, litjin, betjek; lantjar; pantas mulut.

glide, luntjur (me).

glider, pesawat peluntjur.

glimmer, terang laras; tjahaja; *to* ~, berkelip-kelip.

glimpse, sinar tjahaja; kelibat.

glitter, berkilat-kilat, begemerlapan, berkilau-kilauan.

globe, peta bola bumi.

globe-trotter, pelantjong dunia.

globular, bulat.

gloom, kegelapan; kesuraman.

gloomy, gelap; suram.

glorification, permuliaan.

glorify, permuliakan (mem).

glorious, megah.

glory, kemegahan; *to* ~, megahkan (me).

gloss, kilau, kilap; tafsir.

glossary, logat, daftar kata-kata dengan keterangannja.

glossy, berkilap.

glove, sarung tangan.

glove-fight, pertandingan tindju, djotosan.

glow, bahang, api; *to* ~, panas terik, menjala.

glow-worm, kelip-kelip.

gloze, tutupi (menutupi), samarkan (menjamarkan).

glue, lem, perekat; *to* ~, rekati (me), lekapkan (me); ~*d to the spot,* tertjatjak bagai lembing tergadai.

glutton, pelahap, orang gelodjoh, orang rakus.

gluttonous, lahap, gelodjoh, rakus.

gnarl, bonggol.

gnarled, monggol, berbonggol.

gnash, *to ~ one's teeth,* bekertak gigi.

gnat, njamuk.

gnaw, unggis (meng); kungkang (mengungkang).

go, pergi, berdjalan; hilang; *to ~ blind,* djadi(men) buta; *to ~ asleep,* tertidur; ...... *is still going strong,* ......masih kuat, ...masih segar; *pay as you ~,* bajarlah sekarang djuga dengan uang tunai; *how goes the world? apa chabar?; ~ it!,* hantamlah!, gasaklah!; *to ~ back,* mundur, pulang; *to ~ between,* mengantara; *to ~ by,* lalu, berlalu; *to ~ by steamer,* naik kapal, menumpangi kapal; *to ~ down,* turun, terbenam (matahari), tenggelam; *to ~ down on one's knees,* bertekuk lutut; *to ~ in,* masuk; *to ~ off,* pergi, berangkat, bertolak; *to ~ on,* teruskan (meneruskan), landjutkan (me); *it is going on for two o'clock,* sudah hampir pukul dua; *to ~ out,* keluar; *to ~ over,* membelot, menjeberang; *that goes without saying,* itulah sudah (barang) tentu; *it 's a ~!* setudju!; *it is no ~,* ta' dapat, tidak bisa.

go-ahead, tjergas.

goal, gawang, gol; maksud; *to score a ~,* golkan (meng).

goal-keeper, pendjaga gawang.

goat, kambing.

go-between, perantara.

goblet, piala.

God, Allah, Tuhan; dewa.

goddess, dewi.

godliness, kesalehan.

godly, saleh.

godown, gudang.

God-speed, *bid ~,* utjapkan (meng) selamat atau selamat djalan.

going, *be ~ to,* bermaksud, berniat.

goings-on, kelakuan, tingkah laku.

gold, mas, emas.

gold-dust, emas urai, emas pasir.

golden, daripada mas.

gold-fish, ikan mas.

gold-leaf, emas perada.

gold-mine, tambang emas.

goldsmith, tukang mas, pandai emas.

gone, hilang; habis; mati.

good, baik; manis (anak-anak); *it is no ~,* tidak berguna, ta' ada gunanja; *what 's the ~ of it?,* apa gunanja itu?; *it is for your ~,* itulah akan untungmu.

good-breeding, keadaban, budi bahasa.

good-bye, selamat tinggal.

goodies, djadjan.

good-natured, baik hati.

goodness, kebaikan, kebadjikan; *thank ~!* sjukur!

goods, barang-barang.

goodwill, kerelaan, kesudian.

goose, angsa, gangsa.

gorge, tenggorok, kerongkongan; djurang, lurah; *to ~,* telan (menelan), djedjal (men).

gorgeous, tampan, segak.

gospel, indjil.

gossip, bertjeloteh, meronjeh, bertjakap-tjakap, mengomong-omong.

gout, sengal, pirai.

govern, perintahkan (memerintahkan), perintahi (memerintahi).

governance, pemerintahan.

government, pemerintah.

governor, gubernur.

gown, gaun, pakaian njonja; djubah.

grab, genggam, tangkapan, rampasan; *to* ~, genggamkan (meng), tangkap (menangkap), rampas (me).

grace, ampun, pengampunan, rahmat; anugerah, karunia; penangguhan, penundaan; *to* ~, hiasi (meng); anugerahi (meng); permuliakan (mem).

graceful, manis, molek, tjantik, akas.

gracious, rahmani, pengampun, budiman; *good* ~!, tobat!

grade, tingkat, pangkat, martabat, deradjat; *to* ~, aturkan (meng), susun (menjusun), sortir (menjortir).

gradually, berpangkat-pangkat; lama-kelamaan, berangsur-angsur.

graduation, promosi.

graft, mengenten.

grain, bidji-bidjian, gandum; bidji-bidji, butir.

grammar, ilmu sjaraf, paramasastera.

grammatical, menurut ilmu sjaraf.

gramme, gram.

gramophone, mesin bitjara.

grand, besar, agung; bagus, djempol; piano besar.

grandam, nenek perempuan, tjang.

grandchild, tjutju.

grand-dad, nenek laki-laki.

grand-daughter, tjutju perempuan.

grandfather, nenek laki-laki,
embah laki.

grandiloquence, tjakap angin.

grandmother, nenek perempuan, embah perempuan.

grandson, tjutju laki-laki.

granite, granit, batu besi.

grannie, granny, nenek perempuan, tjang.

grant, pemberian, anugerah, karunia; sumbangan, sokongan, subsidi; *to* ~, beri (mem), anugerahkan (meng), karuniakan (mengaruniakan), kabulkan (mengabulkan), izinkan (meng).

granular, masir.

grape, buah anggur.

grape-shot, penabur.

graphic, grafik.

grapnel, sauh.

grapple, kait (mengait), tangkap (menangkap).

grasp, genggaman; pemegangan; pengartian; *to* ~, pegang (memegang), genggamkan (meng); mengerti.

grasping, tama, loba.

grass, rumput.

grasshopper, belalang.

grass-plot, petak rumput.

grate, kisi-kisi; *to* ~, garuk (meng), parut (memarut); bekertak gigi.

grateful, tahu menerima kasih.

grater, parut.

gratification, kepuasan, hadiah kerdja, gratifikasi.

gratify, puaskan (memuaskan), senangkan (menjenangkan); hadiahi (meng).

gratis, tjuma-tjuma, dengan pertjuma, gratis.

gratitude, terima kasih, sjukur.

gratuity, pemberian; uang persenan, uang rokok; gratifikasi.

grave, kubur, makam; santun,
dengan upatjara.

grave-digger, penggali kubur.

gravel, (batu) kerikil.

graveyard, pekuburan.

gravitation, gaja berat, gaja bobot,
gravitasi.

gravity, berat(nja); santun(nja);
specific ~, berat djenis, per-
bandingan berat.

gravy, jus, saos.

graze, makan rumput.

grease, lemak, semir, minjak; *to*
~, minjaki (me), menjemir.

greasy, lemak, berminjak.

great, besar, agung, mulia;
njaman.

great-grandfather, mojang.

great-grandson, tjitjit laki-laki.

greatness, kebesaran, kemuliaan.

Greece, negeri Junani.

greed, greediness, kelobaan, tama.

greedy, loba, tama, gelodjoh,
rakus.

Greek, orang Junani; ......
Junani.

green, hidjau; mentah; baru; ~s,
sajuran.

greengrocer, tukang sajur,
pendjual sajur.

greenhorn, sementung.

greet, memberi tabik, memberi
salam.

greeting, tabik, salam.

grenade, geranat (tangan).

grey, kelabu; uban.

greybeard, orang uban.

greyhound, andjing patjuan.

grief, kesusahan, dukatjita.

grieve, susahkan (menjusahkan);
ratapkan (me).

grievous, berat; jang menjakitkan;
jang memberi dukatjita.

grill, pemanggangan; daging pang-
gang; *to* ~, memanggang; *gril-
ling hot,* panas terik.

grim, garang, keras hati.

grime, kotoran; djelaga; daki.

grimy, kotor.

grin, senjum radja; *to* ~, kerising,
kernjih.

grind, giling (meng), kisarkan
(mengisarkan), asah (meng);
to ~ *one's teeth,* bekertak gigi.

grinder, geraham; pengasah.

grindstone, batu pengasah, tjanai,
gerinda.

grip, pemegangan, genggam; *come
to* ~s, berkelahi; *to* ~, pegang
(memegang); tarik (menarik)

grisly, ngeri.   [hati.

gristle, rawan, tulang muda.

grit, kersik, pasir.

gritty, berpasir.

grizzled, uban.

groan, keluh, erang; *to* ~, ber-
keluh, mengeluh; mengerang.

groin, ari-ari, lipat paha.

groom, mempelai laki-laki,
pengantin laki-laki.

groove, alur(an).

grope, raba (me).

gross, duabelas losin; gendut;
kasar; *in (the)* ~, sekalian;
besar-besaran.

grotto, gua.

ground, tanah, bumi; ~s, tahi
(kopi); taman; *on the* ~ *of,*
berdasarkan; *to* ~, dasarkan
(men), alaskan (meng); kan-
das; *well* ~cd. beralasan.

ground glass, katja baur.

group, kelompok(an); *to* ~, ke-
lompokkan (mengelompokkan).

grow, tumbuh; bertambah; djadi
(men); biakkan (mem), tanam-
kan (menanamkan).

grower, penanam.

growl, bertengking.

grown-up, akil balig, dewasa, tjukup umur.

growth, tumbuhan; pertambahan.

grub, ulat; makanan.

grudge, dendam, dengki; *bear one a* ~, menaruh dendam.

grudgingly, dengan segan, dengan tiada suka.

gruesome, ngeri, dahsjat.

gruff, kasar, bersut.

grumble, bersungut-sungut, meradjuk.

grunt, geram (meng).

guarantee, djaminan, tanggungan; *to* ~, djamin (men), tanggung (menanggung).

guard, djaga, pengawal; kondektur; *to* ~, djagai (men), kawali (mengawali).

guardian, wali; pendjaga, kawal.

guardianship, perwalian; pendjagaan.

guess, terkaan, penerkaan, tebakan; *to* ~, terka (menerka), tebak (menebak); sangka (menjangka).

guest, tamu, tetamu, djamu; penumpang.

guest-room, kamar tamu.

guidance, pimpinan; iringan; penerangan.

guide, pemimpin, pengiring; *to* ~, pimpin (memimpin); iring (meng).

guide-book, pemimpin, pertundjuk.

guide-post, penundjuk djalan.

guilder, rupiah.

guile, semu, tipu, penipuan.

guileless, tiada menaruh sangkasangka.

guillotine, kapak penendas; *to* ~,

tendas (menendas).

guilt, kesalahan, kedjahatan.

guiltless, tidak salah, tidak bersalah.

guilty, bersalah, berdosa.

guinea, 21 shilling.

guinea-pig, tikus Belanda.

guise, setjara, sebagai.

guitar, gitar.

gulf, teluk.

gull, burung tjamar; *to* ~, perdajakan (mem).

gullet, kerongkongan, lekum.

gullible, lekas pertjaja.

gully, djurang.

gulp, teguk; *to* ~, teguk (meneguk); telan (menelan).

gum, getah; ~*s,* gusi.

gun, bedil, senapang; meriam; repolper.

gunboat, kapal meriam, kapal monitor.

gun-carriage, alas meriam.

gunner, serdadu meriam.

gunpowder, mesiu, obat bedil.

gush, berpantjar.

gust, baju, puput baju.

gusto, tjitarasa, kesukaan.

gut, usu, tali perut; ~*s,* perut.

gutter, parit, selokan.

guy, orang, lelaki.

gymnasium, ruangan pergerakan badan; (sekolah) gymnasium.

gymnastic, ~*s,* pergerakan badan, latihan djasmani.

H.

habit, kebiasaan, adat.

habitation, tempat tinggal, tempat kediaman.

habitual, biasa.

habitually, biasanja.

habituate, biasakan (mem).

habitude, kebiasaan; pengawakan.

hackney-carriage, kereta sewa.

haft, hulu, pemegang.

haggard, liar, galak.

haggle, berbantah-bantah, bertengkar; tawar (menawar).

Hague (The), Den Haag.

hail, daulat!; to ~, hudjan beku, hudjan es; seru (menjeru), ruah (me).

hair, rambut, bulu.

hairdresser, tukang rambut.

hair-oil, minjak rambut.

hairpin, tusuk konde (kundai).

hairy, berbulu.

hale, segar, sehat, kuat.

half, setengah, seperdua, separuh.

half-caste, peranakan.

half-pay, gadji buta, uang tunggu.

halfway, pertengahan djalan.

hall, ruangan, balai.

hall-mark, tjap.

hallow, kuduskan (menguduskan), sutjikan (menjutjikan).

hall-porter, pendjaga pintu.

hallucination, chajal, kajal.

halt, (tempat) perhentian; pemberhentian; berhenti!; to ~, berhenti; to ~ between two opinions, menduakan anganangan; ingatan bertjabang.

halve, membagi dua.

ham, ham.

hamlet, pelosok, dokoh.

hammer, pemukul, palu, tukul; to ~, palu (memalu), tukul (menukul).

hammock, ajunan.

hamper, bakul, kerandjang.

hand, tangan; djarum (lontjeng); he is a new ~, ia orang baru

(bekerdja); he is an old ~, ia sudah lama bekerdja; ~s off!, djangan tjampur tangan; ~s up!, naikkan tangan!; be on ~, hadir, sedia; on the other ~, dibalik itu; to ~, sampaikan (menjampaikan), undjukkan (meng), berikan (mem); to ~ in, bawa (mem) masuk, serahkan (menjerahkan).

handbag, tas tangan.

handbill, surat sebaran.

hand-clapping, tepuk tangan.

handcuff, belenggu tangan; to ~, membelenggu.

handicap, rintangan; to ~, rintangi (me).

handicraft, pertukangan, pekerdjaan tangan, keradjinan tangan.

handkerchief, sapu tangan, setangan.

handle, pemegang, pegangan, hulu; tombol (pintu); putaran; to ~, raba (me); pegang (memegang); pakai (memakai), pergunakan (mem); djabat (men).

handle-bar, setir (sepeda).

hand-made, dibuat dengan tangan.

handsome, bagus, elok, rindah; tampan.

handwriting, bekas tangan, tulisan.

handy, pantas, tjekatan.

hang, gantung (meng); gantungi (meng); ~ it!, astaga, tobat!

hangar, hangar, bangsal.

hangman, algodju, pelebaja.

hanker, rindu akan.

happen, terdjadi, mendjadi; I ~ed to ......, kebetulan saja ......

happiness, bahagia, untung.

happy, berbahagia, beruntung, sukatjita, senang.

harangue, perkataan, pidato; *to* ~, tegur (menegur).

harass, susahkan (menjusahkan), godai (meng).

harbour, pelabuhan.

hard, keras; susah; keras hati, tebal hati; ~ *cash,* uang tunai; ~ *labour,* hukum kerakal; ~ *of hearing,* pekak labang.

harden, keraskan (mengeraskan), kuatkan (menguatkan).

hardened, tegar.

hard-hearted, tebal hati, bengis.

hardihood, keberanian.

hardly, hampir tidak; ~ ...... *when,* baru ......, lalu.

hardship, kesukaran, kesusahan; kekurangan, penderitaan.

hardware, barang-barang besi.

hard-wearing, kuat, tidak lekas mendjadi buruk (pakaian).

hardy, berani, berani tjandang.

hare-brained, kurang pikir, kepala angin.

hare-lip, bibir sumbing.

haricot, buntjis gepeng.

hark, dengarkan (men).

harlequin, badut.

harm, kedjahatan; kerugian; *to* ~, djahati (men); rugikan (me).

harmful, merugikan.

harmless, tidak djahat, tidak merugikan.

harmonic, baik bunjinja.

harmonious, selaras, sepadan.

harmony, keselarasan, kesepadanan.

harness, badju besi; pakaian kuda.

harpoon, seruit.

harrow, sikat, penggaruk; *to* ~, menjikat, menggaruk.

harry, godai (meng).

harsh, kasar, keras hati, sepat, sepet.

harvest, panen(an), penuaian.

harvester, orang jang menuai.

hash, tjintjang (men).

haste, tjepat(nja); *more* ~ *less speed,* terlalu tjepat djadi lambat.

hasten, bersegera; pertjepatkan (mem).

hasty, segera, gopoh, tergopoh-gopoh.

hat, topi.

hatch, pengeraman; garis sedjadjar; *to* ~, eram (meng); menggaris sedjadjar.

hatchet, kapak, kampak.

hate, bentji (mem).

hateful, kebentjian.

hat-rack, sampiran (topi).

hatred, bentji, kebentjian.

haugthy, besar hati, tekebur, sombong.

haul, tarik (menarik), tunda (menunda), hela (meng).

haunch, paha.

haunt, kundjungi (mengundjungi); selalu mengedjari; ~*ed house,* rumah setan.

have, punjai (mem), ada, dapat (men); suruh (menjuruh); ~ *lunch,* makan tengah hari; ~ *at you!,* awas!; ~ *a tooth out,* suruh tjabut gigi.

haven, pelabuhan; tempat perlindungan.

havoc, pembinasaan; *to* ~, binasakan (mem).

hawk, burung (e)lang; *to* ~, berdjadja, berdjualan; siarkan (menjiarkan).

hawker, pendjadja, orang djualan; kelontong.

hay, rumput kering.

hazard, aral; risiko; bahaja; untung.

hazardous, berbahaja.

haze, kabut, embun.

hazy, berkabut, berembun.

he, ia.

head, kepala; pemimpin, direktur; puntjak; *three rupiahs a* ~, seorang tiga rupiah; ~ *over heels,* tunggang-langgang; *have a good* ~, berpembawaan; *lose one's* ~, mendjadi bingung; *to* ~, kepalai (mengepalai).

headache, sakit kepala.

head-dress, dandanan kepala.

head-gear, topi.

heading, kepala (surat), alamat; ruangan.

head-light, lampu depan (oto).

head-kerchief, setangan kepala, ikat kepala.

head-line, ~*s,* kabar jang terpenting.

headlong, tunggang-langgang; merambang, membabi buta.

head-master, kepala sekolah; pemimpin sekolah, direktur.

head-money, uang kepala.

head-most, jang dimuka sekali.

headquarters, markas besar.

head-stone, nesan.

headstrong, keras kepala.

headway, ladju.

head wind, angin haluan.

heady, besar kepala; berani buta; memabukkan.

heal, sembuhkan (menjembuhkan), sehatkan (menjehatkan).

health, kesehatan; *in good* ~, sehat wal afiat.

healthful, sehat.

healthiness, kesehatan.

healthy, sehat.

heap, timbunan, longgok, susunan;

to ~, timbunkan (menimbunkan).

hear, dengar (men); dengarkan (men), periksa (memeriksa); ~, ~*!,* sabas!

hearer, pendengar.

hearing, pendengar(an); pemeriksaan.

hearsay, *by (from)* ~, dari kata orang; ~ *evidence,* omong kosong, desas-desus, kabar angin.

hearse, kereta majat.

heart, djantung; teras, inti; *to lose* ~, putus pengharapan; *take* ~, dapat hati; *at* ~, dalam hatinja; *learn by* ~, apal (meng); *lay to* ~, perhatikan (mem); *take it to* ~, menarik kehati.

heartache, sakit hati.

heart-breaking, jang mengiris hati.

heart-disease, penjakit djantung.

hearten, membesarkan hati.

heart-failure, lajuh djantung, kebas djantung.

heartily, dengan sungguh hati.

heartiness, kesungguhan hati.

heart-rending, jang mengiris hati.

hearty, dengan sungguh hati, sungguh-sungguh.

heat, panas, kepanasan, hangat, kalor; *to* ~, panaskan (memanaskan), hangatkan (meng).

heathen, penjembah berhala, orang kafir.

heave, angkat (meng); bongkar (mem) (sauh); *to* ~ *a sigh,* berkeluh.

heaven, langit; surga; ~*s!,* ja ilahi!; *for* ~*'s sake,* karena Allah.

heavy, berat; murung; lebat; ~ *industry,* industri berat; ~ *type,* huruf tebal; ~ *with,* berkandung.

Hebrew, Ibrani; orang Ibrani.

hectic, ~ *fever,* demam mengamuk (batuk kering).

hedge, pagar; *to* ~, pagari (memagari).

hedgehog, landak.

heed, perhatian; *pay* ~ *to,* perhatikan (mem), indahkan (meng); *to take* ~, beringatingat, berdjaga.

heedful, dengan ingat-ingat; *be* ~ *of,* tjamkan (men), perhatikan (mem).

heedless, alpa, lalai; ~ *of,* mengalpakan, tidak mengindahkan.

heel, tumit; *show one's* ~*s,* menarik langkah seribu; *be at the* ~*s of,* kedjari (mengedjari).

he-goat, kambing djantan.

height, tinggi(nja); puntjak.

heighten, tinggikan (meninggikan).

heir, waris.

heiress, waris perempuan.

heirless, tidak mempunjai waris.

heirloom, barang pusaka.

hell, naraka, djahanam.

helm, kemudi.

helmet, (topi) helem.

helmsman, djurumudi.

help, pertolongan, bantuan; *there is no* ~ *for it, it can't be* ~*ed,* apa boleh buat; *to* ~, tolong (menolong), bantu (mem).

helpful, suka menolong (membantu); berguna.

helpless, tidak berdaja.

helter-skelter, lintang pukang.

hem, djadjar djahit, kelim; *to* ~, mengelim.

hemisphere, seperdua bumi.

hemp, rami, gandja.

hempen, (dari) rami.

hen, ajam betina.

hence, dari sini; makanja.

henceforth, muiai dari sekarang ini.

hen-house, kandang ajam.

henpecked, sebagai kerbau ditjotjok hidung.

her, ...nja; dia.

herald, bentara; pelopor; *to* ~, beri (mem) tahu, maklumkan (me).

heraldry, ilmu lambang.

herb, rumput, rempah.

herd, kawan; *the common (vulgar)* ~, orang kebanjakan; *to* ~, hidup berkawan; gembalakan (meng).

herdsman, gembala.

here, sini, disini; ~ *and now,* sekarang djuga; ~ *and there,* sana sini, disana sini; ~ *you are!,* inilah dia!

hereabout(s), akan hal itu.

hereafter, kemudian daripada ini; *the* ~, negeri achirat.

hereby, dengan ini, bersama ini.

hereditary, baka, turun-temurun; bakal.

heredity, *by* ~, disebabkan oleh keturunan.

herein, dalam ini.

hereof, daripada ini, tetang hal ini.

heresy, bida'ah.

heretic, orang bida'ah.

hereto, akan itu.

herewith, dengan ini, bersama ini.

heritage, warisan, pewarisan, barang pusaka.

heritor, waris.

hermaphrodite, (orang) bantji, wandu.

hermit, orang bertapa.

hernia, burut.

hero, pahlawan, orang berani, (orang) perwira.

heroic, perwira.

heroine, pahlawan wanita.

heroism, keperwiraan, kepah-lawanan.

heron, bangau.

hers, dia, kepunjaanja (perem-puan).

herself, ia (dia) sendiri; *by* ~, sendiri, sendirian.

hesitate, bimbang, ragu-ragu; terganggu-ganggu, tersangkut-sangkut.

hesitation, kebimbangan; sjak; sangkutan.

heterogeneous, beragam-ragam, serba rupa; berlainan djenisnja.

hew, tarah (menarah).

heyday, musim bunga.

hiatus, rumpang.

hiccough, hiccup, sedu; *to* ~, bersedu.

hide, kulit; *to* ~, sembunjikan (menjembunjikan); berlindung.

hide-and-seek, sembunji-sem-bunjian.

hidebound, pitjik, buntu.

hideous, jang memberi (menda-tangkan) ngeri.

hiding, persembunjian; laberakan; *be in* ~, bersembunji; *go into* ~, menjelundup.

hiding-place, tempat sembunji, tempat berlindung.

higgledy-piggledy, kotjar-katjir.

high, tinggi; mulia; *the* ~ *road,* djalan raja; ~ *school,* sekolah menengah; *the* ~ *seas,* lautan lepas; ~ *and low,* dimana-mana.

high-handed, atas kuasa sendiri.

highland, tanah tinggi, tanah hulu.

high life, (tjara hidup) kaum ningrat.

highly, tinggi; terlampau, sangat.

high-minded, murah hati.

highness, ketinggian; *His* ~, Seri paduka jang maha mulia.

high-spirited, langkas. besar hati.

highway, djalan raja, djalan besar.

highwayman, penjamun, perisau.

hike, perdjalanan kaki; *to* ~, berdjalan kaki.

hiker, orang jang berdjalan kaki (dari suatu tempat ketempat jang lain).

hilarious, suka hati, riang.

hilarity, kesukaan, keriangan.

hill, bukit; busut.

hill-side, lereng bukit.

hilly, berbukit-bukit.

hilt, hulu (keris).

him, dia.

himself, dia sendiri; *by* ~, sen-diri, sendirian.

hind, rusa betina; belakang.

hinder, usik (meng); rintangi (me); susahkan (menjusahkan); tjegah (men).

hindrance, rintangan; pentjegahan.

Hindu, orang Hindu.

hinge, engsel; sendi.

hint, isjarat, tanda; sindiran; *to* ~, isjaratkan (meng); bajangkan (mem); *to* ~ *at,* sindirkan (me-njindirkan).

hip, pangkal paha.

hire, sewa; upah; *to* ~, sewa (me-njewa); *to* ~ *out,* sewakan (menjewakan).

hireling, orang upahan.

hire-purchase, sewa angsuran, sewabeli.

hirer, penjewa.

his, ...nja; dia; *he and* ~, ia

dan anak bininja.

hiss, berdesar.

historian, ahli sedjarah.

historic(al), bersedjarah.

history, sedjarah; hikajat, kissah.

hit, pukulan, paluan; *to* ~, pukul (memukul), palu (memalu), kenai (mengenai); *to* ~ *(up)on,* kebetulan bertemu dengan.

hitch, tambatkan (menambatkan), kaitkan (mengaitkan).

hitch-hike, menumpang oto.

hitch-hiker, penumpang oto.

hither, kemari, kesini; ~ *and thither,* kian-kemari, bolak-balik.

hitherto, sampai sekarang, hingga kini.

hive, kandang lebah.

hoard, kumpulkan (mengumpulkan); timbunkan (menimbunkan).

hoarse, serak, parau.

hoary, beruban, putih.

hoax, perdajaan; lelutjon; *to* ~, perdajakan (mem).

hobble, tersaruk-saruk, menimpang.

hobby, kesukaan.

hobby-horse, kudaan ungkang-angkit.

hockey, hoki.

hodge-podge, tjampur aduk, tjampur baur.

hoe, tadjak; *to* ~, menadjak.

hog, babi.

hoist, naikkan (me), bongkar (mem), angkat (meng).

hold, pemegangan; genggam; ruang (kapal); *to* ~, pegang (memegang); menggenggam; bermuat; berpendapat(an); mendjabat; rajakan (me);

berlaku; tahan (menahan); *to* ~ *forth,* njatakan (me).

hole, lobang, liang.

holiday, hari raja, hari liburan, pakansi.

holiness, kesutjian.

Holland, (negeri) Holland, negeri Belanda.

hollow, rongga, ruang; hampa, kosong; *to* ~, korok (mengorok).

holster, sarung (sendjata).

holy, kudus, sutji.

holy water, air kudus, air sutji.

homage, hormat, ta'lim, ta'zim, sembah; *to do (pay)* ~ *to,* hormati (meng), menjembah.

home, rumah, dirumah; tanah air; ~ *is* ~ *be it ever so homely,* hudjan emas dinegeri orang, hudjan batu dinegeri sendiri, baik djuga dinegeri sendiri; *at* ~, dirumah; ditanah air; ~ *department (Home Office),* kementerian Dalam Negeri; ~ *Secretary,* menteri Dalam Negeri; *to bring* ~ *to,* insafkan (meng); *to see* ~, mengantar (kerumah).

homely, sederhana, bersahadja; buruk.

home-made, buatan sendiri.

homesick, terkenang akan negeri, rindu akan negeri.

homesickness, kerinduan akan negeri.

homestead, ketanian; peternakan.

homeward, pulang, kerumah; ~ *bound,* dalam perdjalanan (pelajaran) pulang kenegeri.

homicide, pembunuhan.

homogeneous, serba sama.

hone, batu pengasah.

honest, djudjur, tulus, setiawan.

honesty, kedjudjuran, ketulusan hati.

honey, madu, air madu; *(my)* ~, djantung hati(ku).

honeycomb, induk madu, sarang lebah.

honeymoon, bulan madu; *to* ~, berbulan madu.

honk, bunjikan (mem) tuter.

honorary, ...kehormatan.

honour, hormat, kehormatan; *in* ~ *of,* untuk menghormati, untuk kehormatan; *upon my (word and)* ~, sungguh mati; *to* ~, hormati (meng); permuliakan (mem).

honourable, berhormat, mulia; terkemuka.

honourably, dengan hormat.

hoodwink, tutup (menutup) mata dengan kain; perdajakan (mem).

hoof, kuku.

hook, kait, kail, kokot; *to* ~, mengait, terkait.

hoop, simpai.

hooping-cough, batuk redjan.

hoot, pekis (memekis); bunjikan (mem) tuter.

hooter, tuter, sirena.

hop, melompat-lompat, melondjak-londjak; *to* ~ *it,* enjah, lari.

hope, harapan, pengharapan; *to* ~, berharap.

hopeful, penuh harapan.

hopeless, putus asa, tidak berdaja lagi, tidak terbitjarakan lagi.

horde, kelompok, kawanan.

horizon, kaki langit; gigi air.

horizontal, arah datar, mendatar, mengaki langit.

horn, tanduk.

horned, bertanduk.

hornet, pikat.

horrible, ngeri, dahsjat.

horrify, *-ing,* jang menjebabkan ngeri.

horror, gigil, ngeri, keganasan, dahsjat, ketakutan.

horse, kuda; pasukan kuda; kuda-kuda.

horseback, *on* ~, berkuda.

horse-boy, tukang kuda.

horse-cloth, selaberak.

horse-fly, pikat.

horseman, orang berkuda, penunggang kuda.

horse-power, daja kuda.

horse-shoe, ladam kuda, sepatu kuda.

horsewhip, tjemeti, tjambuk.

horsewoman, penunggang kuda wanita.

horticultural, ...perkebunan.

horticulture, perkebunan.

hose, ularan (pompa).

hospital, rumah sakit.

hospitality, kesukaan mendjamu.

host, jang memperdjamu orang, jang berdjamu; tentera.

hostage, sandera, tawanan.

hostess, njonja jang memperdjamu orang.

hostile, musuh.

hostility, permusuhan.

hot, panas, hangat; pedas.

hotchpot(ch), tjampuran, tjampur aduk; sepot.

hotel, hotel.

hothead, pemarah.

hound, andjing pemburuan.

hour, djam.

hour-glass, djam pasir.

hour-hand, djarum pendek.

house, rumah; ruang(an).

household, anak bini, batih; rumah tangga.

housekeeping, pemerintahan

rumah tangga.

housemaid, babu.

housewife, bini, isteri.

hovel, pondok. teratak.

how, bagaimana; ~*much (many),* berapa; ~ *do you do?,* apa chabar?.

however, biarpun begitu, akan tetapi.

howl, raung (me), lolong (me).

howler, kechilafan.

h.p. = *horse-power,* daja kuda.

hubbub, gempar, gaduh, ribut.

huckster, pendjadja.

huddled, dikutjar-katjirkan.

hue, warna.

hued, berwarna.

hug, peluk; *to* ~, memeluk.

huge, besar sekali.

hull, kulit; badan (perahu); *to* ~, kupas (mengupas).

hum, deham; berdengung, menderu; bersenandung.

human, ...orang, ...manusia.

humane, murah hati.

humanity, peri kemanusiaan; chalajak.

humble, rendah, rendah hati, hina; *to* ~, hinakan (meng).

humbug, tjakap angin.

humid, basah, berair, lengas.

humidity, lengas.

humiliate, hinakan (meng).

humiliation, penghinaan.

humility, kehinaan.

humoristic, bersifat penggeli, menggelikan.

humorous, lutju, djenaka, geli.

humour, ragam, tingkah; lelutjon; *out of* ~. marah.

hump, bungkuk; *to* ~, membungkuk.

humpbacked, bungkuk.

hunch, bungkuk; gumpal, potong

hunchback, si-Bungkuk.

hundred, seratus.

hundredth, perseratus.

hundredweight, = 112 pon Inggeris = ± 50 kilo.

Hungary, Hongaria.

hunger, lapar, kelaparan; *to* ~ *(after, for),* rindu akan, idamidamkan (meng).

hungry, lapar; *be* ~, lapar.

hunt, pemburuan; *to* ~, memburu.

hunter, pemburu.

hunting, pemburuan, perburuan.

huntress, pemburu wanita.

hurdle, gawang.

hurl, lempar (me), limbai (me).

hurrah, ure!

hurricane, taufan, topan.

hurried, terburu-buru, tergopohgopoh, segera.

hurry, gopoh, kegopohan; *be in a* ~, berlekas-lekas; ~ *up,* bersegera; *to* ~, segerakan (menjegerakan), gesa-gesakan (meng), perlekas (mem).

hurt, tjedera, luka; *to* ~, lukai (me), sakiti (menjakiti), datangkan (men) tjedera, rusakkan (me).

hurtful, jang merugikan, jang merusakkan.

husband, laki, suami.

hush, diam, berdiamkan diri; *to* ~, diamkan (men), perdiamkan (mem); *to* ~ *up,* tutup (menutup).

husk, sekam, kulit, tjemuk; *to* ~, kuliti (menguliti).

husky, serak, parau.

hut, pondok, teratak; bangsal.

hydraulic, hidrolis.

hydrochloric, ~ *acid,* asam garam.

hydrogen, hidrogen, zat air.

hydrophobia, takut akan air.
hydroplane, pesawat terbang air.
hyena, dubu.
hygiene, ilmu kesehatan.
hygienic, bersih.
hyphen, tanda perangkai.
hypnotism, ilmu sihir.
hypnotist, tukang sihir.
hypnotize, sihiri (menjihiri).
hypocrite, orang munafik.
hypothesis, hipotesis, patokan
duga.

I.

I, saja, hamba.
ice, es, air beku; to ~, bekukan
(mem), dinginkan (men); ~d
water, air es.
ice-bag, kirbat es.
ice-bound, beku.
ice-box, peti es.
ice-chest, peti es.
ice-cream, eskrim, es putar.
ice-safe, lemari es.
icy, dingin sekali.
idea, buah pikiran, tjipta, tjita-
tjita.
ideal, tjita-tjita, idam-idaman,
angan-angan; chajalan.
identic(al), identik, sama, se-
rupa.
identification, persamaan, iden-
tifikasi.
identify, samakan (menjamakan).
identity, keidentikan, kesamaan;
~ card, surat tanda kesamaan.
idiocy, kedunguan.
idiom, djalan bahasa.
idiot, orang dungu; orang gila.
idiotic, dungu, gila.
idle, menganggur, malas.

idleness, pengangguran.
idler, penganggur, pemalas.
idol, berhala, dewa.
idolatry, kebaktian kepada
berhala, penjembahan.
idolization, pendewa-dewaan.
idolize, perdewakan (mem).
i.e. = that is, jaitu, jakni.
if, djika, djikalau,. kalau.
ignoble, kedji.
ignominy, kekedjian.
ignorance, kebodohan, kedjahilan,
kurang tahu.
ignorant, bodoh, tidak tahu; ~ of,
tidak berketahuan.
ignore, tidak mengindahkan, tidak
memperdulikan.
ill, sakit; djahat; don't take it ~,
djangan ketjil hati; djangan
ambil marah; ~ at ease, tidak
senang.
ill-advised, kurang ingat, kuran
djaga.
ill-bred, tidak tahu adat, biadab,
kurang adjar.
illegal, melawan hukum, melang-
gar hukum, ilegal.
illegality, pelawanan hukum,
pelanggaran hukum.
illegible, tidak dapat dibatja.
illegitimate, melawan hukum,
tidak boleh, haram.
ill-fated, tjelaka, sial.
illicit, gelap, tjara gelap; tidak
sah.
illimitable, tidak berhingga, tidak
terbatas.
illiterate, buta huruf.
ill-mannered, biadab, tidak tahu
adat.
illness, penjakit, kesakitan.
illogical, tidak logis.
ill-tempered, lekas marah.
ill-treat, aniajai (meng).

illuminate, terangi (menerangi), tjahajai (men).

illumination, penerangan, pentjahajaan.

illusion, silap (mata); chajal.

illusive, chajali.

illustrate, terangkan (menerangkan), njatakan (me); gambari (meng).

illustration, gambar; penerangan, pernjataan.

illustrious, mulia, termashur, ternama, kenamaan.

image, patung, artja, peta, gambar.

imaginary, chajali.

imagination, chajal, fantasi.

imagine, kira, sangka.

imbecile, lemah pikiran.

imbecility, kelemahan pikiran.

imbibe, serap (menjerap).

imitate, tiru (meniru); turuti (menuruti).

imitation, tiruan; turutan.

imitator, peniru; penurut.

immeasurable, tidak dapat diukur; tidak berhingga.

immediate, serta merta, dengan segera.

immemorial, *from time* ~, dari zaman tandun.

immense, tidak berkesudahan; sangat besar.

immerse, tjelupkan (men); ~*d in,* tepekur.

immigrant, orang jang masuk negeri.

immigrate, masuk negeri.

immigration, imigrasi.

imminent, jang akan datang.

immobile, tidak bergerak.

immoderate, banjak sekali, terlampau.

immodest, tidak sopan.

immoral, tjabul. [baka.

immortal, kekal, berkekalan,

immortality, kekekalan.

immortalize, kekalkan (mengekalkan).

immovable, tidak bergerak; tidak berubah-ubah, tetap.

immune, kebal.

immunity, kekebalan, imunitet.

impair, rugikan (me), lemahkan (me).

impartial, tidak memihak, adil.

impassable, tidak terdjalani, tidak dapat dilalui.

impassive, tidak terharu, muka papan.

impatient, kurang sabar; ~ *of,* tidak tahan.

impeach, berdua hati; tuduh (menuduh), dakwa (men).

impeachment, dakwaan, tuduhan.

impecunious, miskin, tidak mampu.

impede, sukarkan (menjukarkan), rintangi(me), alangi (meng).

impediment, alangan, rintangan.

impend, akan, hendak ...... rupanja.

impenetrable, tidak mempan; tidak terduga.

imperative, perlu, ta' dapat tiada, wadjib, imperatif.

imperceptible, tidak kerasaan, tidak kelihatan.

imperfect, tidak sempurna.

imperial, ... kaisar.

imperil, bahajakan (mem).

imperishable, kekal.

impersonate, pribadikan (mem).

impertinent, kurang adjar, tidak tahu adat.

imperturbable, sedjuk hati.

impetuous, garang, hebat, panas hati.

impetus, gerak hati, hasrat, dorongan nafsu.

impious, tidak beriman, kurang hormat, durhaka.

impish, setani, nakal.

implacable, tidak terdamaikan, keras kepala.

implement, perkakas, prabot, alat; ~s, perlengkapan.

implicit, termasuk, terkandung; mutlak.

implore, pohonkan (memohonkan) dengan sangat.

imply, kandung (mengandung); berarti.

impolite, kurang adjar, kurang hormat.

import, impor(t), pemasukan; to ~, mengimpor, memasukkan.

importance, kepentingan.

important, penting.

importer, importir.

importunate, muskil.

importune, ganggu (meng), ingari (meng).

impose, to ~ (up)on, perdajakan (mem), tipu (menipu).

imposing, hebat, memberi dahsjat, berkesan.

imposition, perdajaan, penipuan.

impossible, ta' boleh, ta' dapat, mustahil.

impostor, penipu.

imposture, penipuan.

impotency, impotensi.

impotent, tidak berkuasa; lemah zakar, mati putjuk; tidak mampu.

impoverish, miskinkan (me).

impracticable, tidak dapat dilakukan; tidak dapat dipergunakan.

imprecation, lanat, sumpah, kutuk.

impregnate, serap (menjerap);

hamilkan (meng), buntingkan (mem).

impress, bekas, tjap, tera, meterai; to ~, mentjap, menera.

impression, kesan; tjetakan (kitab).

impressionable, rentan hati.

impressive, hebat, memberi dahsjat.

imprint, bekas (kaki); tjap; to ~, mentjap, tjetak (men).

imprison, pendjarakan (memendjarakan).

imprisonment, hukuman pendjara; ~ by debt, penjanderaan.

improbable, lengkara, mustahil.

improper, tidak lajak, tidak senonoh; salah.

improve, perbaiki (mem); pertinggi (mem); sempurnakan (menjempurnakan); sembuh (menjembuh).

improvement, perbaikan, pemulihan, kemadjuan.

imprudent, kurang hati-hati, kurang djaga.

impudent, tidak malu, biadab, selamba.

impulse, gerak hati, dorongan, pendorongan.

impulsive, mendorong.

impunity, with ~, tidak kena hukum.

impure, kotor, tjemar, nadjis, tidak sutji.

imputation, tuduhan, penuduhan.

impute, tuduh (menuduh).

in, dalam, didalam, pada, dengan; dirumah; ~ itself, dengan sendirinja.

inability, ketidak mampuan.

inaccessible, tidak terhampiri; tidak tertjapai.

inaccurate, tidak dengan saksama,

tidak dengan teliti.

inaction, pengangguran.

inactive, menganggur, tidak aktif.

inadequate, tidak sesuai, tidak tjukup.

inadmissible, tidak boleh diterima; tidak boleh dibiarkan.

inadvertence, kelalaian, kealpaan.

inappropriate, kurang patut, tidak lajak, tidak dengan seharusnja.

inapt, tidak tjakap.

inarticulate, kurang terang, kurang djelas.

inasmuch, ~ *as,* oleh sebab, oleh karena.

inaudible, tidak kedengaran, tidak terdengar.

inaugural, ~ *address,* pidato pengukuhan.

inaugurate, lantik (me); buka (mem); mulai (me).

inauguration, pelantikan; pembukaan; permulaan.

inborn, asli, bawaan.

incalculable, tidak terkira-kira, tidak tepermanai.

incapable, tidak tjakap; tidak berkuasa, tidak berhak; ~ *of,* tidak dapat, tidak sanggup.

incarnate, mendjelma.

incarnation, djelma, pendjelmaan.

incendiary, pembakar (rumah), penunu; pengasut; bom pembakar.

incense, dupa, kemenjan, setanggi.

incessant(ly), selalu, senantiasa, tidak berkeputusan.

inch, dim, $2\frac{1}{2}$ cm.

incident, perkara, peristiwa, insiden.

incidental, kebetulan, tidak disangka; sekali-sekali, tersela; ~ *business,* perkara belakang.

incise, toreh (menoreh), takik (menakik).

incision, toreh, takik, kerat.

incisive, tadjam.

incisor, gigi seri.

incite, adjak (meng), asut (meng), rangsang (me).

incitement, adjakan, pengasutan, perangsang.

inclination, bimbang tegak, inklinasi; ketjenderungan, ketjondongan.

incline, tjenderung kepada; tjondongkan (men).

include, kandung (mengandung); masuk hitungan.

including, termasuk, tergolong.

inclusive, terhitung, termasuk.

incognito, dengan samar, menjamar.

income, gadji, pendapatan, penghasilan.

incommode, susahkan (menjusahkan).

incomparable, tidak bandingnja.

incompatible, berselisih, sangat berbedaan.

incompetent, tidak tjakap, kurang pandai; tidak berhak, tidak berkuasa.

incomplete, tidak lengkap, tidak komplit.

incomprehensible, tidak masuk akal, tidak masuk diotak.

inconceivable, tidak tersangkakan, tidak terkirakan.

incongruous, berlainan djenisnja.

inconsiderate, kurang ingat, lalai.

inconsolable, tidak dapat dihiburkan.

inconstant, tidak tetap.

incontestable, tidak dapat dibantahi.

inconvenience, kesusahan,

kesukaran.

inconvenient, susah, sukar.

incorporate, masukkan (me) kepada; tubuhkan (menubuhkan); satukan (menjatukan).

incorporation, pemasukan, persatuan; perseroan terbatas.

incorrect, tidak dengan teliti; tidak rapih, salah.

incorrigible, tidak terbetulkan, tidak terbaiki.

increase, perkembangan, pertambahan, kenaikan; to ~, perkembangkan (mem), pertambah (mem), naikkan (me).

incredible, tidak dapat dipertjaja, mustahil.

incredulous, kurang pertjaja; kafir.

incriminate, tuduh (menuduh).

incumbent, it is ~ upon you, itulah tugas kewadjibanmu.

incur, datangkan (men) atas dirinja.

incurable, tidak terobati.

incursion, penjerangan, penjerbuan.

indebted, berutang, wadjib; to be ~ to, patut berterima kasih kepada.

indecent, tidak senonoh, biadab, tidak tahu adat.

indecisive, kuatir, was-was, bimbang.

indeed, sungguh-sungguh, sesungguhnja, betul, sebetulnja.

indefinite, tidak tentu, tidak tetap.

indelicate, tjeroboh, kasar.

indemnification, pengganti(an) rugi, pengganti kerugian.

indemnify, ganti (meng) rugi.

indent, takik, biku, toreh; to ~. menakik, membiku, menoreh.

indenture, kontrak.

independence, kemerdekaan.

independent, merdeka, tidak ta'luk, bebas.

indescribable, tidak terperikan, tidak terkatakan.

indestructible, tidak dapat dibinasakan, tidak dapat dimusnahkan.

indeterminate, tidak njata, tidak tentu.

index, penundjuk; telundjuk; daftar; daftar isi kitab.

India, India.

india-rubber, karet, setip.

indicate, tundjukkan (menundjukkan), njatakan (me).

indication, penundjukan, pertundjuk(an), pernjataan; tanda, alamat.

indict, dakwa (men).

indictment, dakwa, pendakwaan.

indifference, kealpaan, kelalaian, keteledoran.

indifferent, alpa, lalai, teledor; tidak penting; sedang.

indigene, bumiputera, anak negeri, orang asli.

indigence, kemiskinan, kepapaan.

indigenous, asli.

indigent, miskin, papa.

indigestible, tidak dapat tjerna.

indigestion, salah tjerna.

indignant, marah, berang.

indignity, malu, tjela.

indigo, nila, tarum.

indirect, taklangsung.

indisciplinable, tidak bersiasat.

indiscreet, kurang ingat. kurang hati-hati; botjor mulut.

indiscriminate, dengan tidak memandang bulu.

indispensable, tidak dapat dilalui; perlu, wadjib.

indisposed, segan; kurang njaman.

indisposition, keseganan.

indisputable, tidak dapat diban-
tahi.

indistinct, kurang terang, sajup.

individual, pribadi; perseorangan,
seorang-seorang, pada sendi-
riannja.

individuality, kepribadian.

indivisible, tidak dapat dibagi.

indolence, kelembaman.

indolent, lembam, malas, tjulas.

Indonesia, Indonesia.

Indonesian, ...Indonesia; orang
Indonesia; bahasa Indonesia.

indoors, dirumah, didalam rumah.

indubitable, tidak sjak lagi.

induce, budjuk (mem); sebabkan
(menjebabkan), datangkan
(men); menginduksi; ~d cur-
rent, arus induksi.

inducement, sebab; perangsang.

induct, lantik (me).

induction, pelantikan; kesimpulan;
induksi, prabawa.

indulge, biarkan (mem); perman-
djakan (mem); to ~ with,
luluskan (me).

indulgent, sabar.

industrial, ...industri, ...per-
industrian.

industrious, radjin.

industry, industri, perindustrian,
keradjinan, perusahaan.

inebrate, mabuk; to ~, mabukkan
(me).

inedible, tidak dapat dimakan.

inefficient, tidak dapat dipakai;
tidak berhasil.

inept, djanggal.

inequality, ketidak samaan.

inequity, ketidak adilan.

inert, lembam.

inertia, kelembaman.

inevitable, tidak dapat dielakkan,

ta' dapat tiada.

inexact, tidak dengan teliti, tidak
dengan saksama, tidak benar.

inexcusable, tidak dapat diam-
puni.

inexhaustible, tidak berkeputusan,
tidak dapat dihabiskan.

inexpensive, tidak mahal, murah.

inexperienced, tidak berpeng-
alaman.

inexplicable, tidak dapat dite-
rangkan.

inexpressible, tidak terkatakan.

inextinguishable, tidak dapat
dipadamkan, tidak dapat di-
puaskan.

infallible, tidak boleh salah.

infamous, kedji; busuk nama.

infamy, kekedjian; perbuatan jang
kedji.

infant, kanak-kanak; (anak) baji;
muda.

infantile, selaku anak.

infantry, pasukan djalan.

infant school, sekolah kanak-
kanak, taman kanak-kanak.

infatuate, ~d with, mengasjikkan,
berahi akan.

infect, djangkiti (men), tulari
(menulari).

infection, pendjangkitan, penu-
laran, kena hama, infeksi.

infectious, mendjangkit, menular.

inference, kesimpulan, penda-
patan.

inferior, orang bawahan; jang
bawah, jang kurang baik;
dibawah perintah.

infernal, ...naraka; setani.

infertile, tidak subur; mandul.

infidel, kafir, tidak beriman.

infiltrate, tiriskan (meniriskan),
neneskan (me); susup.
(menjusup), selundup (menje-

lundup) perbatasan.

infiltration, tirisan; selundupan, infiltrasi.

infinite, tidak berhingga, kekal, abadi.

infirmary, rumah sakit; ruangan orang sakit.

infirmity, kelemahan, keda'ifan.

inflame, njalakan (me).

inflammable, dapat menjala.

inflammation, penjalaan; radang.

inflation, inflasi.

inflator, pompa sepeda.

inflexible, kedjur, tegar.

inflict, kenakan (mengenakan) (hukuman).

infliction, pengenaan (hukuman); hukuman, siksaan.

influence, pengaruh; to ~, pengaruhi (mem).

influential, berpengaruh.

influenza, demam pilek, demam selesma.

inform, beri (mem) tahu, kabarkan (mengabarkan), maklumkan (me), terangkan (menerangkan).

informal, informil; ramah tamah.

informant, djuru bitjara.

information, pemberi tahuan, kabar, penerangan, keterangan.

informed, berketahuan.

infrequent, djarang.

infringe, langgar (me), ganggu (meng).

infringement, pelanggaran.

infuriate, marahkan (me).

ingenious, banjak akal, tjendekia.

ingot, batang.

ingratitude, peri kurang terima kasih.

ingredient, bahan-bahan, ramuan; rempah-rempah.

inhabit, mendiami, mengediami.

inhabitant, anak bumi, penduduk.

inhalation, isapan.

inhale, tarik (menarik) napas, isap (meng).

inhaler, pesawat isap, pengisap.

inherent, tidak tertjeraikan.

inherit, to ~ from, warisi(me).

inheritance, warisan; by ~, disebabkan oleh keturunan.

inheritor, waris.

inhuman, tidak menaruh kasihan, bengis.

inimitable, tidak dapat ditiru.

iniquitous, tidak adil, djahat.

iniquity, ketidak adilan, kedjahatan.

initial, huruf pertama; pertama, permulaan; to ~, memparap, menggores nama.

initiative, ichtiar, usaha, inisiatip.

inject, suntik (menjuntik).

injection, suntik(an), penjuntikan.

injunction, amanat.

injure, rugikan (me), lukai (me), persakiti (mem) hati.

injurious, merugikan, menghinakan.

injury, kerugian, aniaja; luka.

injustice, ketidak adilan, aniaja.

ink, tinta, dawat.

ink-fish, tjumi-tjumi.

inkstand, tempat tinta.

ink-well, tempat tinta.

inky, penuh tinta.

inlaid, bertatah(kan).

inland, pedalaman; dalam negeri.

inlet, tempat masuk, djalan masuk; teluk, tjeruk.

inmate, orang serumah, orang isi rumah.

inn, tempat penginapan.

innate, bawaan.

inner, didalam, batin.

innocent, tidak bersalah, sutji.

innumerable, tidak terbilang, tidak tepermanai.

inopportune, dahulu daripada waktunja; tidak sempat.

inordinate, tidak beratur; terlampau, luar biasa.

inquest, pemeriksaan, penjelidikan; *coroner's* ~, periksa majat, periksa mati; *the last* ~, kiamat.

inquire, bertanjakan, menanjakau, selidiki (menjelidiki), periksa (memeriksa).

inquiry, pertanjaan, penjelidikan, pemeriksaan; *to make inquiries,* minta (mohon) keterangan.

inquiry-office, kantor keterangan (penerangan).

inquisitive, suka memeriksa, melit.

inroad, penjerbuan, penjerangan; pelanggaran.

insane, gila, sakit ingatan, sakit rohani.

insatiable, tidak dapat dipuaskan.

inscribe, tuliskan (menuliskan), suratkan (menjuratkan); pahatkan (memahatkan).

inscription, tulisan, suratan.

inscrutable, tidak terduga.

insect, ulat serangga.

insecure, tidak aman, berbahaja.

insensible, tak sadarkan; pingsan.

inseparable, tidak tertjeraikan.

insert, sisipkan (menjisipkan); masukkan (me).

insertion, sisipan; pemasukan.

inside, dalam, didalam.

insider, serahasia.

insight, kebidjaksanaan.

insignificant, tidak penting, tidak mengapa.

insincere, tidak tulus, serong hati.

insinuate, menjindir.

insinuation, sindiran.

insipid, tawar, bojak.

insist, bertekun, bertubi; *to* ~ *on,* mendesak.

insistence, ketekunan, desakan.

insolent, tidak malu, tambung.

insoluble, tidak dapat larut; tidak dapat dipetjahkan (soal).

insolvent, tidak sanggup membajar.

insomnia, suhad.

inspect, periksai (memeriksai).

inspection, pemeriksaan, periksa pandang, inspeksi.

inspector, inspektur, ahli periksa.

inspiration, tarik napas; bisikan, ilham.

inspire, tarik (menarik) napas; bisikkan (mem), ilhamkan (meng).

inst. = *instant,* b.i., bulan ini.

install, lantik (me).

installation, pelantikan.

instalment, angsuran; *on the payment by* ~s *plan,* membajar berangsur-angsur, dengan pembajaran angsuran; *in* ~s, mengangsur, dengan angsuran, dengan mentjitjil, dengan tjitjilan.

instance, *for* ~, umpamanja, misalnja.

instant, sa'at; *the tenth* ~, tanggal sepuluh bulan ini.

instantly, sekarang djuga, serta merta.

instead, ganti; ~ *of,* usahkan, alih-alih.

instep, kura-kura kaki.

instigate, asut (meng), adjak (meng), desak (men).

instigation, pengasutan, adjakan, desakan.

institute, lembaga, badan; *to* ~, tentukan (menentukan), dirikan (men), lantik (me), angkat (meng).

institution, adat, adat istiadat, hukum; pelantikan, pengangkatan.

instruct, adjarkan (meng), adjari (meng); perintahkan (memerintahkan), pesankan (memesankan).

instruction, pengadjaran; perintah, pesan, instruksi; peraturan, sjarat (djabatan).

instructor, pengadjar, guru, instruktur.

instrument, alat, perkakas, pesawat, perabot.

insubordination, durhaka.

insufferable, tidak tertahan.

insufficient, kurang, tidak tjukup.

insular, ...pulau.

insulate, pulaukan (memulaukan); salut (menjalut); ~d wire, kawat bersalut.

insulation, isolasi.

insulator, isolator, alat penolak.

insult, nistakan (me), tjertja (men), beri (mem) malu.

insupportable, tiada terderita.

insurance, asuransi, pertanggungan.

insure, masuk asuransi.

insurer, penanggung kerugian.

insurgent, durhaka.

insurrection, pemberontakan, durhaka.

intact, utuh.

integral, integral; lengkap, genap.

integrity, ketulusan hati, kedjudjuran.

intellect, intelek, kewatakan, akal budi.

intellectual, intelektuil, tjerdik pandai; rohani.

intelligence, akal budi, kebidjak-

sanaan.

intelligent, berbudi, bidjaksana, tjerdik pandai.

intelligible, terang, njata, dapat dipahami.

intemperance, kemewahan.

intemperate, mewah.

intend, berniat, bermaksud; untukkan (meng).

intended, bakal; his ~, tunangannja.

intending, ~ subscribers, pelamar-pelamar.

intense, sangat, hebat.

intensify, keraskan (mengeraskan), kuatkan (menguatkan).

intensity, kekuatan.

intensive, intensip.

intention, maksud, niat, hadjat, kehendak.

intentional, dengan sengadja.

inter, kuburkan (menguburkan).

intercalate, sisipkan (menjisip-intercalation,** sisipan. [kan].

intercept, ambil (meng) dengan daja, tangkap (menangkap).

intercession, perantaraan.

intercessor, perantara.

intercourse, pergaulan, perhubungan (perniagaan); persetubuhan.

interdict, larang (me).

interdiction, larangan.

interest, kepentingan; perhatian; bagian; pengaruh; bunga (uang); of ~, penting, jang menarik hati; to ~, tarik (menarik) hati, taruh (menaruh) minat, perdulikan (mem).

interested, berkepentingan, bersangkutan.

interesting, jang menarik hati, pelik-pelik.

interfere, menengah, bertjampur tangan.

interference, pertjampuran tangan.

interim, interim, sementara.

interior, dalam, pedalaman; dalaman rumah; *Minister of the* ~, Menteri Dalam Negeri.

interject, seru (menjeru).

interjection, seruan, penjeruan.

interlude, djeda, waktu mengaso.

intermediary, pengantara, dalal; perantaraan.

intermediate, antara.

interment, penguburan.

interminable, tidak berkeputusan.

intermission, selang, penghiburan, djeda.

intermittent, ~ *fever,* demam selang-seling.

intern, asingkan (meng), tawan (menawan), internir (meng).

internal, dalam, didalam, batin.

international, internasional, antarnegara.

internee, tawanan.

internment, pengasingan, penawanan, interniran.

internment camp, tempat pengasingan, tempat tawanan, tempat interniran.

interpellation, interpelasi, permintaan keterangan.

interpolation, penjisip (dalam).

interpret, tafsirkan (men).

interpretation, tafsiran, pentafsiran.

interpreter, djuru bahasa, djuru tafsir.

interrogate, tanjai (menanjai), periksai (memeriksai).

interrogation, pemeriksaan.

interrogator, pemeriksa, penanja.

interrupt, putuskan (memutuskan), ganggu (meng); masuk

mulut, memotong bitjara.

interruption, pemutusan, gangguan.

intersect, kerat (mengerat), potong (memotong), silang (menjilang); saling memotong.

intersection, titik potong, persilangan.

interspace, djarak, selang.

interstice, sela; tjelah.

interval, antara, selang; djeda.

intervene, mengantara.

intervention, perantaraan, pengantaraan.

interview, interpiu, pertjakapan tanja djawab; *to* ~, menginterpiu, bertanja djawab.

intestines, isi perut, usus.

intimate, sahabat karib; ramah tamah, mesra.

intimidate, takutkan (menakutkan), dahsjatkan (men).

into, kedalam.

intolerable, tidak terderita; tidak tertahan.

intolerant, kurang sabar.

intoxicant, obat bius; minuman keras.

intoxicate, mabukkan (me); biusi (mem).

intoxication, hal orang mabuk.

intrepid, berani, perwira.

intrepidity, keberanian, keperwiraan.

intricacy, kekusutan.

intricate, kusut.

intrigue, helat, sekongkol; *to* ~, menghelat, bersekongkol.

intriguer, penghelat.

intrinsic, batin; benar.

introduce, masukkan (me); lakukan (me); perkenalkan (mem), introdusir (meng).

introduction, pemasukan, perla-

kuan, perkenalan; introduksi;
permulaan, kata pengantar.

introductory, sebagai pengantar.

intrude, ingari (meng), ganggu
(meng).

intuition, intuisi.

inundate, rendamkan (me),
bandjiri (mem), genangi
(meng).

inundation, bandjir, bah.

inure, biasakan (mem).

invade, serang (menjerang),
serbu (menjerbu).

invader, penjerang, penjerbu.

invalid, orang sakit, ilat; tidak
berlaku, tidak sah.

invalidate, lemahkan (me),
patahkan (mematahkan), ba-
talkan (mem).

invalidity, kelemahan.

invaluable, tidak ternilai, tidak
terharga.

invariable, tidak berubah.

invasion, serangan, penjerangan,
serbuan, penjerbuan.

invective, makian.

inveigh, maki-maki, memaki,
mentjutji maki.

invent, dapati (men); pikirkan
(memikirkan).

invention, pendapatan.

inventor, pendapat, orang jang
memikirkan.

inventory, daftar (barang-
barang).

inverse, terbalik.

inversion, pembalikan.

invert, balikkan (mem); ∼ed
commas, tanda penarik perha-
tian.

invest, lekatkan (me), tanamkan
(menanamkan).

investigate, periksai (memeriksai),
selidiki (menjelidiki).

investigation, pemeriksaan,
penjelidikan.

investigator, pemeriksa, penje-
lidik.

investment, penanaman (modal).

inveterate, berurat berakar.

invincible, tidak teralahkan,
berpantang kalah.

inviolate, tidak didjamah, belum
diganggu (diperkosa).

invisible, tidak kelihatan, sajup.

invitation, undangan, djemputan;
adjakan, panggilan.

invite, undang (meng), persilakan
(mem), djemput (men), adjak
(meng), panggil (memanggil).

invocation, seruan, do'a.

invoice, faktur.

invoke, seru (menjeru), do'akan
(men).

involuntary, dengan tiada
sengadja, tidak dengan rela
hati.

involve, *the persons* ∼*d,* orang
jang bersangkutan.

invulnerable, kebal.

inward, dalam, batin.

iodine, jodium.

I O U = *I owe you,* surat utang.

Irak, Irak.

Iran, Iran.

Iraq, Irak.

irascible, lekas marah, bengkeng.

irate, marah sekali, geram.

iris, bunga iris; selaput pelangi.

Ireland, Irlandia.

Irish, ... Irlandia; *the* ∼, rakjat
Irlandia.

Irishman, orang Irlandia.

irksome, menjusahkan, mendje-
mukan.

iron, besi, seterika; *to* ∼, menje-
terika; *to* ∼ *out.* selesaikan
(menjelesaikan).

ironclad, kapal (berlapis) badja

ironer, tukang seterika.

ironing-board, papan seterika.

ironmonger, pedagang barang-barang besi.

ironworks, paberik besi.

irony, sindiran, kiasan.

irradiate, sinari (menjinari).

irrational, tidak patut; tidak berbudi; takterukur.

irreconcilable, tidak terdamaikan.

irredeemable, tidak dapat dilunasi. tidak dapat ditebusi.

irregular, tidak beratur, tidak teratur.

irrelevant, tidak mengenai.

irreparable, tidak dapat diperbaiki, tidak terbetuli.

irrepressible, tidak tertahankan.

irresistible, tidak terlawan.

irresolute, gundah, chawatir, bimbang.

irresolution, kechawatiran, kebimbangan.

irrespective, ~ of persons, dengan tidak memandang bulu.

irresponsible, tidak boleh dima'-afkan; tidak dapat ditanggungkan atasnja.

irreverent, kurang hormat.

irrevocable, tidak dapat diubah.

irrigate, airi (meng).

irrigation, pengairan, irigasi.

irritable, bengkeng, lekas marah.

irritate, rangsangkan (me), pedaskan (memedaskan) hati.

irritation, perangsangan.

Islam, Islam.

Islamic, ... Islam.

Islamize, to ~, islamkan (meng).

island, pulau.

isle, pulau.

isolate, asingkan (meng); isolir (meng).

isolation, pengasingan: isolasi.

isobar, isobar, garis negeri sama tekanan udara.

isotherm, isoterm, garis negeri sama panas.

Israel, (negeri) Israil.

Israelite, orang (bani) Israil.

Israelitish, ... Israil.

issue, pantjaran; segala anak tjutju; hasil; keluaran, pengeluaran; nomor (madjalah); emisi; to ~, pantjarkan (memantjarkan); keluarkan (mengeluarkan), terbitkan (menerbitkan).

isthmus, genting tanah.

it, ia. dia.

Italian, orang Italia; ......Italia.

italic, miring, tjondong.

Italy, (negeri) Italia.

itch, kudis, gatal; to ~, gatal.

item, karangan; pasal; pembukuan; nomor (program); warta berita.

itinerary, kissah perdjalanan, kissah pelajaran.

its, ...nja, dia.

itself, dirinja.

ivory, gading.

J.

jab, tikam; to ~, menikam.

jabber, repet (me).

jack, dongkerak, tuil; kuda-kuda; djantan; to ~, menuil.

jackal, serigala.

jackass, keledai djantan.

jacket, djas pendek, badju; kulit (buku).

jagged, bergerigi.

jail, pendjara, bui.

jailer, sipir, djuru kuntji.

jam, sele; impitan, kesesakan; be ~med, terimpit, sesak, ketjepit.

jamb, djenang.

January, (bulan) Djanuari.

Japan, (negeri) Djepang, Nippon.

Japanese, ...Djepang; orang Djepang, orang Nippon.

jar, setoples, buli-buli; to ~, garis (meng), gores (meng), gesel (meng); ~ring note, bunji djanggal; to ~ with, tidak berpadanan.

jaundice, penjakit kuning.

jaunty, solek.

Java, pulau Djawa, tanah Djawa.

Javanese, ...Djawa, orang Djawa.

javalin, lembing.

jaw, rahang; mulut besar; omong kosong; to ~, omong (meng) kosong.

jealous, tjemburu.

jealousy, tjemburuan, ketjemburuan.

jeep, djip.

jeer, olok-olokan, tjertjaan; to ~, olok-olok (meng), tjertjai (men), sindir (menjindir).

jelly, agar-agar.

jelly-fish, ubur-ubur, ampai-ampai.

jeopardize, bahajakan (mem).

jeopardy, bahaja.

jerk, sentak (menjentak), runtas (me); ~ed meat, dendeng.

jessamine, bunga melur.

jest, lelutjon, penggeli hati, senda gurau; to ~, bersenda gurau.

Jesus, nabi Isa, Tuhan Jesus.

jet, pantjuran (air); pemantjar air, ponten; to ~, memantjar.

jet-black, hitam legam.

jet fighter, pesawat (terbang) jet, pesawat pemburu jang tidak

memakai baling-baling.

jetty, djambatan.

Jew, Jahudi.

jewel, permata, djauhar.

jeweller, djauhari.

Jewish, ... Jahudi.

jiffy, in a ~, dalam sekedjap mata.

jingle, dering (men).

job, pekerdjaan, tugas.

jockey, djoki.

jocose, lutju, djenaka.

jocular, lutju, djenaka.

jocund, suka hati, riang.

jog, sentuh (menjentuh); bergojang.

joggle, guntjangkan (meng); berlari anak.

jog-trot, lari anak.

join, persatukan (mem), gabungkan (meng); masuk kepada, bertjampur pada, memihak kepada; to ~ the army, masuk serdadu: to ~ battle, turut bertempur.

joiner, tukang kaju.

joint, hubungan; sendi, ruas; tergabung, gabungan, bersama-sama, persekutuan.

joint-stock, modal persekutuan.

joke, senda gurau, lelutjon, penggeli hati, lawak; to ~, bergurau, main gila.

joker, tukang lawak, pelawak.

jolly, suka hati, riang, lutju, aneh.

jolt, bergojang.

jostle, sigung (menjigung).

journal, buku harian, djurnal; harian, madjalah.

journalism, djurnalistik, ilmu pesurat kabaran.

journalist, djurnalis, wartawan.

journey, perdjalanan; go on a ~, pergi berdjalan.

Jove, Jupiter; *by* ~ *!,* tobat!

jovial, dengan suka hati, bersuka hati, riang.

joy, kesukaan, keriangan.

joyful, *joyous,* suka hati, suka tjita. [sekali.

jubilant, bersorak, suka hati

jubilate, bersorak sorai, bertempik.

jubilation, tempik sorak, tempikan.

jubilee, peringatan, hari ulang tahun.

judge, hakim; anggota djuri; *to* ~, timbangkan (menimbangkan), djatuhkan (men) hukum, putuskan (memutuskan).

judg(e)ment, pertimbangan, keputusan, hukum(an); *to give* ~, hukumkan (meng).

judicial, ... hakim, kehakiman.

judiciary, kekuasaan, kehakiman.

judicious, berbudi, bidjaksana.

jug, *milk-*~, tempat susu.

juggle, bermain sulap.

juggler, tukang (main) sulap.

jugglery, sulapan.

juice, air; perahan.

juicy, berair, banjak airnja.

July, (bulan) Djuli.

jumble, tjampuran, kekatjauan.

jump, lompat; *to* ~, lompat (me); lompatkan (me), lompati (me).

junction, penghubungan, ikatan.

juncture, kampuh, lis; *at this* ~, pada sa'at jang genting ini.

June, (bulan) Djuni.

jungle, hutan, rimba raja.

junior, muda, lebih muda.

jurisdiction, kekuasaan mengadili; daerah (kekuasaan) hakim, wilajat hakim, daerah hukum; pengadilan hakim.

jurisprudence, ilmu hukum.

jurist, djuris, sardjana hukum, ahli hukum.

jury, djuri.

just, benar; adil, patut, hanja, sadja; ~ *fancy!,* tjoba!; ~ *now,* barusan, baru tadi; ~ *so!,* betull; *it 's* ~ *possible,* boleh djadi.

justice, keadilan; djustisi.

justify, benarkan (mem), sahkan (men).

jute, guni.

juvenile, muda, belia, teruna.

K.

kapok, kapuk.

keel, lunas, sagur.

keen, tadjam; ~ *on,* sangat menjukai, mengasjikkan, berhawa nafsu.

keen-sighted, bermata tadjam.

keen-witted, pandjang akal.

keep, taruhkan (menaruhkan), pegang (memegang), peliharakan (memeliharakan), simpan (menjimpan), djagai (men), pertahankan (mem); *to* ~ *on* ......*ing,* tidak berhenti ber......, terus ber......; *to* ~ *at it,* teruskan (meneruskan); *to* ~ *down,* tahan (menahan); *to* ~ *off,* tidak mengganggu; *to* ~ *out,* tidak bertjampur tangan; *to* ~ *a promise,* memenuhi perdjandjian; *to* ~ *a thing a secret,* merahasiakan sesuatu hal.

keeper, pemegang, pendjaga, pengawas.

keeping, pemeliharaan; perawatan; *in* ~ *with,* selaras dengan, berkenaan dengan, sepadan dengan.

keepsake, tanda mata.

kennel, kandang andjing.

kerchief, kain leher, ikat kepala.

kernel, bidji, hati, teras.

kettle, ketel.

key, kuntji, anak kuntji; ......penguntji, ...terutama, ...terpenting.

keyhole, lubang kuntji.

key-money, uang kuntji.

keynote, nada utama.

key-ring, gelang kuntji.

kick, tendang, sepak; to ~, menendang, menjepak.

kid, anak kambing; kulit kambing; kanak-kanak, budak; to ~, main gila.

kidnap, tjulik (men).

kidnapper, pentjulik.

kidney, buah pinggang, kerindjal, gindjal.

kill, bunuh (mem), potong (memotong); tiadakan (meniadakan); be ~ed in action, tiwas, gugur.

killing, mematikan; pembunuhan; lutju sekali.

kill-time, waktu pelengah, pengisi waktu.

kiln, dapur, tempat api.

kilogram(me), kilo, kilogram.

kilometer, kilometer, kilo.

kin, kerabat, bangsa, kaum, keluarga; ~ to, bersemenda.

kind, murah hati, ramah, manis; matjam, djenis; all ~s of, berbagai-bagai, bermatjam-matjam, berdjenis-djenis, berupa-rupa; to receive in ~, terima dengan barang; something of the ~, barang sebagainja.

kind-hearted, baik hati.

kindle, njalakan (me), pasang (memasang).

kindly, ~ tell me ...., hendaklah

(tuan) katakan kepada saja.

kindness, kemurahan hati.

kindred, semenda.

king, radja, jang dipertuan.

kingdom, keradjaan.

kinship, kerabat.

kinsman, kaum sedarah.

kiss, tjium, ketjup, kutjup; to ~, mentjium, mengetjupi, mengutjupi.

kit, kelengkapan, peralatan, barang-barang.

kitchen, dapur.

kitchen-garden, kebun sajur-sajuran.

kite, burung elang; lajang-lajang, lajangan.

kith, ~ and kin, kenalan dan kaum keluarga; have neither ~ nor kin, sebatang kara.

kitten, anak kutjing.

knack, ketjekatan; kebiasaan.

knapsack, buntil, boktja.

knave, pendjahat, badjingan.

knavery, perbuatan orang djahat.

knead, uli (meng), ramas (me); pidjat (memidjat).

knee, lutut.

knee-cap, tempurung lutut.

kneel, berlutut.

knick-knack, benda ketjik-mengetjik.

knife, pisau.

knife-board, papan pengasah.

knife-grinder, pengasah pisau.

knight, ksatria.

knighthood, keksatriaan.

knit, radjut (me), sirat (menjirat); to ~ one's brows, mengernjitkan alis.

knitting-needle, djarum peradjut.

knob, bendjol.

knobby, berbendjol-bendjol.

knobstick, gada, penggada.

knock, pukulan, ketuk; *a ~ (at the door),* ketokan; *to ~,* pukul (memukul), ketuk (mengetuk), ketok (mengetok); *to ~ about,* bergelandangan; *to ~ out,* alahkan (meng), beri (mem) pukulan hingga lawannja djatuh pingsan (dalam pertandingan tindju).

knocker, pengetuk.

knock-knees, pengkar keluar.

knot, simpul; buku, mata kaju; mil laut Inggeris; *to ~,* simpulkan (menjimpulkan).

knotty, monggol, banjak matanja; sulit.

know, tahu, mengetahui, kenal, mengenal; *there is no ~ing,* siapa tahu ......

knowing, pandai, paham, tjerdik.

knowledge, kepandaian, pengetahuan; setahu.

knuckle, buku djari.

L.

label, etiket, surat, ladjur.

labial, huruf bibir.

laboratory, laboratorium.

laborious, radjin, bergiat; berat.

labour, pekerdjaan; *to ~,* bekerdja, berusaha.

labourer, pekerdja, upahan, buruh.

lac, embalau, lak.

lace, tali sepatu; renda.

lacerate, robek (me).

lack, kekurangan, kebutuhan; *to ~,* (ber)kekurangan; *be ~ing,* kurang.

lackey, pelajan istana, pendjabat istana.

laconic, dengan sepatah kata sadja, dengan ringkasnja.

lacquer, lak, pernis, sampang.

lacuna, rumpang.

lad, budak.

ladder, tangga.

lade, muatkan (me).

lading, muatan.

lady, njonja, mem.

lady friend, sahabat perempuan.

lady help, pembantu njonja rumah.

ladylike, wanita; sebagai njonja.

lag, terkemudian, ketinggalan.

laggard, pentjorot.

lagoon, danau pantai.

lair, bumbun, djerumun, pembaringan.

lake, danau, tasik, telaga.

lamb, anak domba, anak biri-biri.

lame, pintjang, lumpuh.

lament, ratapan; *to ~,* ratap (me), ratapi (me); *the late ~ed* ......, almarhum, mandiang.

lamentation, ratapan, tangisan.

lamp, lampu, pelita, lantera.

lamp-chimney, semperong lampu.

lamplighter, tukang lampu.

lamp-post, tiang lantera.

lance, tombak, lembing.

lancers, pasukan tombak.

lancet, lanset.

land, negeri, tanah, bumi, darat; *by ~,* didarat; *to ~,* mendarat, mendarati.

landholder, tuan tanah.

landing, pendaratan.

landing-craft, sekotji pendarat.

landing-stage, pangkalan.

landlady, njonja rumah; induk semang.

landlord, tuan rumah; induk semang.

landmark, sempadan.

land-owner, tuan tanah.

landslide, tanah jang terbis.

land-tax, padjak tanah.

lane, lorong.

language, bahasa; *use bad* ~, maki-maki (me).

languid, lemah, letih, lelah.

languish, merana.

languor, kelemahan, kelelahan.

lantern, lantera; *Chinese* ~, tanglung.

lantern-slide, gambar senter.

lap, ribaan, pangku.

lapse, djatuh; kechilafan.

larceny, pentjurian.

lard, lemak babi.

larder, sepen.

large, besar, luas, landjut; *at* ~, dengan pandjang lebar; bebas.

large-hearted, murah hati.

largeness, besar(nja).

largess, anugerah; kemurahan.

larva, djentik-djentik, tempajak.

larynx, pangkal tenggorok.

lass, budak perempuan, anak perempuan.

lasso, djerat.

last, kelebut; terkebelakang, terachir; ~ *month,* bulan (jang) lalu; ~ *night,* semalam; *at* ~, lama kelamaan, (pada) achirnja; *to* ~, tinggal, tahan; *it will* ~ *a year,* setahun lamanja.

lasting, kekal, awit.

latch, selak pintu, kantjing, kuntji.

latchkey, kuntji rumah.

late, lat, lambat, kasip, liwat waktu; jang dahulu; almarhum; *of* ~, baru-baru ini.

lately, belum lama, tempo hari, kemudian ini.

latent, tersembunji, terpendam.

later, kemudian.

latest, terachir; *at the* ~, selambat-lambatnja.

lathe, bindu.

lather, air sabun; buih, busa; *to* ~, sabuni (menjabuni).

lather-brush, kuas tjukur.

Latin, Latin.

latitude, *in* ~ *20° North,* pada 20° lintang utara.

latter, jang kemudian, jang tersebut kudian.

lattice, kisi-kisi, rudji-rudji.

laud, pudji (memudji).

laudable, patut dipudji.

laugh, tertawa, ketawa; *to* ~ *at,* tertawai (menertawai).

laughable, jang memberi tertawa.

laughter, tertawaan.

launch, barkas; *to* ~, lambungkan (me); luntjurkan (me).

laundress, penatu perempuan.

laundry, tjutjian; rumah penatu.

lava, lava, lahar.

lavatory, kamar ketjil, kakus.

lavish, boroskan (mem).

law, hukum, undang-undang, djustisi; *be at* ~, berperkara, berdakwa.

law-abiding, tunduk kepada undang-undang.

law-breaker, pelanggar undang-undang.

lawcourt, pengadilan.

lawful, setudju dengan hukum, sah.

lawn, petak rumput, lapangan rumput.

lawn-mower, mesin rumput.

lawn-tennis, tenis.

lawsuit, perkara, sengketa, dakwa.

lawyer, pengatjara, penolong bitjara, apokat.

laxative, obat peluntur, pentjahar.

lay, letak, kedudukan; *to* ~, letakkan (me); to ~ the cloth, tutup (menutup) medja; to ~ down, hantarkan (meng); tetapkan (menetapkan), tentukan (menentukan); to ~ it on, melebih-lebihi; to be laid up, sakit; to ~ eggs, bertelur.

layer, lapis; ajam babon.

lay-out, pemasangan, pasangan; rentjana, rantjangan; penglaksa-

laziness, kemalasan. [naan.

lazy, malas.

lazy-bones, pemalas.

lb., pound, pon Inggeris.

lead, timah hitam.

lead, pimpin (memimpin), tuntun (menuntun); to ~ the way, berdjalan dahulu, melopori; to take the ~, mengambil pimpinan.

leaden ...... timah hitam; kebam.

leader, pemimpin, pengandjur, pemuka, pedoman.

leadership, pimpinan.

leading, pimpinan, pengandjuran; terpenting, terutama.

lead-pencil, pinsil, potlot.

leaf, daun.

leaf-gold, emas perada.

leaflet, daun ketjil; surat sebaran.

league, persekutuan, perserikatan; ~ of Nations, Perserikatan Bangsa-Bangsa.

leak, botjor, tiris.

leakage, botjoran, tirisan.

lean, bersandar; kurus.

leaning, ketjenderungan.

leap, lompat; to ~, melompat, melompat.

leap-year, tahun kabisat.

learn, beladjar; mendengar (kabar).

learned, terpeladjar, berpeladjaran.

learning, peladjaran, ilmu, pengetahuan.

lease, sewa, pak; long ~, pak turun temurun; to ~, persewakan (mem).

leasehold, uang sewa, uang pak.

leaseholder, orang jang menjewa, penjewa.

least, jang terketjil, jang terkurang; at ~, sekurang-kurangnja; not in the ~, tidak sekali-kali.

leather, kulit.

leave, izin, perlop, tjuti; to take ~, minta diri, mohon diri; on ~, dalam tjuti; to ~, tinggalkan (meninggalkan); bertolak, berangkat, pergi; biarkan (mem); serahkan (menjerahkan).

leaven, ragi.

leavings, sisa, kelebihan.

lecture, tjeramah, pidato, pengadjaran disekolah tinggi; to ~, memberi pengadjaran disekolah tinggi.

lecturer, jang mengadakan tjeramah; lektor, upa guru besar.

lee, bawah angin.

leech, lintah.

leek, pre, kutjai.

leer, intip (meng).

lees, tahi.

leeward, dibawah angin.

left, kiri, sebelah kiri; tertinggal.

left-handed, kidal.

left-overs, sisa.

leg, kaki, tungkai; to give one a ~ (up), membantu seorang; to pull a person's ~, memperolok-olokkan seorang.

legacy, wasiat istimewa.

legal, legal, menurut undang-undang, sah, halal.

legalization, resmian, tanda sah, legalisasi.

legalize, resmikan (me), tandasahi (menandasahi).

legatee, musalah istimewa.

legation, legasi.

legend, tjeritera dahulu kala.

legible, dapat dibatja.

legion, balatentera; kebanjakan.

legislation, perundang-undangan.

legislator, jang mengadakan undang-undang.

legislature, kekuasaan menetapkan undang-undang.

legitimate, sah; patut, lajak; to ~, sahkan (men).

legitimation, keterangan jang membenarkan.

leisure, tempoh; at ~, dengan senangnja; to be at ~, ada kelapangan, ada keluasan.

leisured, banjak kelapangan.

lemon, limau.

lemonade, limun.

lend, memberi pindjam, memindjamkan; to ~ a (helping) hand, tolong (menolong).

lender, pemindjam.

length, pandjang(nja); djarak-(nja), lama(nja); at ~, achir-nja.

lengthen, perpandjang (mem).

lengthy, memandjang; landjut.

lenient, lembut, murah hati.

lens, lensa, kanta.

Lent, puasa (Masehi).

leopard, harimau kumbang.

leper, orang berpenjakit kusta.

leprosy, penjakit kusta, penjakit kedal.

leprous, berpenjakit kusta.

less, kurang, ketjil daripada.

lessen, kurangkan (mengurang-kan), ketjilkan (mengetjilkan).

lesser, lebih ketjil; the ~ Sunda Isles, kepulauan Sunda Ketjil.

lesson, peladjaran, pengadjaran.

lest, supaja djangan.

let, biarkan (mem); sewakan (menjewakan); to ~, akan dipersewakan; to ~ alone, tidak memperdulikan, tidak mentjampurkan diri dalam; to ~ down, turunkan (menurunkan); to ~ go, lepaskan (me).

lethargy, penjakit lena.

letter, surat; huruf, aksara; man of ~s, sardjana; by ~, dengan surat.

letter-box, tabung pos, tempat surat.

letter-carrier, tukang pos.

level, permukaan, tingkat(an); datar, rata; to ~, ratakan (me); bedek (mem).

level crossing, perlintasan.

lever, pengumpil, tuil.

levy, pungut (memungut) (padjak), kenakan (mengenakan); to ~ war, memulai perang, berperang.

lewd, tjabul, gatal.

liability, (per)tanggungan.

liable, tanggung; menanggung djawab; ~ to service, berkewadjiban milisi.

liar, pendusta, pembohong.

liberal, murah hati; liberal.

liberality, kemurahan hati.

liberate, merdekakan (me), lepaskan (me).

liberation, kelepasan.

liberator, pemerdeka.

liberty, kemerdekaan, kebebasan.

librarian, pengurus perpustakaan (taman pustaka).

library, perpustakaan, taman pustaka.

licence, izin, idjazah, surat per-
kenan; idjazah mendjalankan
kendaraan.

license, izinkan (meng), biarkan
(mem), perkenankan (mem).

lick, tampar, tempeleng; to ~,
djilat (men); laberak (me).

licking, laberakan.

lid, tutupan, penutup.

lie, dusta, bohong; to ~, berdusta,
berbohong, membohong; ber-
baring, terletak, berada.

lieu, in ~ of, usahkan, ganti.

lieutenant, letnan.

life, hidup, kehidupan; umur.

lifeboat, sekotji penolong.

lifebuoy, pelampung penolong.

life-guard, (barisan) pengawal.

life-insurance, asuransi djiwa.

lifeless, tidak hidup lagi, mati.

lifelong, seumur hidup, selama
hidup.

life-sized, sebesar hidup.

lifetime, umur hidup.

lift, angkat (meng); naikkan
(me) (tangan); tumpang
(menumpang).

light, tjahaja, sinar; terang; korek
api; mudah; gampang; ringan,
enteng; muda, serang; to ~,
njalakan (me), pasang (me-
masang) (lampu).

lighten, ringankan (me), terang-
kan (menerangkan); hari kilat.

lighter, pembakar.

lighthouse, lentera laut, menara
api, mertju suar.

lightning, kilat, geledek.

lightning-conductor, ~ rod, pe-
nurun kilat, tangkal petir.

like, sama, padan, tara, timbalan;
seperti, sama dengan, serupa;
to ~, suka, sukai (menjukai).

likely, agaknja, boleh djadi,

barangkali.

liken, samakan (menjamakan),
bandingkan (mem).

likeness, kesamaan, ibarat, tamsil;
potret.

likewise, begitu djuga, demiki-
anpun.

liking, kesukaan, kehendak.

lily, bakung, teratai, tundjung.

limb, ~s, anggota gerak.

lime, getah; kapur; limau.

limekiln, pekapuran, pembakaran
kapur.

lime-water, air kapur.

limit, limit, batas, had; that's the
~!; itulah keterlaluan!; to ~,
batasi (mem).

limitation, pembatasan.

limited, dibatasi, terbatas; ~
liability company, perseroan
terbatas.

limp, lembik, lemah.

limpid, bening, hening, djernih.

limping, menimpang.

line, garis, gores; tali; baris, deret.

lineage, bangsa, keturunan.

lineament, raut muka.

linen, kain linan.

liner, kapal api.

linger, lengah; merana.

linguist, ahli bahasa.

liniment, param.

lining, alas, lapis.

link, tjintjin rantai, mata rantai;
hubungan; ~s, padang untuk
permainan „golf"; to ~,
hubungkan (meng).

lion, singa.

lioness, singa betina.

lip, bibir.

liqueur, sopi manis.

liquid, zat tjair; tjair.

liquidate, hentikan (meng),
bubarkan (mem), basmi (mem).

liquidation, likwidasi, penghentian, pembubaran, pembasmian.
liquor, minuman keras.
lisp, berkata dengan telor.
list, daftar; *to* ~, daftarkan (men), sebutkan (menjebutkan).
listen, dengarkan (men).
listener, pendengar.
listener-in, pendengar radio.
listless, lemah, letih.
literate, berpeladjaran.
literary, ... sastera.
literature, kesusasteraan.
litre, liter.
litter, usungan, tandu.
little, ketjil; sedikit; ~ *by* ~, lambat laun, perlahan-lahan; *for a* ~, sebentar, sedjurus.
liturgy, liturgi.
live, hidup; berkediaman, tinggal, bersemajam.
livelihood, pentjaharian, kehidupan, rezeki, nafkah.
livelong, *the* ~ *day,* sepandjang hari.
liver, hati.
live-stock, banjaknja ternak.
livid, putjat manai, pudar.
living, kehidupan, pentjaharian, nafkah.
lizard, tjetjak.
load, muatan, beban, bahara; *to* ~, muatkan (me), isikan (meng).
loading, muatan.
loaf, roti.
loafer, orang pemalas, penganggur.
loam, tanah liat, tanah pekat.
loan, pindjaman; *to* ~, pindjamkan (memindjamkan).
loath, segan, djemu.
loathe, enggan, djemu akan.

loathsome, maung, nadjis.
lobby, ruangan muka (hotel).
lobe, tjuping.
lobster, udang karang.
local, setempat (-setempat), lokal.
locality, tempat, ruang.
localize, batasi (mem).
locate, tentukan (menentukan) (tempat).
location, penentuan tempat.
loch, danau.
lock, ikal, djondjot; kuntji; pintu air; *to* ~, kuntji(kan) (menguntjikan), kepungi (mengepungi).
locker, kotak, peti.
locket, madaliun.
lock-keeper, pendjaga pintu air.
locksmith, tukang kuntji.
locomotive, lokomotip.
locust, belalang.
lodge, pondok; rumah ketjil; lodji; *to* ~, letakkan (me); menumpang.
lodger, penumpang, penjewa.
lodging, perumahan, pemondokan.
loft, loteng.
lofty, tinggi, mulia.
logarithm, logaritma.
log, topdal.
logbook, surat topdal.
logic, logika.
logical, logis.
loin, pinggang.
loiter, onjak-anjik.
London, London.
Londoner, penduduk kota London.
lone, sunji, sepi.
loneliness, kesepian.
lonely, sunji, sepi.
long, pandjang; ~ *figure,* harga mahal; ~ *jump,* lompat djauh;

don't be ~*!,* djangan lama!, lekas pulang!; *so* ~*!,* sampai berdjumpa pula, sampai bertemu lagi; *before* ~, kelak, tidak berapa lama lagi; *to* ~ *for,* rindu akan, inginkan (meng), kepingin, idamkan (meng).

longest, *at (the)* ~, selamalamanja.

longing, hasrat, niat, hawa nafsu; berhasrat.

longitude, budjur.

long-range, djarak djauh (meriam, penerbangan).

long-sighted, mata djauh.

long-winded, landjut.

look, rupa, paras, muka; *to* ~, lihat (me); *to* ~ *after,* djaga (men); *to* ~ *at,* lithatkan (me); *to* ~ *back,* toleh (menoleh); *to* ~ *for,* tjari (men); *to* ~ *forward to,* tunggu (menunggu); *to* ~ *on,* tonton (menonton); ~ *out!,* awas!; *to have a* ~ *at,* pandang (memandang); ~ *before you leap,* pikir dahulu pendapatan, sesal kemudian tiada berguna.

looker-on, penonton.

looking-glass, tjermin.

look-out, penindjau(an).

loom, perkakas tenun, abah-abah tenun; *to* ~ *ahead,* timbul, melampung.

loop, sosok.

loop-hole, tingkap.

loose, lepas; luas, longgar; kendur; terurai.

loosen, lepaskan (me), uraikan (meng).

loot, rampasan; *to* ~, rampas (me).

lop, penggal (memenggal), parang (memarang), tutuh

(menutuh).

loquacious, gelatak, suka bertjakap-tjakap.

Lord, tuan, Tuhan; ~ *Mayor,* wali kota (negeri Inggeris).

lorgnette, lornjet.

lorry, lori.

lose, hilang, menghilangkan; mendapat rugi; kalah; *to* ~ *one's way,* sesat.

loser, orang jang kalah.

loss, rugi, kerugian, kehilangan.

lost, hilang; tersesat; tiwas; kesasar.

lot, undi; banjak.

lottery, undian, lotere.

loud, riuh, dengan gempar.

loud-speaker, pengeras suara (radio).

louse, kutu, tuma.

love, kasih, tjinta, asmara; kekasih, tangkai hati; *(give) my* ~ *to all,* sampaikanlah tabik saja kepada sekalian; *to make* ~ *to,* berkasih-kasihan; *in* ~, berahi; *to fall in* ~, djatuh tjinta; *to* ~, kasihi (mengasihi), kasih akan, tjintai (men), sukai (menjukai).

lovely, manis, tjantik, permai, elok.

lover, kekasih; penggemar.

low, rendah, hina; murah (harga).

lower, lebih rendah; *to* ~, turunkan (menurunkan); lembutkan (suara).

lowest, terendah; *at* ~, sekurangkurangnja.

lowland, tanah rendah.

lowly, rendah hati.

low-spirited, murung, benguk.

loyal, tulus ichlas, setia.

loyalty, kesetiaan.

lubricate, minjaki (me); *lubricating oil,* minjak lumur.

lucid, terang.

luck, untung, tuah; *bad* ~, tjelaka: *good* ~!, beruntunglah tuan!; *to be down on one's* ~, dapat tjelaka.

lucky, beruntung, bertuah; ~ *bird,* orang jang beruntung, pemudjur.

lucrative, menguntungkan.

lucre, untung, laba.

luff, atas angin.

luggage, bagasi, barang-barang.

luggage-ticket, resi bagasi, surat bagasi.

luggage-van, kereta bagasi.

lugubrious, murung, susah hati.

lukewarm, redang, suam.

lullaby, kidung.

lumbago, sengal pinggang.

luminous, terang, berpendar-pendar.

lump, keping; gumpal.

lump-sugar, gula batu.

lunacy, sakit ingatan.

lunatic, sakit bulan; gila, orang gila.

lunch(eon), makan tengah hari, makan siang.

lung, paru-paru.

lurch, sentak; *to leave in the* ~, tinggalkan (meninggalkan).

lurid, putjat lesi; mambang kuning.

lurk, intai (meng).

lush, subur.

lust, hawa nafsu, berahi.

lustre, permuliaan, seri.

lustrous, mulia.

lusty, kuat.

luxurious, mewah.

luxury, kemewahan.

lymph, getah bening.

M.

mace, bunga pala, bunga lawang.

machinate, berhelat.

machination, helat.

machine, mesin, masin, pesawat.

machine-gun, mitraljur, senapang mesin.

machine-gunner, penembak mitraljur.

machine-made, buatan mesin, buatan paberik.

machinery, mesin-mesin, mekanik, alat-alat.

mackerel, tongkol.

mackintosh, djas hudjan.

mad, gila, mata gelap; *as* ~ *as a hatter,* gila betul.

madam, njonja.

madhouse, rumah (orang) gila.

madman, orang gila.

magazine, gudang; madjalah.

maggot, ulat.

magic, ilmu sihir, ilmu hikmat.

magician, orang sihir.

magistrate, magistrat, djaksa, hakim.

magnanimous, murah hati.

magnesium, magnesium.

magnet, besi berani, maknit.

magnetic, ... maknit.

magneto, maknit.

magnificence, kemuliaan.

magnificent, mulia, amat indah.

magnify, besarkan (mem).

magnifying-glass, surjakanta, lup.

magnitude, besarnja; kebesaran.

magpie, (burung) murai.

maid, babu.

maiden, perawan, gadis; ~ *speech,* pidato jang pertama.

maid-servant, babu (dalam).

mail, badju zirah, badju rantai;

mil, pos laut; to ~, membawa kepos, mengirimkan dengan pos.

mail-order, pesanan dengan pos.

maim, puntungkan (memuntungkan), kudungkan (mengudungkan).

main, terpenting, terbesar; the ~ force, ibu tentera; in the ~, pada pokoknja, pada umumnja.

mainland, daratan.

mainly, pertama-tama, pada galibnja.

maintain, kendalikan (mengendalikan), pertahankan (mem); peliharakan (memeliharakan).

maintenance, pengendalian, pertahanan, pemeliharaan.

maize, djagung.

majesty, baginda, daulat.

major, major; terbesar.

major-general, djenderal major.

majority, kebanjakan, kelebihan.

make, buatan, bikinan; djenis, matjam; to ~, buat (mem), bikin (mem); adakan (meng) (pidato); to ~ up one's mind, putuskan (memutuskan), ambil (meng) keputusan.

maker, jang membuat, pembuat, pembikin, pentjipta.

makeshift, daja upaja.

malady, penjakit.

malaria, malaria, demam kura.

Malay, Melaju.

Malayan, ... Melaju.

male, laki-laki; djantan.

malediction, sumpah, kutuk.

malefactor, pendjahat.

malicious, djahat; dengan sengadja.

malignant, djahat, ganas.

mallard, itik djantan, bebek djantan.

mallet, gandin.

mam(m)a, ibu.

mammal, binatang jang menjusui anaknja.

man, orang, manusia; orang laki-laki; the ~ in the street, orang kebanjakan; to a ~, serentak.

manage, perintahkan (memerintahkan), urus (meng), pimpin (memimpin).

manageable, dapat dipimpin, patih.

management, pimpinan, direksi, urusan, pemerintahan, administrasi.

manager, pemimpin, direktur, pengurus, administratur.

managing, ~ director, direktur (pengurus).

mandate, surat perintah, surat perintah pembajaran, mandat.

mandatory, memberi perintah, memberi kuasa.

mandolin(e), mandolin.

mane, surai.

manful, berani, perwira.

manganese, manggan.

mange, kudis.

manger, palung.

mangy, kudisan.

manhood, kelaki-lakian; kemanusiaan.

mania, kegilaan.

maniacal, kegila-gilaan.

manifest, firman, manifes; njata; to ~, njatakan (me), tundjukkan (menundjukkan).

manifestation, pernjataan.

manifold, banjak, pelbagai, berlipat ganda.

manikin, orang-orangan.

manipulation, gerak langkah.

mankind, (segala) manusia, kemanusiaan.

manly, laki-laki, perkasa.

manner, tjara, djalan, ragam; matjam; ~s, adab, adat sopan; *in that* ~, begitu.

mannered, beradab, beradat.

manoeuvre, latihan perang-perangan; tipu daja.

man-of-war, kapal perang.

man-servant, pelajan, djongos.

mansion, rumah besar.

manslaughter, pembunuhan.

mantrap, randjau, pengapit.

manual, (kitab) penuntun, pedoman, pemimpin; ~ *labour,* pekerdjaan tangan.

manufactory, paberik.

manufacture, pembuatan, pembikinan; buatan, bikinan; *to* ~, buat (mem), bikin (mem).

manufacturer, pengusaha paberik.

manure, badja; *to* ~, badjai (mem).

manuscript, naskah; tulisan.

many, banjak; ~ *a one,* beberapa orang; ~ *a time,* beberapa kali; *a great* ~, banjak sekali; *the* ~, orang kebanjakan.

many-coloured, puspa-warna, aneka warna, warna-warni.

map, peta; *to* ~, membuat peta, memetakan.

maraud, rampas (me), rampok (me).

marble, marmar, pualam; kelereng.

March, (bulan) Maret.

march, perdjalanan (militer); *to* ~, berbaris.

march-past, depile.

mare, kuda betina.

margarin(e), mentega umum, mentega tiruan.

margin, rusuk, tepi.

marine, angkatan laut. [kapal.

mariner, kelasi, mantros, anak

mark, tanda, alamat; tjap; sasaran; bekas; bukti; angka; *a man of* ~, orang terkemuka; *to be up the* ~, penuhi (memenuhi) sjarat-sjarat; *to* ~, tandai (menandai); tjap (men); tjatat (men); perhatikan (mem); ~ *me!,* tjamkan perkataan saja!

market, pasar, pasaran, pekan; *black* ~, pasar gelap.

marketable, laku betul.

market-clerk, pegawai pekan.

market-day, hari pasar.

market-place, pasar.

market-price, harga pasar.

market-value, nilai pasar.

marksman, penembak (tepat).

marmalade, marmalada.

maroon, menganggur; asingkan (meng).

marriage, perkawinan, pernikahan; *related by* ~, semenda, bersemenda; *to ask in* ~, pinang (meminang).

marriageable, remadja, balig.

marriage bond, pertambatan orang laki-bini, pertalian kawin.

marriage certificate, surat kawin.

marriage service, lafal nikah, sjarat kawin; pemberkatan nikah.

marriage settlement, sjarat kawin.

marriage tie, pertambatan orang laki-bini.

married, kawin, nikah; beristeri, bersuami.

marrow, sumsum, lemak tulang.

marry, kawin, nikah; kawinkan (mengawinkan), nikahkan (me).

marsh, paja, rawa.

marshal, marsekal, djenderal besar.

marshy, berpaja-paja.

martyr, sahid, sjahid.

martyrdom, kesjahidan.

marvel, keadjaiban, adjaiban.

marvellous, adjaib, mengadjaibkan, heran.

masculine, laki-laki.

mash, pipis (memipis), hantjurkan (meng).

mask, topeng, kedok, samaran; *to* ~, samarkan (menjamarkan); *masked,* bertopeng.

mason, tukang batu.

masquerade, samarkan (menjamarkan) diri.

mass, Missa; *the great* ~ *of* ......, kebanjakan; *the* ~*es and the classes;* orang banjak dan kaum ningrat; ~ *attack,* penjerangan besar-besaran.

massacre, pembunuhan.

massage, pidjat (memidjat), pidjet, urut (meng).

masseur, tukang pidjet.

massive, pedjal.

mass meeting, rapat raksasa.

mast, tiang.

master, tuan; tuan rumah; jang empunja; kepala, sep; guru; *to* ~, dapat (men), rampas (me), alahkan (meng), rebut (me).

masterkey, kuntji maling.

masterly, terutama, ulung; pandai.

masterpiece, buatan jang terutama.

mastery, keulungan.

masticate, kunjah (mengunjah).

mat, tikar.

match, gores api, korek api; tara, djodoh; pertandingan; *to be a* ~ *for,* sali akan, sama sali; *to be a good* ~ *for,* berpadanan dengan, sepadan dengan; *to* ~, samai (menjamai), samakan (menjamakan); padai (memadai); tandingi (menandingi); djodohkan (men); sesuaikan (menjesuaikan).

match-box, tempat (dos) korek api.

matchless, tidak taranja.

mate, kawan, sahabat, tolan.

material, bahan, perkakas, alat, bekal; djasmani; mad(d)i.

materialism, kebendaan, materialis.

materialistic, bersifat kebendaan, bersifat materialis.

materialize, wudjudkan (me), djelmakan (men).

maternal, ... ibu, bersifat ibu; dari pihak ibu.

maternity, keibuan.

mathematician, ahli matematica, ahli ilmu pasti.

mathematics, matematica, ilmu pasti.

matrimony, perkawinan, nikah.

matter, perkara, hal, peri hal; sebab; nanah; *what is the* ~?, ada apa?; *it is a* ~ *of course,* tentu sadja, sudah (barang) tentu; *a* ~ *of fact,* perkara sungguh-sungguh, kenjataan; *in the* ~ *of,* perihal, tentang; *it does not* ~, tidak apa, tidak mengapa; *no* ~ *how,* tidak peduli bagaimana, bagaimana sadja.

mattress, tilam, kasur, bolsak.

mature, masak, tua.

Maundy Thursday, hari Kemis Besar.

mausoleum, djirat.

maximal, sebanjak-banjaknja, setinggi-tingginja.

maximum, maksimum, sebanjak-banjaknja, setinggi-tingginja.

May, (bulan) Mai.

may, boleh, dapat.

maybe, barangkali, kalau-kalau, mudah-mudahan.

mayor, wali kota.

maze, in a ~, bingung.

me, saja, aku.

meadow, padang rumput, tempat gembalaan.

meagre, kurus.

meal, tepung; makanan, santapan.

mean, sedang, rata-rata, pukul rata; kurang, hina; to ~, kehendaki (mengehendaki), maksudkan (me), sangkakan (menjangkakan), kirakan (mengirakan).

meaning, kehendak, maksud, arti, bunji.

means, by all ~, tentu, pasti; by no ~, sekali-kali tidak; by ~ of, dengan, lantaran, dengan djalan; a man of ~, orang kaja, orang berada.

meantime, in the ~, dalam pada itu, dalam antara itu, sementara itu.

meanwhile, dalam antara itu, sementara itu.

measles, (penjakit) tjampak.

measurable, dapat diukur.

measure, ukuran; besarnja; tindakan; in a ~, sekadarnja; to ~, ukur (meng).

measureless, sangat, telandjur.

measurement, ukuran.

measurer, pengukur.

meat, daging.

mechanics, ilmu gaja, ilmu pesawat, ilmu mekanik.

mechanical, mekanik: ...... pesawat, ... mesin.

mechanician, ahli ilmu pesawat, ahli teknik mesin.

medal, bintang, medali.

meddle, tjampurkan (men) diri dalam, masukkan (me) diri kepada.

meddler, orang seleweng.

mediaeval, dari Abad Pertengahan.

mediate, mengantara, perdamaikan (mem).

mediation, pengantaraan, perantaraan.

mediator, pengantara.

medical, kedokteran, ketabiban; ~ man, dokter, tabib.

medicine, obat; ilmu tabib; to ~, obati (meng).

mediocre, sedang.

meditate, berpikir, bermenung-menung, termenung.

meditation, pikiran, kemenungan.

Mediterranean, Laut Tengah.

medium, sedang; tjenajang.

medley, tjampuran.

meet, bertemu, berdjumpa, ketemukan (mengetemukan), sambut (menjambut), kundjungi (mengundjungi); berkenalan dengan; berkumpul; to ~ at (the station), djemput (men).

meeting, (per)kumpulan, rapat; pertandingan, perlumbaan.

melancholy, murung, sendu.

mellow, masak, lembut.

melodious, merdu.

melody, lagu, ragam.

melon, mendikai, semangka.

melt, leburkan (me).

melting-pot, kui.

member, anggota, sekutu.

membership, keanggotaan, persekutuan.

membrane, selaput.

membranous, berselaput.

memento, kenangan, peringatan.

memoirs, surat-surat peringatan.

memorandum, memorandum, surat (per)ingatan, nota.

memorial, ingat-ingatan, permohonan, nota, memori; tanda (tugu) peringatan.

memorize, suratkan (menjuratkan), tjatat (men); apal (meng).

memory, ingatan.

menace, (peng)antjaman; to ~, antjam (meng).

mend, perbaiki (mem), betulkan (mem); tisik (menisik); to be on the ~, hampir pulih, hampir sembuh.

mendicant, ~ friar, derwis.

menial, hamba.

mental, rohani, maknawi; ~ arithmetic, hitung apalan.

mentality, keadaan rohani; ketetapan hati; tjorak pikiran.

mentally, ~ defective (deficient), lemah pikiran.

mention, sebutkan (menjebutkan); ~ed, tersebut, tertjantum; don't ~ it!, (terima kasih) kembali!

menu, daftar makanan.

mercantile, ... saudagar, ... perniagaan, ... perdagangan.

merchandise, (barang) dagangan.

merchant, pedagang, saudagar.

merchantman, kapal dagang.

merciful, rahman, menaruh kasihan.

merciless, tidak menaruh kasihan.

mercury, air rasa, air perak.

mercy, rahmat, kasihan, ampun.

mere, hanja, sadja; belaka.

merge, leburkan (me).

meridian, (mistar) rembang matahari, garis rembang.

merit, djasa.

meritorious, berdjasa, berbakti.

merriment, keriaan.

merry, ria; to make ~, beria-ria.

merry-go-round, komedi putar.

mesh, mata (djala).

mess, sadjian, hidangan, makanan; to make a ~ of it, selongkar (menjelongkar); gerajang (meng), bongkar (mem); katjaukan (mengatjaukan); to be in a fine ~, to get oneself into a ~, datangkan (men) kesusahan atas dirinja.

message, amanat, pesan, chabar, tilgram.

messenger, pesuruh; ~ boy, katjong suruhan, orang suruhsuruhan.

mess-room, ruangan makan (santap).

Messrs, Tuan-tuan.

metal, logam.

metamorphose, to ~, mendjelma.

metamorphosis, pendjelmaan.

metaphor, perumpamaan, kiasan, ibarat.

metaphorical, dengan perumpamaan, dengan ibarat.

meteor, tjirit bintang.

meteorology, ilmu perubahan dilangit, ilmu tjuatja.

meter, meter, pengukur.

method, metode, ichtiar, tjara, djalan.

methodical, metodis.

metre, meter.

metropolis, ibu negeri; kota jang amat besar.

mettle, keberanian.

Meuse, sungai Maas.

mew, mengeong.

microphone, mikrofon, alat mulut telepon, tjorong radio.

microscope, teropong kuman, mikroskop.

midday, tengah hari.

middle, tengah, pertengahan, menengah.

middle-aged, setengah tua.

middle-class, kaum pertengah, golongan tengah.

middleman, pengantara, tengkulak.

middlemost, jang ditengah.

middle-sized, sedang besarnja.

middling, sedang, sederhana, baik djuga.

midge, njamuk.

midget, katai, tjebol; ketjil.

midnight, tengah malam.

midriff, sekat rongga badan.

midst, tengah; *in the* ~ *of*, diantara.

midway, pada pertengahan djalan, ditengah djalan.

midwife, bidan.

midwifery, ilmu kebidanan.

might, kuasa.

mighty, berkuasa; besar; sangat.

migrant, orang bojong, orang jang berpindah kenegeri lain, orang pindahan.

migrate, berbojong, berpindah.

migration, pembojongan, perpindahan.

mild, lembut; ringan, enteng.

mile, mil.

militant, bersemangat berdjuang.

military, militer, ketenteraan.

militate, berdjuang, bertempur.

militia, milisi.

milk, (air) susu; *to* ~, perah (memerah) air susu.

milk-cow, sapi perahan.

milker, pemerah; sapi perahan.

milkmaid, pemerah (wanita).

milk-food, makanan susu.

milk-jug, tempat susu.

milkman, tukang susu.

milk-molar, gigi sulung.

milk-pail, ember susu.

milk-tooth, gigi sulung.

mill, penggilingan, kilangan; paberik.

millepede, tenggulung.

miller, penggiling, pengusaha penggilingan.

millimetre, milimeter.

million, djuta.

mill-owner, pengusaha paberik.

milt, anak limpa, kura.

mimic, tiru (meniru); ~ *warfare*, perang-perangan.

mimicry, mimikri, penjamaran; tiruan.

mince, tjintjang (men), iris (meng).

mind, akal budi, pikiran; pendapat, sangka, perasaan; ketjenderungan; *to be of one's* ~, setudju dengan, sepakat dengan, sefaham; *to keep in* ~, ingat akan; *to my* ~, pada pikiran saja, menurut pendapat saja, pada hemat saja; *to* ~, ingat akan; perhatikan (mem), indahkan (meng); djagai (men); ~!, awas!; ~ *your own business!*, djangan pedulikan perkara orang lain, djangan tjampurkan diri dalam perkara orang lain; *never* ~!, tidak mengapa!; *would you* ~ *telling me?*, apa tuan suka katakan kepada saja?

minded, be ~ *to*, berniat, berhasrat.

mindful, dengan ingat-ingat, tjermat, saksama.

mindless, lalai, alpa.

mine, punjaku.

mine, tambang, lombong; randjau, periuk api.

miner, buruh tambang.

mineral, barang tambang, pelikan.

mingle, bertjampur.

minimum, minimum, sedikit-dikitnja, terendah.

mining, pertambangan.

minister, menteri; pendeta, paderi; ~ of Agriculture, Menteri Pertanian; Foreign ~, Menteri Luar Negeri; Prime ~, Perdana Menteri; ~ of the Interior, Menteri Dalam Negeri.

ministry, kementerian.

minor, (lebih) ketjil; orang dibawah umur, orang belum dewasa.

minority, golongan ketjil.

minstrel, biduan.

mint, mata uang; to ~, tempa (menempa) uang.

minuend, bilangan jang dikurangi.

minus, kurang; dengan tiada.

minute, menit; the ~s, tjatatan, notulen; this ~, serta merta, barusan sadja.

minute-book, buku tjatatan, buku notulen.

minute-hand, djarum pandjang (lontjeng).

miracle, kedjadian jang adjaib, keadjaiban.

miraculous, adjaib.

mirage, pembajangan udara.

mire, lumpur.

mirror, tjermin, katja.

miry, betjek.

misadventure, tjelaka, malang.

misapprehension, salah faham, salah tampa, salah pengartian.

misbehaviour, kelakuan buruk, perbuatan ta' senonoh.

miscalculation, salah hitung.

miscarriage, kegagalan; keguguran; kechilafan.

miscellaneous, tjampur aduk, berdjenis-djenis, serbaneka, pusparagam.

mischance, kemalangan.

mischief, kedjahatan, kenakalan.

mischiefmaker, pendjahat, pengasut.

mischievous, djahat, nakal.

misconception, salah tampa, salah faham.

misconduct, kelakuan buruk; salah perintah.

misdeed, perbuatan djahat, perbuatan bengis.

misdoing, salah, kedjahatan, perbuatan djahat.

miser, orang kikir, orang bachil.

miserable, susah hati, murung, memberi saju.

miserly, kikir, bachil.

misery, kesusahan, kemelaratan, sengsara.

misfortune, ketjelakaan, kemalangan; ~s never come singly, antan patah, lesung hilang.

misgovernment, salah perintah.

mishmash, tjampuran.

misinterpret, salah tampa, membawa salah, salah mengartikan.

misjudge, salah timbang.

mislead, tipu (menipu).

misprint, salah tjetak.

miss, nona; salah tembak; luntjas; to be ~ing, tidak hadir; hilang; kurang.

misshapen, salah bentuk, keretot.

mission, misi; kedutaan.

missionary, utusan; paderi.

missive, surat, warkah.

mist, kabut, halimun.

mistake, kesalahan, kechilafan; by ~, sebab kechilafan.

mistaken, salah mengerti; to be ~,

salah kira, keliru.
mister, tuan.
mistress, njonja (rumah); guru perempuan; kekasih, njai, gundik.
mistrust, sjak (wasangka), kurang pertjaja.
misty, berkabut.
misunderstand, salah faham, salah mengerti, salah tampa.
misunderstanding, kesalahan faham.
misuse, adat jang salah, salah adat; *to* ~, perkudai (mem).
mitigate, lembutkan (me), kurangkan (mengurangkan).
mix, tjampurkan (men); *to* ~ *up,* mentjampur-adukan, mentjampur-baurkan.
mixture, tjampuran.
moan, erang (meng), aduh (meng), keluh (mengeluh).
mob, orang hina dina, rakjat djelata; orang banjak.
mobile, dapat bergerak; dapat dipindahkan.
mobilization, mobilisasi, kerahan.
mock, palsu; pura-pura; *to* ~, edjek (meng).
mocker, pengedjek.
mockery, edjekan.
mock-fight, perang-perangan.
mode, mode, tjara; djalan; ragam.
model, tjontoh, matjam, model.
moderate, sedang, sederhana.
modern, mutachir, modern, baru.
modernize, barui (mem), modernkan (me).
modest, sederhana; sopan, susila; *the* ~ *s,* golongan sabar.
modesty, kesopanan, kesusilaan.
modification, perubahan.
modify, ubahkan (meng), ringankan (me).

Mohammedan, orang Islam.
moist, basah, lembab.
moisten, basahkan (mem).
moisture, lengas.
mole, empang, pangkalan; tahi lalat.
molecule, molekul.
molest, ganggu (meng), usik (meng).
Molucas, kepulauan Maluku.
moment, momen, saat, sebentar, waktu; *wait a* ~*!,* tunggu sebentar!; *this* ~, serta merta sekarang djuga.
momentary, sepintas lalu.
monarch, radja.
monarchy, keradjaan.
monastery, biara (laki-laki).
Monday, (hari) Senin.
monetary, keuangan.
money, uang. [lengan.
money-box, tabung(an), tje-
money-changer, penukar uang.
money-lender, pelepas uang, tjeti.
money-market, pasar uang.
money-order, poswesel.
mongrel, haram zadah.
monk, rahib.
monkey, kera, monjet.
monkey-wrench, kuntji Inggeris.
monoplane, pesawat terbang bersajap satu.
monopoly, monopoli.
monotheism, agama bertuhan satu.
monotonous, selalu sama bunjinja, berulang-ulang sama ragamnja; jang membosankan.
monsoon, musim.
monstrous, jang memberi ngeri.
month, bulan.
monthly, bulanan; madjalah bulanan.

monument, tanda peringatan, tugu peringatan.

moo, menguak.

mood, perasaan (hati), tingkah, keragaman.

moody, banjak ragam.

moon, bulan.

moonlight, terang bulan, tjahaja bulan.

moonshine, terang bulan.

moonstruck, berpenjakit bulan.

moor, tambatkan (menambatkan), kepilkan (mengepilkan).

Moor, orang Habsji.

mope, murung.

mopish, pemurung.

moral, etika, kesusilaan; moril; ~s, tingkah laku, kelakuan.

morale, moril.

morality, kesusilaan.

morass, rawa, paja.

morbid, tjelomes, ngukngik.

morbidity, persakitan.

mordant, tadjam; dengan sindiran tadjam.

more, lebih, lagi; one ~ glass, satu gelas lagi; ~ or less, semu-semu, sedikit banjak; the ~ ......, makin, semangkin; no ~ does he, iapun djuga tidak.

moreover, lagi pula, tambahan pula.

morning, pagi.

morning paper, surat kabar pagi.

morose, rongseng.

morsel, suap.

mortality, permautan.

mortar, lumpang; mortir.

mortgage, hipotek.

mortify, hinakan (meng), beri (mem) malu.

mortuary, rumah majat.

Moses, nabi Musa.

Moslem, Muslim, orang Islam.

mosque, mesdjid, mesigit.

mosquito, njamuk.

mosquito-net, kelambu.

moss, lumut.

mossy, berlumut.

most, kebanjakan; maha, paling; istimewa; at (the) ~, sebanjak-banjaknja.

mostly, kebanjakan kali.

mote, kuman.

moth, gegat.

mother, ibu; induk.

motherhood, keibuan. [an.

mother-in-law, mentua perempu-

motherless, tidak beribu.

mother-of-pearl, kulit mutiara, gewang.

motion, gerak; mosi, usul.

motionless, tidak bergerak, diam.

motion pictures, bioskop, komidi gambar.

motive, alasan, sebab.

motor, motor; mobil, oto.

motor-boat, sekotji motor.

motor-bus, otobis.

motor-car, mobil, oto.

motor-cycle, sepeda motor, sepeda montor.

motor-cyclist, pengendara sepeda motor.

motor-man, pengemudi (trem).

motor-road, djalan oto.

motor-ship, kapal motor.

motor-spirit, bensin.

motor-truck, prahoto, oto gerobak.

mottled, burik, belang.

motto, alamat, sembojan.

mould, tanah; atjuan; to ~, ber-lapuk.

mouldy, lapuk; empuk.

moult, meluruh, meranggas.

mount, daki (men), naik, me-naiki; pasang (memasang), montir (me).

mountain, gunung.

mountaineer, orang gunung; orang jang mendaki gunung.

mountainous, bergunung-gunung.

mounted, berkendaraan.

mourn, ratapi (me), tangisi (menangisi), berkabung.

mourner, orang jang berkabung.

mournful, dukatjita.

mourning, perkabungan.

mouse, tikus.

mousetrap, perangkap tikus.

moustache, kumis, misai.

mouth, mulut.

mouthful, sesuap.

movable, dapat digerakkan; ~ *properties,* ~s, barang-barang bergerak, barang-barang tak tetap.

move, perpindahan; *to* ~, bergerak; berpindah; alih (meng); usulkan (meng).

movement, gerak, gerakan, pergerakan.

mover, penggerak, pengusul.

movies, bioskop.

M.P., *Member of Parliament,* Anggota Parlemen (Inggeris).

Mr., *mister,* tuan.

Mrs., *mistress,* njonja.

much, banjak; *how* ~?, berapa?, harga berapa?; *so* ~, sekian.

muck, badja.

mucus, lendir, dahak.

mucky, kotor.

mud, lumpur.

muddle, kekatjauan, kekusutan.

muddle-head, orang sasar.

muddy, berlumpur.

mudguard, sepatbor, sajap roda.

muffle, balutkan (mem).

mufti, mufti; *in* ~, berpakaian preman.

mule, bagal; tjenela.

mulish, keras kepala, keras hati.

multifarious, berdjenis-djenis. pusparagam.

multilateral, banjak sisi.

multiple, kelipatan, berlipat ganda.

multiplicand, (bilangan) jang dikalikan.

multiplication, perkalian.

multiplier, pengali(kan).

multiply, kalikan (mengalikan): berkembang biak.

multitude, perhimpunan, perkumpulan; orang banjak.

mum, njonja; diam; ~s the word!, djangan dikatakan!

mumble, ngangut (me), komatkamit.

mummy, mumia; ibu, bu.

munch, kerumit (mengerumit). unggis (meng).

municipality, kota, kotapradja.

munificent, murah, dermawan, rojal, lojar.

munition, mesiu, munisi.

murder, pembunuhan; *to* ~. bunuh (mem).

murderer, pembunuh.

murderess, pembunuh wanita.

murmur, bersungut, meroseng.

muscle, urat, otot; kuat urat.

muscular, berurat, berotot.

muse, bermenung-menung, kelamun (mengelamun).

museum, musium; gedung artja.

mushroom, tjendawan.

music, musik, bunji-bunjian.

musical, ... musik.

musician, tukang musik, ahli musik.

musing, (ke)menungan, pengelamunan.

musk, kesturi.

musket, setinggar, istinggar.

Muslim, (orang) Muslim, orang Islam.

muslin, kain muslin.

mussel, remis, kepah.

must, harus, mesti, ta' boleh tidak.

mustard, moster.

musty, lapuk.

mutation, mutasi, perubahan.

mute, bisu.

mutilate, kudungkan (mengudungkan).

mutilation, kudung-kudung.

mutineer, orang durhaka, pendurhaka, pemberontak; *to* ~, mendurhaka, memberontak.

mutinous, durhaka, berontak.

mutiny, pendurhakaan, pemberontakan.

mutter, rengut (me).

mutton, daging biri-biri, daging domba.

mutual, dari kedua pihak, timbal balik, saling.

muzzle, mulut, montjong.

my, ... saja, ...ku.

myopic, mata dekat, tjadok.

myriad, beribu-ribu, tidak terbilang, tiada tepermanai.

myrtle, kemunting.

myself, saja (sendiri), sendirian.

mysterious, gaib, tersembunji, rahasia.

mystery, kegaiban.

mystic, tasawuf.

myth, tjerita (perumpamaan).

N.

nag, repek (me), rengek (me); tjari-tjari (men).

nail, paku; kuku; *to* ~, memaku.

nail-brush, sikat kuku.

nail-file, kikir kuku.

nail-scissors, gunting kuku.

naked, telandjang, bertelandjang.

name, nama; *in the* ~ *of,* atas nama; *to* ~, namakan (me), namai (me); ~*d,* bernama.

nameless, tidak memakai nama, tidak bernama; tidak terkatakan.

namely, jakni, jaitu.

name-plate, papan nama.

namesake, orang senama.

nap, *to have a* ~, tidur sekedjap.

nape, tengkuk, kuduk.

napkin, serbet.

narcotic, (obat) bius.

narrate, tjeriterakan (men), rentjanakan (me).

narrative, tjeritera, rentjana.

narrator, orang jang bertjeritera, rawi.

narrow, sempit, sesak; saksama, teliti; *to* ~, sempitkan (menjempitkan); *a* ~ *escape,* hampir-hampir ditimpa bahaja.

narrow-minded, seperti katak dibawah tempurung.

nasal, sengau; huruf hidung.

nasty, kotor, nadjis; kedji; tjarut.

natal, ... kelahiran, ... kedjadian.

nation, bangsa.

national, nasional, kebangsaan; ~ *language,* bahasa kebangsaan, bahasa negeri.

nationalism, kebangsaan, nasionalis.

nationalist, nasionalis.

nationality, kebangsaan, bangsa, kenasionalan.

nationalize, nasionalisir (me).

native, anak negeri, bumi putera.

naturalize, memberikan hak negeri penduduk.

naturally, tentu, memang.

nature, tabiat, perangai, chuluk.
naught, nol.
naughty, nakal, djahat.
nausea, dugal, mual.
nauseous, mendugalkan, memualkan.
nautical, ... pelajaran (dilaut).
naval, ... perkapalan.
navel, pusat, puser.
navigate, haluankan (meng), lajari (me), kemudikan (mengemudikan).
navigation, penghaluan, pelajaran, navigasi, perkapalan.
navigator, muallim, djurumudi.
navy, angkatan laut, armada.
near, dekat, hampir, damping; *it was a ~ thing,* hampir-hampir sadja; *a ~ translation,* terdjemahan jang lurus.
nearly, hampir, dari dekat.
near-sighted, mata dekat, tjadok.
neat, apik, netjis; netto, bersih; pantas, tjekatan.
necessary, perlu, wadjib; *the necessaries (of life),* kebutuhan hidup, keperluan hidup.
necessitate, paksa (memaksa), perlukan (memerlukan).
necessity, keperluan, kebutuhan.
neck, leher.
neckerchief, kain leher.
necklace, kalung.
neck-tie, dasi.
necrology, riwajat simati.
need, kesukaran, keharusan: *~s,* keperluan, kebutuhan; *to ~, to have ~ of,* butuhi (mem), perlukan (memerlukan); *if ~ be,* djika perlu; *there is no ~ to,* tidak usah.
needful, perlu.
needle, djarum, pendjahit; tiang, tugu.

needle-case, tempat djarum.
needle-point, tuntung djarum.
needless, tidak usah, tidak perlu, tjuma-tjuma.
needlewoman, tukang djahit perempuan.
needy, perlu ditolong.
ne'er-do-well, orang nakal, djaharu.
negate, sangkal (menjangkal), tidakkan (menidakkan).
negation, penjangkalan.
negative, negatif, nafi.
neglect, abaikan (meng), laiaikan (me), alpakan (meng), teledorkan (meneledorkan); *to the ~ of,* dengan tidak mengindahkan: *~ed,* telantar.
neglectful, lalai, alpa.
negligence, kelalaian, kealpaan, keteledoran.
negligent, lalai, alpa.
negligible, tidak usah diindahkan, tjuai.
negotiable, dapat diperdagangkan.
negotiate, berbitjara, bermusjawarat, bermupakat.
negotiation, pembitjaraan, permusjawaratan, permupakatan.
negotiator, pembitjara.
negress, orang hitam (perempuan).
negro, orang hitam.
neigh, meringkik.
neighbour, (orang) tetangga, orang sebelah.
neighbourhood, *in the ~,* dekat, berdekat(an).
neighbouring, berdekatan, hampir: berdampingan.
neither, *~ ...... nor ......,* bukan ......, bukan ......
nephew, anak saudara (laki-laki).
nerve, saraf, urat.

nervous, kuat; tergugup-gugup.

nest, sarang; *to* ~, bersarang.

nest-egg, telur umpan.

nestle, bersarang; *to* ~ *down,* baringkan (mem) diri.

net, djala, djaring, pukat; ~ *salary,* gadji bersih.

Netherlands, negeri Belanda.

nettle, djelatang.

neurasthenia, lemah saraf.

neurologist, tabib penjakit saraf.

neurology, ilmu penjakit saraf.

neurotic, berpenjakit saraf.

neutral, netral, tidak turut sebelah-menjebelah, berdiri ditengah-tengah.

neutrality, kenetralan.

neutralize, netralkan (me), tawarkan (menawarkan).

never, tidak pernah; ~*!,* masa!; *well I* ~*!,* astaga!, wah!

nevermore, tidak pernah lagi.

nevertheless, biarpun begitu, tetapi.

new, baru.

new-born, orok.

new-comer, orang baru (datang).

new-fashioned, tjara zaman sekarang ini, modern, mutachir.

newly, baru, baru-baru ini, belum lama.

new-made, baru dibikin, baru dibuat.

news, kabar, berita, warta, warta berita.

newspaper, surat kabar, koran, harian.

newsprint, kertas surat kabar.

new-year, tahun baru; ~*'s eve,* malam tahun baru.

next, ~ *to you,* dekat kamu, disebelahmu; ~ *month,* bulan muka, bulan jang akan datang; ~ *time,* lain kali; *he lives* ~

door, rumahnja disebelah; ~*, please!,* jang berikut!

nib, tjotok; pena.

nibble, unggis (meng).

nice, enak, sedap; manis, tjantik, tjermat, apik.

nick, takik; *in the very* ~ *of time,* hampir-hampir terlambat.

nickel, nekel, tembaga putih.

nickname, nama edjekan, nama sindiran.

nid-nod, kantuk (mengantuk).

niece, anak saudara (perempuan).

nigger, orang hitam.

niggle, tjungkil (men), korek (mengorek).

night, malam; *good* ~*!,* selamat tidur!; ~ *and day,* siang malam; *at* ~, pada waktu malam; *to* ~, nanti malam; *last* ~, semalam; *at dead of* ~, malam buta.   [(malam).

night-dress, pakaian tidur

nightingale, bulbul.

nightly, waktu malam; tiap-tiap malam.

nightmare, kekau.

night-school, sekolah malam.

night-watch, djaga malam.

nimble, tjekatan, tangkas, pantas.

nine, sembilan.

nineteen, sembilan belas.

nineteenth, jang kesembilan belas.

ninetieth, jang kesembilan puluh.

ninety, sembilan puluh.

ninth, jang kesembilan.

nip, tjubit (men), apit (meng).

nitrogen, zat lemas, nitrogen.

no, tidak, bukan.

nobility, bangsa mulia, keksatriaan, orang-orang bangsawan.

noble, berbangsa, bangsawan; *the* ~ *art of selfdefence,* kepandaian bertindju.

nobleman, ksatria, orang bang-
sawan.

nobody, tiada siapapun.

nod, angguk (meng), terangguk-
angguk.

node, buku, bonggol.

noise, gaduh, ribut, geger; bunji.

noiseless, tidak berbunji.

noisy, riuh, dengan gempar,
ribut.

nomad, kelana, pengembara.

nomenclature, daftar nama.

nominal, nominal, tetapan.

nominate, angkat (meng); usulkan
(meng).

nomination, pengangkatan; usul.

non-commissioned, ~ officer,
opsir bawahan.

non-party, tidak berpartai.

none, seorangpun tiada, suatupun
tiada.

nonsense, omong kosong.

non-stop, dengan tidak berhenti
(kereta api).

nook, sudut.

noon, tengah hari; at ~, djam dua
belas tengah hari.

noose, djerat, sosok.

nor, neither ...... nor, bukan ....
bukan.

normal, biasa, lazim, normal; ~
school, sekolah normal.

normalization, normalisasi.

normalize, normalisir (me),
luruskan (me).

normally, biasanja, pada lazimnja.

north, utara, lor; to the ~ of,
disebelah utara.

northern, ... utara.

north-east, timur laut.

north-star, bintang kutub, bintang
utara.

north-west, barat laut.

Norway, Norwegia.

Norwegian, orang Norwegia,
orang Nor; bahasa Norwegia;
...... Norwegia.

nose, hidung; to look down one's
~, ketjele; to speak through
the ~, sengau; to ~, baui
(mem).

nosegay, karangan bunga.

nostril, lubang hidung.

nosy, ingin tahu, ingin menge-
tahui.

not, tidak, tiada, tak, ta'.

notable, adjaib, istimewa; orang
terkemuka, orang besar-besar.

notary, notaris.

notch, takik; to ~, menakik.

note, tanda, tjatatan; peringatan;
not; nota; ~ of exclamation,
tanda panggil; ~ of interro-
gation, tanda tanja; to take ~
of, perhatikan (mem); to ~,
tjatat (men), tulis (menulis).

note-book, buku tjatatan, buku
notes.

note-case, pertepel.

noted, masjhur, kenamaan.

note-paper, kertas pos.

noteworthy, patut diperhatikan.

nothing, suatupun tidak, tidak
apa-apa; to come to ~, gagal.

notice, perhatian; pemberitahuan,
maklumat; to take ~ of, taruh
(menaruh) perhatian terhadap;
at a moment's ~, serta merta;
to ~, perhatikan (mem); se-
butkan (menjebutkan); indah-
kan (meng).

noticeable, njata, patut disebut.

notification, pemberitahuan, surat
panggilan.

notify, beritahukan (mem),
maklumkan (me).

notion, pengartian, pendapat,
pikiran, keinsafan.

notorious, masjhur, kenamaan, tersohor; busuk namanja.

notwithstanding, meskipun, walaupun.

nougat, noga.

nought, nol.

noun, katabenda.

nourish, beri (mem) makan, peliharakan (memeliharakan).

nourishing, menghara, jang memberi kuat badan.

nourishment, makanan.

novel, (buku) roman; baru.

novelist, pengarang roman.

novelty, perkara baru-baru.

November, (bulan) November.

now, sekarang, kini; *just* ~, baru tadi; ~ *and then,* ~ *and again,* kadang-kadang; *every* ~ *and then, every* ~ *and again,* tiap-tiap-kali, berulang-ulang, saban kali.

nowadays, sekarang, masa sekarang ini.

nowhere, dimana-manapun tidak.

nucleus, teras, inti.

nude, telandjang.

nuisance, gangguan; orang jang menjusahkan.

nullification, pembatalan.

nullify, batalkan (mem).

numb, lali; *to* ~. melali.

number, nomor; bilangan, angka; banjaknja: *to come in* ~s, berdujun-dujun: *to the* ~ *of* ......, banjaknja ......; *to* ~, nomorkan (me), bilang (mem). hitung (meng).

numeral, kata bilangan: *Roman* ~s, angka-angka Rumawi.

numeration, pembilangan.

numerator, pembilang.

numerous, banjak sekali.

nun, suster, perempuan pertapa.

nuptial, ... nikah, ... perkawinan; ~ *benediction,* pemberkatan nikah.

nurse, djuru rawat; babu anak; *to* ~, djagai (men), rawati (me).

nursery, kamar anak; persemaian.

nursing home, rumah perawatan.

nursling, anak susuan.

nut, *coco-*~, buah njiur; *pea-*~, katjang tanah.

nutmeg, pala.

nutrition, makanan.

nutritious, menghara, jang mengenjangkan.

nutshell, tempurung (njiur); *in a* ~, dengan sepatah kata sadja.

nylon, nilon.

nymph, bidadari. peri.

O.

oak, pohon djati Eropah.

oaken, dari (pada) kaju djati Eropah.

oar, dajung.

oarsman, pendajung.

oasis, waha(h).

oath, sumpah; *by* ~, atas sumpah, dengan sumpah; ~ *of office,* sumpah djabatan; *to make (take, swear) an* ~, bersumpah, mengangkat sumpah.

obedience, penurutan, pengabdian, kepatihan.

obedient, turut perintah, patih.

obediently, *yours* ~, diperhamba.

obelisk, tugu peringatan.

obese, tambun, gemuk.

obey, turut (menurut) perintah, mengabdi.

object, benda, objek; *to* ~, berkeberatan, bantahi (mem).

objection, keberatan, bantahan.

objective, objektif.

objurgate, tegur (menegur), hardik (meng).

objurgation, teguran, hardikan.

obligation, perdjandjian, tanggungan, kewadjiban.

obligatory, perlu, harus, wadjib; ~ *education,* kewadjiban beladjar.

oblige, paksa (memaksa), haruskan (meng); *to be* ~*d to,* terpaksa, harus.

obliging, manis, dengan adab.

oblique, serong.

obliterate, hapuskan (meng).

obliteration, penghapusan.

oblivious, pelupa.

oblong, bulat pandjang, memandjang.

obscene, tjarut.

obscure, gelap; *to* ~, gelapkan (meng).

obscurity, kegelapan.

observation, pengamatan, tilikan, penilikan.

observatory, observatorium.

observe, amat-amati (meng), periksa (memeriksa), periksa (memeriksa) tilik; indahkan (meng), perhatikan (mem), rajakan (me).

observer, pengamat.

obsession, bagan pikiran paksa.

obsolete, lama, tidak dipakai lagi, kolot.

obstacle, sangkutan, rintangan.

obstinacy, ketegaran (hati).

obstinate, tegar hati, bangkang.

obstipation, sembelit.

obstruction, obstruksi, alangan, rintangan.

obtain, dapat (men), peroleh (mem).

obtrude, onjok (meng).

obtuse, tumpul.

obviate, palingkan (memalingkan), tjegahkan (men).

obvious, njata, terang, djelas, termata-mata.

occasion, kesempatan, keluangan; waktu; peristiwa: *on (the)* ~ *of,* pada waktu, berhubung dengan; *to take* ~ *to,* menggunakan kesempatan; mentjobakan kesempatan; *to* ~, sebabkan (menjebabkan), datangkan (men).

occasionally, terkadang-kadang.

Occident, barat.

occidental, kebarat-baratan.

occiput, belakang kepala.

occult, gaib.

occupant, pemilik, penduduk; *the* ~ *of a post,* jang memangku suatu djabatan.

occupation, milik; pendudukan; pekerdjaan.

occupy, tempati (menempati), duduki (men); rampas (me), beslah (mem), diami (men); pangku (memangku) djabatan.

occur, djadi, terdjadi, ada, berlaku.

occurrence, kedjadian, peristiwa.

ocean, lautan, samudera.

o'clock, *what* ~ *is it?,* pukul berapa?, djam berapa?; *it is seven* ~, pukul tudjuh, djam tudjuh.

October, (bulan) Oktober.

oculist, dokter mata.

odd, gandjil, adjaib.

odds, ketidak samaan; perbedaan; perselisihan, keunggulan.

odious, kebentjian, ketjelaan.

odoriferous, harum, wangi.

odour, bau.

of, dari, daripada.

off, djauh; *to be* ~, tidak berlang-

sung; pergi; tidur; terpingsan;
bertolak; *to have a day* ~, ber-
libur sehari; ~ *(with you)!,*
enjahlah! keluarlah!

off-day, hari liburan.

offence, penghinaan; kesalahan,
perlangkahan.

offend, hinakan (meng), bersalah,
langkahi (me); *to* ~ *against,*
langgar (me), berdosa.

offender, orang jang menghinakan,
orang jang berdosa, pelanggar.

offensive, menghinakan, tjabul;
penjerangan.

offer, persembahan; penawaran;
peminangan; *to* ~, persem-
bahkan (mem); tawari (mena-
wari); undjukkan (meng);
aturkan (meng).

off-hand, serta merta; bersahadja-
sahadja.

office, pekerdjaan, djabatan,
pegangan; tugas; kementerian;
kantor.

officer, pegawai; agen (polisi);
opsir, perwira.

official, pegawai; resmi; ~ *duties,*
pekerdjaan djabatan.

offset, persetimbangan, pemba-
lasan.

offshoot, tjabang.

offspring, anak, anak tjutju,
turunan.

often, kerap kali, sering kali,
atjap kali.

ogle, main mata.

oil, minjak; minjak tanah; *to* ~,
minjaki (me).

oil-colour, tjat minjak.

oil-field, lapangan minjak tanah.

oil-lamp, lampu minjak tanah.

oil-palm, kelapa sawit.

oil-tanker, kapal pengangkut
minjak.

oil-well, tambang minjak.

oily, berminjak.

ointment, param, salep.

O.K., baiklah!

old, tua; kolot; *of* ~, sediakala.

olden, tua.

old-fashioned, kuno, kolot.

omelet(te), (telor) dadar.

omen, tanda, padah.

ominous, malang, tjelaka, sial.

omission, l clalaian, kealpaan.

omit, lalaikan (me), alpakan
(meng), lupakan (me).

omnibus, (oto) bis.

omnipotence, kodrat.

omnipotent, kadir.

omniscient, a'lam.

omnivorous, pemakan segala.

on, di, diatas, pada; *from that day*
~, mulai dari hari itu; *what*
is ~?, ada apa (terdjadi)?

once, sekali; demi; ~ *and again,*
terkadang-kadang, sekali-kali;
~ *upon a time,* sekali peristiwa;
at ~, pada sa'at itu djuga, se-
kali gus; *all at* ~, tiba-tiba,
sekonjong-konjong; *this* ~, se-
kali ini.

one, satu, suatu; ~ *another,* sa-
ling; *it is all* ~, sama sadja;
~ *day,* pada suatu hari; ~ *by*
~, satu-satu, satu per satu; *I*
for ~, pada pendapat saja; *A*
for ~, si A umpamanja, se-
andainja si A.

one-eyed, bermata satu, bermata
tunggal.

onerous, susah, dengan susah,
berat.

oneself, diri sendiri.

one-sided, satu hadap, satu sisi.

onion, bawang.

onlooker, penonton.

only, sadja, hanja, tjuma; tunggal.

onslaught, serangan, penjerbuan.

onwards, kemuka, kehadapan.

ooze, lumpur.

oozy, berlumpur.

open, terbuka; bulat hati; *it is ~ to you to* ......, itulah terserah kepadamu akan ......; *in the ~*, dibawah langit; *to ~*, buka (mem).

open-handed, murah hati, dermawan, rojal.

open-hearted, terus terang, bulat hati.

opening, pembukaan, permulaan.

openly, bertalaran, dengan terus terang.

opera, opera.

operate, bedah (mem), potong (memotong), usahakan (meng); djalankan (men) (mesin).

operation, pembedahan, operasi; perusahaan, tjara mendjalankan.

operator, ahli bedah; pengusaha; pengetuk kawat; djaga tilpon; pengemudi.

opinion, pendapat, persangkaan, pikiran, anggapan, perasaan; *in my ~*, pada pendapat saja, pada hemat saja.

opium, tjandu.

opponent, lawan.

opportunity, kesempatan, peluang.

oppose, tentangkan (menentangkan), bantahi (mem), lawan (me).

opposite, berlawanan, lawannja, bertentangan; *~ party*, pihak sana, lawan.

opposition, perlawanan, oposisi.

oppress, tindis (menindis), perkosa (mem), aniajai (meng), gentjet (meng).

oppression, penindisan, perkosaan, aniaja, gentjetan.

oppressive, panas terik.

oppressor, penindis, penganiaja.

optics, optik, ilmu optik.

optical, *~ illusion,* silap mata, tipu mata.

optician, ahli katja mata.

optimistic, riang.

option, hak tersendiri, opsi.

optional, sesuka, mana suka.

opulence, kekajaan; kemewahan.

opulent, kaja, mewah.

or, atau; *two ~ three,* dua tiga.

oral, dengan lisan, dengan lidah.

orange, djingga; djeruk manis.

oration, pidato.

orator, orang jang berpidato, pembitjara.

orbit, lekuk mata; peredaran.

orchard, kebun buah-buahan.

orchestra, orkes.

orchid, anggerik, anggrek.

order, pangkat, djenis, martabat, peraturan, perintah, pesan, pesanan, suruhan, pormulir, surat isian; *by his ~s,* atas perintahnja; *in ~,* beratur, teratur; *in ~ to,* supaja; *on ~,* lagi dipesan; *out of ~,* tidak beratur; rusak; *to ~,* perintahkan (memerintahkan); atur (meng), pesan (memesan), suruh (menjuruh).

orderly, upas, pesuruh.

ordinance, ordonansi, surat perintah, peraturan.

ordinary, biasa, lazim.

ore, bidjih.

organ, orgel, organa; alat, badan perlengkapan.

organic, organik.

organism, djasad.

organist, pemain orgel.

organization, organisasi, penjusunan.

organize, susun (menjusun).

organizer, penjusun.

Orient, timur.

oriental, ketimuran.

orientate, tentukan (menentukan) tempat, menindjau.

orientation, penindjauan.

origin, mula, asal.

original, mula-mula, asli, sedjati, orisinil.

originality, keaslian.

ornament, perhiasan, lukisan; *to* ~, hiasi (meng).

ornamental, jang menghiasi.

orphan, (anak) piatu, jatim.

orphanage, rumah piatu, rumah jatim.

orthography, edjaan.

oscillate, berajun, bergojang, mengoleng-oleng.

oscillation, ajunan, kegojangan.

ostensibly, pura-pura, rupanja.

ostentation, muka-muka, upatjara.

ostrich, burung unta.

other, lain, berlainan; *the* ~ *day,* belum lama, baru-baru ini; *every* ~ *day,* selang sehari.

otherwise, djikalau tidak, nanti.

otter, berang-berang.

ought, harus, patut.

ounce, on, 1/16 pon Inggeris.

our, ... kami, ... kita.

ours, kami punja, kita punja.

ourself, kami sendiri, kita sendiri.

out, luar, diluar; *to be* ~, tidak ada dirumah; tidak bekerdja, mogok; tidak berlaku lagi; padam; berkembang, mengembang.

out-and-out, sungguh-sungguh, betul-betul.

outbreak, petjahnja, letusan; permulaan.

outbuilding, rumah turutan.

outburst, letusan.

outcast, orang buangan.

outcome, hasil; kesudahan, keputusan.

outdo, lampaui (me), atasi (meng).

outdoors, diluar, diluar rumah.

outer, jang diluar; *his* ~ *man,* air mukanja, parasnja.

outfit, kelengkapan, alat-alat perlengkapan.

outgoings, belandja, ongkos.

outlander, orang asing.

outlandish, asing, luar negeri.

outlaw, orang buangan.

outlay, belandja, ongkos, biaja.

outlet, djalan keluar; pasaran.

outline, keliling; bagan, rentjana.

outlook, penindjau(an); anggapan, pendapat.

outlying, djauh, terpentjil.

out-of-date, kolot.

out-of-the-way, terpentjil; istimewa, luar biasa.

out-of-work, menganggur; penganggur.

outpost, pos pengawasan jang terdepan.

output, hasil, penghasilan, perolehan, produksi; daja, tenaga.

outrage, nista, perkosaan; *to* ~, nistai (me), perkosa (mem), gagahi (meng).

outrageous, djahat, bengis, hebat, dahsjat.

outright, serta merta; langsung; terus terang; *to laugh* ~, terbahak-bahak.

outset, permulaan.

outside, luar, diluar, keluar, bagian (di)luar.

outsider, orang (di)luar, orang keluaran.

outskirts, pinggir, batas, sekitar.

outstanding, terkemuka, istimewa, luar biasa.

outstretch, rentangkan (me), bentangkan (mem).

outstrip, dahului (men).

outward, luar; ~ *bound,* pelajaran pergi.

outwit, perdajakan (mem).

oval, bulat pandjang, djorong.

oven, dapur, tempat api.

over, diatas; melalui; berhubung dengan; tentang; lebih daripada; ~ *and (again),* berulang-ulang; *all* ~, seluruh; ~ *there,* diseberang.

overall, pakaian tukang (montir).

overbearing, sombong, pongah.

overboard, dalam air (laut, sungai).

overcast, redup, mendung.

overcharge, muatkan (me) terlalu amat; minta (me) harga terlalu mahal.

overcome, alahkan (meng); atasi (meng).

overcrowded, penuh sesak.

overdo, lampaui (me), lebih-lebihkan (me).

overdue, liwat waktu; tunggak.

overeat, makan terlalu banjak.

overflow, sebak, liputi (me), bandjiri (mem), genangi (meng); *to* ~ *its banks,* bandjir, bah.

overgrown, ditumbuhi.

overhaul, ulang (meng) periksa (mesin); kedjar (mengedjar).

overhear, mendengar tidak dengan sengadja.

overload, muatkan (me) terlalu amat.

overlook, lihat (me) keliling; tilik (menilik), amat-amati (meng); biarkan (mem); batja (mem)

pula.

overpower, gagahi (meng).

oversea(s), (di)seberang laut.

overseer, mandur, pengawas.

overshadow, naungi (me), bajangi (mem).

oversight, pengawasan; kechilafan.

oversleep, tidur terlalu lama.

overtake, kedjar (mengedjar), susul (menjusul).

overthrow, djatuhkan (men), runtuhkan (me).

overweight, tokok.

overwhelm, liputi (me), timbus (menimbus).

owe, berutang.

owing, ~ *to,* oleh sebab, berkat.

owl, burung hantu.

own, *my* ~ *house,* rumah saja sendiri; *to* ~, mempunjai, memiliki.

owner, jang empunja, pemilik.

ownerless, tidak dipelihara, tiada bertuan.

ownership, hak milik.

ox, sapi (lembu) kebiri.

oxide, oksid.

oxidize, mengoksid.

oxygen, zat pembakar, zat asam, oksigen.

oyster, tiram.

oz., *ounce(s),* on (Inggeris).

ozone, ozon.

P.

pace, langkah; *to* ~, berlangkah, melangkah(i).

pacific, *the* ~ *(Ocean),* Lautan Teduh, (Lautan) Pasifik.

pacify, perdamaikan (mem); sabarkan (menjabarkan).

pack, bungkusan, pak; *to* ~,

bungkus (mem), pak (mem); ~ed, penuh, sesak.

package, pembungkus; ~s, koli, potong.

pack-cloth, linan pembungkus.

packer, orang jang membungkus.

packet, bungkusan, paket.

pact, pakt, perdjandjian.

pad, bantal (ketjil); isi, pengisi; tatakan.

paddle, kajuh; to ~, berkajuh.

paddle-wheel, sudu, kintjir.

padlock, selot gantung, repuh-repuh.

padre, paderi balatentera.

pagan, penjembah berhala, musj(a)rik.

paganism, kemusjrikan.

page, muka, halaman; biduanda.

pageant, tamasja.

pail, ember.

pain, sakit; ~s, susah, usaha.

painful, sakit, pedih.

painstaking, radjin, tjermat, saksama.

paint, tjat, tjet.

painter, tukang tjet; pelukis, tukang gambar.

painting, seni lukis; lukisan.

paintress, pelukis perempuan.

pair, pasang, rangkap; kelamin; a ~ of shoes, sepasang sepatu; a ~ of spectacles, katja mata; a ~ of trousers, tjelana.

Pakistan, Pakistan.

pal, sobat.

palace, istana, astana.

palatable, sedap, lazat.

palate, langitan.

pale, putjat.

Palestine, Palestina, Filastun.

paling, pagar.

palisade, tjerotjok.

palliate. ringankan (me), lem-

butkan (me).

pallid, putjat lesi.

palm, palam, palem; tapak tangan.

palm-oil, minjak sawit.

palpitate, berdebar-debar.

palter, berdalih.

paltry, hina, ketjil.

pamper, permandjakan (mem).

pamphlet, risalat, brosur, surat siaran, surat selebaran.

pan, pantji, wadjan, kuali.

pancake, panekuk, dadar.

pane, katja (djendela).

panel, papan tipis.

pang, sakit, sengsara.

panic, panik, dahsjat.

panorama, pemandangan.

pant, engah-engah (meng).

pantaloons, tjelana pandjang.

panther, harimau buluh, matjan tutul.

pantry, gudang, sepen.

pants, tjelana (dalam).

papa, pak, ajah.

paper, kertas; surat kabar, harian; to send in one's ~s, mohon dipetjatkan.

paper-boy, pendjual surat kabar.

paper-clip, djepitan kertas.

paper-cover, sampul.

paper-money, uang kertas.

Papua, Irian.

parable, perumpamaan, ibarat.

parachute, pajung (udara).

parachutist, serdadu pajung.

parade, parade.

paradise, surga, firdaus.

paradox, lawan asas.

paradoxical, mengherankan, berupa lawan asas.

paraffin, parafin; minjak tanah.

paragraph, alinea, anak kalimat, fasal; berita surat kabar.

parakeet, burung bajan.
parallel, sedjadjar, seimbangan; *without a ~,* tidak taranja.
paralyse, lumpuhkan (me).
paralysis, lajuh.
paramount, terutama.
paraphrase, perikan (memerikan), uraikan (meng).
parasite, parasit, benalu.
parasitology, ilmu parasit.
parasol, pajung.
paratrooper, serdadu pajung.
paratroops, pasukan pajung.
parcel, persil; bungkus(an), paket; *to ~ out,* bagi (mem).
parchment, kertas kulit.
pardon, ampun, maaf; *general ~,* amnesti; *~ me,* maaf, djangan ambil marah; *to ~,* ampuni (meng), maafkan (me).
pardonable, boleh diampuni, boleh dimaafkan.
parentage, keturunan, asal.
parental, ... ibu bapa.
parentheses, *in ~,* diberi tanda kurung.
parenthesis, tanda kurung.
parents, ibu bapa, ajah bunda, orang tua.
Paris, (kota) Paris.
parish, paroki.
Parisian, penduduk kota Paris.
parity, kesamaan.
park, taman; tempat parkir; *to ~,* tempatkan (menempatkan), parkir (mem).
parliament, parlemen..
parliamentary, ... parlemen.
parlour, kamar duduk; kamar bitjara; salon.
parody, adjukan.
parole, sembojan; sembojan djaga.
parrot, (burung) nuri.
parry, tangkiskan (menang-

kiskan).
parson, pendeta.
part, bagian, potong; kewadjiban, tugas; *to play a ~,* mainkan (me) peranan; *to take ~ in,* sertai (menjertai), ambil (meng) bagian, turut ber ......; *for my ~,* akan saja, bagi saja; *on my ~,* dari pihak saja; *to ~,* bagi (mem), pisahkan (memisahkan), berpisah; *to ~ with,* serahkan (menjerahkan).
partake, turut serta, ambil (meng) bagian.
partial, sebagian, separuh; memihak; *to be ~ to,* tjenderung.
partiality, ketjenderungan.
participant, jang mengambil bagian, pengikut.
participate, mengambil bagian, ikut (meng), turut.
participation, pengambilan bagian.
parti-coloured, belang; warna warni.
particular, istimewa, special, chusus; *in ~,* pada chususnja, hubaja-hubaja, keistimewaan; *~s,* segala hal ihwal, seluk-beluk.
particularity, keistimewaan.
particularly, amat, terlalu; spesial, istimewa.
parting, perpisahan.
partisan, penganut, pengiring, kawan (politik).
partition, bagian, pembagian.
partly, separuh.
partner, kawan, teman, rekan, sekutu, pesero.
partnership, rekanan, persekutuan, peseroan.
party, partai, golongan, rombongan, ketumbukan.
pass, genting bukit; surat izin dja-

lan; surat izin masuk; *to* ~,
lalu, liwat; berdjalan; seberangi
(menjeberangi); lulus (dalam
udjian); *to* ~ *by,* lalui (me);
to ~ *through,* tamatkan (mena-
matkan).

passable, dapat didjalani, dapat
dilalui; boleh djuga, baik djuga.

passage, djalan terus, terusan; pe-
lajaran (keseberang); djalan
(keluar); pasasi, penambangan.

passenger, penumpang, pasasir.

passer-by, pelintas, orang jang
lalu.

passing, *in* ~, sepintas lalu.

passion, hawa nafsu; *in a* ~,
sebab marahnja; *to fly into a*
~, naik darah.

passionate, berhawa nafsu; geram.

passive, pasif.

pass-key, kuntji maling.

passport, surat pas, paspor.

password, sembojan djaga.

past, lalu, liwat, lampau, silam;
the ~, dahulu kala.

paste, adonan, tapal.

pasteboard, kertas tebal.

pastime, waktu pelengah, pengisi
waktu.

pastor, pendeta, pastor, paderi.

pastry, kue-kue.

pasture, padang rumput, tempat
gembalaan; *to* ~, gembalakan
(meng).

patch, tampal; *to* ~, menampal,
tembel (menembel).

patchy, tembelan.

pate, kepala.

patent, paten.

paternal, tjara bapa.

path, djalan, lorong.

patience, kesabaran.

patient, sabar; pasien, si-sakit,
penderita.

patrician, berbangsa, bangsawan;
orang berbangsa.

patrimony, harta pusaka.

patriot, pentjinta tanah air.

patriotism, ketjintaan kepada
tanah air.

patrol, patroli, ronda; *to* ~,
berpatroli, meronda.

pattern, model, teladan, tjontoh.

paunch, perut.

pauper, orang miskin, orang papa.

pause, djeda, waktu bersenam,
waktu mengaso.

pavement, djalan tepi.

pavilion, papiljun, kemah.

paw, kaki, tjakar.

pawn, gadai(an), petaruh; *to* ~,
gadaikan (meng).

pawnbroker, orang jang meng-
gadai.

pawnshop, pegadaian.

pawn-ticket, surat gadai.

pay, bajaran, gadji, upah; *to* ~,
bajar (mem); *to* ~ *attention,*
perhatikan (mem); *to* ~ *a visit,*
bertandang.

payable, boleh dibajar, dapat
dibajar.

pay-box, loket.

payer, pembajar.

paymaster, djuru bajar.

payment, pembajaran, upah.

pea, ertjis.

peace, damai, perdamaian, kese-
djahteraan; ~*!,* diam!; ~ *of*
mind, keamanan hati.

peaceful, (ber)sentosa, suka
berdamai, tenteram.

peacock, merak.

peak, puntjak; maksimum.

peal, *a* ~ *of thunder,* petir; *a* ~
of laughter, (tertawa) gelak-
gelak.

pea-nut, katjang tanah.

pear, (buah) per.

pearl, mutiara.

peasant, orang tani, petani.

peasantry, kaum tani.

pebble, batu kerikil.

peck, patuk (mematuk).

peculiar, gandjil, aneh.

peculiarity, kegandjilan, keanehan.

pecuniary, ... keuangan.

pedagogue, ahli mendidik, pendidik; guru.

pedagogy, ilmu mendidik.

pedal, pedal.

peddle, djadja (men).

pedestrian, orang berdjalan kaki.

pedigree, asal-usul, silsilah, susur galur.

pedlar, kelontong.

peel, kulit; to ~, kupas (mengupas), kuliti (menguliti).

peep, the ~ of day, fadjar menjingsing; to ~, intip (meng). intai (meng); tjitjit (men), kiut.

peep-hole, tingkap.

peerage, kebangsawanan.

peevish, bengkeng.

peg, pasak; sampiran.

pelican, burung undan.

pell-mell, katjau bilau; lintang pukang.

pelt, kulit, belulang; to ~, lemparkan (me), tembaki (menembaki), bombardir (mem).

pen, kalam, pena; to ~, tulis (menulis).

penal, patut dihukum; ~ servitude, pekerdjaan paksa, hukum kerakal.

penalty, hukum(an), denda.

penance, pertapaan.

pencil, pinsil, potlot.

pendulum, bandul.

penetrate, masuki (me); serap (menjerap); duga (men);

serobot (menjerobot); ~d, tembus.

penetrating, lantung, tadjam.

penetration, pemasukan, penjerapan, penjerobotan.

penholder, tangkai pena, gagang pena.

penicillin, penisilin.

peninsula, semenandjung.

penitence, sesal, penjesalan, tobat.

penitent, dengan menjesal, hendak bertobat.

penknife, pisau lipat.

pennant, ular-ular.

penniless, miskin.

penny, mata uang Inggeris = $1/12$ shilling.

pension, pensiun, uang djasa.

pensive, termenung.

penthouse, emper.

penurious, miskin, papa.

penury, kemiskinan, kepapaan.

people, orang, bangsa, rakjat, kaum, keluarga, isi negeri.

pep, semangat.

pepper, meritja, lada.

pepperbox, tempat meritja.

peppermint, pepermin.

peppery, pedas.

perambulator, kereta anak-anak.

perceive, rasa (me), peramati (mem).

per cent, persen.

percentage, (djumlah) persen.

perception, perasaan.

perch, bertengger.

perchance, barangkali, boleh djadi.

percolate, saring (menjaring).

percolator, penjaring.

perennial, bertahun-tahun, menahun, selalu, kekal.

perfect, sempurna; to ~, sempurnakan (menjempurnakan).

perfection, kesempurnaan.
perfidious, chianat, durhaka.
perfidy, pengchianatan, pendurhakaan.
perforate, lubangi (me), tembus (menembus).
perforation, lubang, penembusan.
perform, lakukan (me); luluskan (me), tunaikan (menunaikan), penuhi (memenuhi); mainkan (me), pertundjukkan (mem).
performance, perlakuan; pertunaian; permainan, pertundjukan.
perfume, bau-bauan, minjak wangi.
perhaps, barangkali, boleh djadi.
peril, bahaja.
perilous, berbahaja.
period, zaman, masa, kala.
periodical, berkala; surat berkala, madjalah.
periphery, sekitar, tepi, pinggir.
periscope, periskop, teropong.
perish, hilang, tiwas, karam.
perishable, fana.
perjure, makan sumpah, bersumpah bohong.
perjurer, orang jang bersumpah bohong.
perjury, sumpah djusta, sumpah bohong.
permanent, tetap, kekal; selalu, senantiasa.
permeate, serap (menjerap).
permissible, dapat diperbolehkan, dapat diizinkan.
permission, permisi, izin.
permit, surat izin, idjazah; to ~, izinkan (meng), luluskan (me).
perpendicular, tegak.
perpetual, kekal.
perplexed, keliru, bingung, gelagapan.   [(meng).
persecute, aniajai (meng), ganggu

perseverance, ketekunan.
persevere, bertekun.
Persia, Persia, negeri Adjam, Iran.
Persian, orang Persia; bahasa Persia, ... Persia, ... Iran.
persist, berkukuh, bertekun; tetap (pada keterangannja).
persistence, kekukuhan, ketekunan; ketetapan.
person, orang.
personage, orang besar.
personal, sendiri, pribadi.
personality, kepribadian.
personify, pribadikan (mem).
personnel, para pegawai, para pekerdja.
perspiration, peluh, keringat; uap.
perspire, berpeluh, berkeringat; menguap.
persuade, budjuk (mem); jakini (me).
persuasion, budjukan; kejakinan.
persuasive, manis mulut.
pertinent, kena; ~ to, mengenai.
perturb, katjaukan (mengatjaukan), haru-birukan (meng).
perturbation, kekatjauan, harubiru.
perverse, djahat, leta.
pervert, putar-balikkan (memutar-balikkan).
pessimistic, murung.
pester, ganggu (meng), usik (meng).
pestilence, penjakit sampar, penjakit pes.
pestle, antan, alu.
pet, ~ name, nama timang-timangan; to ~, menimang-nimang.
petition, surat permohonan, rekes.
petitioner, (si) pemohon, peminta.

petrify, membatu.
petrol, bensin.
petroleum, minjak tanah.
petty, ketjil.
phantom, hantu, mimpian.
pharynx, tekak.
phase, tingkat, taraf.
pheasant, burung kuau.
phenomenal, adjaib, istimewa, luar biasa.
philantropic, dermawan, murah hati.
philanthropist, (orang) dermawan.
philanthropy, rasa kemanusiaan.
philosopher, filsuf, ahli filsafat.
philosophize, berfilsafat.
philosophy, ilmu filsafat.
phlegm, dahak.
phlegmatic, kalis.
phone, tilpon.
phonetics, ilmu suara kata.
phosphorescent, memfosfor, pendar fosfor.
phosphorus, fosfor.
photograph, foto, potret; *to* ~, potretkan (memotretkan).
photographer, tukang potret.
photography, pemotretan.
phrase, perkataan.
physician, dokter, tabib.
physics, ilmu fisik, ilmu alam.
physiognomy, ilmu firasat; muka, rupa.
pianist, pemain piano.
piano, piano.
pick, tjangkul, tjungkil gigi; *to* ~, mentjangkul, mentjungkil; petik (memetik); pilih (memilih); pungut (memungut); *to* ~ *pockets*, mentjopet.
picket, pantjang, piket.
pickle, atjar.
pickpocket, tukang tjopet.

picnic, piknik.
picture, gambar, lukisan, pigura; pilem; *the* ~s, bioskop; *to* ~, lukiskan (me).
picture-book, kitab gambar.
picture-gallery, ruangan lukisan-lukisan, musium lukisan-lukisan.
picture-house, bioskop, komidi gambar.
picture-postcard, kartupos bergambar.
picturesque, permai.
pie, murai; tar, pastel.
piebald, belang.
piece, kerat, potong, keping; *a* ~, sepotong.
pier, pangkalan, djembatan.
pierce, tindik (menindik), teruskan (meneruskan), tikam (menikam), sogok (menjogok).
piety, kesalehan.
pig, babi.
pigeon, merpati, burung dara, tekukur, pergam.
pigeon-hole, loket.
pigment, pikmen.
pike, tombak.
pile, timbunan, longgok; *to* ~, timbun (menimbun).
pilgrim, *to Mecca,* hadji.
pilgrimage, hadj; *to* ~, naik hadji.
pill, pil, untal.
pillar, tiang.
pillar-box, tabung surat.
pillow, bantal.
pillow-case, sarung bantal.
pilot, pilot, penerbang, djuru terbang; pandu.
pimple, djerawat, bintit.
pin, peniti.
pincers, kakatua.
pinch, sepit (menjepit), djepit (men).
pin-cushion, bantal peniti.

pine-apple, nanas. nenas.

pink, merah muda, merah djambu.

pint, *1/8 gallon,* 0.568 liter.

pioneer, perintis djalan. pelopor.

pious, saleh, berbakti.

pipe, pipa.

pipe-line, saluran pipa.

pirate, perompak; *to* ~, merompak.

pistol, pistol.

pistol-case, sarung pistol.

pit, lubang. lombong.

pitch, gala-gala; tingkat. deradjat; *to* ~, bentangkan (mem); beranggut.

pitch-dark, gelap gulita.

piteous, kesajangan.

pith, isi, sumsum, inti.

pitiful, berbelas, menaruh belas (kasihan).

pitiless, tidak menaruh belas kasihan.

pity, kasih sajang. kesajangan; *it is a (great)* ~, sajang (betul); *to have (take)* ~ *on,* mengasihani.

placard, pelakat, surat tempel.

place, tempat; rumah; djabatan, pekerdjaan; *to take* ~, berlaku. berlangsung; *to* ~, tempatkan (menempatkan), letakkan (me).

plagiary, tukang djiplak, tukang anglap.

plague, penjakit sampar.

plain, padang, medan, dataran; datar; bersahadja; tidak bergaris; tidak berwarna; njata, terang.

plaintiff, orang jang mengadu- (kan), penuntut.

plait, lipatan; selampit.

plan, rantjangan, bagan; *to* ~, rantjangkan (me); ~ *ned*

economy, ekonomi beran- tjangan.

plane, ketam; pesawat terbang.

planet, bintang beredar.

plank, papan (tebal).

plant, tanaman; paberik, perusa- haan; *to* ~, tanam (menanam).

plantation, penanaman kebun. perkebunan.

planter, penanam, tuan kebun.

plaster, tampal, plester; *to* ~, menampal, memplester.

plasterer, tukang plester.

plastic, plastik.

plate, papan nama; pinggan, piring.

platform, peron; bangun- bangunan; mimbar.

platinum, platina. mas putih.

platoon, peleton.

plausible, boleh diterima, patut, masuk pada akal.

play, main, permainan; lakon; *to* ~, main, bermain, mainkan (me).

play-bill, program(a).

player, pemain.

playfellow, teman sepermainan, teman main.

play-ground, tempat bermain- main.

playmate, teman sepermainan. teman main.

plaything, mainan, main-mainan; bulan-bulanan.

playwright, penulis tonil.

plea, atjara, pembelaan.

plead, membela.

pleader, pengatjara, pembela.

pleasant, sedap, enak, njaman, nikmat.

please, sukakan (menjukakan); ~*!,* silakanlah! ~ *God,* insja Allah; *if you* ~, persudikanlah;

to be ~*d at*, gemar akan; ~
yourself!, buatlah sesuka hati-
mu!

pleasure, kesukaan, kegemaran,
kenikmatan, keriaan; kerelaan;
at ~, sesuka hati, mana suka.

plebiscite, plebisit, pemungutan
suara.

pledge, gadai, petaruh; *to* ~,
gadaikan (meng), pertaruhkan
(mem).

plenary, pleno, lengkap; ~ *ses-
sion*, sidang pleno.

plenty, kemewahan, kelimpahan,
banjak sekali.

plight, hal, keadaan.

plot, sebidang tanah; komplot-
(an), mupakat djahat; *to* ~,
bermupakat djahat.

plotter, sepakat djahat.

plough, badjak; *to* ~, membadjak.

ploughshare, najam.

pluck, sentak; keberanian; *to* ~,
sentak (menjentak), bantun
(mem); *to be* ~*ed*, tidak lulus
(dalam udjian).

plucky, berani.

plug, sumbat, tampon; *to* ~,
menjumbat.

plug-connection, setopkontak.

plumage, bulu.

plumb, batu duga, unting-unting.

plume, bulu, djambul.

plump, tambun, montok.

plunder, rampas (me), djarahi
(men).

plunderer, perampas, pendjarah.

plunge, tjelup (men), terdjun;
~*d in thought*, termenung.

plural, djamak.

plurality, kebanjakan.

plus, plus, ditambah.

ply, pakai (memakai), perguna-
kan (mem); djalankan (men),

lakukan (me); berdjalan (ber-
lajar, terbang); bolak balik
(pulang balik).

P.M., = *post meridiem*, sesudah
tengah hari, sore.

pneumatic, ~ *tyre*, ban pompa.

pneumonia, radang paru.

pocket, saku, kantong, kantung;
to ~, kantungkan (mengan-
tungkan).

pocket-book, buku saku.

pocket-knife, pisau lipat.

pocket-money, uang saku uang
djadjan.

pock-marked, bopeng.

poem, sjair.

poet, penjair.

poetess, penjair (wanita).

poetic(al), puitis.

poetry, puisi.

poignant, pedas.

point, titik, noktah; *the* ~ *of the
compass*, mata pedoman; ~ *of
view*, pendirian, sudut; *that is
just the* ~, itu dia!; *in* ~ *of
fact*, sebetulnja, sebenarnja; *to*
~, runtjingkan (me); tudjui
(menudjui), tundjukkan (me-
nundjukkan); *to* ~ *out*, nja-
takan (me).

point-blank, mentah-mentah,
terus terang.

pointed, runtjing, tadjam.

pointer, penundjuk.

poison, ratjun; bisa; *to* ~, ratjuni
(me).

poisonous, beratjun, berbisa.

poke, radak (me), tjungkil (men).

Poland, Polonia.

polar, ... kutub.

Pole, orang Polonia.

pole, kutub; tiang, patok.

polemics, perang pena.

police, polisi.

policeman, agen polisi.
police-station, kantor polisi.
policy, politik; polis.
polish, politur, upam; *boot* ~.
  semir sepatu; *to* ~, upam
  (meng), gilap (meng).
Polish, ... Polonia.
polite, beradab, berbahasa,
  beradat, tahu adat.
politeness, budibahasa, keadaban.
political, ... politik, kenegaraan.
politician, ahli politik.
politics, politik.
polka, polka.
pollen, tepung sari.
pollute, tjemarkan (men),
  nadjiskan (me).
pollution, ketjemaran; beser mani.
polypus, polip.
pomade, pomada.
pomegranate, delima.
pomp, kemuliaan, permuliaan.
pompous, mulia; sombong.
pond, kolam.
ponder, pikirkan (memikirkan),
  timbang (menimbang).
ponderous, berat.
poniard, sekin, keris.
pontoon, rakit.
pony, kuda ketjil.
pool, kubang, lubuk; tempat
  berenang; *to* ~, gabungkan
  (meng), berkongsi.
poop, buritan.
poor, miskin, papa, hina; *my* ~
  father, almarhum ajahku; *to be
  in* ~ *health,* kesehatan tergang-
  gu; *a* ~ *horse,* kuda kurus; ~
  man!, kasihan!
pop, letup (me); tembakkan (me-
  nembakkan); *to* ~ *at,* tembaki
  (menembaki); *to* ~ *in,* mampir;
  to ~ *up,* muntjul; *to* ~ *the
  question,* meminang.

pope, Paus, Santu Bapa.
popgun, pistol anak-anak.
poppy, pokok apiun, bunga
  apiun.
populace, rakjat, orang banjak.
popular, populer, digemari.
populate, diami (men), ramaikan
  (me).
population, anak negeri, pendu-
  duk, orang isi negeri.
populous, banjak isi negerinja,
  ramai.
porcelain, porselen.
porcupine, landak.
pore, pori.
pork, daging babi.
porous, berpori.
porpoise, ikan lumba-lumba.
porridge, bubur.
port, pelabuhan; poret; ~ *of call,*
  pelabuhan jang disinggahi.
portable, dapat dibawa.
portent, tanda, alamat.
porter, penunggu pintu, pendjaga
  pintu; kuli.
portfolio, pertepel.
port-hole, tingkapan (kapal).
portion, porsi, bagian, tjatu(an).
portmanteau, tas, palis.
portrait, potret, lukisan.
portray, lukiskan (me).
Portugal, negeri Portugis,
  Portugal.
Portuguese, ... Portugis; orang
  Portugis.
pose, sikap; kepura-puraan.
position, letak, kedudukan;
  pangkat, djabatan; keadaan.
positive, positip, pasti, tentu.
possess, punjai (mem), ada.
possession, kepunjaan, milik; *to
  take* ~ *of,* miliki (me).
possessor, jang empunja, pemilik.
possibility, kemungkinan.

possible, mungkin.

possibly, barangkali, boleh djadi.

post, pos; djabatan; tiang; *to* ~, bawa (mem) kepos; tempelkan (menempelkan).

postage, bajaran surat.

postage stamp, prangko, meterai surat.

postal, ... pos.

postcard, kartu pos.

poster, plakat.

posterior, belakangan; ~*s,* belakang, pantat.

posterity, turunan, anak tjutju.

post-free, prangko.

postman, tukang pos, opas pos.

postmark, tjap pos.

postmaster, direktur kantor pos.

post office, kantor pos; ~ *office order,* poswesel.

post-paid, prangko.

postpone, undurkan (meng), tunda (menunda).

postponement, pengunduran, penundaan.

postscript, kata menjusul.

posture, sikap.

post-war, sesudah perang.

pot, pot (bunga), tjawan, periuk, belanga.

potable, dapat diminum.

potassium, potas.

potato, kentang.

potency, potensi, kekuatan.

potent, kuat.

potential, potensial.

pot-luck, seada-adanja.

potpourri, tjampuran.

pottery, tembikar, petjah belah.

poultice, tuam.

poultry, ajam itik, ternak bersajap.

pound, pon = 453.59 gram atau 373 gram; pon (uang); *to* ~, tumbuk (menumbuk).

pour, tuangkan (menuangkan), tjurahkan (men); siram (menjiram); hudjan lebat.

poverty, kemiskinan, kepapaan.

powder, pujer, bedak serbuk; obat bedil, mesiu; *to* ~, bedaki (mem).

powder-box, tempat bedak.

power, kuasa, kekuasaan, kekuatan, daja, tenaga.

powerful, berkuasa, kuat.

power-house, pusat tenaga listrik.

powerless, tidak berkuasa, tida berdaja.

practical, praktis, berguna.

practice, praktek, kebiasaan, adat, latihan; *to put in (to)* ~, praktekkan (mem).

practise, biasakan (mem), latih (me).

practised, pandai, berpengalaman.

Prague, Praha.

praise, pudji-pudjian; *to* ~, pudji (memudji).

praiseworthy, patut dipudji.

pram, kereta anak-anak.

pray, berdo'a, sembahjang, memohon dengan sangat.

prayer, do'a; orang jang berdo'a.

preach, berchotbah.

preacher, pengchotbah; pendeta.

preamble, mukadammat.

precarious, genting, berbahaja.

precaution, tindakan pentjegah.

precede, dahului (men).

precedence, hak mendahulu, prioritet.

precedent, teladan (jang dahulu).

precept, perintah, peraturan.

preceptor, pengadjar, guru.

precious, mahal; mulia; ~ *stones,* permata.

precipice, ngarai.

precipitance, gopoh-gapah, ketergesa-gesaan.

precipitate, gopoh-gopoh, dengan tergesa-gesa; *to* ~, bergopoh-gopoh; terdjunkan (menerdjunkan); segerakan (menjegerakan).

precipitous, tjuram; tergopoh-gopoh.

precise, tepat betul, persis, teliti, saksama.

precision, ketelitian, kesaksamaan.

predestination, takdir.

predestine, takdirkan (men).

predetermine, tetapkan (menetapkan) lebih dahulu.

predicate, gelar (djabatan); sebutan (kalimat).

predict, telah (menelah), ramalkan (me).

prediction, penelahan, ramalan.

predilection, ketjenderungan.

predisposition, rentan.

preface, pendahuluan, kata pengantar.

prefer, pilih (memilih), lebih suka.

preferably, terlebih suka.

preference, ketjenderungan.

preferential, mendahulu.

prefix, awalan.

pregnant, hamil, bunting.

prehistoric, prasedjarah.

prejudice, prasangka.

preliminary, mendahului, jang mula.

prelude, permulaan, pendahuluan.

premature, sebelum waktu.

premier, perdana menteri.

premium, premi, hadiah, uang gandjaran.

preoccupied, prihatin, tjemas; tepekur.

prepaid, sudah dibajar lebih da-

hulu, sudah dibajar dimuka, frangko.

preparation, persediaan, persiapan; sediaan.

prepare, sediakan (menjediakan), siapkan (menjiapkan), bersedia.

prepay, membajar lebih dahulu, membajar dimuka.

prepayment, pembajaran lebih dahulu, pembajaran dimuka.

preposition, katadepan.

prepossessing, mengambil-ambil hati.

prerogative, hak, hak mendahulu.

presage, padah, tanda.

prescribe, memberi perintah; *to* ~ *for (to) a person,* tuliskan (menuliskan) (resep).

prescription, perintah, peraturan; resep.

presence, hadapan, hadirat; kepribadian; *his* ~ *of mind,* kesadaran akan hal-ihwalnja.

present, masa (sekerang) ini; persen, hadiah, persembahan; *at* ~, sekarang ini; sekarang djuga; ~, ada, hadir; *all* ~, para hadirin; *to* ~, sadjikan (menjadjikan), hidangkan (meng); beri (mem), persembahkan (mem); pertundjukkan (mem); madjukan (me), undjukkan (meng).

presentation, pengundjukan.

presently, nanti, sekarang djuga.

preservation, pemeliharaan; pengawetan.

preserve, makanan dalam kaleng, awetan; *to* ~, peliharakan (memeliharakan), lindungi (me); awetkan (meng), kekalkan (mengekalkan).

preside, ketuai (mengetuai).

president, presiden; ketua.

press, kempa(an); pertjetakan; *at ~, in the ~,* lagi ditjetak: *to ~,* mengempa, tekan (menekan), apit (meng), tindih (menindih), paksa (memaksa).

pressing, perlu sekali, mendesak.

pressure, tekanan, desakan.

prestige, gensi.

presumable, barangkali, boleh djadi.

presume, sangka (menjangka).

presumption, persangkaan.

pretence, dalih.

pretend, dalihkan (men); *to ~ to,* tuntut (menuntut) hak.

pretension, tuntutan, hak.

pretext, dalih.

pretty, manis, tjantik, molek; agak.

prevail, menang, berlebih-lebihan; *to ~ on (upon),* meraju, budjuk (mem).

prevalent, lazim.

prevaricate, berdalih.

prevent, tjegahkan (men), tangkiskan (menangkiskan), djagai (men).

prevention, pentjegahan, tangkisan.

preventive, pentjegah, penangkal.

previous, jang dahulu, jang sudah lalu.

pre-war, sebelum perang.

prey, mangsa.

price, harga.

priceless, tidak ternilai.

price-list, daftar harga.

prick, tjatjah (men), tjotok (men); *to ~ the ears,* pasang (memasang) telinga.

pride, ketjongkakan, kebanggaan; seri; *to ~ oneself on,* banggakan (mem).

priest, paderi.

prig, pesolek.

prim, sopan.

primary, pertama, terpenting, terutama; *~ school,* sekolah rendah.

prime, jang terutama; *~ Minister,* Perdana Menteri.

primer, kitab permulaan.

primitive, bersahadja, primitif.

prince, putera; *~ royal,* putera mahkota.

princess, puteri.

principal, kepala, sep; direktur, pemimpin (sekolah); penjuruh; terutama.

principle, asas, prinsip; *on ~,* pada asasnja, pada pokoknja, prinsipil, pada dasarnja.

print, tanda, bekas; tjap; gambar, peta; *a book out of ~,* kitab habis terdjual; *to ~,* tjetak (men); *~ed matter,* barang tjetakan.

printer, pentjetak.

printing-office, pertjetakan.

printing-press, apitan tjetak, perkakas tjetak.

prior, terlebih dahulu.

priority, prioritet.

prism, prisma.

prison, pendjara.

prisoner, orang terpendjara, orang tertangkap; *~ of war,* tawanan.

private, serdadu (biasa); sendiri, chas; tersembunji; dibawah tangan; partikulir; *in ~,* sendirian, muka dengan muka, berdua sama sendiri.

privilege, hak mendahulu.

prize, hadiah, gandjaran.

prize-fight, pertandingan tindju.

prize-fighter, pemain tindju, penindju.

pro, pro.

probable, agaknja.

probably, barangkali, boleh djadi.

probation, pertjobaan, pemeriksaan.

probe, duga (men), periksa (memeriksa).

problem, masalah, soal.

procedure, prosedur, siasat pekerdjaan.

proceed, teruskan (meneruskan), pergi ke, berangkat ke; mengangkat perkara, bersengketa.

proceeding, aturan, tindakan; to take ~s, tuntut (menuntut) perkara.

proceeds, pendapatan, penghasilan.

process, djalan, tjara bekerdja; proses, djalan hukum.

procession, perarakan, ambalan.

proclaim, proklamirkan (mem), beritahukan (mem), permaklumkan (mem).

proclamation, proklamasi, maklumat, pemberi tahuan.

prodigal, pemboros.

prodigality, pemborosan.

prodigious, adjaib.

prodigy, keadjaiban.

produce, hasil; to ~, hasilkan (meng); pertundjukkan (mem).

producer, penghasil, produsen.

product, hasil.

production, produksi, penghasilan; pertundjukan.

productive, berhasil, berlaba.

profess, anut (meng), aku (meng)

profession, anutan; djabatan, pekerdjaan.

professor, profesor, guru besar, mahaguru.

profile, propil.

profit, untung, keuntungan, laba; guna, faedah: ~ and loss, laba

rugi; to ~, berlaba; berguna, berhasil.

profitable, berlaba, berhasil, berguna.

profound, dalam.

profuse, boros, mewah.

profusion, kemewahan.

prognosis, duga, ramalan, prognosa.

program, program(a), tertib atjara.

progress, kemadjuan; to ~, madju.

prohibit, larang (me).

prohibition, pelarangan.

project, rantjangan, projek; to ~, rantjangkan (me), projeksi (mem).

projection, projeksi.

proletarian, proletar.

proletariat, kaum proletar, kaum marhaen, rakjat djelata.

prolific, biak, peridi.

prolix, pandjang, landjut.

prologue, pendahuluan.

prolong, pandjangkan (memandjangkan), landjutkan (me).

prolongation, (ke)landjutan.

prominent, terkemuka; pengandjur.

promise, djandji, perdjandjian; to ~, berdjandji, djandjikan (men).

promissory, ~ note, surat perdjandjian, aksep.

promote, naikkan (me) pangkat, madjukan (me).

promotion, promosi, kenaikan pangkat.

prone, meniarap.

pronoun, kata pengganti, kataganti.

pronounce, lafalkan (me).

pronunciation, lafal.

proof, bukti, tanda; teladan tjetak.

propaganda, propaganda, saranan.

propagandist, penjaran, djuru saranan.

propagandize, propagandakan (mem), sarankan (menjarankan).

propeller, baling-baling.

proper, benar, betul, patut, lajak, seharusnja.

property, kepunjaan, harta benda.

prophecy, ramalan.

prophesy, ramalkan (me).

prophet, tukang ramal; nabi.

prophylactic, penangkal, pentjegah.

proportion, proporsi, perbandingan.

proportional, berbanding.

proposal usul.

propose, usulkan (meng); *to ~ to a girl,* meminang.

proposition, usul, andjuran; soal, masalah.

proprietor, jang empunja.

prorogation, penangguhan.

prorogue, tangguhkan (menangguhkan).

proscribe, anggap (meng) orang buangan.

prose, prosa.

prosecute, adu (meng), dakwa (men).

prosecution, pengaduan, pendakwaan.

prosecutor, pendakwa; *the public ~,* djaksa umum.

proselyte, orang jang masuk agama.

prospectus, prospektus.

prosperity, kemakmuran, untung, kemudjuran.

prosperous, makmur, beruntung, mudjur.

prostitute, perempuan djalang, perempuan sundal.

protect, lindungi (me), peliharakan (memeliharakan); *~ed,* terlindung.

protection, perlindungan.

protector, pelindung.

protest, protes, sanggahan; *to ~,* memprotes, memrotes, menjanggah.

Protestant, Protestan.

protestant, jang memrotes, jang menjanggah.

protocol, protokol.

protrude, djongang, mendjulur.

proud, besar hati, tjongkak, bangga.

prove, buktikan (mem), tjoba (men), udji (meng); njata.

proverb, bidal, peribahasa.

provide, sediakan (menjediakan), lengkapi (me), bekalkan (mem); tentukan (menentukan).

provided, ~ *(that),* asal, agar, lamun.

Providence, Tuhan, Tuhan Allah.

provider, jang melengkapi.

province, propinsi, wilajat.

provincial, ... propinsi.

provision, perlengkapan, perbekalan, provisi.

provisional, buat sementara (waktu).

provocation, provokasi.

provocative, mengusik.

provoke, adjak (meng), usik (meng).

prow, haluan.

prox, jang akan datang.

proximate, dekat.

proxy, wakil, kuasa.

prudence, kebidjaksanaan.

prudent, bidjaksana; hati-hati, ingat-ingat.

pry, intai (meng).

psalm, zabur.

pseudonym, nama samaran.

psychiater, ahli djiwa.

psychiatry, ilmu penjakit djiwa.

psychologist, ahli ilmu njawa.

psychology, ilmu njawa.

P.T.O. = *please turn over,* lihat halaman sebelah (l.h.s.).

public, orang banjak, chalajak ramai, publik; umum.

publication, pengumuman, maklumat, keluaran.

publicity, propaganda, reklame, siaran.

publish, umumkan (meng), maklumkan (me); keluarkan (mengeluarkan), terbitkan (menerbitkan).

publisher, penerbit.

pudding, podeng.

puff, tiup (meniup).

pugilist, pemain tindju, penindju

pull, tarik (menarik); *to ~ down,* bongkar (mem), robohkan (me); *to ~ off,* tjabut (men); *to ~ up,* bantun (mem).

pulley, kerek.

pulpit, mimbar.

pulsate, berdebar-debar.

pulsation, debar (djantung)

pulse, nadi.

pulverize, hantjurkan (meng), menjerbuk.

pumice, batu timbul.

pump, pompa, kompa; sedjenis sepatu; *to ~,* mengompa; djolok (men).

pumpkin, labu manis.

punctual, saksama, persis.

punctuality, kesaksamaan.

punctuation, *~ mark,* tanda batja(an).

puncture, lobang ketjil; *a ~d tyre.* ban botjor.

punish, hukumkan (meng).

punishable, patut dihukum, boleh dihukum.

punishment, hukuman.

pupa, kepompong.

pupil, murid, peladjar.

puppet, boneka.

puppy, anak andjing.

purchase, pembelian; *to ~,* membeli.

pure, sutji, murni.

purgation, penjutjian, pembersihan.

purgative, (obat) pentjahar.

purgatory, mathar, araf, api penjutji.

purge, sutjikan (menjutjikan), bersihkan (mem), tjahar (men), kuras.

purification, penjutjian, pemurnian.

purify, sutjikan (menjutjikan).

purity, kesutjian, kemurnian, kebersihan.

purple, ungu.

purpose, maksud, niat, kehendak; *on ~,* dengan sengadja; *to no ~,* pertjuma, sia-sia: *to ~,* bermaksud, berniat, berkehendak.

purse, tempat uang, dompet, pundi-pundi.

purser, administratur (dikapal).

pursue, kedjar (mengedjar), susul (menjusul), ikut (meng), buru (mem).

pursuit, penjusulan, pemburuan, pengedjaran.

purvey, lengkapkan (me).

purveyance, perlengkapan.

purveyor, jang melengkapkan; langganan.

push, dorongan; *to ~,* dorong (men), sorong (menjorong): *to*

~ *down*, tekan (menekan); *to*
~ *from shore*, bertolak: *to* ~
out into the sea, melaut.

pushing, dengan penuh tenaga,
keras hati.

pussy, kutjing.

put, letakkan (me), taruh (me-
naruh), simpan (menjimpan); *to*
~ *down*, (berarti djuga) tu-
liskan (menuliskan), tjatat
(men); ~ *into Indonesian!* In-
donesiakanlah!; *to* ~ *off*, tunda
(menunda), undurkan (meng);
to ~ *on flesh*, mendjadi lebih
gemuk; *will you* ~ *me trough
to* ......?, tjoba sambung saja
dengan ...... (tilpon).

putrid, busuk.

putty, dempul.

puzzle, teka-teki; *cross-word* ~,
teka-teki silang; *to* ~, bi-
ngungkan (mem).

pygmy, katai.

pyjamas, pijama.

pyramid, limas.

Q.

qua, sebagai, selaku.

quadrangle, empat persegi, se-
giempat.

quadratic, budjur sangkar.

quadruped, binatang berkaki
empat.

quadruple, empat kali ganda.

quadruplicate, salinan ketiga.

qualification, idjazah; ketentuan
djenis, penetapan djenis.

qualified, berhak, berkuasa;
beridjazah.

qualify, tentukan (menentukan)
djenis, tetapkan (menetapkan)
djenis; peladjari (mem), tem-

puh (menempuh) udjian.

qualitative, menurut kwalitet,
menurut djenis.

quality, kwalitet, djenis, matjam.

quantity, kwantitet, banjaknja.

quarantine, karantina.

quarrel, perselisihan, perbantahan;
to ~, berselisih, berbantah.

quarrelsome, suka berbantah.

quarter, perempat, prapat;
kampung, bahagian (kota);
kwartal, tribulan; lingkungan.

quarterly, madjalah tribulan; tiap-
tiap kwartal.

quasi, pura-pura.

quay, djambatan, pangkalan.

queen, ratu, radja perempuan.

queer, adjaib, luar biasa.

question, pertanjaan; perkara,
masalah, soal; *without* ~, tidak
sjak lagi; *no* ~ *about it*, tidak
usah disangsikan; *beyond* ~,
tidak ada kesangsian, sudah
pasti; *to* ~, bertanja, menanja-
kan.

questionable, ada sjak dalamnja.

questioner, penaja; pengudji.

question-mark, tanda pertanjaan.

queue, leret, baris, djedjer.

quick, tjepat, lekas, ladju.

quicklime, kapur tohor.

quicksilver, air raksa.

quick-tempered, lekas marah.

quick-witted, ringan kepala.

quid, susur tembakau; satu pon
Inggeris (uang).

quiet, teduh, sentosa, senang; *be*
~!, diam!; *on the* ~, diam-
d'am, tjuri-tjuri; *to* ~, surutkan
(menjurutkan) hati, sabarkan
(menjabarkan).

quietness, keteduhan, kesentosaan.

quinine, kenini.

quinquina, kina.

quit, ~ *of,* terlepas dari pada; *to* ~, tinggalkan (meninggalkan), pergi.

quite, sama sekali, sehabis-habis; ~ *so,* persis, djustru.

quits, seri.

quiver, gemetar.

quiz, pertanjaan, anket, main soal-djawab; *to* ~, tanjai (menanjai).

quota, bahagian berpadanan; ~ *system,* pembatasan.

quotation, sebutan, kutipan; ~ *marks,* tanda penarik perhatian.

quote, sebut (menjebut), kutip (mengutip), tjatat (men).

quotient, hasilbagi, pendapatan bagi.

R.

rabbit, kelintji.

rabble, orang hina dina.

rabies, penjakit andjing gila.

race, perlombaan, balapan; bangsa; *to* ~, berlomba-lombaan, berlari.

race-course, lapangan perlombaan.

race-horse, kuda lomba, kuda balap.

racial, ... bangsa.

radar, radar.

radical, sampai keakar.

radio, radio.

radish, radis.

radium, radium.

radius, djari-djari.

raft, rakit.

rafter, kasau.

rag, kain-kainan buruk; *in* ~*s,* berpakaian kain-kainan buruk; tjompang-tjamping; *to* ~, usik (meng), katjau (mengatjau).

ragamuffin, perisau, orang miskin.

rage, kemarahan, geram; mata gelap.

ragged, tjompang-tjamping, robak-rabik.

raid, serangan, penjerbuan; penggerebekan; *to* ~, serang (menjerang), serbu (menjerbu); gerebek (meng).

rail, rel.

railing, susuran.

railroad, djalan kereta api.

railway, djalan kereta api.

railway-porter, kuli stasiun.

railway-station, stasiun.

rain, hudjan.

rainbow, pelangi, benang radja.

rain-coat, djas hudjan.

rainy, ~ *season,* musim hudjan.

raise, dirikan (men), bangunkan (mem); angkat (meng), naikkan (me), peliharakan (memeliharakan); tjabut (men); tinggikan (meninggikan), pungut (memungut); *to* ~ *one's hat,* angkat (meng) topi.

raisin, kismis.

rake, penggaruk; *to* ~, garuk (meng).

rally, perkumpulan, perhimpunan, pertemuan; *to* ~, berkumpul, berhimpun, bertemu.

ramble, pengembaraan; *to* ~, kembara (mengembara).

rambler, pengembara.

ramification, tjabang.

ramify, bertjabang.

rampant, lela, meradjalela (penjakit).

rampart, perkubuan.

ramshackle, buruk, bobrok.

rancid, tengik.

rancour, dendam, bentji; *to bear*

~, taruh (menaruh) dendam.

random, at ~, malang mudjur, hantam kromo.

range, djadjar, baris; to ~, atur (meng), djadjarkan (men).

rank, pangkat, deradjat; baris, sap; the ~ and file, militer bawahan; to ~ among, masuk bilangan.

ransack, bongkar (mem), geledah (meng); rampas (me), djarah (men).

ransom, uang tebusan, penebusan; to ~, tebus (menebus).

rap, ketuk (mengetuk).

rape, gagahi (meng), perkosa (mem).

rapid, tjepat, lekas; djeram.

rapidity, ketjepatan.

rapt, suka hati sekali.

rare, djarang, adjaib, gandjil.

rarity, kegandjilan.

rascal, bangsat.

rasp, parut; to ~, memarut.

rat, tikus besar; ~s!, omong kosong!

rate, tarif, perbandingan, perimbangan; ladju; perbandingan uang, kurs, deradjat, pangkat; ~ of exchange, perbandingan harga; ~ of interest, dasar bunga; at any ~, sudah tentu: to ~, taksirkan (menaksirkan), tentukan (menentukan), nilaikan (me).

rather, lebih suka; agak, djuga.

ratification, pengesahan.

ratify, sahkan (men), kuatkan (menguatkan).

ratio, perbandingan.

ration, ransum, rangsum, rangsoman; to ~, merangsum.

rational, patut, berbudi.

rattan, rotan.

rattle, gemerentjang, gemertak.

rat-trap, perangkap tikus besar.

ravage, pembinasaan; to ~, binasakan (mem).

rave, igau (meng).

ravel, tiras; to ~, bertiras.

raven, burung gagak.

ravine, djurang.

ravish, rebut (me), rampasi (me).

raw, mentah; kasar; ~ materials, bahan-bahan mentah.

ray, ikan pari; sinar.

razor, pisau tjukur.

reach, sampai, tiba; undjukkan (meng), uluri (meng).

reaction, reaksi, lawanan giat.

reactionary, reaksioner.

read, batja (mem); mengadji; to ~ to one, membatjakan; to ~ a lecture, mengadakan pidato.

readable, dapat dibatja.

reader, pembatja; kitab batjaan.

readily, to sell ~, laku sekali, laku sebagai pisang goreng, laris.

reading-book, kitab batjaan.

ready, siap, sedia, selesai, sudah; ~ cash (money), uang tunai.

real, sungguh, betul, sedjati.

reality, kesungguhan.

realization, perwudjudan; insaf.

realize, wudjudkan (me); insafi (meng); hasilkan (meng).

really, sungguh-sungguh, pada hakekatnja.

realm, keradjaan.

reap, tuai (menuai); sabit (menjabit).

reaper, orang jang menuai; penjabit.

reaping-hook, sabit.

rear, bagian belakang; at the ~, dibelakang.

rear-guard, ekor.

reason, budi; sebab, alasan; *by ~ of,* oleh sebab, lantaran; *it stands to ~,* sudah tentu, memang; *without ~,* dengan tiada semena-mena; *to ~,* bitjarakan (mem), berbahas-bahasan.

reasonable, berbudi; patut; murah (harga).

rebel, orang durhaka, pemberontak; *to ~,* mendurhaka, memberontak.

rebellion, pendurhakaan, pemberontakan.

rebellious, durhaka, pemberontak.

rebuke, teguran; *to ~,* tegur (menegur), adjari (meng).

recalcitrance, keingkaran.

recalcitrant, ingkar, degil.

recall, panggil (memanggil) kembali, batalkan (mem).

recapitulate, ulangi (meng) dengan ringkas, ichtisarkan (meng).

recapitulation, ulangan ringkas, ichtisar ringkas.

recapture, rebutkan (me) kembali.

receipt, penerimaan; kwitansi, tanda terima; *on ~ of,* sesudah menerima.

receive, terima (menerima), dapat (men), beroleh; sambut (menjambut); tadah (menadah).

receiver, penerima; tukang tadah; tjorong (tilpon).

receiving-set, pesawat penerima (radio).

recent, *recently,* baru-baru ini.

reception, resepsi, perdjamuan.

recess, tjuti; *in ~,* bertjuti.

recipe, resep.

reciprocal, timbal balik, dari kedua pihak.

reciprocate, balas (mem).

reciprocation, pembalasan.

recite, batja (mem), lagukan (me), daras (men).

reckless, dakar, dengan buta tuli, berani buta.

reckon, hitung (meng), bilang (mem).

recognition, pengenalan; pengakuan.

recognize, kenal (mengenal), mengaku.

recollect, ingat akan, mengingat.

recollection, ingatan; *to the best of my ~,* sepandjang ingatan saja.

recommend, pudjikan (memudjikan).

recommendation, pudjian, pemudjian.

recompense, balas (mem), ganti (meng) rugi.

reconcile, perdamaikan (mem).

reconcilement, perdamaian.

reconnoitre, intip (meng).

record, tjatatan; penjaksian; daftar; rekor; piring hitam; *~s,* arsip; *to ~,* tjatat (men), daftarkan (men).

recover, dapat (men) kembali; sembuh, pulih; sedar.

recovery, kesembuhan, pemulihan.

recreate, bersenam, mengaso.

recreation, waktu bersenam, waktu mengaso.

recruit, rekrut.

rectangle, empat persegi pandjang.

rectification, pembetulan, ralat.

rectify, betulkan (mem), perbaiki (mem).

rector, rektor.

recumbent, berbaring.

recuperate, pulih, sembuh.

recur, kembali, berulang; *~ring*

decimal, petjahan berulang.

recurrence, ulangan.

red, merah.

redden, merahi (me); berseri muka.

reddish, kemerah-merahan.

redeem, tebus (menebus); penuhi (memenuhi) (perdjandjian); merdekakan (me).

redeemer, pemerdeka.

redemption, tebusan.

red-handed, *be caught (taken)* ~, tertangkap tangan, tepergok.

red-letter, ~ *day,* hari penting, hari besar.

redouble, pergandakan (mem).

redress, perbaiki (mem), betulkan (mem).

reduce, kurangkan (mengurangkan), perketjilkan (mem), mereduksi, susutkan (menjusutkan).

reduction, penjusutan, reduksi, potongan.

reef, karang.

reek, bau; *to* ~ *of,* berbau.

refer, *to* ~ *to,* tundjukkan (menundjukkan), sebutkan (menjebutkan), sindir (menjindir); ~*ring to your letter,* menundjuk surat tuan, berhubung dengan surat tuan.

referee, wasit.

referendum, pemungutan suara.

refine, halusi (meng), murnikan (me).

refinement, penghalusan.

reflect, bersinar-sinarkan. berkilat-kilatkan, pantul (memantul).

reflection, pantulan, santiran.

reflective, membalikkan sinar.

reflector, reflektor, pembalikan sinar.

reflex, refleks, kilat.

reform, ubahkan (meng), perbaiki (mem).

reformation, perubahan.

refrain, ulangan; *to* ~ *from,* tahan (menahan) diri dari, djauhkan (men) diri dari.

refresh, segarkan (menjegarkan).

refreshment, makanan dan minuman, penjegar.

refreshment room, ruangan makan dan minum.

refrigerate, dinginkan (men).

refrigerator, lemari es (listrik).

refugee, pelari, pengungsi.

refusal, penolakan, keingkaran.

refuse, tolak (menolak), ingkari (meng).

regard, hormat, kemuliaan; tabik; *in* ~ *of (to), with* ~ *to,* terhadap, mengenai.

regarding, tentang.

regenerate, hidupkan (meng) pula.

regent, regen, bupati.

regiment, resimen.

regimental, ... resimen.

region, daerah, wilajat.

regional, ... daerah.

register, daftar; *to* ~, daftarkan (men); tjatat (men); ~*ed letter,* surat tertjatat.

registration, pendaftaran, pentjatatan.

regret, sesal; *to* ~, menjesal.

regretful, sangat menjesal.

regular, teratur, dengan tertib.

regulate, atur (meng).

regulation, aturan, peraturan.

rehabilitate, kembalikan (mengembalikan) hormat.

rehabilitation, pengembalian hormat, pemulihan.

rehearsel, ulangan.

rehearse, ulangi (meng).

reign, pemerintahan, keradjaan;
  to ~, perintahi (memerintahi).
reinforce, perkuat (mem).
reinforcement, perkuatan.
reject, tolak (menolak), tampik
  (menampik).
rejection, penolakan, tampikan,
  penampikan.
rejoiced, suka hati.
relapse, bentan, kambu.
relate, tjeriterakan (men).
related, bersanak saudara.
relation, perhubungan, sanak
  saudara, keluarga, sedarah; *in*
  ~ *to,* akan ......, terhadap ......
relative, sedarah, sanak; relatif,
  nisbi.
relax, lemahkan (me), senangkan
  (menjenangkan) diri.
relay, relai (me).
relay race, lari berganti-ganti,
  (lari) estafet.
release, lepaskan (me), bebaskan
  (mem), merdekakan (me).
relentless, tidak menaruh belas
  kasihan, bengis, kedjam.
reliability, kedjudjuran.
reliable, djudjur, dapat dipertjaja.
reliance, kepertjajaan.
relief, bantuan, pertolongan,
  sumbangan.
relieve, bantu (mem), tolong
  (menolong), sumbang
  (menjumbang).
religion, agama, ibadat.
religious, beribadat, ... agama,
  saleh.
relinquish, serahkan (menjerah-
  kan).
relinquishment, penjerahan.
relish, rasa, tjitarasa, ketjapan.
reluctance, keseganan.
reluctant, segan.   [akan.
rely, ~ *on (upon),* harap (meng)

remain, tinggal, sisa.
remainder, sisa, lebihnja, restan.
remark, (per)ingatan; *to* ~,
  perhatikan (mem), peringatkan
  (mem).
remarkable, adjaib, istimewa.
remedy, obat, penawar.
remember, ingat akan; ~ *me to
  him,* sampaikanlah tabik saja
  kepadanja.
remembrance, ingatan; tanda
  mata.
remind, ingatkan (meng),
  peringatkan (mem).
reminiscence, ingat-ingatan.
remit, ampuni (meng); kirimkan
  (mengirimkan) uang; tunda
  (menunda).
remittance, pengiriman uang.
remitter, sipengirim uang.
remnant, sisa, bekas.
remote, terpentjil.
removal, pemindahan.
remove, kenaikan pangkat; *he did
  not get (he missed) his* ~, ia
  tidak naik pangkat; *to* ~, pin-
  dahkan (memindahkan); naik-
  kan (me) (pangkat); djauhkan
  (men); petjatkan (memetjat-
  kan).
rend, robek (me), mengojak-
  ngojakkan.
render, serahkan (menjerahkan),
  balas (mem); terdjemahkan
  (men); *to* ~ *help,* beri (mem)
  pertolongan; *to* ~ *thanks,*
  utjapkan (meng) terima
  kasih.
rendezvous, tempat pertemuan.
renew, barui (mem).
renewal, pembaruan.
renovate, perbaiki (mem), barui
  (mem).
renovation, perbaikan, pembaruan.

renowned, kenamaan, masjhur.

rent, sewa.

renter, penjewa.

reorganization, reorganisasi.

repair, reparasi, perbaikan; *to* ~ perbaiki (mem).

reparation, reparasi, perbaikan.

repartee, djawab jang tepat.

repay, bajar (mem) kembali; balas (mem).

repeal, batalkan (mem), tjabut (men).

repeat, ulangi (meng).

repeatedly, berulang-ulang, selalu.

repent, sesali (menjesali).

repentance, penjesalan.

repetition, ulangan.

replace, tempatkan (menempatkan) kembali; gantikan (meng).

replacement, penempatan kembali; penggantian.

reply, djawab, sahutan; *to* ~, djawab (men), sahut (menjahut).

report, laporan, rapor, pemberitaan, rentjana; *to* ~, laporkan (me), beritakan (mem), rentjanakan (me).

reporter, pemberita, djuru berita.

represent, wakili (me); gambarkan (meng).

representation, perwakilan.

representative, wakil, utusan.

repress, tahan (menahan).

reprimand, teguran; *to* ~, menegur.

reprint, tjetakan kedua kali (baru).

reprisal, pembalasan.

reproduction, reproduksi.

republic, republik.

republican, republikan.

repulse, pukul (memukul) mundur.

reputation, nama (baik).

repute, *he is well* ~*d,* harum namanja.

request, permohonan, permintaan; *to* ~, pohonkan (memohonkan), minta (me).

require, tuntut (menuntut); butuhi (mem).

requirement, tuntutan, sjarat; ~*s,* kebutuhan.

rescue, keluputan, pertolongan, kelepasan; *to* ~, luputkan (me), tolongi (menolongi), perlepaskan (mem).

research, pemeriksaan, penjelidikan; *to* ~, periksai (memeriksai), selidiki (menjelidiki).

resemblance, kesamaan.

resemble, samai (menjamai).

resentment, murka, dendam.

reserve, tjadangan, persediaan; *to* ~, tjadangkan (men), sediakan (menjediakan).

reside, bersemajam, berdiam.

residence, persemajaman, tempat kediaman; *to take up one's* ~, berpindah ke, bertempat kediaman di ......

residency, keresidenan.

resident, residen, penduduk.

resign, serahkan (menjerahkan), letakkan (me) djabatan.

resignation, penjerahan, perletakan (djabatan).

resin, damar.

resist, lawan (me), tahan (menahan).

resistance, perlawanan, pertahanan.

resolute, tetap hati, tabah hati.

resolution, resolusi, keputusan.

resolve, putuskan (memutuskan), uraikan (meng).

resonance, turut getar, turut bunji.

resound, bergaung, berkuman-
dang.

resource, daja, daja upaja; ~s,
pendapatan, alat keuangan.

respect, hormat; in ~ of, tentang;
dari sebab, lantaran; to have ~
to, mengenai; give him my ~s,
sampaikanlah tabik saja kepa-
danja; to ~, hormati (meng);
as ~s, akan hal.

respectable, mulia, terhormat; baik
betul, kepertjajaan.

respectful, dengan hormat.

respectfully, ~ yours, dengan
tazim, hormat dan chidmat.

respiration, pernapasan.

respire, bernapas.

respite, penundaan, penangguhan.

response, in ~ to, sebagai dja-
waban; berhubung dengan.

responsibility, tanggungan, tang-
gung djawab.

responsible, bertanggung djawab.

rest, istirahat, waktu mengaso; to
~, berhenti, beristirahat, meng-
aso; tinggal; to ~ on, ber-
djedjak, berdasarkan, bersan-
darkan; it ~s with you to ......,
terserahlah kepadamu akan
......

restaurant, restoran, rumah
makan.

restitution, pengembalian.

restless, dengan tidak berhenti,
gelisah, rajau.

restoration, perbaikan; pengem-
balian, pemulangan.

restore, perbaiki (mem), kem-
balikan (mengembalikan),
pulangkan (memulangkan).

restrain, tahan (menahan).

restrict, batasi (mem).

restriction, pembatasan; without
~, dengan tiada bersjarat.

result, akibat; kesudahan; hasil;
to ~, akibatkan (meng), ha-
silkan (meng).

résumé, ringkasan, ichtisar, ke-
simpulan.

retail, dagang etjeran; to sell
(by) ~, berdagang etjeran,
berdjual etjeran.

retail dealer, retailer, pendjual
etjeran.

retain, simpan (menjimpan), taruh
(menaruh), ingat.

retire, undur, mundur; minta ber-
henti; pergi tidur.

retired, sunji; makan pensiun.

retort, retor.

retract, tjabut (men).

retractation, pentjabutan.

retreat, undur, mundur, undurkan
(meng) diri.

retribution, pembalasan.

return, pemulangan, perdjalanan
balik(pulang); by ~ of post,
dengan pos kembali; to ~, pu-
langkan (memulangkan), kem-
balikan (mengembalikan), balas
(mem), djawab (men); to ~
thanks, utjapkan (meng) terima
kasih.

return ticket, kartjis pulang balik.

reveal, buka (mem) rahasia, nja-
takan (me), lahirkan (me);
wahjukan (me).

revelation, wahju.

revenge, dendam, pembalasan; to
~, membalas, membalas
dendam.

revenue, penghasilan, pendapatan.

reverence, hormat, tazim.

reverend, pendeta.

reverse, terbalik; to ~, balikkan
(mem).

review, perbaikan; ichtisar;
parade; resensi; madjalah.

revise, perbaiki (mem), ulang (meng) periksa.

revision, perbaikan, ulang periksa.

revoke, tjabut (men), batalkan (mem).

revolt, pemberontakan, pendurhakaan; to ~, berontak (mem), durhaka (men).

revolution, revolusi, pemberontakan; peredaran.

revolve, beredar, berpusing.

revolver, repolper.

reward, gandjaran, hadiah.

rheumatism, sengal, entjok.

rhinoceros, badak.

rhyme, sadjak.

rhythm, irama.

rhythmic(al), berirama.

rib, tulang rusuk, iga.

ribbon, pita.

rice, padi; husked ~, beras; cooked ~, nasi.

rice-bird, (burung) gelatik.

rice-crop, penuaian, panen(an), pengetaman.

rice-field, sawah; ladang.

rice-straw, djerami, merang.

rice-water, tadjin.

rich, kaja; lemak.

riches, kekajaan.

rickety, gojah.

rid, lepaskan (me), bebaskan (mem); to get ~ of, tanggalkan (menanggalkan); to be ~ of, luput daripada.

riddance, kelepasan, pembebasan.

riddle, teka-teki.

ride, kendarai (mengendarai), naik ....

rider, penunggang kuda.

ridge, punggung gunung.

ridicule, edjekan, olok-olokan.

rifle, bedil, senapang.

rigging, perlengkapan. tali-temali.

right, (sebelah) kanan; hak, hukum; betul, benar; patut, lajak; by ~(s), menurut hukum; sebetulnja, sebenarnja; you are ~, benarlah engkau, benarlah katamu; on your ~, disebelah kananmu; to the ~ of, disebelah kanannja; all ~!, baiklah!; to ~, betulkan (mem).

righteous, adil.

rightly, (dengan) sebenarnja.

rigorous, keras.

rim, pelek, tepi roda.

rind, kulit.

ring, tjintjin; gelanggang; bunji; to ~ the bell, pukul (memukul) lontjeng; to ~ one up, teleponkan (meleponkan) seorang.

ring-dove, (burung) pergam.

ring-finger, djari manis.

ring-wall, pagar tembok berkeliling.

ringworm, kurap.

rinse, basuh (mem).

riot, kegaduhan, keributan.

ripe, masak, matang, mateng.

ripen, matangkan (me).

rise, kenaikan; to give ~ to, sebabkan (menjebabkan); to be on the ~, selalu naik (harga); to ~, berbangkit, terbit (matahari), berdiri; naik pangkat; berhulu (sungai).

risk, risiko, bahaja.

risky, berbahaja.

rite, adat, upatjara.

rival, saingan, lawan.

rivalry, persaingan.

river, sungai, kali.

road, djalan.

road accident, ketjelakaan lalu lintas.

road bridge, djembatan lalu lintas.

roar, mengaum; menderu.

roast, panggang (memanggang); bakar (mem) (kopi).

rob, rampok (me), tjuri (men), menjamun.

robber, perampok, pentjuri, penjamun.

robbery, perampokan, pentjurian, penjamunan.

robust, kuat, tampan.

rock, batu, bukit batu; *to* ~, ajunkan (meng).

rocket, tjerawat.

rocking-chair, kursi gojang, kursi ungkang-ungkit.

rocking-horse, kudaan ungkang-ungkit.

rod, batang.

rogue, bangsat.

rôle, peranan.

roll, silinder; sedjenis roti; alun; daftar; ~*s,* arsip; *to* ~, gulung (meng), giling (meng).

roller, gulungan, penggiling; gelombang.

Roman, Romawi.

romantic, romantik.

roof, atap; *to* ~, atapi (meng).

room, tempat, ruangan; kamar, bilik.

root, akar; *to* ~, berakar; ~*ed to the spot,* tertjatjak bagai lembing tergadai.

rope, tali.

rope-ladder, tangga tali.

rosary, tasbih.

rose, bunga mawar, bunga ros.

rot, busuk.

rotate, berputar, beredar.

rotation, perputaran, peredaran.

rotten, busuk; ~ *ripe,* ranum.

rough, kasar; mentah; *a* ~ *copy,* tjakaran, selekeh.

roughen, kasarkan (mengasarkan).

roughly, lebih kurang, kira-kira.

Roumania, (negeri) Rumania.

Roumanian, orang Rumania; ...... Rumania.

round, bulat, bundar; disekitar; *all* ~, dimana-mana; tjakap dalam hal apapun sadja: *all the year* ~, sepandjang tahun, selama tahun; ~ *about,* keliling: ~ *trip,* perdjalanan keliling; *to* ~, bulatkan (mem), keliling: (mengelilingi).

roundabout, komidi putar.

roundly, terus terang.

rouse, bangkitkan (mem), bangunkan (mem).

route, djalan.

routine, biasa; kebiasaan.

rove, kembara (mengembara).

rover, pengembara; perompak.

row, baris, djadjar, sap; *to* ~, berdajung, berkajuh.

row, geger, kegaduhan.

rower, pendajung, pengajuh.

royal, ... radja.

royalty, keluarga radja.

rub, gosok (meng), urut (meng).

rubber, karet.

rubbish, sampah; romolan; ~*!,* omong kosong!

rubric, ruangan.

ruby, batu mirah, batu delima.

rudder, kemudi.

rude, kasar; biadab.

rudiment, asas, dasar.

ruin, kerobohan, runtuhan; *to* ~, robohkan (me), runtuhkan (me), binasakan (mem).

rule, sjarat, adat, aturan; pemerintahan; *as a* ~, biasanja; *to* ~, garis (meng); perintahi (memerintahi). [mistar.

ruler, pemerintah; penggaris.

ruminant, pemamah biak.

ruminate, mamah (me) biak; *to ~ over (upon),* pikirkan (memikirkan).

rumour, kabar angin, desas-desus.

rumpsteak, bistik.

run, lari(nja); penjerangan; perlumbaan; *in the long ~,* lambat laun, lama-lama; *to ~,* lari; berlaku; membelot; alir (meng); berbunji, bunjinja ......; djalankan (men); kemudikan (mengemudikan); pimpin (memimpin), usahakan (meng); *to ~ mad,* mendjadi gila; *to ~ amuck,* mengamuk.

runaway, pelari; pembelot.

runner, pengantar, pesuruh.

rupture, burut.

ruse, tipu daja, helat perang.

rush, ladju; gopoh; serangan, rebutan, serbuan; *to ~,* serang (menjerang), rebut (me), serbu (menjerbu); bergopoh-gopoh.

Russia, (tanah) Rusia.

Russian, ... Rusia; orang Rusia.

rust, karat, tahi besi; *to ~,* berkarat.

rustle, gersak, gersik.

rusty, berkarat, karatan.

rut, bekas roda.

ruthless, tidak berbelas kasihan, tidak menaruh kasihan.

rye, gandum hitam.

S.

sabotage, sabot; *to ~,* menjabot, menjabotir.

sabre, pedang.

sack, karung, guni, kantong; *to get the ~,* dipetjatkan.

sacred, kudus, sutji.

sacrifice, pengurbanan; *to ~,* kurbankan (mengurbankan).

sad, dukatjita, susah hati, sedih.

sadden, susahkan (menjusahkan), sedihkan (menjedihkan).

saddle, sela, pelana.

saddler, tukang sela.

sadness, kedukaan, dukatjita, kesedihan.

safe, lemari besi; selamat, sentosa, sedjahtera; dapat dipertjajai; *~ and sound,* sehat wal afiat.

safe-deposit, lemari uang.

safeguard, peliharakan (memeliharakan), tanggungkan (menanggungkan), lindungi (me).

safely, dengan selamat.

safety, keselamatan; kesentosaan, kesedjahteraan.

saffron, safran, kunjit.

sago, sagu.

sail, lajar; *to ~,* berlajar, melajari.

sailcloth, kain lajar.

sailer, kapal lajar.

sailing, pelajaran.

sailor, orang kapal, kelasi, pelaut.

saint, wali, aulia; kudus.

sake, *for God's ~,* karena Allah; *for your ~,* untukmu.

salad, selada.

salary, gadji; upah; *to ~,* memberi gadji, upahi (meng).

sale, pendjualan; lelang; *for ~,* akan didjual.

salesman, pendjual.

salmon, ikan salam.

saloon, salon, ruangan.

salt, garam; asin; *to ~,* garami (meng), asinkan (meng).

salt-cellar, tempat garam.

salt-fish, ikan asin.

salt-pan, pegaraman.

saltpetre, sendawa, mesiu.

salty, asin, pajau.

salute, tabik, salam: *to* ~, *to give the* ~, memberi tabik, memberi salam, memberi hormat.

salvation, ~ *Army,* Tentera Keselamatan.

Salvationist, serdadu Tentera Keselamatan.

salve, salep, param; *to* ~, selamatkan (menjelamatkan).

same, sama; *all the* ~, setali tiga uang.

sample, tjontoh, matjam.

sanatorium, sanatorium, petirahan.

sanctify, sutjikan (menjutjikan).

sanction, pengukuhan; *to* ~, kukuhkan (mengukuhkan), kabulkan (mengabulkan), sahkan (men).

sand, pasir.

sandal, sandal.

sandalwood, kaju tjendana.

sandbag, karung pasir.

sand-bank, gosong, alangan.

sand-glass, djam pasir.

sand-paper, kertas gosok.

sandstone, batu pasir.

sanitary, ... kesehatan.

sanity, kesehatan.

sap, air; getah.

sapphire, batu nilam.

sappy, berair.

sarcasm, sindiran tadjam.

sarcastic, dengan sindiran tadjam.

sardine, (ikan) sardintjis.

Satan, Setan, Iblis.

satanic, setani.

satellite, pengiring.

satiate, kenjang; bosan.

satiety, kekenjangan; kebosanan.

satin, satin.

satire, sindiran.

satirize, sindirkan (menjindirkan).

satisfaction, pembajaran, penglunasan, kepuasan; *in* ~ *of,* untuk membajar.

satisfactory, memuaskan, menjenangkan.

satisfy, tjukupi (men), puaskan (memuaskan), senangkan (menjenangkan); *to be satisfied that,* insaf akan.

saturate, ~*d,* djenuh, serap.

Saturday, (hari) Sabtu.

sauce, kuah, saos.

sauce-boat, tempat saos.

saucer, piring.

saucy, kurang adjar.

sausage, sosis.

sausage-roll, roti sosis.

savage, liar, ganas, buas.

save, ketjuali; *to* ~, selamatkan (menjelamatkan), lindungi (me); *to* ~ *money,* simpan (menjimpan) uang, tabungkan (menabungkan).

saving, ~ *of,* menghematkan.

savings, uang simpanan, uang tabungan.

savings-bank, bang, tabungan.

Saviour, Djuru Selamat.

savoury, lezat, sedap.

saw, gergadji; *to* ~, menggergadji.

sawdust, serbuk gergadji.

say, kata, berkata, mengatakan; *never* ~ *die!,* djangan putus asa!; *I* ~*!,* tjoba!

saying, kata, perkataan, peribahasa.

scabies, kudis.

scaffold, penggantungan.

scaffolding, bangun-bangunan.

scald, luka kena api, luka bakar.

scale, timbangan, datjing, neratja; perbandingan ukuran, skala: sisik, kulit; *on a large* ~, setjara

besar-besaran; *to* ~. timbang
(menimbang).

scaly, bersisik.

scandal, perkara kedji, perkara
jang memberi malu, fitnah,
umpat.

scandalize, fitnahkan (mem),
mengumpat.

scandal-monger, pengumpat.

scandalous, kedji, memberi malu.

Scandinavia, Skandinavia.

Scandinavian, ... Skandinavia;
orang Skandinavia.

scar, parut, bekas luka.

scarce, djarang, kurang.   [lalu.

scarcely, ~ ... *when* ..., baru ...

scare, takutkan (menakutkan),
kedjutkan (mengedjutkan); *to*
~ *away,* usir (meng).

scarecrow, kelontang.

scarf, sjal.

scarlatina, penjakit djengkering.

scarlet, merah djelah; ~ *fever.*
penjakit djengkering.

scatter, taburkan (menaburkan).
siarkan (menjiarkan).

scenery, tamasja alam, keindahan
alam.

scent, bau; minjak wangi.

sceptic, menjangsikan, mensjaki.

sceptre, tampuk (keradjaan).

schedule, daftar, djadwal, pro-
gram; *ahead of* ~, sebelum
waktunja; *behind* ~, terlambat;
on ~, pada waktu jang ter-
tentu.

scheme, bagan, goresan,
rantjangan; *to* ~, rantjangkan
(me).

schemer, perantjang.

scholar, pudjangga, sardjana;
murid.

scholarship, pengetahuan;
beasiswa, darmasiswa.

school, sekolah.

school-fellow, kawan sekolah,
teman sekolah.

schoolmaster, guru (kepala).

schoolmistress, guru (kepala)
perempuan.

schoolroom, bilik sekolah.

schooner, sekunar.

science, keilmuan, pengetahuan;
ilmu alam, ilmu tabii.

scientific, berdasarkan keilmuan.

scientist, ahli ilmu alam; sardjana.

scissors, *a pair of* ~, gunting.

scold, maki (me), hardikkan
(meng).

scolding, hardik.

scoop, sodok; *to* ~, menjodok.

scope, maksud, tudjuan; lapangan;
peluang.

scorch, bakar (mem).

score, takuk; keadaan (pertan-
dingan); dua puluh; *four* ~, de-
lapan puluh; ~*s of times,* ber-
kali-kali; *on that* ~, akan hal
itu; *on the* ~ *of,* oleh sebab;
to ~, menakuk; beruntung,
berhasil.

scorn, penghinaan, tjela.

scorpion, kala.

scoundrel, bangsat.

scour, gosok (meng), bersihkan
(mem); sapu (menjapu) bersih.

scout, pandu, penjuluh.

scouting, kepanduan.

scramble, berebut-rebutan.

scrap, *a* ~ *of paper,* setjarik
kertas.

scratch, gores, tjorek, tjoreng; *to*
~, gores (meng), garuk
(meng), gesek (meng).

scrawl, tjakar ajam.

scream, berteriak, mendjerit.

screen, dinding; lajar putih
(bioskop).

screen-star, bintang pilem.

screw, sekerup; *to* ~, putar (memutar) sekerup.

screwdriver, obeng.

screwjack, dongkrak, tuil.

scribble, tjakar (men).

script, tulisan, bekas tangan; naskah.

scrub, gosok (meng).

scruple, keberatan perasaan hati.

scrupulous, tjermat, teliti benar.

scrutinize, periksa dengan teliti.

sculptor, pemahat patung.

sculpture, seni patung; *to* ~, memahat patung.

sea, laut; *at* ~, dilaut.

sea-breeze, angin laut.

sea-coast, pantai laut, tepi laut.

sea-cow, dujung.

sea-cucumber, tripang.

seafarer, pelaut.

sea-fight, pertempuran dilaut.

sea-fowl, burung laut.

sea-gull, (burung) tjamar.

seal, tjap, meterai; *to* ~, tjap (men), meteraikan (me).

sea-level, muka laut.

sealing-wax, lilin tjap, lak.

seam, pendjahitan, kelim.

seaman, kelasi, matros, pelaut.

seamstress, tukang djahit perempuan.

sea-plane, pesawat terbang air.

sea-plane carrier, kapal induk pesawat terbang.

seaport, bandar, pelabuhan laut.

search, pengeledahan, pemeriksaan; *to* ~, geledah (meng).

searchlight, lampu penjorot.

seasick, mabuk laut, mabok ombak.

seaside, tepi laut.

season, musim; *to* ~, bumbui (mem).

seat, tempat duduk; bangku, kursi; *to be* ~*ed,* duduk; *be* ~*ed!,* duduklah!

seaweed, ganggang laut.

seclude, asingkan (meng).

seclusion, perasingan.

second, sekon, detik, pembantu; kedua; *every* ~ *day,* selang sehari.

secondary, ~ *school,* sekolah menengah.

secondly, kedua.

seconds-hand, djarum detik.

secrecy, *in* ~, diam-diam, tjuri-tjuri.

secret, rahasia; *keep it a* ~*!,* rahasiakanlah!

secretariat, sekretariat, kepaniteraan.

secretary, sekretaris, panitera; menteri; ~ *of State,* Menteri Luar Negeri (Amerika).

secretly, diam-diam, tjuri-tjuri.

sect, umat.

section, seksi, bahagian; penampang.

secure, tentu; kukuh; *to* ~, tentukan (menentukan), kukuhkan (mengukuhkan).

security, kesedjahteraan, keamanan; ~ *Council,* Dewan Kesedjahteraan, Dewan Keamanan.

sediment, sedimen, endap.

seduce, godai (meng).

seducer, penggoda.

seduction, penggodaan.

see, lihat (me); kundjungi (mengundjungi), dapatkan (men); *to* ~ *one in,* bawa (mem) masuk; *to* ~ *one off,* antarkan (meng).

seed, bidji, benih.

seedling, bibit.

seek, tjari (men); tjoba (men).

seem, rupanja.

seesaw, papan djungkat-djungkit.

seize, pegang (memegang), tangkap (menangkap), sambar (menjambar).

seldom, djarang.

select, terpilih; to ~, pilih (memilih), saring (menjaring).

selection, pilihan, pemilihan, seleksi.

self, sendiri, pribadi.

self-conceit, kebanggaan, kesombongan.

self-conceited, bangga, sombong.

self-confidence, kepertjajaan pada diri sendiri.

self-consciousness, keinsjafan hati.

self-denial, sangkal akan dirinja.

self-determination, penentuan sendiri.

self-interest, kepentingan sendiri.

selfish, bersifat perseorangan, bernafsi-nafsi.

selfishness, sifat bernafsi-nafsi, angan-angan kesajaan.

self-government, pemerintahan sendiri, swapradja.

self-love, kasih akan dirinja.

sell, djual (men); to ~ by auction, lelangkan (me); to ~ off, mendjual habis; to ~ like hot cakes, laku sebagai pisang goreng.

seller, pendjual; best ~, buku jang sangat laku.

semi, setengah ......

semicolon, titik koma.

senate, senat.

senator, senator.

send, kirim (mengirim); to ~ for, panggilkan (memanggilkan), minta datang; to ~ off, hantarkan (meng).

senile, tua bangka, tua renta.

senior, lebih tua, tertua.

sensation, perasaan, keonaran.

sensational, jang mengherankan.

sense, perasaan, akal, arti, pengertian; common ~, akal budi.

sensitive, peka; ~ plant, puteri malu, rumput kedjut-kedjut.

sensual, bernafsu.

sentence, keputusan, hukum(an); kalimat; to ~, hukum (meng).

sentiment, perasaan, sentimen.

sentimental, rapuh hati, lembut hati.

sentry, pengawal, pendjaga.

sentry-box, rumah monjet.

separate, terpisah, terasing; to ~, pisah (memisah), asingkan (meng).

separation, pemisahan, pengasingan.

September, (bulan) September.

sepulchre, makam.

sequel, sambungan.

sequence, peraturan, urutan.

serenade, serenade.

sergeant, sersan.

serial, ... seri; ~ number, nomor sedjadjar, nomor berturut; ~ tale, tjeritera bersambung(an).

series, runtunan.

serious, sungguh-sungguh, dengan jakin.

seriousness, kesungguh-sungguhan, jakin.

servant, djongos, pelajan, babu, hamba, abdi.

serve, lajani (me), mengabdi; berguna; angkat makan, hidangkan (meng).

service, pelajanan; guna; pemeliharaan; dinas; kebaktian.

serviette, serbet.

servile, tjara hamba, tjara budak.

servility, perbudakan.

servitude, kehambaan.

session, persidangan, sidang, rapat.

set, selengkap, sepasang, setelan, sesusun; pesawat radio; rombongan; to ~, letakkan (me), taruhkan (menaruhkan); pasang (memasang); terbenam (matahari).

settee, bangku, dipan.

settle, tetapkan (menetapkan), selesaikan (menjelesaikan); atur (meng), urus (meng); to ~ down, berkediaman, bertempat tinggal.

settlement, tempat kediaman, tempat kedudukan; aturan; penetapan, penjelesaian; perdamaian.

seven, tudjuh.

seventeen, tudjuh belas.

seventeenth, ketudjuh belas.

seventh, ketudjuh.

seventieth, ketudjuh puluh.

seventy, tudjuh puluh.

several, beberapa.

severally, masing-masing.

severe, keras, parah.

sew, djahit (men).

sewer, saluran (air kotoran).

sewing-machine, mesin djahit.

sex, djenis kelamin.

shabby, buruk; kedji.

shade, naung; to ~, naungi (me).

shadow, bajang-bajang; to ~, bajangi (mem).

shadowy, rindang, berbajang.

shake, (ke)gontjangan; getaran; djabat tangan; to ~, bergontjang, bergetar; kotjok (mengotjok); to ~ hands, berdjabat tangan.

shall, akan, hendak.

shallow, tempat tohor; tohor.

sham, pura-pura, dalih; to ~, berdalih.

shame, malu; to put to ~, bubuh (mem) arang dimuka.

shameful, memberi malu, kedji.

shameless, tidak menaruh malu.

shampoo, langir.

shape, rupa, tokoh, bentuk, bangun; to ~, rupakan (me), bentuk (mem).

share, bagian, andil, sero; to ~, bagi (mem); ambil (meng) bagian.

shareholder, pesero.

shark, (ikan) hiu, ju.

sharp, tadjam, runtjing; tjerdik; at ten ~, pukul sepuluh tepat (persis).

sharpen, tadjamkan (menadjamkan), runtjingkan (me), asah (meng).

sharp-witted, bidjaksana, tjendekia.

shave, tjukur (men); I want a ~, saja minta ditjukur.

shaving-brush, kuas tjukur.

shawl, sjal, kudung.

she, ia, dia (perempuan).

sheaf, berkas.

sheath, sarung.

sheathe, sarungkan (menjarungkan).

shed, bangsal, emper; to ~, tumpahkan (menumpahkan), tjutjurkan (men).

sheep, domba, biri-biri.

sheepskin, kulit domba.

sheet, seperai, alas tilam; helai (kertas); pelat (logam).

sheet-iron, besi lantai.

sheet-lightning, kilat.

shelf, papan.

shell, kulit, tempurung; *to* ~, kupas (mengupas).

shell-fish, udang-udangan.

shelter, tempat perlindungan: *to* ~, lindungi (me); *to* ~ *one-self,* bersembunji.

shepherd, gembala domba.

shepherdess, gembala domba (perempuan).

sherry, sjeri.

shield, perisai; *to* ~, lindungi (me).

shift, ubahkan (meng), tukarkan (menukarkan); alih (meng).

shilling, mata uang Inggeris = $^1/_{20}$ pon.

shin-bone, tulang kering.

shine, tjahaja, sinar; *to* ~, bertjahaja, bersinar; gosok (meng) sepatu.

shiny, berkilap.

ship, kapal; perahu.

shipment, pengiriman dengan kapal; muatan.

ship-owner, jang empunja kapal.

shipper, jang mengirim dengan kapal, eksportir.

shipping, pengiriman dengan kapal, pengkapalan, perkapalan.

shipping-agent, ekspeditur.

shipwreck, karam kapal.

shirt, kemedja.

shiver, gigil; *to* ~, gigil (meng).

shock, gugat.

shocking, tidak lajak, tidak senonoh.   [(me).

shoe, sepatu, ladam; *to* ~, ladami

shoe-blacking, semir sepatu.

shoe-lace, tali sepatu.

shoemaker, tukang sepatu.

shoot, tembak (menembak), bedil (mem); ~!, katakanlah, tjeri-terakanlah!

shooting-range, tempat menembak.

shop, toko; *to* ~, berbelandja (ditoko).

shop-assistant, pelajan toko.

shopkeeper, tokowan.

shopping, *to do one's* ~, pergi berbelandja (ditoko).

shop-walker, sep toko, pemimpin toko.

shore, pantai, tepi laut.

short, pendek, pandak, ringkas, singkat; kurang; *to be* ~ *of,* kekurangan; ~ *of money,* kurang uang; *to cut* ~, putuskan (memutuskan); ~*s,* tjelana pendek; *for* ~, untuk menjingkat; *in* ~, dengan ringkas.

shortage, kekurangan.

shorten, pendekkan (memendekkan), kurangkan (mengurangkan), ringkaskan (me).

shorthand, tulisan tjepat, tulisan ringkas, tulisan steno; ~ *typist,* djuru tulis tjepat, djuru steno.

shortly, tiada berapa lamanja, tidak lama lagi.

short-sighted, mata dekat, tjadok.

short-tempered, lekas marah.

shot, tembakan; penembak; *a big* ~, orang terkemuka, orang berpangkat tinggi.

shoulder, bahu, pundak.

shoulder-blade, belikat, tamparan njamuk.

shout, teriak(an); *to* ~, berteriak.

shove, sorong (menjorong).

shovel, sodok; *to* ~, menjodok.

show, pertundjukan, seteleng; *to give away the* ~, membuka rahasia; *to* ~, perlihatkan (mem), pertundjukkan (mem), setelengkan (menjetelengkan); buktikan (mem); *to* ~ *one in,* membawa masuk orang; *to* ~ *one out,* mengantarkan orang (keluar); *it* ~s *white,* putih rupanja.

shower, hudjan lebat.

show-room, ruangan pertundjukan.

showy, pesolek.

shred, sepotong ketjil. sedikit sekali.

shrewd, tjerdik.

shriek, djerit (men).

shrimp, udang.

shrink, susut; *to* ~ *back,* mundur.

shrivel, keriput, kerut, lisut.

shroud, kain kapan.

shrub, pokok ketjil.

shudder, gigil; *to* ~, menggigil.

shuffle, kotjok (mengotjok), rangkak (me).

shun, djauhkan (men) diri dari.

shut, tutup (menutup); *to* ~ *up,* kurungkan (mengurungkan) dipendjara; ~ *up!,* tutup mulut!

shutter, tingkap.

shy, malu; liar.

sick, sakit; mabuk laut; bosan.

sickle, sabit.

sick-leave, perlop sakit, tjuti sakit.

sickness, kesakitan.

side, segi, sisi; *to shake one's* ~s, tertawa gelak-gelak, ketawa terkekek-kekek; *to take* ~s, memihak; *on both* ~s, kedua belah.

sideboard, bupet, bopet.

side-issue, perkara belakang.

sidelong, disamping.

side-walk, djalan tepi.

siege, pengepungan.

sieve, tapis (menapis), ajak (meng).

sigh, keluh; *to* ~, berkeluh.

sight, mata, penglihatan; pemandangan; tamasja; pedjera; *to*

take ~, bedek (mem); *to lose* ~ *of,* lenjap dari pemandangan. hilang dari pandangan mata; *to catch* ~ *of,* terpandang; *long* ~ed, mata djauh; *near* ~ed, *short* ~ed, mata dekat, tjadok.

sight-seeing, bertamasja.

sight-seer, orang jang bertamasja, penonton.

sign, tanda, isjarat; papan alamat, papan merek; *to* ~, tanda (menanda) tangani; isjaratkan (meng).

signal, tanda, isjarat; suar; *to* ~, memberi tanda, mengisjaratkan.

signatory, jang bertanda tangan.

signature, tanda tangan.

sign-board, papan merek.

signification, arti, makna; pernjataan.

signify, berarti, bermakna; njatakan (me).

signpost, penundjuk djalan.

silence, *to keep* ~, berdiam diri; *to* ~, diamkan (men).

silencer, pembunuh bunji.

silent, diam; *to be* ~, berdiam diri.

silhouette, bajang-bajang.

silk, sutera.

silken, silky, ... sutera.

silly, bodoh, bebal.

silver, perak.

similar, sdjenis, sama, sama tjoraknja.

similarity, persamaan.

simile, tamsil.

simple, bersahadja, sederhana.

simplicity, kesahadjaan, kesederhanaan.

simplification, penjederhanaan.

simplify, sederhanakan (menjederhanakan).

simply, sederhana, sahadja, tjuma.

simulate, pura-pura.

simultaneous, serentak, serempak, sewaktu.

sin, dosa; *to* ~, berdosa.

since, sedjak, sedari.

sincere, tulus, ichlas.

sincerity, ketulusan, keichlasan.

sinew, urat.

sinewy, berurat.

sing, njanji (me).

singer, penjanji.

single, tunggal, sendiri; budjang.

single-handed, sendirian.

singlet, badju dalam, badju kaus.

singular, tunggal, rangkap satu.

sinister, sial; djahat.

sink, tenggelam, tenggelamkan (menenggelamkan), turun.

sinner, orang berdosa.

sip, isap (meng), irup (meng).

sir, tuan.

siren, sirena.

sister, saudara perempuan.

sister-in-law, ipar perempuan.

sit, duduk; bersidang; *to* ~ *down,* (pergi) duduk.

sitting-room, kamar duduk.

situated, terletak.

situation, letak(nja), kedudukan, keadaan, pangkat; *we are not in a* ~ *to* ......, kami tidak dapat ......, kami tidak sanggup ......

six, enam; ~ *of one and half a dozen of the other,* setali tiga uang.

sixteen, enam belas.

sixteenth, keenam belas.

sixth, keenam.

sixtieth, keenam puluh.

sixty, enam puluh.

size, besarnja, ukuran, nomor.

skeleton, kerangka; goresan, bagan.

sketch, bagan, lukisan; *to* ~, membuat bagan, lukiskan (me).

skid, selip, meleset.

skilful, pandai, tjakap.

skill, kepandaian, ketjakapan.

skilled, pandai, tjakap, berpengalaman.

skin, kulit.

skinny, kurus kering.

skip, melompat-lompat.

skipper, nachoda.

skirt, rok, roki; batas.

skull, tengkorak, batu kepala.

sky, langit, angkasa, udara.

sky-line, kaki langit.

sky-scraper, pentjakar langit.

slack, kendur.

slacken, kendurkan (mengendurkan); kurangi (mengurangi).

slag, bara.

slam, tutup (menutup) dengan keras.

slander, fitnah, umpat.

slanderer, pengumpat.

slanderous, dengan umpat.

slang, bahasa pasaran.

slap, tampar; *to* ~, menampar.

slate, batu tulis.

slate-pencil, anak batu tulis, gerip.

slaughter, pembunuhan, penjembelihan; *to* ~, bunuh (mem), sembelih (menjembelih).

slave, sahaja, budak, hamba.

slavery, perbudakan, perhambaan.

slavish, tjara hamba.

slay, bunuh (mem).

sleep, tidur.

sleeper, penidur.

sleeplessness, suhad, kekurangan tidur.

sleep-walker, pengigau.

sleepy, mengantuk.

sleeve, tangan.

slender, ramping, lampai.

slice, sepotong.

slide, terbis; *to* ~, tergelintjir.

slightly, sedikit.

slim, lampai.

sling, ali-ali; sandang; *to* ~, mengali-ali.

slip, terbis; kechilafan; sarung bantal; ladjur; *to make a* ~, chilaf; *to* ~, selip, tergelintjir; *it had* ~*ped my memory,* saja terlupa akan hal itu.

slipper, selop.

slippery, litjin.

slobber, berliur-liur, ngiler.

slogan, sembojan.

slope, lereng, landaian; *to* ~, melandai.

sloppy, kelekeran.

slot, alur(an).

slow, perlahan-lahan; lambat; *to* ~ *down,* lambatkan (me).

sludge, lumpur.

sluggard, pemalas.

sluggish, malas.

sluice, pintu air.

slumber, tidur sebentar.

slump, djatuh harga, meleset.

slur, tjela; noda.

sly, tjerdik; *on the* ~, diam-diam, sembunji-sembunji.

smack, tampar, tempeleng; *to* ~, tampar (menampar), tempeleng (menempeleng).

small, ketjil.

smallpox, tjatjar, ketumbuhan.

smart, pedih; tjantik, bagus.

smash, *to go (to)* ~, palit, djatuh; *to* ~, petjahkan (memetjahkan), hantjurkan (meng).

smell, bau; *to* ~, baui (mem); *to* ~ *out,* susul (menjusul), tjahari (men).

smile, senjum; *to* ~, tersenjum.

smith, tukang besi.

smithy, bengkel tukang besi.

smoke, asap; *have a* ~*!,* minum rokoklah!; *to* ~, berasap; minum rokok, merokok.

smoker, peminum rokok.

smoky, berasap.

smooth, litjin; lantjar.

smoulder, berunggun-unggun.

smuggle, selundupkan (menjelundupkan).

smuggler, penjelundup.

snack, sesuap.

snack bar, tempat orang bersuap.

snail, siput.

snail-shell, rumah siput.

snake, ular.

snapshot, potret.

snare, djerat; *to* ~, mendjerat.

snatch, *by* ~*es,* berselang.

sneak, orang keroh; *to* ~, buka (mem) rahasia; tjuri (men).

sneer, *to* ~, tersenjum radja. perolokkan (mem).

sneeze, bersin.

sniff, tjium (men), tjiumi (men).

snipe, burung kedidi, burung berkik.

sniper, penembak pengintai.

snob, kaja baru.

snore, berdengkur.

snout, montjong.

snow, saldju; *to* ~, hudjan saldju.

snow-line, garis saldju.

snow-white, putih metah.

snug, senang, nikmat.

so, begitu; djadi, dari sebab itu; ~ *that,* sehingga; supaja.

soak, rendamkan (me).

soaking, ~ *wet,* basa kujup.

so-and-so, anu.

soap, sabun.

soap-dish, tempat sabun.

soap-suds, air sabun.

soap-works, paberik sabun.

sob, sedu; *to* ~, tersedu-sedu.

sober, ugahari, bersahadja; tidak mabuk.

social, sosial, kesosialan, kemasjarakatan.

socialist, sosialis.

society, masjarakat, pergaulan hidup; kebangsawanan; kongsi.

sock, kaos, sok, sarung kaki.

socket, lubang.

soda, soda; air belanda.

soft, lembik, lembut; *a* ~ *job,* pekerdjaan jang tidak sukar; ~ *drinks,* minuman jang tidak mengandung alkohol.

soften, lembikkan (me) lembutkan (me).

soil, tanah.

sojourn, berada, tinggal buat sementara waktu.

solar, ... matahari.

solder, pateri.

soldier, serdadu, laskar.

sole, tapak kaki; ikan lidah; tunggal.

solemn, dengan upatjara.

solemnity, upatjara.

solemnize, langsungkan (me) dengan upatjara.

solicit, minta (me), mohon (me) lamar (me), ganggu (meng).

solicitant, peminta, pemohon, pelamar.

solicitation, permintaan, permohonan, pelamaran.

solicitor, pengatjara.

solid, teguh, kuat; solider; kepertjajaan; baik benar.

solidarity, solidaritet.

solitary, sunji, terpentjil; bersendiri; tunggal.

solitude, kesunjian.

soluble, dapat larut.

solution, larutan; pemetjahan, penjelesaian.

solve, larut (me); petjahkan (memetjahkan), selesaikan (menjelesaikan).

some, beberapa; sedikit; lebih kurang; salah satu.

somebody, seorang.

somehow, bagaimanapun djuga.

something, apa-apa; ~ *or other,* barang sesuatu.

sometimes, kadang-kadang.

somewhat, agak, tunggal, rada, sedikit.

somewhere, barang dimana.

son, anak laki-laki.

song, njanjian, lagu.

son-in-law, menantu (laki-laki).

sonorous, njaring.

soon, lekas, segera; *as* ~ *as,* demi, setelah; *no* ~*er* ...... *than* ...... baru ...... lalu......; *the* ~*er the better,* makin lekas, makin baik.

soothe, budjuk (mem), hiburkan (meng), sedjukkan (menjedjukkan).

soprano, sopran.

sordid, hina; kikir.

sore, sakit, pedih; *to have a* ~ *throat,* sakit leher.

sorrow, dukatjita, kemasjgulan; *to* ~, berdukatjita.

sorrowful, susah hati, sedih, masjgul.

sorry, *I am* ~, saja menjesal; djangan ambil marah; maaf!

sort, djenis, matjam; *to* ~, sortir (menjortir), pilih (memilih) djenis, atur (meng).

sorter, tukang sortir, penjortir.

soul, djiwa, njawa, semangat, arwan.

sound, bunji, bahana; besi duga;

sehat; kepertjajaan; *to* ∼, bunjikan (mem), berbunji; menduga.

soup, sop.

sour, asam, masam, ketjut.

source, mata air, sumber.

south, selatan, kidul.

south-east, tenggara.

southern, sebelah selatan.

sovereign, berdaulat; uang Inggeris, 1 pon.

sovereignty, kedaulatan.

Soviet, Sovjet.

sow, babi betina; *to* ∼, taburkan (menaburkan).

soya, ketjap.

space, luas(nja), keluasan, djauh(nja); spasi; djarak, ruang.

spacious, luas, lapang.

spade, sekopang, penggali.

Spain, (negeri) Sepanjol.

spangle, ∼*d with,* bertaburan.

Spaniard, orang Sepanjol.

Spanish, ... Sepanjol.

spare, ∼ *room,* kamar tamu; ∼ *time,* keluasan; *to* ∼, berhemat dengan; maafkan (me).

sparing, hemat-hemat.

spark, bunga api.

sparking-plug, busi.

sparkle, berkilau-kilauan, begemerlapan.

sparrow, burung geredja.

spasm, rojan.

spatter, retjik (me).

spawn, telur ikan.

speak, berkata, berbitjara, bertjakap; lafalkan (me), utjapkan (meng); *so to* ∼, seandainja, andai kata.

speaker, pembitjara; *the Speaker, Mr. Speaker.* Ketua Balai Rendah.

spear, tombak, lembing.

special, spesial, istimewa, chusus.

specialist, ahli.

speciality, spesialitet, keistimewaan.

specialize, chususkan (meng).

specific, dalam chususnja.

specification, uraian (satu persatu), perintjian.

specify, rintji (me).

specimen, tjontoh, teladan.

speckle, rintik; ∼*d,* berintik-rintik.

specs, katja mata.

spectacle, tamasja, pertundjukan, tontonan; *(pair of)* ∼*s,* katja mata.

spectacular, mengherankan.

spectator, penonton.

speech, perkataan, pidato.

speed, ladju, perladjuan, ketjepatan, pertjepatan; *full* ∼, setjepat-tjepatnja; *to* ∼ *up,* pertjepatkan (mem).

speed limit, ladju (ketjepatan) maksimum.

speedy, lekas, tjepat.

spell, restu; *to* ∼, edja (meng).

spelling, edjaan.

spend, belandjakan (mem), boroskan (mem).

spendings, belandja.

spendthrift, pemboros.

spice, rempah-rempah, bumbu-bumbu.

spicy, dirempahi, dibumbui.

spider, labah-labah.

spike, paku.

spill, boroskan (mem), tumpahkan (menumpahkan).

spin, pintal (memintal).

spinach, bajam, bajem.

spinning-wheel, pemintal.

spinster, budjang (perempuan).

spiral, pilin, spiral.

spirit, hantu, sukma, roh; keberanian, semangat; spiritus; *to be in high* ~*s,* riang (hati); *to be in low* ~*s,* murung.

spirited, bergembira, bersemangat.

spiritless, tidak bersemangat.

spiritual, rohani.

spit, (air) ludah; *to* ~, berludah.

spite, *in* ~ *of,* kendati, namun, sungguhpun.

splash-board, sepatbor, sajap roda.

spleen, limpa, kura.

splendid, amat indah, mulia, tjemerlang.

splendour, keindahan, kemuliaan.

split, belah (mem), bagi (mem).

spoil, rusakkan (me); permandjakan (mem).

spoke, sepak, rudji. [kata.

spokesman, djuru bitjara, penutur

sponge, bunga karang.

spontaneous, dengan sendirinja, dengan spontan.

spool, gelendong, kumparan.

spoon, sendok.

sporadic, djarang. [sport.

sport, olahraga, keolahragaan.

sportsman, pengolahraga.

spot, titik, noda; *on the* ~, pada tempat itu djuga.

spotlight, lampu penjorot.

spout, pantjar (memantjar).

sprained, salah urat, keseleo.

spray, ranting; peretjik, semprotv *to* ~, meretjik, menjemprot.

spread, hamparkan (meng); taburkan (menaburkan); lumur (me); siarkan (menjiarkan), sebarkan (menjebarkan), bentangkan (mem).

spree, pesta ketjil; *to be on the* ~, berfoja-foja.

spring, musim semi, musim bunga; sumber; per, pegas; *to* ~, lompat (me), lontjat (me).

spring-tide, pasang purnama.

spring-time, waktu musim bunga.

sprinkle, retjiki (me).

sprinkler, peretjik.

sprinter, pelari djarak pendek.

sprout, tunas; *to* ~, bertunas.

spur, patju; *on the* ~ *of the moment,* serta merta.

spurt, lari setjepat-tjepatnja, bekerdja setjepat-tjepatnja.

spy, mata-mata; *to* ~, memata-matai.

spy-glass, teropong, keker.

squabble, pertengkaran; *to* ~, bertengkar.

squadron, gerombolan.

square, empat persegi, budjur sangkar, kuadrat; tanah lapang, medan.

squat, djongkok, berdjongkok.

squeeze, peras (memeras), perah (memerah); peluk (memeluk).

squint, djuling.

squirrel, badjing, tupai.

stab, tikam(an); *to* ~, tikami (menikami).

stability, kemantapan.

stabilization, stabilisasi.

stable, kandang (kuda); mantap.

stadium, stadion; tingkatan, taraf.

staff, tongkat, tiang (bendera), para pegawai, para pekerdja; *editorial* ~, sidang pengarang.

stag, rusa djantan.

stage, panggung, gelanggang; tonil; tingkatan; *to be on the* ~, bermain tonil.

stagger, terhujung-hujung, bertatih-tatih.

stagnation, rintangan, kelambatan.

stain, selekeh; to ~, menjelekeh, sungging (menjungging).

stainless, tidak berselekeh; tidak berkarat.

stair, anak tangga; ~s, tangga; down ~s, kebawah (rumah); up ~s, keatas.

staircase, tangga.

stairway, tangga.

stake, pantjang; taruhan; bagian; to ~, tandai (menandai) perhinggaan; taruhi (menaruhi).

stale, tua, lama.

stalk, tangkai.

stall, kedai, warung.

stallion, kuda pematjek.

stammer, gagap (meng).

stamp, perangko, meterai, segel, tera, tjap; to ~, membubuhi perangko, meteraikan (me), tjap (men); to ~ one's foot, banting (mem) kaki, entak (meng) kaki.

stamp-duty, bea segel.

stamp-paper, kertas meterai, kertas tjap.

stand, berdiri; terus berlaku; to ~ by, bersiap; bertahan; tetap pada.

standard, pandji, tunggul-tunggul; deradjat; kias, kadar.

stand-by, pertolongan, sokongan.

standing, martabat, pangkat, bangsa; tetap.

stand-point, pendirian.

star, bintang.

starboard, sebelah kanan kapal.

starch, kandji.

stare, renung (me), pandang (memandang).

start, keberangkatan; permulaan; from ~ to finish, dari awalnja sampai keachirnja; to ~, berangkat; bermulai; hidupkan (meng).

startle, kedjutkan (mengedjutkan), herankan (meng).

starter, setarter.

startling, mengherankan.

starvation, kelaparan, mati kelaparan.

starve, berlapar, laparkan (me).

state, negara; keadaan, suasana; pangkat, deradjat; kemuliaan, kebesaran; to ~, sebutkan (menjebutkan), njatakan (me), paparkan (memaparkan); tentukan (menentukan).

statement, pernjataan, paparan, penentuan.

station, tempat, pos; stasiun, setasion; tempat kedudukan.

stationary, tetap.

stationer, pedagang alat-alat menulis.

stationery, alat-alat (untuk) menulis.

station-master, sep stasiun, pemimpin setasion.

statistics, statistik, perangkaan.

statue, patung.

status, keadaan, kedudukan; pangkat, deradjat.

statute, undang-undang.

stay, tinggal, tumpang (menumpang); tahan (menahan), betah.

steadfast, tetap, teguh.

steady, tetap; selalu; teguh.

steal, tjuri (men); selinap (menjelinap).

stealthy, tjuri-tjuri, diam-diam.

steam, asap, uap, kukus; to ~, menguap, mengukus.

steam-boiler, ketel kukus, periuk uap.

steam-engine, mesin asap.

steamer, kapal asap, kapal api.

steam-roller, penggiling djalan.

steel, wadja, badja.

steep, tjuram, terdjal.

steepen, mentjuram.

steeple-chase, perlombaan dengan memakai rintangan.

steer, kemudikan (mengemudikan).

steerage, pengemudian.

stem, batang; haluan.

stench, bau (busuk).

stencil, stensil.

stenographer, djuru tulis tjepat, djuru steno.

stenography, tulisan tjepat, tulisan ringkas, steno.

step, langkah, djedjak; anak tangga; ~s, tangga; ~ by ~, selangkah demi selangkah; to ~, berlangkah, berdjedjak.

step-child, anak tiri.

step-father, bapa tiri.

step-mother, ibu tiri.

stepping-stone, batu lontjatan.

step-son, anak tiri laki-laki.

sterile, steril, sutji hama; mandul.

sterilize, sterilkan (men).

stern, buritan.

stew, setop.

steward, pelajan dikapal (dipesawat terbang).

stewardess, pelajan perempuan dikapal (dipesawat terbang).

stick, tongkat, kaju, batang; to ~, lekatkan (me), tersangkut, bertekun.

sticky, lekat-lekat, pliket.

stiff, keras; serat, kaku; sukar (udjian); that's a bit ~, keterlaluan itu; a ~ price, harga tinggi.

still, masih, lagi; tenang, teduh, sepi; ~life, hidupsepi.

stillness, keteduhan, ketenangan.

stimulant, pendorong, perangsang.

stimulate, dorong (men), rangsangkan (me).

sting, sengat; to ~, menjengat.

stingy, pedih; kikir.

stink, berbau (busuk).

stipulation, sjarat, tuntutan.

stir, huru-hara, pergolakan; to ~, gerakkan (meng); aduk (meng); adjak (meng).

stirrup, indjak-indjak, sanggurdi.

stitch, tekat (menekat).

stock, keluarga, turunan; modal, dana; ternak, peternakan; persediaan; ~s, saham; to have (keep) in ~, menjediakan; out of ~, tidak tersedia lagi.

stockbroker, maklar saham (andil).

stocking, kaos.

stoke, opak (meng).

stoker, tukang api.

stomach, lambung, perut.

stone, batu; bidji; batu timbang = 6.35 kg; to ~, radjam (me).

stone-blind, buta benar.

stone-cast, sepelempar batu.

stone-dead, mati mampus.

stone-deaf, tuli benar, pekak batu.

stool, bangku.

stoop, bungkuk (mem), rendahkan (me) diri.

stop, perhentian; tanda batjaan; pasak, sumbat; full ~, titik; to bring to a ~, hentikan (meng); to make a ~, berhenti; without a ~, tak henti-hentinja; to ~, berhenti, tahan (menahan); berhenti bekerdja, mogok; tumpang (menumpang).

stopper, sumbat.

stopping-place, tempat perhentian.

store, persediaan, perbekalan; gudang; toko; to ~, lengkapi (me), bekali (mem).

storehouse, gudang persediaan.

storey, tingkat (rumah).

storm, angin ribut.

stormy, beribut.

story, tjeritera, riwajat, kissah; *to tell stories,* berdjusta.

stout, gemuk, tambun, tebal; berani, perwira.

straddle, kangkang (mengangkang).

straddle-legged, mengangkang.

straight, lurus, betul, kepertjajaan, budjur; terus, langsung; *I gave it him ~,* saja katakan terus terang kepadanja; *~ away (off),* serta merta.

straighten, luruskan (me), betulkan (mem).

strain, tegangan, salah urat; *to ~,* tegangkan (menegangkan), kentjangkan (mengentjangkan), salah urat.

strait, selat.

strand, pantai; *to be ~ed,* kandas.

strange, adjaib, gandjil.

stranger, orang asing, orang luaran.

strangle, tjekik (men).

strategy, siasat perang.

straw, djerami, merang.

strawberry, arbai, arben.

stream, sungai, kali; *to ~,* alir (meng).

street, djalan.

street-car, trem.

strength, kekuatan, tenaga, kekuasaan.

strengthen, perkuatkan (mem), perkukuhkan (mem).

strenuous, dengan penuh tenaga, radjin, giat.

stress, tekanan (suara); *to ~,* tekan (menekan), pentingkan (mementingkan), taruh (me-

naruh) titik berat atas.

stretch, *at a ~,* tidak berkeputusan; *to ~,* tegangkan (menegangkan); bersenam.

stretcher, tandu.

strict, dengan teliti, dengan saksama, tjermat.

strike, pukulan; pemogokan; *on ~,* mogok; *to ~,* pukul (memukul); mogok; *to ~ out names,* tjoret (men) nama.

striker, pemogok.

string, tali; tali (biola); utas.

stringent, keras (perintah).

strip, djalur, pias.

stripe, djalur, garis, tjoret.

striped, bergaris, bertjoret.

strive, *to ~ after,* tuntut (menuntut).

stroke, pukul(an); *~ of apoplexy,* pitam; *~ of lightning,* petir; *it is on the ~ of five,* hampir (tepat) pukul lima.

stroll, *to go for (take) a ~,* pergi berdjalan-djalan, pergi makan angin.

strong, kuat, kukuh; keras (minuman).

strop, kulit pengasah pisau tjukur; *to ~,* asah (meng).

structure, bangun; bangunan.

struggle, pergulatan; *to ~,* bergulat.

stub, tunggul.

stubborn, keras hati.

stuck-up, tjongkak, sombong.

stud, kantjing kemedja.

student, mahasiswa, peladjar.

studied, terpeladjar.

studio, studio.

study, peladjaran; *in a brown ~* termenung; *to ~,* peladjari (mem); tuntut (menuntut).

stuff, barang-barang; omong

kosong; to ~, isi (meng).

stuffing, isi, pengisi.

stuffy, senak.

stumble, terserandung, tersentuh.

stumbling-block, kesentuhan, alangan.

stump, puntung.

stunt, daja, tipu daja.

stupid, bodoh, dungu.

stupidity, kebodohan, kedunguan.

sturdy, kuat.

stutter, gagap (meng).

sty, kandang babi.

style, tjara, bentuk, ragam.

subaltern, bawahan.

subdue, ta'lukkan (mena'lukkan); kendalikan (mengendalikan).

subject, kaula negara, pribadi; subjek; mata pengadjaran; on the ~ of, tentang; ~ to, ketjuali, bergantung kepada; to ~, ta'lukkan (mena'lukkan), djadjah (men).

subjection, pena'lukan, pendjadjahan.

subjective, subjektif.

sublimate, sublimat; to ~, menjublim.

sublime, terutama, maha tinggi, hebat.

submarine, kapal silam.

submit, serah (menjerah), patuhi (mematuhi), tunduk.

sub-office, kantor tambahan, tjabang kantor.

subordinate, bawahan.

subordination, pengabdian.

subscribe, tandatangani (menandatangani); berlangganan.

subscriber, jang bertanda tangan; langganan.

subscription, penandatanganan.

subsequent, kemudian.

subsidize, memberi subsidi.

subsidy, subsidi, uang bantuan. sumbangan.

substance, zat.

substantial, sungguh, betul.

substantive, nama benda.

substitute, ganti, pengganti, wakil; to ~, ganti (meng), wakili (me).

substitution, penggantian.

subterranean, dibawah tanah.

subtract, kurangi (mengurangi).

subtraction, pengurangan, perkurangan.

subtrahend, pengurang.

suburb, kota depan.

subversive, meruntuhkan.

subvert, runtuhkan (me).

succeed, ganti (meng); berhasil; djadi, lulus.

success, sukses, hasil.

successful, berhasil, beruntung, lulus.

succession, penggantian; in ~, berturut-turut.

successively, berturut-turut.

successor, pengganti.

succumb, kalah; mati.

such, demikian, begini, begitu; ~ as, sebagai (berikut).

suck, isap (meng).

suckle, susui (menjusui).

suckling, baji.

suddenly, tiba-tiba, sekonjong-konjong.

suds, air sabun.

sue, dakwa (men).

suffer, derita (men); tahani (menahani); to ~ from, kena penjakit.

sufferer, penderita, pasien; kurban.

suffering, ~s, penderitaan.

sufficient, tjukup; sedang.

suffix, achiran.

suffrage, hak memilih.

sugar, gula.

sugar-basin, tempat gula.

suggest, sarani (menjarani); usulkan (meng), andjurkan (meng).

suggestion, saranan; usul, andjuran.

suicide, bunuh diri.

suit, (surat) permohonan; peminangan; proses, dakwa, perkara; setelan (pakaian); to ~, kenakan (mengenakan); sempat; berpadanan.

suitable, patut, lajak, harus.

suit-case, kopor (kulit) ketjil.

suite, iringan.

sullen, rongseng.

sulphur, belerang, welirang.

sulphuric, ~ acid, asam belerang.

sum, djumlah.

summarize, ringkaskan (me), ichtisarkan (meng).

summary, ringkasan, ichtisar.

summer, musim panas.

summit, puntjak.

summon, tegur (menegur), dakwa (men); panggilkan (memanggilkan).

summons, teguran; surat dakwa; panggilan.

sun, matahari.

sunbeam, sinar matahari.

Sunday, (hari) Ahad, hari Minggu.

sundries, serba serbi.

sunflower, bunga matahari.

sunk, tenggelam.

sunken, tjengkung.

sunlight, tjahaja matahari.

sunrise, terbit matahari.

sunset, masuk matahari, magrib.

sunshade, pajung.

sunshine, tjahaja matahari.

sunstroke, kelengar matahari, timpa matahari.

superb, tjantik, bagus sekali.

superfluous, terlampau banjak, berlebihan.

superintend, awasi (meng).

superintendence, pengawasan.

superintendent, pengawas.

superior, jang lebih tinggi pangkatnja, fihak atas; utama, ulung, unggul.

superiority, keulungan, keunggulan.

superstition, tachjul.

supervise, awasi (meng).

supervision, pengawasan.

supervisor, pengawas.

supper, makanan malam; to have ~, makan malam.

supple, lembut, lentuk.

supplement, basian, tambah(an).

supplementary, tambahan.

supplier, jang melengkapi, jang menjediakan; langganan.

supply, kelengkapan, persediaan, pembawaan; to ~, lengkapi (me), sediakan (menjediakan).

support, bantuan, sokongan; nafkah, redjeki; to ~, bantu (mem), sokong (menjokong); beri (mem) nafkah, peliharakan (memeliharakan).

supporter, pembantu, penjokong, pembela, pengiring.

suppose, sangka (menjangka), duga (men).

supposition, persangkaan, dugaan.

suppress, tekan (menekan), tahan (menahan); sembunjikan (menjembunjikan); larang (me).

suppression, tekanan; pelarangan; penjembunjian.

supremacy, keunggulan.

supreme, ~ *command,* putjuk
pimpinan.
sure, tentu; aman; kepertjajaan.
surely, tentu, pasti.
surety, djamin(an).
surf, empasan.
surface, muka.
surgeon, ahli bedah.
surgery, ilmu bedah.
surname, nama keluarga.
surpass, lebihi (me), liwati (me).
surplus, kelebihan, sisa.
surprise, herankan (meng).
surrender, penjerahan; *to* ~, serah
(menjerah).
surround, kelilingi (mengelilingi),
kepungi (mengepungi).
surroundings, sekitar.
survey, ichtisar; pemeriksaan, in-
speksi; ukuran; *to* ~, periksa
(memeriksa), ukur (meng).
surveyor, inspektur, tukang ukur,
pengukur tanah.
suspect, tersangka, jang tersang-
ka; *to* ~, menjangka.
suspend, gantung (meng); tang-
guhkan (menangguhkan), tunda
(menunda).
suspender, gantungan, penggan-
tung; ~*s,* bretel.
suspension-bridge, djambatan
gantung.
suspicion, ketjemburuan, ketjuri-
gaan, sjakwasangka.
suspicious, tjemburu, tjuriga,
sjak.
swaddle, balut (mem).
swaddling-bands, kain pembalut.
swallow, burung lajang-lajang; *to*
~, telan (menelan).
swamp, paja, rawa.
swampy, betjek.
swan, burung undan.
swarm, kawan; *to* ~, berkerumun.

swear, bersumpah.
sweat, peluh, keringat; *to* ~,
berpeluh, berkeringat.
Sweden, Swedia, Sweden.
Swedish, ...Swedia.
sweep, sapu (menjapu), hapus
(meng).
sweet, manis; ~*s,* gula-gula.
sweeten, maniskan (me).
sweetheart, kekasih, djantung
hati.
swell, bengkak; gelombang; *to* ~.
bengkak (mem), bertambah,
muai (me).
swift, tjepat, lantjar.
swim, berenang.
swindle, penipuan; *to* ~, tipu
(menipu).
swindler, penipu.
swine, babi.
swing, bergojang, berajun, untai
(meng), berpusing.
swing-door, pintu angin.
Swiss, orang Swis, ... Swis.
switch, saklar, penghubung,
kuntji aliran; *to* ~ *off,* putuskan
(memutuskan) (arus), padam-
kan (memadamkan) (lampu
listrik); *to* ~ *on,* hubungkan
(meng) (arus), pasang (me-
masang) (lampu listrik).
switch-board, papan saklar.
Switzerland, (negeri) Swis.
swollen, bengkak, kembung.
swoop, sambar (menjambar).
sword, pedang.
syllable, suku kata.
symbol, tanda, simbol, lambang.
symbolize, lambangkan (me).
symmetric, setangkup, setimbal.
symmetry, tangkup.
sympathize, bersimpati; kasihani
(mengasihani).
sympathy, tjenderung hati, sim-

pati: belas kasihan.
symptom, gedjala.
syndicate, sindikat. kongsi
synonymous, sama (arti).
synopsis, ringkasan, ichtisar
syntax, ilmu tatakata.
synthesis, sintesis.
synthetic(al), ~ *rubber*, karet
sintesis, karet buatan.
syringe, suntikan, penjuntikan.
syrup, seterop.
system, sistim, aturan, susunan.
systematic, (dengan) sistematis,
bersusun.

T.

table, medja; daftar: ~ *of con-
tents*, daftar isi.
table-cloth, tapelak, kain hampar-
an medja.
table-cover, kain medja.
table-spoon, sendok (makan)
besar.
tackle, perkakas, perabot.
tact, kebidjaksanaan.
tactical, bidjaksana.
tactics, taktik, siasat perang.
tail, ekor, buntut; selampit.
tail-light, lampu belakang.
tailor, tukang djahit.
tainted, busuk.
take, ambil (meng), tangkap (me-
nangkap), pegang (meme-
gang), bawa (mem), mengerti;
minum (teh); makan (waktu);
to ~ *from*, kutip (mengutip);
to ~ *ill*, djatuh sakit; *don't* ~
it ill, djangan ambil marah; *to*
~ *off*, berangkat. naik (keu-
dara); *to* ~ *place*, berlangsung.
taking, ~s, penerimaan. penda-
patan.
tale, tjerita.

talent, akal budi, kepandaian.
talk, tjakap, pertjakapan: pembi-
tjaraan; perundingan; *to* ~.
bertjakap, berkata, bertutur.
talkative, peleter. gelatak.
tall, tinggi, pandjang.
tame, djinak; *to* ~, djinakkan
(men).
tan, samak; *to* ~. menjamak.
tangle, kekusutan, kekatjauan; *to*
~, kusutkan (mengusutkan),
katjaukan (mengatjaukan).
tank, tangki; tenk.
tanker, kapal tangki.
tank-steamer, kapal pengangkut
minjak.
tanner, orang jang menjamak.
tap, keran; *there was a* ~ *at the
door*, ada orang jang mengetuk
dipintu; *to* ~. ketuk (menge-
tuk).
tape, pita, ladjur.
tapeworm, tjatjing pita.
tapioca, tapioka.
tap-room, ruangan (kamar)
minum.
tap-water, air ledeng.
tar, ter; matros, kelasi.
target, sasaran.
tariff, tarif.
tart, tar; asam, ketjut.
tartlet, tartjis.
task, tugas, tanggungan, peker-
djaan.
taste, tjita rasa; *to* ~, rasai (me),
ketjap (mengetjap).
tasty, sedap, enak.
tattoo, radjah (me).
tavern, tempat penginapan.
tax, padjak, bea.
taxable, dikenakan padjak.
taxation, padjak.
tax-collector, pemungut padjak.
taxi(-cab), taksi.

taxpayer, pembajar padjak.
tea, teh.
tea-caddy, tempat teh.
teach, adjarkan (meng), adjari (meng).
teacher, guru, pengadjar.
tea-cosy, kupluk teh.
teak, kaju djati.
team, rombongan.
tear, air mata; tjarik; *to* ~, mentjarik, robek (me), kojakkan (mengojakkan).
tea-room(s), salon teh, tempat minum teh.
tease, ganggu (meng), usik (meng).
teaser, pengusik.
tea-spoon, sendok teh.
tea-tray, baki teh.
technical, teknik, teknis; pertukangan.
technician, ahli teknik.
technics, ilmu teknik.
tedious, jang memberi bosan.
teens, umur dari tiga belas sampai dua puluh tahun.
teetotaller, orang jang tidak minum alkohol (minuman. keras).
telegram, tilgram, telegram, surat kawat.
telegraph, tilgrap, telegrap.
telegrapher, pengetuk kawat, telegrapis.
telegraphic, dengan kawat; ~ *address,* alamat kawat.
telegraphy, ilmu tilgrap.
telephone, tilpon, telepon; *to* ~, menelepon.
telephonic, ...tilpon, dengan tilpon.
telephonist, djaga tilpon.
telephony, ilmu tilpon.
telescope, teleskop, teropong

bintang.
television, televisi.
televisor, pesawat televisi.
tell, tjeritakan (men), berkata, beritahukan (mem); perintahkan (memerintahkan); *to* ~ *tales,* buka (mem) rahasia.
temper, tabiat, perangai; *to lose one's* ~, mendjadi marah; *to* ~, tahani (menahani), ringankan (me); redakan (me).
temperament, tabiat, perangai.
temperature, deradjat panas, suh.
tempered, bertabiat ......
tempest, topan.
temporary, untuk sementara waktu, darurat.
tempt, godai (meng).
temptation, godaan.
tempter, penggoda.
ten, sepuluh.
tenable, kukuh.
tenant, penjewa.
tend, tudju (menudju); rawati (me), peliharakan (memeliharakan), gembalakan (meng); lajani (me).
tendency, tendensi, tudjuan, maksud, ketjenderungan.
tendentious, bertendensi, pertukangan.
tender, pendjaga, perawat, gembala; penawaran; alat pembajar; lembut; *to* ~ *for,* tawarkan (menawarkan).
tender-hearted, rapuh hati.
tenfold, rangkap sepuluh.
tennis-court, lapangan tenis.
tension, tekanan, gaja tegang.
tent, kemah.
tenth, persepuluh.
tepid, suam, panas kuku.
term, istilah; tempoh, djangka (waktu), lama(nja); kwartal;

~s, sjarat-sjarat, uang sekolah, harga; to come to ~s, sepakat, setudju; berdamai.

terminal, penghabisan, terachir.

terminate, habiskan (meng), batasi (mem); to ~ in, berachir.

termination, pembatasan; penghabisan.

terminus, tempat penghabisan, stasiun penghabisan.

termite, rajap.

terrace, teras.

terrible, hebat.

terrific, dahsjat.

terrify, kedjutkan (mengedjutkan), dahsjatkan (men).

territory, daerah, wilajat, djadjahan.

terror, ketakutan, teror.

terrorism, teror.

terrorist, teroris.

test, pertjobaan, pemeriksaan, udjian, batu udji, kiliran budi; to ~, periksa (memeriksa), udji (meng).

testament, (surat) wasiat.

testator, wasi.

testify, saksikan (menjaksikan), terangkan (menerangkan), njatakan (me).

testimonial, (surat) idjazah; surat keterangan.

test-tube, tabung kimia.

text, teks. naskah.

textbook, buku peladjaran.

textile, tekstil, barang-barang tenunan.

Thames, sungai Theems.

than, bigger ~. lebih besar dari pada.

thank, utjapkan (meng) terima kasih; ~ you!, terima kasih!

thankful, tahu menerima kasih.

thankless, tidak tahu menerima kasih.

thanks, ~ (awfully)!, banjak terima kasih!; ~ to ......, berkat ......

that, itu; jang, bahwa; supaja.

theatre, rumah komidi.

theft, pentjurian.

their, ... mereka.

theirs, mereka empunja.

them, mereka.

themselves, mereka sendiri.

then, pada waktu itu; sesudah itu; lalu.

thence, dari sana, dari situ; oleh sebab itu.

theology, ilmu agama.

theoretic(al), teoretis.

theory, teori.

there, situ, disitu; sana, disana: ~ and back, pulang balik; ~ you are!, nah, itu dia!

thereabout(s), lebih kurang.

thereafter, sesudah itu.

therefore, oleh sebab itu.

thermometer, termometer, pengukur panas.

thesis, dalil.

they, mereka itu.

thick, gemuk, tambun; tebal; they are very ~ together, mereka sobat kental (bersahabat kental); ~ of hearing, pekak.

thief, pentjuri, maling.

thigh, paha.

thimble, bidal, sarung djari.

thin, tipis; kurus.

thing, benda, barang.

think, pikir (memikir), sangka (menjangka); to ~ over, timbang (menimbang).

third, pertiga.

thirdly, ketiga.

thirst, haus, dahaga.

thirsty, kehausan; to be ~. haus.

thirteen, tiga belas.
thirteenth, pertiga belas.
thirtieth, pertiga puluh.
thirty, tiga puluh.
this, ini.
thorax, rangka dada.
thorn, duri.
thorny, berduri.
thoroughbred, totok; (kuda) asli.
thoroughfare, djalan raja; *no* ~*!*, djalan ditutup!
thoroughly, semata-mata, sekali-kali, sungguh-sungguh.
those, itu; ~ *who* ..., mereka, jang ......
thou, kamu.
though, meskipun, biarpun; sedangkan.
thought, pikiran, angan-angan, buah pikiran.
thoughtless, tiada ingat; lalai.
thousand, seribu; *it is a* ~ *pities,* sajang betul.
thousandth, perseribu.
thrash, laberak.
thrashing, laberakan.
thread, benang.
threat, antjaman.
threaten, antjam (meng), antjamkan (meng).
three, tiga.
threefold, rangkap tiga.
threepence, mata uang Inggeris, tiga pence.
threshold, bendul, ambang.
thrice, tiga kali.
thrift, kehematan.
thrifty, hemat.
thrill, getaran; getaran djiwa, keonaran, sensasi; *to* ~, bergetar, menggetar.
thriller, buku roman jang berisi sensasi. [tekak.
throat, leher, kerongkongan.

throb, debar; *to* ~, berdebar.
throne, tachta, singgasana, kemahkotaan.
throng, ~*ed,* penuh sesak.
throttle, batang tenggorok; empang pemadam, katup pemadam; *to* ~, tjekek (men).
through, terus; oleh, oleh sebab, karena.
throw, buang (mem), lemparkan (me).
thrust, tolak (menolak), bersusuk-susuk; tikam (menikam).
thumb, ibu djari, djempol.
thunder, guntur, guruh.
thunderbolt, halilintar.
thunderclap, petir.
thunder-storm, guruh.
Thursday, hari Kamis, hari Kemis.
thus, begini, demikian.
thwart, lintangi (me), rintangi (me).
ticket, kartjis, teket.
ticket-collector, pemungut kartjis.
tickle, gelikan (meng).
tide, *full* ~, *high* ~, air pasang; *low* ~, air surut.
tidings, warta, berita, kabar.
tidy, apik; *to* ~ *up oneself,* mematut-matutkan diri.
tie, *neck-*~, dasi; *to* ~, ikat (meng), hubungkan (meng).
tie-pin, peniti dasi, tusuk dasi.
tiffin, makan tengah hari.
tiger, harimau, matjan.
tight, erat, tegang.
tighten, eratkan (meng), tegangkan (menegangkan).
tigress, harimau betina.
tile, ubin, djubin; genteng.
till, sampai, sehingga; latji tempat uang.
timber, kaju.

time, waktu; kali; *what ~ is it?,* pukul berapa?; *to have a good ~,* bersenang-senangkan diri; *three at a ~,* tiga serentak; *in ~,* pada waktunja; *that ~,* tatkala; *to have ~ to,* sempat.

timely, pada waktunja; hangat.

time-table, daftar keberangkatan; buku sepur; daftar peladjaran.

timid, malu, kesipuan.

tin, timah, timah putih; belek, kaleng.

tin-foil, timah daun.

tingle, gelenjar (meng), senjar.

tinkle, berdering, mendering.

tin-opener, pembuka belek.

tinplate, belek, kaleng.

tinsmith, tukang kaleng.

tint, warna.

tiny, ketjil (sekali).

tip, udjung; uang persenan, uang rokok; tanda, isjarat; keterangan.

tipsy, mabuk.

tiptoe, *on ~,* bertandjak kaki.

tiptop, jang terutama.

tire, ban; *to ~,* penatkan (memenatkan).

tired, penat, lelah, letih; *~ of,* bosan.

tireless, tidak tahu penat.

tiresome, memenatkan, melelahkan; memberi bosan.

tissue, tenunan.

tit, *~ for tat,* balas membalas.

title, gelar(an); kadar; hak milik.

titular, tituler.

to, ke, kepada; *~ and fro,* bolak-balik.

toad, kodok, katak.

toadstool, tjendawan, djamur.

toast, roti panggang.

tobacco, tembakau.

tobacconist, pendjual tembakau (serutu, sigaret).

to(-)day, hari ini; kini.

toe, djari kaki.

toga, djubah.

together, sama, bersama.

toil, bekerdja keras, banting (mem) tulang.

toilet, pakaian; kamar rias; medja katja; *to make one's ~,* patutkan (mematutkan) diri.

token, tanda, alamat; tanda mata.

tolerable, dapat diterima, dapat diperbolehkan; agak.

tolerance, kesabaran.

tolerant, sabar.

tolerate, perbolehkan (mem), biarkan (mem), tahan (menahan).

toll, bea; bunji lontjeng.

tomato, tomat.

tomb, kubur, makam; tjandi.

tombstone, batu kubur.

tom cat, kutjing djantan.

to(-)morrow, esok, besok.

ton, ton.

tone, bunji.

tongs, *a pair of ~,* tang, kakatua.

tongue, lidah; bahasa; *to hold one's ~,* tutup mulut, berdiam.

to(-)night, malam ini.

tonnage, perkapalan.

tonsil, tonsil.

too, terlalu, terlampau.

tool, perkakas, alat, perabot.

tooth, gigi.

toothache, sakit gigi.

tooth-brush, sikat gigi, gosok gigi.

tooth-paste, obat gosok gigi, tapal gigi.

toothpick, tjungkil gigi.

tooth-powder, serbuk gigi.

top, puntjak; atas, bagian diatas;

batok kepala; udjung; terbaik, tertinggi.

top-hat, topi tinggi.

top-heavy, berat diatas.

topic, buah pembitjaraan, buah tutur.

topical, hangat.

topmost, jang tertinggi.

top speed, ketjepatan jang tertinggi.

topsyturvy, tunggang, telangkup.

torch, suluh, obor.

torch-light, ~ *procession,* arak-arakan obor.

torment, sengsara, kesengsaraan, aniaja, penganiajaan; *to* ~, sengsarakan (menjengsarakan), aniajai (meng).

torpedo, torpedo; *to* ~. torpedir (men), tenggelamkan (menenggelamkan).

torrential, ~ *rains,* hudjan lebat, hudjan deras.

tortoise, kura-kura.

tortuous, berbelok-belok.

torture, siksaan; *to* ~, siksai (menjiksai).

tosh, omong kosong.

toss, lambungkan (me).

total, sama sekali, seluruh; djumlah.

totalize, djumlahkan (men).

touch, djamahan, sentuhan; *the finishing* ~*es,* pekerdjaan jang penghabisan; *to be in* ~ *with,* berhubungan dengan; *to* ~, kena, kenakan (mengenakan), mendjamah, sentuh (menjentuh); pungut (memungut) uang.

touch-and-go, *it was* ~, hampir-hampir.

touching, memilukan hati, merawangkan hati; mengenai, akan hal.

touch-me-not, puteri malu.

touchstone, batu udji, kiliran budi.

touchy, lekas marah, tipis telinga.

tough, liat, alot.

tour, perdjalanan, pelajaran.

tourism, pelantjongan.

tourist, pelantjong.

tow, tunda (menunda) (perahu, kapal).

toward(s), kepada. akan, tentang, bagi.

towel, handuk.

towel-horse, rak handuk.

tower, menara.

town, kota.

town hall, balai kota.

toy, permainan.

trace, bekas kaki; *to* ~. susul (menjusul); lukiskan (me), petakan (memetakan); tuliskan (menuliskan).

traction, helaan, traksi.

tractor, pesawat jang menghela, traktor.

trade, perniagaan, perdagangan.

trade list, daftar harga (barang dagangan).

trade mark, merek dagang.

trader, pedagang.

tradesman, tokowan.

trade union, perserikatan sekerdja.

tradition, adat, adat istiadat, tradisi.

traditional, menurut adat, tradisionil.

traffic, lalu lintas; perniagaan.

tragic, saju raju.

trail, bekas, kesan; *to* ~. hela (meng).

trailer, kendaraan gandengan.

train, kereta api; *by* ~, dengan kereta api, dengan sepur; *to* ~, biasakan (mem), latih (me), didik (men); naik kereta api.

trainer, pelatih.

training, latihan, (pen)didikan.

training college, sekolah guru.

traitor, pengchianat.

tram, trem.

tramp, pengembara, perisau; *to* ~, kembara (mengembara).

trample, pidjak (memidjak), indjak (meng).

trance, chajal; mati suri.

tranquil, teduh.

tranquillity, keteduhan.

transaction, transaksi.

transcribe, salin (menjalin).

transcription, salinan.

transfer, pemindahan; *to* ~, pindahkan (memindahkan).

transform, ubahkan (meng).

transformation, perubahan, pendjelmaan.

transformer, pengubah listrik, pengganti aliran.

transfusion, pindah tuang; *blood* ~, pindah tuang darah.

transit, transito, pengiriman terus.

translate, salin (menjalin), terdjemahkan (men).

translation, salinan, terdjemahan.

translator, penjalin, penterdjemah.

transculent, hening, tembus tjahaja.

transmission, pemindahan, pantjaran.

transmit, pindahkan (memindahkan), pantjarkan (memantjarkan).

transmitter, pemantjar (radio); alat mulut telepon.

transparent, hening, bening, terang terus.

transport, pengangkutan; *to* ~, angkut (meng), bawa (mem).

transverse, lintang.

trap, perangkap, djerat.

travel, berdjalan, berlajar. bepergian.

traveller, orang bepergian, penumpang.

trawl, pukat.

trawler, (kapal) pemukat.

tray, talam, dulang; baki.

treachery, chianat, pengchianatan.

tread, pidjak (memidjak), indjak (meng), berdjedjak.

treason, chianat.

treasure, harta, chazanah.

treasure-house, perbendaharaan, chazanah.

treasurer, bendahari.

treasury, perbendaharaan, baitulmal.

treat, *to stand* ~, traktir (men), djamu (men); *to* ~, obati (meng); bermusjawarat, berdjandi.

treatment, pengobatan.

treaty, perdjandjian negara, piagam.

tree, pohon.

tremble, bergetar, gementar.

tremendous, hebat, dahsjat.

trench, parit, tembusan.

trespass, melanggar peraturan (adat).

trespasser, pelanggar.

trestle, kuda-kuda.

trial, pertjobaan, pemeriksaan; proses; *give it a* ~!, tjobalah!; *to stand* ~, menghadap hakim.

triangle, segitiga.

tribal, ... suku (bangsa).

tribe, suku (bangsa).

tribunal, madjelis pengadilan.

trick, akal, daja, tjilat; *to play a person a* ~, perdajakan (mem) orang; *to* ~, tipu (menipu).

trickery, penipuan.

tricolour, triwarna.
tricycle, roda tiga; betja.
trident, trisula.
trifle, sedikit.
trigger, tjandit, pitju.
trim, keadaan; perlengkapan; perhiasan; apik, tjermat; *to* ~, gunting (meng), tjukur (men); hiasi (meng).
trinket, (barang) perhiasan.
trip, perdjalanan, pelajaran.
triumph, kemenangan.
trivet, tungku.
trolley, lori.
troop, ~*s,* pasukan.
trophy, tanda kemenangan, alamat kemenangan.
tropic, *the* ~*s,* daerah katistiwa.
tropical, ~ *disease,* penjakit katistiwa.
trot, berlari.
trotter, pelari.
trouble, susah, kesusahan; kesakitan; kerusakan; gangguan; ~*s,* huru-hara; *what 's the* ~?, ada (kesusahan) apa?; *to give* ~, menjebabkan kesusahan; *to* ~, susahkan (menjusahkan); ganggu (meng).
troublesome, susah, sukar.
trough, palung.
trousers, tjelana.
truant, *to play* ~, tidak masuk sekolah.
truce, gentjatan sendjata.
truck, prahoto.
true, benar, betul, sungguh.
truly, sebenarnja, sebetulnja, sesungguhnja.
trumpet, selompret.
trunk, batang; batang tubuh; kopor; belalai.
trunk-call, pertjakapan luar daerah (tilpon).

trust, pertjaja akan, pertjajai (mem).
trusteeship, perwalian.
trustworthy, kepertjajaan, boleh dipertjaja.
truth, kebenaran; *in* ~, sebenarnja.
try, tjoba (men).
tub, tong.
tube, tjorong, teropong; ban dalam; ularan (karet).
tuberculosis, penjakit paru-paru, batuk kering.
Tuesday, (hari) Selasa.
tug-boat, kapal penarik, kapal penunda.
tuition, pengadjaran, pendidikan.
tumble, tunggang-langgang, lintang pukang; terdjungkil.
tumbler, gelas minum (besar).
tummy, perut.
tumour, tumor.
tumult, gempar, keributan.
tune, bunji lagu, njanjian, ragam.
tuning-fork, garpu tala, garpu penala.
tunnel, tembusan bukit.
turban, serban.
turbine, turbin.
Turk, orang Turki.
Turkey, negeri Turki.
turkey, ajam belanda.
Turkish, ... Turki.
turn, putar(an); giliran; belok; *to* ~, putar (memutar); belok (mem), toleh (menoleh), berpusing; balikkan (mem).
turnkey, djuru kuntji.
turnover, pendjualan, perniagaan.
turnscrew, obeng.
turpentine, tarbantin, tarpin.
turtle, penju.
turtle-dove, tekukur, titiran.
tusk, gading.
tutor, guru, pelatih.

tweezers, angkup, penjepit, pinset.

twelfth, perdua belas.

twelve, dua belas.

twentieth, perdua puluh.

twenty, dua puluh.

twice, dua kali.

twig, ranting.

twilight, sendjakala.

twin, kembar.

twine, pintal (memintal), pilin (memilin).

twinkle, gemerlapan, kedjapkan (mengedjapkan) mata.

twinkling, *in a* ~, *in the* ~ *of an eye,* dalam sekedjap (mata).

twist, pintal (memintal), anjam (meng).

two, dua.

twofold, rangkap dua, dobol.

type, rupa, matjam, djenis, bentuk, tjontoh; huruf tjetak; *to* ~, ketik (mengetik), mentep.

typewriter, mesin tulis, mesin tep; djuru mengetik, djuru tep.

typewritten, ditep.

typhoid, demam panas, tipus, typhus.

typhoon, tofan, topan.

typhus, typhus berbetjak-betjak.

typist, djuru mengetik, djuru tep.

tyrannic(al), lalim.

tyrannize, lalimkan (me).

tyranny, kelaliman.

tyrant, orang lalim.

tyre, ban.

U.

udder, susu, ambing.

ugly, buruk.

ulcer, bisul, borok.

ultimatum, ultimatum.

umbrella, pajung.

umbrella-stand, tempat (bak) pajung.

umpire, wasit, djuru pisah.

unabashed, tidak malu.

unable, tak tjakap, kurang pandai.

unacceptable, tidak dapat diterima.

unafraid, tidak takut.

unanimously, dengan suara bulat.

unashamed, tidak malu.

unavailing, sia-sia, tjuma-tjuma, pertjuma.

unavoidable, tidak dapat dihindarkan, tidak dapat dielakkan, tak dapat tiada.

unaware, tidak insaf akan.

unaware(s), sekonjong-konjong, tiba-tiba.

unbearable, tiada tertahan.

unbelievable, tidak dapat dipertjaja, mustahil.

unbeloved, tidak dikasihi, tidak disukai.

unceasing, tidak berkeputusan, selalu, senantiasa.

uncertain, tidak tentu.

unchangeable, tiada berubah.

uncivil, kurang adjar, kasar.

uncivilized, biadab.

uncle, paman, mamak, bapa saudara.

unclean, kotor.

uncomfortable, tidak senang, kurang njaman.

uncommon, tidak biasa, luar biasa.

unconcerned, ~ *in,* tidak berkepentingan.

unconditional, mutlak, tidak bersjarat.

unconquerable, tidak teralahkan, berpantang kalah.

unconscious, pingsan. tidak sedarkan diri.

uncork, tjabut (men) sumbat. buka (mem) botol.

uncounted, tiada terbilang. tidak tepermanai.

uncourteous, biadab. tidak tahu adat.

uncover, buka (mem).

uncultured, biadab, tidak mempunjai kebudajaan.

undecided, bimbang, waswas.

under, bawah.

underclothes, pakaian dalam.

underdone, masih mentah.

underestimate, abaikan (meng).

underfeed, kurang makan.

undergo, derita (men).

underground, the ~, kereta api dibawah tanah.

undergrowth, semak samun.

underhand, bawah tangan.

underline, garis (meng) dibawahnja.

underlip, bibir bawah.

undermine, gali (meng) dari bawah; rusakkan (me).

undermost, jang dibawah sekali.

underneath, dibawah.

underpaid, tidak tjukup pembajarannja.

undersign, tandatangani (menandatangani).

undersized, terlalu ketjil.

understand, mengerti. paham; tahu akan.

understanding, akal budi; pengertian, anggapan; on the (distinct) ~ that ......, jakni dengan pengertian bahwa ......; to come to an ~. bersetudjuan.

understood, it is ~ that ......, terkabarlah bahwa ......

undertake, usahakan (meng).

undertaker, pengusaha, usahawan.

undertaking, badan perusahaan.

undervalue, tjapak (men), taksir (menaksir).

underwear, pakaian dalam.

underwood, belukar.

undesirable, tidak dikehendaki.

undiminished, dengan tidak mengurangi.

undisputed, tidak dibantahi, tidak berketjelaan.

undisturbed, tidak diganggu.

undo, buka (mem); tiadakan (meniadakan).

undoubtedly, tiada sjak, nistjaja.

undress, membuka pakaian.

undying, kekal.

uneasy, sukar, susah; masjgul.

unemployed, the ~. kaum penganggur.

unemployment, pengangguran.

unequal, tidak sama; tidak sama rata.

unequalled, tiada terbanding, tidak bertara.

uneven, gandjil; kasap.

unexpectedly, tiba-tiba, sekonjong-konjong.

unfair, tidak adil, tidak djudjur.

unfaithful, tidak teguh setianja; durhaka.

unfamiliar, tidak biasa; tidak diketahuinja.

unfasten, buka (mem).

unfathomable, tidak terduga.

unfinished, tidak disudahkan. tidak disclesaikan.

unfit, tak tjakap; tidak patut.

unfold, uraikan (meng), buka (mem).

unforeseen, tidak tersangka.

unforgettable, tidak dapat dilupakan.

unforgivable, tidak dapat diam-

puni, tidak dapat dimaafkan.
unfortunate, tjelaka.
unfortunately, sajang.
unfounded, tidak beralasan.
ungrateful, kurang terima kasih.
ungrounded, tidak beralasan.
unguarded, tidak didjagai.
unhampered, tidak dirintangi, dengan tidak diganggu.
unhandy, tjanggung.
unhappy, tjelaka, berduka, sakit hati.
unharmonious, djanggal.
unhealthful, kurang sehat.
unhealthy, kurang sehat; ber-bahaja.
unhindered, tidak diganggu.
uniform, pakaian militer; pakean serdadu; serupa, seragam.
uniformity, kesatuan.
unify, persatukan (mem).
unimaginable, tidak tersangkakan, tidak terkirakan.
unimportant, tidak penting, tidak berarti.
uninhabitable, tidak boleh dike-diami.
uninhabited, tidak dikediami.
uninterrupted, tidak berkeputusan, tak putus-putusnja.
uninvited, tidak diundang, tidak diminta.
union, persatuan, perserikatan.
Union Jack, bendera Inggeris.
unique, tunggal; tidak taranja.
unit, kesatuan.
unite, satukan (menjatukan).
united, *the United States,* Amerika Serikat.
universal, am, umum.
universe, alam.
university, sekolah tinggi.
unjust, tidak adil, lalim.
unkind, tidak manis, bukan tjara

sahabat.
unknowing, tidak tahu akan.
unknown, tidak ketahuan, tidak berkenalan.
unlawful, tidak sah.
unless, djikalau tiada, melainkan.
unlimited, tidak berhingga, dengan leluasa, tidak terbatas.
unload, punggah (memunggah), keluarkan (mengeluarkan) isi.
unlock, buka (mem).
unloved, tidak dikasihi.
unlucky, tjelaka.
unmannerly, biadab, kurang adjar.
unmarketable, tidak dapat didjual.
unmarried, belum kawin, budjang.
unmask, lutjutkan (me) kedok.
unmixed, tidak tjampur.
unnatural, melawan tabiat.
unnecessary, tidak perlu, tak usah.
unobservant, lalai.
unpack, bongkar (mem), buka (mem) pak (pembungkus).
unpaid, tidak dibajar; tidak ditebus.
unpardonable, tidak dapat dima-afkan, tidak dapat diampuni.
unpleasant, kurang njaman.
unprejudiced, tidak kurang adil, tidak dengan prasangka.
unprepared, tidak disediakan dahulu.
unprofitable, tidak untungnja, tidak berguna.
unprotected, tidak dilindungi.
unprovided, ~ *for,* tidak dipe-liharakan.
unqualified, tidak berhak, tidak beridjazah.
unquiet, gelisah.
unreadable, tidak dapat dibatja.

unreal, jang tak ada; sia-sia.

unreasonable, tidak adil.

unreliable, tidak dapat dipertjajai.

unrest, kegelisahan, rusuh.

unrighteous, tidak adil, lalim.

unripe, mentah.

unrivalled, tidak bertara, tidak bandingannja.

unsafe, tidak aman; tidak kepertjajaan; tidak teguh; berbahaja.

unsal(e)able, tidak dapat didjual.

unsalaried, tidak makan gadji, tidak diupahi.

unsatisfactory, tidak memuaskan, tidak menjenangkan.

unsatisfied, tidak puas.

unscrew, buka (mem) sekerup.

unscrupulous, tidak berangan-angan hati.

unseen, tidak kelihatan.

unselfish, tidak mentjari laba (keuntungan).

unskilled, tidak berpengalaman.

unsold, tidak didjual.

unsolvable, tidak dapat larut.

unsound, tidak sehat; salah (tampa); tidak kepertjajaan.

unsteady, tidak tentu, gojah.

unsuccessful, tidak lulus, tidak berhasil, gagal.

unteachable, tidak dapat diadjari.

unthinkable, tidak terkira-kira, tidak tersangkakan.

untidy, tidak dengan aturan, tidak teratur.

untie, buka (mem), uraikan (meng).

until, sehingga, sampai.

untimely, dahulu dari pada waktunja.

untired, tidak tahu penat.

untried, tidak ditjoba, tidak diudji.

untrue, tidak benar.

untruthful, bohong, dusta.

unusual, luar biasa.

unviolated, tidak (belum) rusak, lagi baik; tidak digagahi.

unwary, kurang hati-hati.

unwelcome, tidak kesukaan, tidak dikehendaki.

unwell, tak enak rasa badan.

unwilling, tidak mau, segan, tidak suka.

unwise, bebal, bodoh.

unwitting, tidak mengetahui.

unwonted, tidak biasa.

up, keatas, diatas; ~ *to now,* sampai (hingga) sekarang; ~ *and down,* naik turun; *what's* ~*?,* ada apa?; *it is* ~ *to him,* itulah tugasnja (kewadjibannja); ~*s and downs,* untung dan malang.

upon, atas.

upper, (jang) keatas; tertinggi.

upper lip, bibir atas.

upper ten, kaum ningrat.

upright, tegak.

uproar, huru hara, geger.

uproot, bantun (mem).

upset, gagalkan (meng), katjaukan (mengatjaukan).

upside, bagian diatas.

upstairs, keatas (tangga).

upstream, kehulu, mudik.

up-to-date, modern, mutachir.

upwards, (menudju) keatas.

urge, desak (men); adjak (meng); mohonkan (me) dengan sangat.

urgency, keperluan.

urgent, perlu sekali, mendesak.

us, kami, kita.

U.S.A. = *United States of America,* Amerika Serikat.

usage, adat; pemakaian.

use, pemakaian; guna; adat, kebiasaan; *it is (of) no* ~, tak ada gunanja, pertjuma sadja: *to be of* ~, berguna, berfaedah; *to be out of* ~, tidak terpakai lagi; *to* ~, pakai (memakai), pergunakan (mem).

used, ~ *to,* biasa.

useful, berguna, berfaedah.

useless, tidak berguna, sia-sia; tidak dapat dipakai.

user, pemakai.

usher, pendjaga pintu, pengurus upatjara.

usual, biasa, lazim; *as* ~, seperti biasa.

usually, biasanja, pada lazimnja.

usurer, lintah darat.

usury, riba.

utensil, perkakas, perabot.

utility, guna.

utilize, pergunakan (mem).

utmost, *to do one's* ~, bekerdja bersungguh-sungguh.

utterly, sehabis-habisnja, semata-mata.

uvula, anak lidah, anak tekak.

V.

vacancy, lowongan.

vacant, (ter)lowong.

vaccinate, tjatjar(men), suntik (menjuntik).

vaccination, pentjatjaran, penjuntikan.

vaccine, benih tjatjar.

vaccinist, mantri tjatjar.

vacuum, hampa udara, pakum; ~ *flask,* termos.

vagabond, perisau.

vague, saru.

vain, *in* ~, sia-sia, pertjuma.

vale, lembah.

valet, pelajan, djongos.

valiant, gagah berani.

valid, berlaku, sah.

validate, sahkan (men), mengesahkan.

validation, pengesahan.

valley, lembah.

valorous, berani.

valour, keberanian.

valuable, mahal, berharga; ~*s,* barang-barang berharga, mata benda.

value, harga, nilai; *of* ~, berharga; *to* ~, taksir (menaksir); hargai (meng).

valve, kelep, katup, pentil; lampu radio.

van, wagon barang.

vanguard, haluan; barisan depan.

vanilla, panili.

vanish, hilang, lenjap.

vanity, kesia-siaan.

vanquish, kalahkan (mengalahkan).

vantage, keuntungan, laba.

vaporization, tangas.

vaporize, menangas.

vaporous, berembun, berkabut.

vapour, embun, kabut.

variable, dapat ubah.

variation, perubahan.

variety, djenis ubah, pertukaran.

various, berdjenis-djenis, bermatjam-matjam.

varnish, minjak rengas, pernis.

varsity, sekolah tinggi.

vary, ubahkan (meng), ganti (meng); berbeda; pertukarkan (mem).

vase, tempat bunga, djambang(an).

vaseline, paselin.

vast, besar sekali, dahsjat.

veal, daging anak sapi.

vegetable, nabati; ~s, sajuran.
vegetarian, pemantang daging.
vegetate, tumbuh.
vegetation, tumbuh-tumbuhan, tanam-tanaman.
vehement, hebat, garang.
vehicle, kendaraan.
veil, tudung.
veiled, bertudung.
vein, urat, pembuluh (darah) balik.
velocity, ladju(nja).
velvet, beledu.
vendor, pendjual.
venerate, permuliakan (mem).
veneration, permuliaan.
vengeance, pembalasan.
venom, bisa.
venomous, berbisa.
ventilation, tukar udara.
ventilator, penukar udara, kipas angin.
venture, tjoba (men); buang (mem) (njawa).
veranda(h), beranda.
verb, katakerdja.
verbal, dengan lisan; ~ dispute, pertengkaran.
verdict, keputusan, hukuman.
verification, pentjotjokan, pemeriksaan teliti; bukti.
verify, tjotjokkan (men), periksa (memeriksa) dengan teliti; benarkan (mem).
veritable, benar.
vermicelli, permiseli.
vermilion, sadalinggam.
vernacular, bahasa kebangsaan.
verse, ajat; sadjak.
versed, berpengalaman.
versify, sadjakkan (menjadjakkan).
version, salinan.
vertical, garis tegaklurus.

verve, semangat.
very, terlalu, sangat, ...sekali; benar, betul.
vessel, perahu, kapal.
veterinary, ~ surgeon, dokter hewan.
veto, hak veto, hak mentjegah, hak membatalkan.
vex, usik (meng), sakit (menjakat).
via, melalui.
viaduct, djalan atas.
vibrate, bergetar.
vibration, getaran.
vice, tjela, tjatjat, kedjahatan; wakil, muda, naib.
viceroy, radja muda, naib radja.
vicinity, dekat.
victim, korban.
victorious, jang menang.
victory, kemenangan.
victual, ~s, bekal; makanan.
view, pemandangan; pendapat.
view-point, sudut, pendirian.
vigilant, waspada.
vigorous, kuat.
vigour, kekuatan.
village, dusun, kampung, desa.
villager, orang dusun, orang desa.
villain, orang djahat, bangsat.
vine, pokok anggur.
vinegar, tjuka.
vineyard, kebun anggur.
violate, perkosa (mem), langgar (me), gagahi (meng).
violation, perkosaan, pelanggaran.
violence, kekerasan.
violent, keras, hebat.
violet, ungu.
violin, biola.
violinist, pemain biola.
viper, ular biludak.
virgin, perawan, gadis, anak dara.
virtue, kebadjikan; by (in) ~ of.

menurut, berdasar atas.
virulence, kebisaan.
virulent, berbisa.
visible, kelihatan, tampak.
vision, penglihat; chajal; pendapat.
visit, perkundjungan; *to ~,* berkundjung, kundjungi (mengundjungi); periksa (memeriksa).
visitation, pemeriksaan.
visitor, orang berkundjung, tamu.
vital, hajati; penting sekali.
vitamin, vitamin, pitamin.
vitriol, terusi.
vivacious, bersemangat, hiduphidup.
viz, jakni, jaitu.
vizier, wazir.
vocabulary, logat, daftar katakata.
vocation, pekerdjaan, djabatan.
vocational, ... djabatan.
vogue, *to be in ~, to be the ~,* sangat digemari.
voice, suara; *in a loud ~,* dengan suara keras (njaring); *in a low ~,* dengan suara merdu.
void, kosong, lowong.
volcano, gunung (ber)api.
volt, volt.
volume, djilid; isi.
voluminous, tebal, besar.
voluntary, dengan sukarela; dengan sengadja.
volunteer, sukarela; ...... sukarela.
voluptuous, dukana, gangsang.
vomit, muntah.
voracious, rakus, gelodjoh. belalah.
vote, suara; pengundian suara; hak memilih; *to ~,* buang (mem) undi, pungut (memungut) suara, mengundi suara.

voter, pemilih.
voting-paper, surat undi.
vowel, huruf hidup.
voyage, pelajaran.
vulgar, kasar, biadab, tjarut.
vulture, burung nazar.

W.

wad, kapas.
waddle, terkedek-kedek.
wade, arung (meng).
wag, kibas (mengibas).
wage, upah, gadji.
wager, pertaruhan; *to ~,* bertaruh.
wag(g)on, wagon.
waif, pengembara, orang terlantar.
waist, pinggang.
waist-belt, ikat pinggang.
wait, tunggu (menunggu), nanti (me).
waiter, pelajan.
waiting-room, kamar tunggu.
waitress, pelajan perempuan.
wake, air alur; *to ~,* bangunkan (mem).
walk, berdjalan, berdjalan kaki; *to go for a ~,* pergi melantjong.
walker, orang pelantjong.
walking-stick, tongkat.
walk-over, kemenangan jang mudah tertjapai.
wall, tembok, dinding; *to ~,* dindingi (men).
wallet, pertepel (tempat uang).
wallop, laberak (me).
wander, kembara (mengembara).
wanderer, pengembara.
wane, *waning moon,* bulan susut.
want, kebutuhan; kekurangan; *to ~,* butuhi (mem); hendak, ke-

hendaki (mengehendaki).

wanton, nakal; dengan sengadja; sembrono.

war, perang.

war-criminal, pendjahat perang.

ward, ruangan (didalam rumah sakit).

warden, pengawas, pendjaga.

warder, sipir, djuru kuntji.

wardrobe, lemari pakaian.

ware, barang.

warehouse, gudang.

warfare, peperangan, perdjuangan, pertempuran.

warlike, bersemangat perang.

warm, panas; hangat; to ~, panasi (memanasi).

warming, pemanasan.

warmth, panas, kepanasan.

warn, ingati (meng), nasihati (me).

warning, peringatan, nasihat.

warrant, surat kuasa, surat wakil; surat perintah; to ~, kuasakan (menguasakan); tanggung (menanggung).

warrior, serdadu.

wart, kutil.

wash, tjutjian; to ~, tjutji (men), basuh (mem).

wash-basin, baskom, tempat tjutji muka.

washerman, penatu, dobi.

wash-stand, medja tjutji muka.

wasp, penjengat.

wastage, pemborosan; ampas.

waste, boroskan (mem).

wasteful, boros.

waste-paper basket, tempat kertas (kotor).

watch, djaga, kawal; arlodji; to ~, djaga (men).

watcher, pendjaga, pengawal.

watchful, waspada.

watchmaker, tukang arlodji.

watchman, pendjaga malam.

watchword, sembojan djaga.

water, air; hold ~, tahan air; to ~, airi (meng); sirami (menjirami); my mouth ~s, saja ngiler.

water-bottle, karap; pelples.

water-colour, (lukisan) tjat air.

waterfall, djeram, air terdjun.

watering-can, penjiram.

water-level, muka air.

waterproof, tahan air, waterprup.

waterspout, sengkajan.

water-supply, pengadaan air, pengairan.

watertight, tahan air.

waterway, djalan air.

waterworks, saluran air, water-watery, berair.   [ledeng.

wave, ombak, gelombang; to ~, lambai (me), berkibar.

wave-length, gelombang pemantjar, riak gelombang.

wax, lilin.

waxen, (dari) lilin.

way, djalan; djarak; arah; tjara; kebiasaan; ~ in, djalan masuk; ~ out, djalan keluar; that ~!, kesana!; to have one's ~, lulus kehendaknja; to give ~, pergi ketepi, menepi, menjisi; by ~ of, setjara; in a general ~, pada umumnja; over the ~, disebelah, diseberang.

we, kami, kita.

weak, lemah.

weaken, lemahkan (me).

weakness, kelemahan.

wealth, kekajaan.

wealthy, kaja, kaja raja.

weapon, sendjata.

wear, pakaian; to ~, pakai (memakai), tahan.

weary, letih, penat, pajah; *to* ~, letihkan (me), penatkan (memenatkan), pajahkan (memajahkan).

weather, hari, tjuatja; *rainy* ~, hari hudjan; *hot* ~, hari panas; *fair* ~, tjuatja baik.

weathercock, baling-baling.

weather conditions, keadaan hawa.

weather forecast, berita tjuatja.

weather-proof, djas hudjan.

weave, tenun (menenun).

weaver, penenun.

weaving-loom, perkakas tenun.

weaving-mill, pabrik tenun, pertenunan.

wed, kawin, nikah.

wedding, perkawinan, pernikahan.

wedge, badji.

wedlock, *born in* ~, anak jang sah.

Wednesday, (hari) Rebo, Arba.

weed, rumputan; *to* ~, merumput, siangi (menjiangi).

weedy, penuh rumputan.

week, pekan, minggu.

weekly, tiap-tiap minggu; (madjalah) mingguan.

weep, tangis (menangis).

weigh, timbang (menimbang); bongkar (mem) sauh.

weight, berat, timbangan, bobot.

welcome, selamat datang; *to* ~, *to bid one* ~, sambut (menjambut), utjapkan (meng) selamat datang.

welfare, keselamatan, kesedjahteraan; ~ *(work),* djabatan kesedjahteraan.

well, sumber, mata air, sumur; baik; sehat; *as* ~. sama djuga, demikian djuga.

well-beloved, tertjinta.

well-bred, tahu adat, tahu bahasa.

well-off, kaja, berada.

well-to-do, kaja, berada.

west, barat, kulon.

western, barat, kebaratan.

Westerner, orang Barat.

wet, basah, berair.

whale, ikan paus.

wharf, pangkalan, djembatan.

what, apa; siapa; ~ *is your name?,* siapa namamu?

whatever, apa-apa sadja, barang [apa.

wheat, gandum.

wheaten, ... gandum.

wheedle, budjuk (mem).

wheel, roda.

wheelbarrow, kereta sorong.

wheelwright, tukang kereta.

whelp, anak singa, anak harimau.

when, apabila, bilamana, kapan.

whence, dari mana.

whenever, bilamana sadja.

where, mana, dimana, kemana.

wherabout(s), tentang mana.

whereas, sedangkan, pada hal.

wherever, dimana-mana sadja.

wherry, sampan kajuh-kajuhan.

whet, asah (meng).

whether, ~...... *or,* entah ...... entah.

whetstone, batu pengasah.

which, mana, jang mana.

while, sedangkan, sambil; saat; ketika.

whilst, sedangkan.

whim, tingkah.

whimsical, bertingkah.

whine, tjengeng.

whinny, ringkik (me).

whip, tjambuk, tjemeti; *to* ~, mentjambuk, mentjemeti.

whirl, berpusing, berputar, berpusar.

whirlpool, pusaran air.

whirlwind, pusaran angin.

whisker(s), tjambang; sungut.

whisk(e)y, wiski.

whisper, bisikan; to ~, berbisik-bisik.

whistle, peluit; to ~, bersiul.

white, putih; uban.

whiten, putihkan (memutihkan), kelantang (mengelantang).

whitewash, kapur; to ~, kapuri (mengapuri); kembalikan (mengembalikan) kehormatan.

Whitsuntide, Pantekosta.

who, siapa; jang.

whoever, barang siapa.

whole, bulat, sama sekali, antero, seluruh, segenap.

whole-hearted, dengan sungguh hati.

wholesale, ~ dealer, pedagang besar, pendjual besar.

wholesome, berguna, berfaedah, baik.

wholly, seluruh.

whom, (kepada) siapa.

whomsoever, kepada siapa djugapun.

whoop, tempik sorak.

whooping-cough, batuk redjan.

whop, laberak.

whopping, laberakan.

whose, siapa punja.

whosoever, barang siapa.

why, mengapa, kenapa; nah!

wick, sumbu.

wicked, djahat, berdosa.

wide, lebar, longgar, luas.

widen, lebarkan (me), perluaskan (mem).

widow, widower, djanda, balu.

width, lebar(nja).

wife, bini, isteri.

wigging, teguran.

wild, liar, ganas, buas.

wilderness, hutan, gurun.

will, kehendak, kemauan; wasiat; at ~, sesuka hatinja; of his own free ~, dengan sukarela; ~, hendak, mau; akan.

willing, God ~, insja Allah; ~ or not ~, mau tak mau; we are ~ to ......, kami bersedia akan ......

willingly, rela, suka, sudi.

willingness, kesudian.

will-power, kodrat kemauan.

willy-nilly, mau tak mau.

win, menang; peroleh (mem), dapat (men).

winch, putaran.

wind, angin; mata angin; to ~, putar (memutar), belit (mem), balut (mem); peluk (memeluk); tiup (meniup).

winding, beliku; berliku-liku.

window, djendela, tingkap.

window-pane, katja djendela.

windpipe, batang tenggorok, merih.

windward, atas angin.

windy, banjak angin, berangin.

wine, anggur.

wine-list, daftar anggur.

wing, sajap.

wink, kedjap mata; to take forty ~s, tidur; to ~, kedjapkan (mengedjapkan) mata.

winning, ~s, laba, untung.

winnow, tampi (menampi).

winter, musim dingin.

wipe, sapu (menjapu); hapus (meng); laberak (me).

wire, kawat; tilgram, surat kawat; by ~, dengan tilgram, dengan kawat; to ~, kawatkan (mengawatkan).

wire-entanglement, kawat berduri.

wireless, radio; ~ *operator*, telegrapis radio.

wire-netting, kawat kasa.

wiry, dari kawat.

wisdom, budi bitjara, akal budi; ~ *tooth*, geraham bungsu.

wise, berbudi, budiman.

wish, kehendak, keinginan; *to* ~, hendak, ingin akan.

wit, akal, akal budi; *to be at one's* ~*s, end*, putus bitjara, hilang akal.

with, dengan, serta.

withdraw, mundur; tjabut (men); undurkan (meng) diri, minta diri.

withdrawal, pengunduran.

withered, laju.

within, dalam, didalam.

without, luar; dengan tidak.

withstand, tahan (menahan).

witness, saksi; penjaksian; *to bear* ~, memberi penjaksian; *to* ~, hadiri (meng), saksikan (menjaksikan).

wittiness, kelutjuan.

wittingly, dengan sengadja.

witty, lutju.

wizard, orang sihir.

wolf, dzib; serigala.

woman, perempuan; wanita.

womanlike, tjara perempuan.

wonder, keadjaiban; *to* ~, herankan (meng); ingin tahu.

wonderful, adjaib, mengherankan.

won't, = *will not*, tidak akan, tidak mau.

wont, biasa.

woo, berkasih-kasihan, bertjintakan.

wood, kaju; hutan.

woodcut, ukiran kaju.

wood-cutter, pemotong kaju, orang penebang.

wooden, (dari) kaju.

wood-engraving, ukiran kaju.

woodpecker, (burung) pelatuk.

wool, wol, bulu domba.

woollen, (dari) wol.

word, kata, perkataan; sembojan djaga.

work, pekerdjaan; ~*s*, paberik; *at* ~, bekerdja; *out of* ~, tidak bekerdja; menganggur; *to* ~, bekerdja, berusaha.

worker, pekerdja, buruh.

working-class, kaum buruh.

workman, buruh, tukang.

workmanship, buatan pertukangan.

workshop, bengkel.

works-manager, penjuluh perusahaan.

world, dunia.

worldly, duniawi

world-war, perang dunia.

worm, tjatjing. ulat.

wormeaten, berulat.

worry, susahkan (menjusahkan); perdulikan (mem); usik (meng); *don't* ~ *your head!*, djangan chawatir!

worse, kurang baik; lebih buruk.

worship, pudjaan, pemudjaan; *to* ~, pudja (memudja).

worst, kurang baik sekali, lebih buruk sekali.

worth, harga, nilai, guna; *it is not* ~ *while*, tak ada gunanja; *not* ~ *mentioning*, tak usah disebut.

worthless, tidak berharga, tidak berguna.

worthy, berdjasa, mulia.

would-be, pura-pura; bakal; ~ *contractor*, pelamar.

wound, luka; *to* ~, lukai (me).

wrangle, bertengkar.

wrap, balut (mem), bungkus (mem); *to be ~ped up in thoughts,* tepekur.

wrapper, pembungkus.

wrapping-paper, kertas pembung- [kus.

wrath, murka.

wreath, karangan bunga.

wreathe, karangkan (mengarang-kan).

wreck, bekas kapal (perahu) karam; *to be ~ed,* karam.

wreckage, karam kapal.

wrench, renggutan; salah urat, keseleo.

wrest, putar-balikkan (memutar-balikkan).

wrestle, pergumulan, pergulatan; *to ~,* bergumul, bergulat.

wrestler, orang bergumul.

wretched, masjgul, tjelaka, melarat.

wriggle, geriak.

wring, pulas (memulas), perah (memerah); *a ~ of the hand,* djabat tangan.

wrinkle, kedut, kerut; *to ~,* mengerut.

wrist, pergelangan tangan.

wrist-watch, arlodji tangan.

write, tulis (menulis), surat (menjurat), karang (menga-rang); *to ~ down,* tuliskan (menuliskan).

writer, djuru tulis; pengarang, penulis.

writing, tulisan, tulis menulis; surat(an); *in ~,* dengan tulis-an.

writing-book, kitab tulis.

writing-desk, medja tulis.

writing-materials, perkakas menjurat, alat-alat menulis.

written, tertulis, tersurat, ter-maktub.

wrong, salah, chilaf; kesalahan. kechilafan; *to be ~,* salah, salah perkataannja; *what's ~?,* ada apa?, apakah salahnja?

wrongdoer, pelanggar.

wrongful, tidak adil, djahat.

wrong-headed, keras hati.

wrongly, tidak sah.

wrought-up, panas hati, tergugup.

wry, serong, piuh, riuk; *with a ~ face,* dengan muka masam.

X.

Xmas = *Christmas,* hari Natal.

X-rays, sinar x.

Y.

yacht, kapal (perahu) lajar.

Yankee, orang Amerika (Serikat).

yard, elo Inggeris = 0,914 m; pekarangan; *church ~,* peku-buran.

yarn, benang.

yawn, kuap (menguap).

year, tahun; *financial ~,* tahun buku, tahun pembukuan; *from ~'s end to ~'s end,* bertahun-tahun; *of late (recent) ~s,* ta-hun belakang ini, tahun jang baru lalu ini.

yearly, tahunan.

yearn, sangat kepingin, idam-idamkan (meng).

yeast, ragi.

yell, pekik(an); *to ~,* pekik (me-mekik).

yellow, kuning.

yelp, salak (menjalak).

yes, ia, ja.

yesterday, kemarin, semalam; *the day before* ~, kemarin dulu.

yet, tetapi, kiranja, djuga; *never* ~. belum pernah; *not* ~. belum.

yield, hasil, produksi; *to* ~, hasilkan (meng), serahkan (menjerahkan).

yielding, produktif.

yoke, kuk.

yoke-bone, tulang pipi.

yolk, kuning telur.

yonder, situ, sana.

you, engkau, kamu, tuan; kamu sekalian.

young, muda; anak (binatang).

youngster, pemuda.

your, ... engkau, ...kamu, ... tuan.

yours, kamu punja, tuan punja; ~ *of the 4th,* surat tuan tertanggal empat bulan ini; ~ *truly,* hormat dan tazim.

yourself, kamu sendiri, tuan sendiri.

youth, masa muda; pemuda-pemuda.

youthful, muda, belia, teruna.

Yugoslav, orang Jugoslavia.

Yugoslavia, Jugoslavia.

Z.

zeal, keradjinan, geram, kegiatan, semangat.

zealous, radjin, geram hati, giat, bersemangat.

zenith, rembang, puntjak.

zephyr, angin sepoi-sepoi.

zero, nol; titik nol.

zest, kenikmatan, tjitarasa.

zigzag, berbiku-biku, siku keluang.

zinc, seng.

zone, daerah.

zoo, kebun hewan, taman hewan, kebun binatang.

zoological, ... hewan, hewani.

zoology, ilmu hewan, ilmu binatang.

A.

abad, century, age; eternity.

abadi, eternal.

abah, direction of movement, target; *mengabah,* to aim.

abah-abah, tackle, gear.

abai, *mengabaikan,* to disparage, to have a low opinion of, to depreciate, to neglect.

abang, elder brother or sister; reddish brown.

abdi, servant, slave; *mengabdi,* to serve.

abdjad, alphabet; *dengan tjara (djalan)* ~, alphabetically, in alphabetical order.

abis (habis), finished, completed, terminated.

abrak, mica.

abur, *mengabur,* to waste, to squander.

achir, finish, end, last; *achirnja,* finally; *achirkan, mengachirkan,* to finish.

achiran, suffix.

achirat, the hereafter, the day of judgement.

ada, to be, to be present, to have; *berada,* to stay; *orang berada,* well-to-do people; *mengadakan,* to create, to cause, to appoint: *keadaan,* situation, condition, suasana.

adab, politeness, good manners, courteousness; *beradab,* well-mannered, polite, courteous.

adakalanja, sometimes.

adang, *mengadang,* to place in ambush; *pengadangan,* ambush.

adas, fennel, anise.

adat, custom, courtesy; behaviour, *beradat,* courteous.

adik, younger brother or sister.

adil, righteous, just, fair; *mengadili,* to adjudicate, to try; *keadilan,* righteousness, justice; *pengadilan,* court of justice, court of law.

adjaib, miraculous, strange, wonderful; *keadjaiban,* wonder, miracle.

adjak, *mengadjak,* to invite, to urge; *adjakan,* invitation, instigation, incitement.

adjal, duration of life, lifetime, destiny, term.

adjar, *mengadjar,* to teach; *beladjar,* to learn, to study; *peladjar,* pupil, student; *peladjaran,* lesson, learning; *pengadjar,* teacher; *pengadjaran,* tuition, teaching; *terpeladjar,* educated.

adji, *mengadji,* to read the Koran.

adjidan, adjutant.

adjun, assistant.

administrasi, administration; management.

administratur, administrator; manager.

adonan, dough.

adpertensi [adperténsi], advertisement; *memasang* ~, to advertise; *pemasang* ~, advertiser.

adpis, advice.

adu, *beradu*, to sleep; *mengadu*, matching against one another; *mengadukan*, to lay a complaint; *aduan*, match; complaint; *peraduan*, bed.

aduh!, oh!; *mengaduh*, to lament.

aduk, *mengaduk*, to stir; *tjampur* ~, disordered, complicated; *pengaduk*, stirrer.

adunan, dough; *mengaduni*, to knead.

afal, *apal*, to learn by heart, to memorize.

afiat, good health.

afrit, evil spirit.

aga, pride, self-exaltation; *memperagakan*, to be proud of.

agak, tolerably, rather; *mengagak*, to guess, to suppose; *agaknja*, apparently, probably, likely.

agama, religion; *keagamaan*, religion; religious.

agar, *agar supaja*, in order that, so that.

agar-agar, gelatine, agar-agar.

agen, [agén] ~ *polisi*, policeman.

agung, high; prominent.

Agustus, August.

Ahad, Sunday.

ahli, expert; ~ *bedah*, surgeon. ~ *hukum*, jurist, barrister, lawyer; ~ *obat*, chemist; ~ *periksa*, inspector; ~ *pertanian*, agriculturist; ~ *waris*, heir.

ahwal, *hal* ~, matters, things, events.

air, water, juice; ~ *bah*, flood, inundation; ~ *beku*, ice; ~ *belanda*, soda-water; ~ *mata*, tears; ~ *minum*, drinking-water; ~ *muka*, countenance;

~ *pasang*, rising tide; ~ *rasa*, mercury; ~ *surut*, falling tide; ~ *susu*, milk; ~ *tawar*, fresh water; ~ *wangi*, perfume; *buang* ~, to defecate; *gigi* ~, horizon, skyline; *mata* ~, spring, source; *muka* ~, water-level; *pantjuran* ~, fountain; *pintu* ~, lock, sluice; *tahan* ~, waterproof; *saluran* ~, water system; *tanah* ~, native country; *tjatjar* ~, chicken-pox; *uap* ~, water-vapour; *zat* ~, hydrogen; *mengairi*, to irrigate; *pengairan*, irrigation; *berair*, juicy, watery.

ajah, father; ~ *bunda*, parents.

ajak, *mengajak*, to sieve; *ajakan*, *pengajakan*, sieve.

ajam, fowl, hen; chicken; ~ *belanda*, turkey; ~ *betina*, hen; ~ *djantan*, cock; ~ *titik*, poultry; ~ *kebiri*, capon; *anak* ~, chicken.

ajapan, victuals.

ajat, verse; paragraph.

ajuh, come on!

ajun, to sway, to rock, to swing.

akad, contract.

akal, ~ *budi*, intellect, common sense; ~ *bulus*, a dirty trick; *tidak masuk* ~, incomprehensible; *berakal*, intelligent, sensible; *mengakali*, to play a trick on a person, to deceive; *kehilangan* ~, to be at one's wit's end.

akan, to ......, concerning, intention to; ~ *tetapi*, however; *seakan-akan*, as if, as though; *jang* ~ *datang (j.a.d.)*, next.

akar, root; *berakar*, to take root; deep-rooted; *sampai keakar*, radical.

akas, firmament, sky, atmosphere; nimble (-witted).

akbar, almighty; *Allahu ~, God* is almighty.

aki, accumulator; *mengisi ~, to* charge an accumulator.

akibat, results, consequences, conclusion; *berakibat,* to cause; *mengakibatkan,* to result in, to end in.

akil balig, of age, grown-up, adult.

akor, *~!,* agreed, done!

aksara, letter, character.

aksen, [aksén] accent.

aksep, [aksép] promissory note, acceptance.

aksi, action.

aktip, active.

aku, I, me; *mengaku,* to admit, to confess, to acknowledge; *pengakuan,* confession, recognition, admission, acknowledgement; *surat pengakuan,* credentials.

akuntan, accountant.

akur, agreed; *keakuran,* agreement.

al, the; *almarhum,* the late.

alah (kalah), to lose; *menjerah (k)alah,* to surrender, to capitulate; *mengalahkan,* to conquer, to vanquish, to defeat; *kealahan,* defeat; *pengalahan,* conquest, capture.

alam, world, nature; *ilmu ~,* physics; *alami, mengalami, to* experience; *pengalaman,* experience; *berpengalaman,* experienced, skilled.

alamat, address; token, sign; *tempat ~,* domicile; *mengalamatkan,* to address, to direct; *jang dialamatkan,* addressee.

alan-alan, clown.

alang, cross, across; *beralangan,* to be prevented; *djika beralangan,* in case of prevention; *mengalangi,* to prevent, to hinder; *~ kepalang,* unimportant; *bukan ~ kepalang,* important, worthwhile; *alangkah bajusnja!* how beautiful!; *alang-alang,* alang grass.

alap-alap, harrier, sparrow-hawk.

alas, foundation, basis; wood, forest; *~ tilam,* bed-sheet; *alasan,* reason, cause, motive; *beralasan,* based on; *tidak beralasan,* baseless, ungrounded, unfounded; *mengalaskan,* to base, to found; *beralaskan,* to be based on.

alat, tool, equipment; *~ ~ masak,* kitchen-utensils; *~ pembajar jang sah,* legal currency; *~ ~ pendengar,* auditory organs; *~ penolak,* insulator; *~ ~ pembajaran luar negeri,* foreign currency, foreign exchange; *~ ~ untuk menulis,* writing materials, stationery; *mengalati,* to equip; *peralatan,* equipment, materials; festival.

album, album.

aldjabar, algebra.

algodja, hangman, executioner.

ali-ali, sling.

alif, first letter of the alphabet.

alifbata, alphabet.

alih, *mengalih,* to remove, to move; *beralih,* to change; *peralihan,* transition, change, transformation; *aturan peralihan,* temporary provision; *zaman peralihan,* transition period.

alim, religious, learned; scholar, theologian.

alin, *menyalin,* to massage.

alir, *mengalir,* to flow, to stream; *aliran,* stream; current; drift: tendency; *aliran berputar,* rotary current; *aliran bertukar,* alternating current; *aliran rata,* continuous current; *aliran udara,* air-current; *kuntji aliran,* switch; *pendjaga aliran,* fuse: *penukar aliran,* transformer.

alis, eyebrow.

alkohol, alcohol.

Allah, God; *insja Allah,* God willing; *Allah ta'ala,* the Most High; *demi Allah,* by God; *karena Allah,* for God's sake; gratis.

almanak, calendar.

almarhum, the late.

almari, *lemari,* cupboard, wardrobe.

alot, tough.

alpa, careless, negligent; *alpakan, mengalpakan,* to neglect, to treat with carelessness, to disregard; *kealpaan,* carelessness, negligence.

alu, rice-pounder; *mengalu-alukan,* to receive in state, to welcome.

aluminium, aluminium.

alun, swell, long wave; *beralun-alun,* to heave.

alun-alun, esplanade, square.

alur, bed of a river; groove; *aluran,* channel of a river; *beralur,* groovy.

am, common, general.

ama, ~ *penjakit,* disease germs.

amal, charity, good work; *badan* ~, charitable institution; *pertundjukan* ~, charity performance.

aman, *keamanan,* safety, security;

peace; *Dewan Keamanan,* Security Council; *mengamankan,* to safeguard; to set at ease.

amanat, message, instruction, charge; *mengamanatkan,* to confide, to entrust.

amarah, *marah,* wrathful, angry.

amat, very; *pengamat,* observer *pengamatan,* observation; *mengamati,* to observe; *mengamat-amati,* to look very closely at; to keep an eye upon.

ambal, *ambalan,* procession.

ambang, threshold, door-step; ~ *djendela,* window-frame.

ambar, savourless; *batu* ~, amber.

amberuk, *ambruk,* collapse.

ambil, *mengambil,* to take, to get. to fetch; *mengambil bahagian,* to take part in; *mengambil hati,* charming; *mengambil marah,* to take amiss; *mengambil muka,* to flatter, to coax; *mengambil tempat,* to take a seat.

ambing, udder.

ambisi, ambition.

ambruk, to collapse, to crash; collapse.

ambul, *mengambul,* to rebound.

ambung, *mengambung,* to bounce. to throw up.

Amerika, [Amérika] America, American; ~ *Serikat,* the United States of America (U.S.A.); ~ *Selatan,* South-America.

amin, amen; *mengaminkan,* to say yes to, to assent to.

amis, stinking; *bau* ~, fishy smell.

amnesti, amnesty.

ampai, slender, slim.

ampaian, hat-and-coat stand. rack.

ampas, waste (product).

ampat, *empat,* four.

amper, [ampér] ampere: *meter(an) amper,* amperemeter.

ampir, *hampir,* almost, nearly.

amplop, envelope.

ampu, *mengampu,* to support, to prop up, to shore.

ampun, forgiveness, pardon; *mengampuni,* to forgive, to pardon.

amtenar, official, officer.

amuk, amuck; *mengamuk,* to run amuck.

anai-anai, white ant.

anak, child, young of an animal; ∼ *ajam,* chicken; ∼ *andjing,* pup, puppy; ∼ *angkat,* child by adoption; ∼ *batu tulis,* slate pencil; ∼ *bini,* family, wife and children; ∼ *buah,* personnel, crew; ∼ *kapal,* crew, sailor; ∼ *kembar,* twins; ∼ *kuntji,* key; ∼ *lidah,* uvula; ∼ *lontjeng,* clapper; ∼ *mas,* pet, favourite; ∼ *negeri,* native; ∼ *panah,* arrow; ∼ *piatu,* orphan; ∼ *pungut,* foundling; ∼ *tangga,* rung of a ladder; ∼ *tiri,* step-child; ∼ *tjutju,* descendants, progeny; ∼ *tonil,* actor; *anak-anakan,* doll; *beranak,* to give birth to: to have a child (children); *peranakan,* half-caste; *liang peranakan,* uterus.

analisis, analysis.

anam, *enam,* six.

anasir, element.

anatomi, anatomy.

andai, ∼ *kata, andainja, seandainja,* for instance, for example; *mengandaikan,* to suppose.

andalan, security.

Andalas, *pulau* ∼. Sumatra.

andel, *mengandelkan,* to trust.

andewi, [andéwi] endive.

andil, shares (stocks); *pemegang* ∼, shareholder.

andja, *terandja,* spoilt.

andjing, dog; *hidup seperti* ∼ *dengan kutjing,* to live like cat and dog.

andjur, *mengandjur,* to protrude; to project; *andjuran,* suggestion, proposal; *mengandjurkan,* to propose, to suggest, to move, to urge; *pengandjur,* leader, proposer, mover.

aneh, [anéh] wonderful, strange, queer, peculiar; *keanehan.* peculiarity, paradox.

aneka, [anéka] *neka,* of all sorts. all kinds of; *aneka warna,* many coloured, multi coloured.

anemer, [anémer] contractor, (master) builder.

angan-angan, meditation, thoughts, ideas; ∼ ∼ *kesajaan,* egoism; *mengangan-angan,* to meditate. to muse; *mengangan-angankan,* to long for, to desire, to hope for.

angat, *hangat,* hot.

anggap, *menganggap,* to consider, to suppose; *anggapan,* opinion, idea, view; *anggapan umum,* the public opinion; *saja beranggapan,* in my opinion.

anggar, *menganggar,* to calculate: to estimate; *anggaran belandja.* estimate, budget; *anggaran dasar,* articles of association.

anggerik, *anggrek,* orchid.

anggota, *anggauta.* member; *gerak,* limbs; ∼ *kehormatan.* honorary member; *keanggotaan,* membership.

anggrek, [anggrék] orchid.

angguk, *mengangguk,* to nid-nod; *menganggukkan kepala,* to nod.

anggur, wine; ~ *put,* champagne; *buah* ~, grape; *menganggur,* to be idle; te be out of work; *penganggur,* out-of-work; *kaum penganggur,* the unemployed; *pengangguran,* unemployment.

angin, wind, breeze; *chabar* ~, rumour; *kereta* ~, bicycle; *makan* ~, to take an airing; *mata* ~, point of the compass; *pintu* ~, swing-door; *tjakap* ~, bragging, boasting; ~ *darat,* landbreeze; ~ *haluan,* ~ *sakal,* head-wind; ~ *laut,* sea-breeze; *memperanginkan,* to air; *mengangini,* to make public; *berangin,* windy.

angka, figure, cipher, mark; ~ *berturut,* serial number; ~ *Romawi,* Roman numerals; *diberi* ~ *terus,* consecutively numbered; *berhitung* ~, to cipher; *perangkaan,* statistics.

angkasa, atmosphere, air.

angkat, *mengangkat,* to raise, to lift up, to remove; to appoint; to adopt; *ibu bapa* ~, adoptive parents; *mengangkat sumpah,* to take the oath; *berangkat,* to depart, to go away, to start; *keberangkatan,* departure; *angkatan darat, angkatan perang,* land-force, army; *angkatan laut,* naval force; navy; *angkatan udara,* air force; *surat angkatan,* decree of appointment; *pengangkatan,* appointment.

angker, holy.

angkuh, proud, arrogant; *keangkuhan,* pride, arrogance.

angkup, tweezers.

angkut, *mengangkut,* to transport; *kapal pengangkut,* transport-ship; *kapal pengangkut minjak,* oil-tanker; *pengangkutan,* transport.

anglap, *tukang* ~, plagiarist; *menganglap,* to commit plagiarism, to plagiarize.

anglo, brazier.

angsa, goose.

angsur, to decrease; *mengangsur,* to pay by instalments; *angsuran,* instalment; *sistim angsuran,* instalment plan (system); *berangsur-angsur,* gradually; in instalments.

angus, scorched, burnt; *menganguskan,* to scorch.

angut, *mengangut,* to dote, to day-dream; *pengangut,* doter, day-dreamer.

aniaja, *penganiajaan,* maltreatment, oppression, injustice; *menganiajai,* to maltreat; to oppress, to tyrannize; *penganiaja,* oppressor, tyrant; *teraniaja,* oppressed, tyrannized.

anjam, *menganjam,* to plait; *anjaman,* plait, basket and matwork.

anjelir, carnation.

anjir, like train-oil.

antan, pounder, pestle.

antap, compact.

antar, *mengantar,* to conduct, to accompany, to escort; *pengantar,* messenger-boy; conductor; *bahasa pengantar,* vehicular language; *kata pengantar,* preface.

antara, between; ~ *lain,* among other things; *diantara(nja),* among (them); *mengantara,* to mediate; *pengantara,* intermediary, umpire; go-between; *perantaraan*, medium, mediation, intermediary; *saudagar perantaraan*, commision-agent; *dengan perantaraannja*, by his means.

anteken, [antéken] registered.

antena, [anténa] aerial, antenna.

antero, [antéro] entire; full; *seanteronja*, entirely, completely.

antik, antique, old-fashioned.

anting-anting, ear-pendant, ear-drop.

antjam, *mengantjam*, to threaten; *antjaman*, *pengantjaman*, threat.

antjuk, *mengantjuk*, to copulate.

antre, [antré] to line up, to fall in.

antuk, *mengantuk*, to be sleepy; *mengantuk*, *berantuk*, *terantuk*, to collide; *pengantuk*, sleepy-head.

antul, *mengantul*, to rebound.

antun, *orang* ~, dandy.

anu, so and so, such and such; *tuan Anu*, mister So-and-so.

anugerah, favour, grace, gift of a superior; *menganugerahi*, to confer ... on, to endow.

anut, *menganut*, to confess, to hang on to; *penganut*, confessor; follower, partisan.

apa, what?; *apa-apa*, something; ~ *boleh buat*, there is no help for it; *apalagi*, moreover; ... *apalah*, please; ~ *matjam*, how; *tidak* ~, *tidak mengapa*, never mind, it does not matter; ~ *sebab*, why; *berapa*, how much, how many; *beberapa*, several; *siapa*, who; *mengapa*, *kenapa*, why; ~ *tuan ada dirumah?*, is your master in?

apabila, when, whenever.

apak, *apek*, musty, stinking.

apal, *afal*, to learn by heart.

apel, *buah* ~, apple.

api, fire; *bunga* ~, fireworks, sparks; *gunung* ~, *gunung berapi*, volcano; *kaju* ~, fire-wood; *kapal* ~, steamship; *kereta* ~, train; *djalan kereta* ~, railway; *korek* ~, matches; *menara* ~, lighthouse; *titik* ~, focus; *berapi*, burning, flaming; *mengapi-apikan*, to stimulate.

api-api, fire-fly.

apik, neat, smart.

apit, *mengapit*, to pinch, to press; *apitan*, *pengapit*, pinch, press; *berapit tangan*, arm in arm.

apiun, opium.

apokat, barrister.

apotek, chemist's (shop).

April, April.

apung, *terapung*, drifting, floating; *batu* ~, pumice.

Arab, *negeri* ~, Arabia; *orang* ~, an Arab, an Arabian; *Laut* ~, the Arabian Sea; *bahasa* ~, the Arabic language, Arabic.

arah, direction, course; ~ *datar*, horizontal; ~ *tegak lurus*, vertical; *mengarahkan*, to direct, to strive after, to head for.

arak, *berarak*, to march in procession; *arak-arakan*, *perarakan*, procession.

arak, arrack.

aral, obstacle, prevention, hindrance.

arang, charcoal; ~ *batu*, coal; *asam* ~, carbonic acid; *kaju* ~, ebony; ~ *dimuka*, revilement, shame; *perarangan*, charcoal kiln.

Arba, *Rebo*, Wednesday.

arbai, *arben,* strawberry.

Argentina, Argentina.

ari, *kulit* ~, epidermis; ~-~, abdomen; groins.

arif, learned, skilled; ~ *bidjaksana,* wise and tactful.

arip, sleepy.

arit, sickle.

arkian, furthermore.

arlodji, watch; ~ *kantung,* pocket-watch; ~ *tangan,* wristwatch.

armada, fleet.

arsip, archives.

arsitek, [arsiték] architect.

arti, meaning; *mengarti,* to understand; *mengartikan,* to explain, to interpret; *pengartian,* understanding, comprehension; *pengartian hukum,* sense of justice; *artinja,* that is to say; *tidak berarti,* senseless; of no importance.

artja, image; *gedung* ~, museum.

aruh, *pengaruh,* influence; *mempengaruhi,* to influence, to affect; *berpengaruh,* influential.

arung, *mengarung,* to wade, to ford; *arung-arungan,* mud-flat, shoal.

arus, stream, current; ~ *listrik,* current; ~ *bolak balik,* ~ *tukar,* alternating current; ~ *searah,* continuous current.

arwah, soul.

A. S. = *Amerika Serikat,* the U.S.A.

asa, hope; *putus* ~, desperate, disappointed, to be at one's wit's end.

asah, *mengasah,* to whet, to sharpen; *pengasah,* whetter; *batu penjasah,* whetstone.

asak, *mengasaki,* to stuff;

berasak-asakan, to crowd.

asal, origin; provided that; ~ *usul,* lineage, origins; *buku* ~ *usul,* genealogical register; register (of members); *berasal,* of a respectable family, to come of a good stock; *ia telah pulang keasalnja,* he has died

asam, sour; acid; tamarind; ~ *arang,* carbonic acid; ~ *belerang,* sulphuric acid; ~ *garam,* hydrochloric acid; ~ *sendawa,* nitric acid; *mengasamkan,* to pickle.

asap, smoke, vapour; *kapal* ~, steamship; *mesin* ~, steamengine; *penjakal* ~, steamvalve; *tirai* ~, smoke screen; *mengasapi,* to fumigate; *menggantang* ~, to build castles in the air; *bintang berasap,* comet.

asas, foundation, principle; *pada asasnja,* in principle, fundamentally; *berasaskan,* based on; *mengasaskan,* to base, to found; *pengasas,* founder.

asbes, [asbés] asbestos.

asese, [asésé] agreed, done!

Asia, Asia.

asik, *asjik,* in love; eager; deep in thought, wrapt up in.

asin, salted; *ikan* ~, salted fish; *daging* ~, salt(ed) meat; *mengasinkan,* to salt.

asing, separate; foreign; *mengasingkan,* to set apart, to intern, to isolate; *pengasingan, perasingan,* internment, isolation; *tempat pengasingan,* internment camp.

asisten, [asistén] assistant.

asjik, in love; eager.

asli, original; *kilogram* ~, standard kilogramme; *penduduk*

~. the autochtonous inhabitants.

asmara, love, passion.

aso, *mengaso,* to take a rest, to pause.

aspal, asphalt; *mengaspal,* to asphalt.

aspek, [aspék] aspect.

asperse, [aspérsé] asparagus.

asrama, boarding school; barracks.

astana, *istana,* palace.

asuh, *mengasuh,* to nurse, to attend; *pengasuh,* nurse, attendant.

asuransi, insurance; ~ *djiwa,* life-insurance.

asut, *mengasut,* to incite, to instigate; *pengasut,* inciter, instigator, agitator; *asutan,* incitement, instigation.

atap, roof; ~*genting,* tiled roof; *memperatapkan,* to roof.

atas, on, upon; *diatas,* above; *keatas,* upward; *mengatasi,* to surpass; ~ *nama,* in the name of, on behalf of; ~ *pertjaja,* confidential; *berdiri* ~, to consist of; *membagi* ~, to divide into; *orang atasan,* superior.

atau, or.

ati-ati!, be careful!, caution!

atjap, ~ *kali,* often.

atjar, pickles; ~ *tjampur,* mixed pickles.

atjara, agenda, program; lawsuit, case, trial; *gedung* ~, court of justice; *beratjara,* to be at law, to go to law; *mengatjara,* to administer justice; *pengatjara,* attorney, solicitor.

atji, tapioca (flour); ~-~, supposing ....

atju, *mengatjuk,* to threaten, to menace, to aim; *atjuan,* model, pattern, form; *atjuan tjetak,* printing form.

atjuh, *mengatjuhkan,* to care about, to be anxious about.

atjung, *mengatjungkan,* to lift, to hold up.

atlas, atlas.

atlit, athlete.

atob, belch.

atom, atom; *bom* ~, atomic bomb; *berat* ~, atomic weight; *tenaga* ~, atomic energy.

atsir, ether.

atung, *mengatung,* to drift about, to float.

atur, *mengatur,* to arrange, to regulate, to organize; *mengaturkan,* to offer, to express; *aturan, peraturan,* system, regulations, rules, arrangement, organization; *aturannja ...,* as a rule; *aturan hukuman,* penal provision; *peraturan ketertiban,* standing orders; *aturan masa perubahan,* temporary provision; *aturan penutup,* concluding (final) provision; *beratur, teratur,* in good order.

aum, *mengaum,* to growl, to roar.

aur, large bamboo.

aus, worn-out, thread-bare, shabby.

aus, *haus,* thirst, thirsty.

Australia, Australia.

awak, body; person; ~ *sama* ~, together, mutual; *pengawakan,* habit, figure, shape; *perawakan,* stature, shape.

awal, commencement; beginning.

awalan, prefix.

awan, cloud; *tinggi* ~, sky-high; *berawan,* clouded, overcast.

awas, keen sighted; be careful.

beware of; *mengawasi,* to take care of, to keep an eye on; to supervise; *pengawas,* supervisor; *pengawasan,* care, control, supervision; *pengawasan sekolah,* school inspection.

awet, [awét] durable; *mengawet,* to preserve.

azab, torture.

azas, *asas,* principle.

azasi, on principle, fundamentally.

azimat, talisman.

azza wadjalla, honoured and illustrious.

B.

bab, gate; chapter, paragraph.

baba, a Chinese born in Indonesia.

babad, chronicle, history; paunch.

babak, set; act of a play; round (in boxing).

babar, *membabarkan,* to spread out, to unfold; *terbabar,* spread out.

babat, *membabat,* to cut off, to clean.

babi, pig; *daging* ~, pork; *lemak* ~, lard; ~ *hutan,* (wild) boar; ~ *rusa,* hog-deer; *membabi buta,* to act rashly (inconsiderately).

babit, *membabitkan,* to implicate in, to involve, to mix up in.

babon, laying hen.

babu, maidservant, nurse.

bachil, miserly.

badai, hurricane.

badak, rhinoceros; *berkulit* ~, thick-skinned.

badam, almond.

badan, body; committee, board, staff, corporation; ~ *pengarang,* editorial staff; ~ *pengawasan,* visiting committee; *gerak* ~, *pergerakan* ~, gymnastics.

Badawi, Bedouin.

badik, small dagger.

badja, steel; manure; ~ *putih,* nickel steel; *membadjai,* to manure.

badjak, plough; *mata* ~, coulter; ~ *laut,* pirate; *membadjak,* to plough; *pembadjakan laut,* piracy.

badji, wedge.

badjik, good; *kebadjikan,* goodness, kindness, virtue.

badjing, squirrel.

badjingan, rascal, scoundrel.

badju, blouse, shirt, coat; ~ *badja,* ~ *besi,* cuirass; ~ *dalam,* singlet; ~ *pelampung,* swimming-jacket.

badut, clown, jester.

bagai, *sebagai,* like, as; *berbagai-bagai,* all kinds of, of all sorts; *dan sebagainja,* and so on.

bagaimana, how.

bagan(an), platform; sketch; *peta baganan,* sketch-map.

bagi, *membagi,* to divide, to share, to distribute; *pembagi,* divisor; *pembagian,* division; distribution; *hasil* ~, quotient; *habis di* ~, divisible.

bagi, for; ~ *saja,* as for me.

bagian, part, share, portion; department.

baginda, His, or Her Majesty.

bagus, beautiful, fine, pretty, excellent; *membaguskan,* to beautify; *kebagusan,* beauty, fineness, prettiness.

bah, *air* ~, inundation, flood.

bahaduri, heroic, gallant.

bahagi, *membahagi, bagi, membagi,* to divide, to share, to distribute; *mengambil bahagian pada,* to take part in.

bahagia, happiness, prosperity, blessing.

bahaja, danger, peril; ~ *kelaparan,* famine; ~ *maut,* danger of life; *tanda ~ udara,* air-raid warning; *berbahaja,* dangerous, perilous; *membahajakán,* to endanger, to jeopardize.

bahan, material, element, ingredient; ~ *bakar,* fuel; ~-~ *mentah,* raw materials; ~-~ *peledak,* explosives; ~ *pengadjaran,* subject-matter of tuition.

bahana, sound, noise.

bahara, load; a weight; *tolak ~,* ballast.

baharu, *baru,* new, just (now); *membaharui,* to renew, to renovate.

bahas, *membahas,* to discuss, to debate; *bahasan,* discussion, debate; review.

bahasa, *basa,* language; ~ *Indonesia,* the Indonesian language; ~ *pengantar,* vehicular language; *berbahasa,* well-mannered; *djalan ~,* idiom; *djuru ~,* interpreter; *ilmu tata ~,* grammar; *peri ~,* proverb.

bahasa, *bahwa,* that (conjunction).

bahkan, yes, so it is.

bahu, shoulder; ~ *membahu,* shoulder to shoulder.

bahwa, that (conjunction).

baik, good, well, useful; *dengan itikat ~,* in good faith; *baiklah,* allright; *baik ... baik,* as well as; *memperbaiki,* to repair, to

correct, to rectify; to improve; *kebaikan,* benefit; *perbaikan,* repair, reparation, correction, rectification, improvement; *terbaik,* best, excellent; *sebaiknja,* preferably.

bajam, spinach.

bajang, shadow, image; *membajangi,* to overshadow.

bajar, *membajar,* to pay; *membajar lebih dahulu,* to pay in advance; *pembajar,* payer; *tanda pembajar jang sah,* legal currency.

bajaran, *pembajaran,* payment; *pembajaran dimuka, pembajaran lebih dahulu,* payment in advance.

baji, baby.

bajonet, [bajonét] bayonet.

baka, eternal, everlasting; heridity; *negeri ~,* the hereafter.

bakal, material; for; destined for; future, candidate.

bakar, *membakar,* to burn; *kaju ~,* firewood; *terbakar,* burnt; *pembakar,* burner; *zat pembakar,* oxygen; *bom pembakar,* incendiary bomb; *pembakaran,* incendiarism; *ada kebakaran,* there is a fire.

bakat, talent, turn, aptitude.

bakau, mangrove.

baki, tray; balance, surplus.

bakti, *berbuat ~,* to serve, to render honour; *berbakti,* devout; *kebaktian,* devotion; divine service.

baku, *harga ~,* standard price.

bakul, basket.

bal, ball; bag (of rice).

bala, misfortune, disaster; ~ *kelaparan,* famine; ~ *sampar,* plague; ~ *tentera,* army.

balai, building, house, office; ~ *dagang,* Chamber of Commerce; ~ *derma,* charitable institution; ~ *kota,* municipal hall; ~ *Rendah,* House of Commons; ~ *Tinggi,* House of Lords.

balai-balai, *bale-bale,* couch, bamboo bed.

balairung, hall of audience.

balam, turtle-dove.

balapan, race.

balar, *orang* ~, albino.

balas, *membalas,* to answer, to reply to a letter, to requite; *membalas budi, membalas guna,* to reciprocate; *membalas dendam,* to take revenge; ~ *berbalas,* the biter bit.

balasan, answer, reply, requital; *pembalasan,* revenge; reciprocation.

balatentera, army.

balet, [balét] ballet. •

balig, *akil balig,* of age, grownup, adult; *belum akil* ~, under age.

balik, the reverse, opposite, contrary; ~ *nama,* transfer; ~ *sedar,* to come round; *timbal* ~, on both sides; *berbalik,* to turn (round), to return; *dibalik,* on the reverse side; *sebaliknja,* on the other hand; *pada baliknja,* on the contrary; *membalik,* to turn over, to turn around; *terbalik,* turned, turned up, turned upside down.

balok, beam; ~ *melintang,* crossbeam.

balu, widower, widow.

balur, *hablur,* crystal; *lensa* ~, crystal lens; *membalur,* to crystallize.

balut, *membalut,* to wrap; *ilmu membalut,* wound-dressing; *kain pembalut,* bandage, dressing.

bambu, bamboo.

ban, tyre.

bandar, seaport; ~ *nelajan,* fishing-port; *sjahbandar,* harbourmaster.

bandel, obstinate, self-conceited.

bandela, bale, bag.

banderol, banderole.

banding, *tidak* ~*nja,* matchless; *minta* ~, to appeal; *membandingkan,* to compare; *membandingi,* to match, to equal; *perbandingan,* comparison; proportion; *perbandingan berat,* specific gravity; *kalau dibandingkan dengan,* in comparison with; *tidak terbanding,* matchless, unequalled, unparalleled.

bandjar, row, rank, file; *berbandjaran,* in rows.

bandjir, inundation, flood; *membandjiri,* to inundate, to flood.

bandul, pendulum.

bang, *kantor* ~, banking-house.

bangat, quick, speed; *membangatkan,* to speed up.

bangau, heron.

bangga, proud, conceited; *kebanggaan,* pride, conceit; *membanggakan,* to pride oneself on.

bangka, stiff; *tua* ~, very old.

bangkai, corpse, dead body.

bangkang, obstinate, subborn; unfinished.

bangkerut, bankruptcy, failure.

bangkit, *berbangkit,* to rise, to get up; ~ *demam,* attack of fever; *membangkit,* to reproach, to blame; *membangkitkan,* to cause; *kebangkitan,* resurrection.

bangku, bench, couch, stool.

bangsa, nation, race, tribe; *Perserikatan ~-~,* the U.N.O.; *berbangsa,* nobly born; *ilmu ~,* ethnology; *kebangsaan,* nationalism; *lagu kebangsaan,* national anthem; *watak kebangsaan,* national character.

bangsal, shed.

bangsat, rascal, scoundrel.

bangsawan, noble; of good birth; native theatrical company, native opera.

bangun, to awake, to rise, to get up; shape; *ilmu ~,* elementary geometry; *sebangun,* of the same form, similar; *membangunkan,* to awaken; to establish, to found.

bangunan, building; *ilmu bangunan,* architecture; *kebangunan,* rise, resurrection; *pembangunan,* building up, establishment, foundation; *rentjana pembangunan,* building-scheme.

banjak, much, many; *banjaknja,* quantity, amount; *~ orang,* a number of persons; *orang ~,* the crowd, the public; *kebanjakan,* most, the majority; common (people); *memperbanjaki,* to increase, to enlarge; *sebanjak,* to the number of ...., ... in number.

banjol, clown, funny-man, joker; *membanjol,* to joke.

banjolan, joke, fun.

bantah, *berbantah,* to argue, to quarrel, to dispute.

bantahan, *perbantahan,* argument, quarrel, contradiction, conflict.

bantai, *membantai,* to kill, to slaughter; *bantaian,* butcher's board; *pembantaian,* slaughter; slaughter-house, abattoir.

bantal, pillow, cushion.

banteras, *membanteras,* to fight against; *pembanterasan,* fight.

banting, *membanting,* to throw down, to dash down; *membanting kaki,* to stamp one's feet; *membanting tulang,* to work oneself to the bone, to drudge, to toil; *harga bantingan,* cutprice.

bantji, hermaphrodite.

bantu, *membantu,* to help, to assist; *memperbantukan,* to place (put) at the disposal of; *pembantu,* assistant; *kantor pembantu,* sub-office; *pembantu surat kabar,* correspondent of a news-paper.

bantuan, help, assistance, aid; subsidy, grant.

bantun, *membantun,* to uproot.

bapa, *bapak,* father; *ibu ~,* parents; *~ tiri,* step-father.

baptisan, baptism, christening; *air ~,* baptismal water; *nama ~,* Christian name, baptismal name; *sangku ~,* (baptismal) font; *membaptiskan,* to baptize, to christen.

bara, embers; ballast; *batu ~,* coal; *membara,* to carbonize, to char.

barang, goods, luggage; about, some; *~-~ bergerak,* *~-~ taktetap,* movables; *~-~ makanan,* eatables, victuals, provisions; *~-~ pertolongan,* relief goods; *~-~ pindahan,* furniture in course of removal; *~-~ tambang,* minerals; *~-~ tetap,* immovables; *~ tjetakan,* printed matter; *daftar ~-~,* inventory; *dengan ~,* in kind; *sebarang, sembarang,* ordinary.

common, the very first, arbitrary; ~ *apa*, whatever; ~ *dimana*, everywhere; ~ *siapa*, whoever.

barangkali, perhaps, maybe, probably.

barat, west; western; ~ *daja*, south-west; ~ *laut*, north-west; *membarat*, to go westward.

bareng, [baréng] *berbareng*, together; *berbareng dengan*, at the same time, together, jointly.

baret, [barét] beret.

baring, *berbaring*, to lie down.

baris, line, row, rank; *berbaris, membaris*, to be at drill, to march.

barisan, line; establishment, troops, forces; ~ *depan*, front troops; *bukit* ~, mountain range.

baru, *baharu*, new; *orang* ~, newcomer; *membarui*, to renew; *pembaruan*, renewal; *pembaru*, renewer; ~-~ *ini*, the other day, lately.

barus, *kapur Barus*, camphor.

barusan, just now.

barut, *pembarut*, bandage, dressing; *membarut*, to bandage, to dress.

basa, *bahasa*, language.

basah, wet, moist, humid; ~ *kujup*, soaking wet; *membasahi*, to wet.

basi, dish; old, rotten; overtime (work).

basil, bacillus.

baskom, wash-basin.

basmi, *membasmi*, to destroy, to combat; *pembasmian*, destruction.

basuh, *membasuh*, to wash; *pembasuh tangan*, recompense, remuneration.

bata, brick; sod.

bata-bata, in doubt.

batal, useless, not valid; *membatalkan*, to nullify, to annul, to repeal; *pembatalan*, annulment.

batang, trunk of a tree; handle, stick; ~ *air*, river; ~ *kaju*, tree; ~ *leher*, neck; ~ *nadi*, aorta; *tangga sulur* ~, winding staircase; *sebatang kara*, neither chick nor child.

batas, *watas*, border, demarcation; *tapal* ~, frontier; *membatasi*, to trace, to restrict, to localize; *dibatasi*, limited; *perseroan terbatas*, limited liability company.

batasan, definition; *pembatasan*, restriction, limitation.

baterai, battery.

batih, family.

batik, painting on cloth.

batin, *bathin*, internal, inner; *ilmu* ~, mysticism, magic; *lahir* ~, in body and mind, in every respect.

batja, *membatja*, to read; *membatjakan*, to read to; *pembatja*, reader.

batjaan, reading, reading-matter; *kitab* ~, reading-book, reader.

batok, ~ *kelapa*, cocoanut shell; ~ *kepala*, skull.

batu, stone; ~ *apung*, pumice; ~ *arang*, coal; ~ *asah (pengasah)*, grindstone, whetstone; ~ *bara*, coal; ~ *bata*, brick; ~ *kepala*, crown of the head; ~ *pualam*, marble; ~ *tahu*, gypsum; ~ *timbul*, pumice; ~ *tulis*, slate; *anak* ~ *tulis*, slate-pencil; *gula* ~, sugar-candy; *kepala* ~, an obstinate person.

mule; *pekak* ~, stone-deaf; *batu-batuan*, stone, rock; *membatu*, to petrify, to fossilize; *meletakkan* ~ *pertama*, to lay the foundation-stone.

batuk, to cough.

bau, smell.

bau-bauan, perfume.

baur, *tjampur baur*, mixed up; *katja* ~, milk-glass.

baut, bolt.

bawa, *membawa*, to bring, to take, to carry, to bear; *bawaan*, infirmity; innate; *pembawa*, bearer; *pembawa kabar*, courier; *pembawaan*, transport; load, supply.

bawah, *dibawah*, under, below, beneath; *dibawah umur*, under age; *dibawah tangan*, privately, by private contract; *jang bertanda tangan dibawah ini*, the undersigned; *orang bawahan*, inferior.

bawang, onion; ~ *putih*, garlic.

bawasir, hemorrhoids.

bea, [béa] custom, duty, tax; ~ *keluar*, export duties; ~ *masuk*, import duties; ~ *siswa*, scholarship; ~ *warisan*, succession duties; *pabean*, custom-house; *pengawas* ~, custom-house officer.

bebal, stupid.

beban, burden, load; ~ *utang*, burden of debts, load of debts; *membebankan*, to charge with, to encumber.

bebas, [bébas] free, gratis; *membebaskan*, to set free, to liberate, to set at liberty, to exempt; *pembebasan*, liberation, exemption; *kebebasan*, liberty, freedom.

bebat, bandage; *membebat*, to bandage.

bebek, [bébék] duck; *anggur* ~, water.

beber, [bébér], *membeberkan*, to explain, to state, to proclaim.

beberapa, some, a number of, several.

beda, [béda], *perbedaan*, difference; *berbeda*, to differ; *membedakan*, to distinguish.

bedah, *membedah*, to operate; *ahli* ~, surgeon; *ilmu* ~, surgery; *bedahan*, operation.

bedak, powder; *membedaki*, to powder.

bedek, [bédék], *membedek*, to aim, to take aim.

bedeng, [bédéng], shed.

bedil, rifle, gun; *membedil*, to shoot with a rifle.

bedjana, basin.

beduk, big drum.

begal, [bégal], street-robber.

begini, like this, in this manner.

begitu, like that, in that manner.

bekal, *perbekalan*, stores, rations, provisions; *pembakalan*, supply; *membekali*, to supply.

bekas, trace; former, ex-; ~ *djari*, finger-print; ~ *tangan*, handwriting.

beker, [békér], alarm(-clock).

bekot, [békot,] boycott; *membekot*, to boycott.

beku, frozen; coagulated; *membeku*, to freeze, to coagulate; *air* ~, ice; *hudjan* ~, to hail.

bekuk, *membekuk*, to arrest; *pembekukan*, arrest.

bela, *membela*, to guard, to look after.

bela, [béla], expiatory sacrifice; ~ *sungkawa*, condolence;

membela, to defend; *pembela,* defender; *pembelaan,* defence; *pembelaan diri,* self-defence.

beladjar, to study.

belah, cleft; crack; side; *pinang ~ dua,* all the same, as like as two peas; symmetric; *sebelah,* a side; *disebelah kiri,* on the left(-hand side); *disebelah kanan,* on the right; *sebelah-menjebelah,* on both sides; *orang sebelah-menjebelah,* neighbour; *membelah,* to split, to cleave.

belaka, without exception, mere, pure.

belakang, back; behind; *lampu ~,* tail-lamp; *perkara ~,* accessory matter; *tulang ~,* backbone; *dibelakang,* in rear; *dibelakang hari,* in the future; *membelakang,* to have one's back turned to; *membelakangi,* to turn one's back on a person; *terkebelakang,* last, latest, recent; *warta kebelakangan,* the latest intelligence, stop-press; *memperbelakangkan,* to neglect for; *pembelakangan,* neglect, slighting.

belalah, greedy, gluttonous.

belalai, trunk.

belalang, grasshopper.

Belanda, Dutch; *orang ~,* Dutchman; *negeri ~,* Holland, the Netherlands.

belandja, expense, cost; *anggaran ~,* budget; *berbelandja,* to go shopping; *membelandjakan,* to expend, to pay the expenses of; *membelandjai,* to finance.

belang, striped, party-coloured.

belanga, pot (earthenware).

belantara, *rimba ~,* primeval forest.

belas, *~ kasihan,* mercy, pity; *se-*

~, eleven; *dua ~,* twelve; *kesebelasan,* (number of) eleven.

belat, fish-trap.

belatju, unbleached cotton.

belatuk, woodpecker.

belau, blue.

belebas, ruler.

beledu, *beledru,* velvet.

belek, [belék], tin, tin-plate; *pembuka ~,* tin-opener.

belenggu, fetter, shackle, handcuff; *terbelenggu,* in irons, in chains.

belengket [beléngkét], to stick, to paste.

belerang [belérang], sulphur; *asam ~,* sulphuric acid.

beli, *berapa belinja?,* what do you charge for it?, how much is it?; *berdjual ~,* to buy and sell; *membeli,* to buy, to purchase; *harga pembelian,* purchase price.

belia, *muda belia,* youthful.

beliau, he, him (speaking respectfully about a person).

belikat, *tulang ~,* shoulder-blade.

belit, *membelit,* to twist; *terbelit,* involved.

belok [bélok], bend, curve; *membelok,* to bend, to turn.

belot [bélot], *membelot,* to desert to the enemy; *pembelot,* deserter.

beludru, velvet.

belukar, undergrowth, underwood.

belulang, dry pelt, callosity.

belum, not yet; *~ pernah,* never; *sebelum(nja),* before; *sebelum waktu,* premature(ly); *sebelum Nabi Isa,* before Christ.

belundjur, to stretch oneself.

belus, blouse.

belut, eel.   [hension).

benak, brains; slow (of compre

benalu, parasite, sponger.

benam, *terbenam,* sunken; *matahari terbenam,* the sun has set; *membenamkan,* to sink.

benang, thread; ~ *radja,* rainbow.

benar, just, true, real, right; *membenarkan,* to approve, to confirm, to justify, to authorize; *kebenaran,* approval, truth; *sebenarnja,* rightly, actually.

benara, washerman.

benda, thing, article; *mata* ~, precious things; *harta* ~, goods, property, treasures.

bendahari, treasurer.

bendera [bendéra], flag.

benderang, *terang* ~, brightly illuminated.

bendul, ~ *pintu,* threshold.

bendung, *bendungan,* dam, dyke; *membendung,* to dam.

bengek [bengék], asthmatic; *penjakit* ~, asthma.

benggol [bénggol], 2½ cent-piece.

bengis, cruel, heartless.

bengkak, swollen.

bengkel [béngkél], workshop.

bengkok [béngkok], crooked, bent; *membengkokkan,* to bend.

benih, seed; ~ *tjatjar,* vaccine.

bening, clear, transparent, limpid.

benjek [bénjék], soft, pappy.

bensin [bénsin], petrol.

bentang, *membentangkan,* to spread out; to bring forward; *kain bentangan,* banner.

bentar, *sebentar,* a moment; *tunggu sebentar!,* wait a minute!; *sebentar sore,* this afternoon; *sebentar lagi,* presently, by and by; *sebentar-sebentar,* again and again, every time.

benteng [bénteng] fortress; ~ *udara,* flying-fortress.

bentjana, torment, grief, scorn, trouble, misfortune.

bentji, hate, dislike; *membentji,* to hate, to dislike.

bentrokan, conflict, clash.

bentuk, form, shape; *tjintjin tiga* ~, three rings; *membentuk,* to form, to shape; to constitute, to set up, to construct; *pembentuk,* former; *pembentukan,* formation.

bentukan, construction.

benua, continent, part of the world.

beradab, educated, well-bred.

berahi, keen on; in love with, lustful.

berai, *tjerai berai,* scattered.

berak [bérak], to defecate.

beranda, balcony, veranda; ~ *stasiun,* platform.

berandal, rascal, naughty boy.

berang [bérang], furious.

berangai, *mati* ~, apparently dead.

berangan, chestnut.

berang-berang, otter.

berangkat, to start, to depart, to leave.

berani, brave, daring, courage; *besi* ~, magnet; *memberanikan diri,* to make bold to; *keberanian,* courage.

berantas, *memberantas,* to fight against; *pemberantasan,* fight.

berapa, how much, how many; *beberapa,* several, some; *seberapa,* as many as.

beras, husked rice.

berat, heavy; *kuat* ~, *gaja* ~, gravitation, gravity; *pusat titik* ~, centre of gravity; *perbandingan* ~, specific gravity; ~ *kaki,* slow, indolent; ~ *kepala,* slow of wit; *memberatkan*, to make heavier; to aggravate: *keberatan*, objection; *surat keberatan*, petition; *berkeberatan*, to object.

beratnja, weight.

berbagai-bagai, various.

berbaring, to lie down.

berdiri, to stand.

berenang, to swim.

beres [béres], ready, finished; *membereskan*, to manage, to fix up.

berhala, idol.

berhenti, to stop.

beri, *memberi*, to give, to allow; *memberitahu*, to announce; *pemberitahuan, pemberian tahu*, announcement; *pemberi*, giver, donor; *pemberian*, gift, grant, present.

berita, tidings, news, information; ~ *atjara*, warrant; ~ *kilat*, bulletin; *pemberita*, reporter, informant; *warta* ~, news item.

berkala, *surat* ~, periodical, magazine.

berkas, bundle, sheaf.

berkat, blessings; ~ *(dengan)*, thanks to.

berkelahi, to fight.

berkobar, to flare up.

berkokok, to crow.

berlainan, different, in some other way.

berlian, brilliant.

berniaga, to trade; *perniagaan*, trade, business.

berontak, *memberontak*, to rebel, to revolt, to mutiny; *pemberontak*, rebel, mutineer; *pemberontakan*, rebellion, revolt, mutiny.

bersaing, to compete; *persaingan*, competition.

bersih, clean, tidy, neat; *penghasilan* ~, net proceeds; *membersihkan*, to clean; *kebersihan*, neatness, cleanness; *pembersihan*, cleaning, purification, purge.

bersin, to sneeze.

beruang, bear.

berungut, to grumble.

berus, brush.

besar, big, large, great; *hari* ~, holiday; ~ *kepala*, headstrong; ~ *hati*, proud, haughty; glad; *habis besarnja*, grown-up, adult; *membesarkan*, to enlarge; *kebesaran*, greatness; *pembesar*, official, authority; *setjara besar-besaran*, on a large scale.

besek [bések], basket.

besi, iron; ~ *batang*, bar-iron; ~ *berani*, magnet; ~ *lantai*, sheet-iron; ~ *tuang*, cast-iron; *tahi* ~, rust; *tukang* ~, blacksmith.

beslah, *pembeslahan*, attachment; *membeslah*, to attach.

beslit, decree; ~ *pengangkatan*, decree of appointment.

besok [bésok], to-morrow.

bestir, management, direction.

betah, to endure, to bear, to stand.

betapa, how, in what manner.

betet [bétét], parakeet.

beti [béti], *tanda* ~, piece of evidence, exhibit.

betik, *buah* ~, papaya.

betina, female (of animals).

beting, sand-bank.

betis, *buah* ~, *djantung* ~, the calf.

betja [bétja], carrier tricycle.

betjak, *berbetjak-betjak*, spotted, stained.

betjak [bétjak], *betjek,* muddy, slushy.

beton, concrete.

betul, just, right, true, real, correct; *sebetulnja,* indeed, in fact, *membetulkan,* to correct, to mend, to repair, to rectify; *kebetulan,* by chance, accidentally; *pembetulan,* correction, reparation, rectification.

bia, *bea,* customs, duty; *pebian,* custom-house.

biadab, impolite; ill-mannered, ill-bred; uncivilized; *kebiadaban,* impoliteness, ill-breeding.

biaja, cost, expenses; *membiajakan,* to expend; *membiajai,* to finance.

biak, prolific; *membiakkan,* to breed, to cultivate.

biang, mother; ~ *keladi,* original cause.

bianglala, rainbow.

biaperi, merchant.

biar, no matter if; *biarlah!,* never mind!; *biarpun,* although; *biarpun begitu,* nevertheless; *membiarkan,* to permit, to allow, to let (alone).

biara, monastery, convent.

bias, *membias,* to deviate, to diverge.

biasa, accustomed to; usual, normal; *luar* ~, extraordinary, abnormal; *membiasakan diri,* to accustom oneself to, to get used to; *kebiasaan,* custom, habit, tradition; *biasanja,* usually, commonly, generally.

biawak, iguana.

bibir, lip; ~ *atas,* upper lip; ~ *bawah,* lower lip.

bibit, seed, seedling.

bidadari, fairy, nymph.

bidal, proverb; thimble.

bidan, midwife; *ilmu kebidanan,* midwifery.

bidang, spacious; face; *sebidang lajar,* one sail.

bidik, *membidik,* to aim.

bidjaksana, discreet(ly), prudent(ly), tactful(ly); *kebidjaksanaan,* discretion, tact, prudence.

bidji, grain, seed; piece; *sebidji,* one; ~ *mata,* eyeball.

bidjih, ore.

biduan, singer.

biduk, boat.

bikin, *membikin,* to make, to do; *pembikinan,* make.

biku, *berbiku-biku,* zigzag.

bila, *bilamana, apabila,* when; *bilamanapun,* whenever.

bilah, chip; *sebilah papan,* one shelf.

bilal, muezzin.

bilang, *membilang,* to count; to saў, to tell; *tidak terbilang,* countless, numberless.

bilangan, sum, number; tale.

bilik, room, apartment.

bimbang, nervous, fearful, doubtful.

bimbing, *membimbing,* to lead; *pembimbing,* leader; *kata pembimbing,* preface, foreword.

bin, son.

bina, *membina,* to build up, to found; *pembinaan,* building up, foundation; *pembina,* builder, founder.

binasa, ruined, destroyed; to be killed (in action); *membinasakan,* to ruin, to destroy; *kebinasaan,* ruin; *pembinasaan,* destruction.

binatang, animal; *ilmu* ~,

zoology; ~ *kendaraan,* riding-animal, mount.

bingkai, frame, border; *membingkaikan,* to frame.

bingkas, elastic.

bingkis(an), complimentary gift.

bingung, confused, dazed, perplexed; *membingungkan,* to confuse.

bini, wife; *anak* ~, family; *berbini,* to be married.

bintal, *bintil,* pimple.

bintang, star; decoration; ~ *berasap,* ~ *berekor,* comet; ~ *beredar,* planet; ~ *kedjora,* ~ *timur,* morning star; ~ *pilem,* filmstar.

binti, daughter.

bintit, pimple, sty(e).

bintjang, *memperbintjangkan,* to discuss; *perbintjangan,* discussion.

biola, violin, fiddle.

bioskop, cinema, pictures.

bir, beer.

biri-biri, sheep; *penjakit* ~-~, beri-beri.

biro, bureau, office.

birokrasi, bureaucracy.

birokratis, bureaucratical(ly).

biru, blue; ~ *lebam,* black and blue; *kebiru-biruan,* bluish.

bis, letter-box, pillar-box; motor bus.

bisa, poison; to be able, can.

bisik, *berbisik-bisik,* to whisper.

bising, dozy, drowsy, noise; *membisingkan,* (ear)-deafening.

bisu, dumb, mute; ~ *tuli,* deaf and dumb.

bisul, ulcer, boil.

biti, *tanda* ~, piece of evidence, exhibit.

bitjara, advice; *pembitjaraan,*

discussion, deliberation, negotiation; *djuru* ~, *pembitjara,* spokesman; *djam* ~, consulting hour; *berbitjara,* to speak, to deliberate, to negotiate; *membitjarakan,* to discuss.

bius, stupefied, intoxicated; *obat* ~, narcotic, drug; *membius,* to narcotize; *pembiusan,* narcosis.

blokir, *memblokir,* to block.

bobot, weight; ~ *atom,* atomic weight.

bobrok, ramshackle, rickety.

bodoh, stupid; *kebodohan,* stupidity.

bogel [bogél], *telandjang* ~, stark naked.

bohong, lie; untrue, false; *kebohongan,* lie; *pembohong,* liar.

boikot, *bekot,* boycott.

bojong, *orang* ~, emigrant; *berbojong,* to emigrate; *pembojongan,* emigration.

boket [bokét], bouquet, nosegay.

bokong, buttocks.

bokor, metal bowl.

boktja, bag.

bola, ball; ~*kerandjang,* basketball; *kamar* ~, club; *main* ~, to play football.

bolak-balik, there and back, to and fro.

boleh [boléh], may, can; ~ *djadi,* maybe; *seboleh-bolehnja,* as much as possible; *kalau* ~, if possible; *apa* ~ *buat,* there is no help for it; *memperbolehkan,* to allow, to permit.

bolong, hollow, with a hole.

bolos, to run away, to desert, to play truant.

bolsak, capoc mattress.

bom, bomb; *membom, mengebom,* to bomb; ~ *atom,* atomic bomb; *pelempar bom, pembom,* bomber.

boneka [bonéka], doll, puppet; *pemerintah boneka,* puppet government.

bongkak, rude, arrogant.

bongkar, *membongkar,* to unpack, to unload, to pull down, to break up.

bongol, silly, stupid.

bonjor, rotten-ripe, soft and bad

bontjeng [bontjéng], *membontjeng,* to get a lift; to sponge, *tukang ~,* sponger.

bontjis, French beans.

bopeng [bopéng], pock-marked.

bopet [bopét], sideboard.

bor, borer, drill.

bordir, *membordir,* to embroider; *bordiran,* embroidery.

borek [borék], spotted.

borong, *memborong,* to contract; *pemborong,* contractor; *pemborongan,* putting out to contract.

boros, *memboros,* to waste; *pemboros,* waster, spendthrift; wasteful.

bosan, tired of, fed up; *membosankan,* boring, tiresome.

botak, bald.

botjor, leaky; to leak; *~ mulut,* blab(ber).

botol, bottle.

brantas, *membrantas, memberantas,* to fight against.

Brasilia, Brazil.

Britania, Great Britain.

buah, fruit; a piece; *~ badju,* button; *~ betis,* calf; *~ hati,* darling; *~ mulut,* topic; *~ pikiran,* idea; *~ pinggang,* kidneys; *~ tangan,* gift, souvenir; *buah-buahan,* fruits; *mendjadi ~ tutur,* to be the

talk of the town; *berbuah,* to bear fruit.

buai, *membuai,* to sway; *buaian,* cradle.

buaja, crocodile; *~ darat,* rascal.

buang, *membuang,* to throw away, to exile; *membuang air,* to defecate; *membuang mata,* to have an eye to; *membuang njawa,* to take one's life in one's hands.

buangan, *orang ~,* an exile.

buas, wild, fierce, ferocious; *kebuasan,* ferocity.

buat, *membuat, berbuat,* to do, to make; *perbuatan,* deed, act.

buat, for.

buatan, make; *gigi ~,* denture.

bubar, *membubarkan,* to undo, to disband; *pembubaran,* disbandment.

bubuh, *membubuhi,* to put, to place, to provide with, to supply with; *membubuhi tanda tangan,* to attach one's signature.

bubuk, *dimakan ~,* worm-eaten.

bubur, porridge.

budak, servant; child; slave; *perbudakan,* slavery, servitude.

budi, sense, intellect, benefit; *~ bahasa,* tact, politeness, manners; *~ bitjara,* wisdom, intellect, understanding; *~ pekerti,* character, nature; *berbudi,* intelligent.

budiman, wise, intellectual, prudent.

budjang, unmarried; bachelor; servant.

budjuk, *membudjuk,* to coax, to soothe, to flatter; *pembudjuk* coaxer, flatterer.

budjur, straight, longitude; *~ sangkar,* square; *~ timur,* eastern longitude; *membudjur,* stretching.

bui, prison, jail.

buih, foam, froth.

buka, open; *membuka,* to open; *membuka djalan,* to lay out a road; *membuka pakaian,* to undress; *membuka rahasia,* to reveal a secret; *membuka topi,* to take off one's hat; *sidang terbuka,* public session; *pembuka,* opener; undertaker; *pembukaan,* opening.

bukan, it is not; no; ~ *main,* enormous; extraordinary.

bukit, hill; ~ *pasir,* dune.

bukti, proof, evidence; *membuktikan,* to prove.

buku, book; joint, knot; ~ *batjaan,* reader; ~ *peladjaran,* textbook; ~ *tulis,* writing-book; *pembukuan, memegang buku,* book-keeping; *pembukuan tunggal,* book-keeping by single entry; *pembukuan rangkap,* book-keeping by double entry; *pendjual* ~, bookseller; *tahun* ~, financial year.

bulai, albino.

bulan, moon; month; ~ *purnama,* ~ *empat belas hari,* full moon; ~ *susut,* waning moon; ~ *timbul,* waxing moon; *terang* ~, moonlight.

bulanan, monthly.

bulat, round, complete; ~ *pandjang,* ellipse, elliptical, oval; ~ *torak,* cylinder; *dengan suara* ~, unanimously; *telandjang* ~, stark naked.

bulatan, circle, sphere.

bulbul, nightingale.

bulir, ear.

bulu, the hair of the body; *de-*ngan tidak pandang ~, without respect of persons; ~ *ajam,* feather; ~ *biri-biri,* wool; ~ *kening,* eyebrow; ~ *mata,* eyelash; *berbulu,* haired.

buluh, bamboo; *pembuluh nadi,* artery; *pembuluh mekar,* varix, varicose vein.

bumbu, spices; *bumbui, membumbui,* to spice, to season.

bumi, earth, ground; ~ *angus,* scorched earth; ~ *putera,* native inhabitant; *ilmu* ~, geography.

bundar, round; *Konperensi Medja* ~, Roundtable Conference.

bunga, flower, blossom; interest; ~ *api,* sparks, fireworks; ~ *karang,* sponge; ~ *rampai,* anthology; *berbunga,* to flower, to blossom; *karangan* ~, nosegay, bouquet; *musim* ~, *musim semi,* spring(-time).

bungkuk, hump, hunch; *si* ~, hunchback; *membungkuk,* to bow, to bend.

bungkus, *membungkus,* to wrap, to pack; *pembungkus,* packing.

bungkusan, parcel, bundle, wrapping, package.

bunglon, chameleon.

bungsu, *anak* ~, youngest-born; *geraham* ~, wisdom-tooth.

bunji, tune, sound; noise; *salinan sebunji,* true copy; ~ *surat,* contents of a letter; *berbunji,* to sound.

bunji-bunjian, music.

buntelan, bundle; ~ *kawat,* coil.

bunting, pregnant.

buntjis, French beans.

buntu, barricaded; without exit, dead end, deadlock.

buntut, tail, end; stern.

bunuh, *membunuh,* to kill, to murder; to put out the light; *mati dibunuh,* murdered; *pembunuh,* murderer, killer; *pembunuhan,* murder, manslaughter.

bunut, *hudjan ~,* drizzling rain.

bupati, regent.

bupet [bupét], sideboard.

burit, posteriors.

buritan, stern.

buru, *memburu,* to hunt, to chase; to hurry; *pemburu,* hunter; *kapal pemburu,* destroyer; *pesawat pemburu,* fighter, chaser; *pemburuan,* the game.

buruh, labourer; *partai ~,* labour-party.

buruk, bad.

burung, bird; *~ geredja,* sparrow; *~ hantu,* owl; *~ lajang-lajang,* swallow; *~ unta,* ostrich.

burut, inguinal hernia.

busa, foam, lather.

busi, sparking-plug.

busuk, rotten; ugly; *bau ~,* bad smell.

busung, *~ air,* dropsy.

busur, bow.

busut, ant-hill.

buta, blind; *~ huruf,* illiterate; *~ tuli,* blind and deaf; *malam ~,* at dead of night.

butir, grain; *telur tiga ~,* three eggs.

butuh, penis.

butuhi, *membutuhi,* to need; *kebutuhan,* need, necessity.

C.

chabar, *kabar,* message, news, tidings; *~ angin,* rumours; *~*

kawat, telegram; *apa ~?,* how do you do?; *surat ~,* newspaper; *surat ~ pagi,* morning paper; *pesurat chabaran,* the press; *mengchabarkan,* to inform; *tidak ~ akan diri,* unconscious.

chadam, servant.

chaimah, *kemah,* tent.

chajal, *kajal,* imaginary; hallucination; *chajalan fikiran,* utopia.

chalajak, creature, mankind, public.

chalifah, caliph.

chalwat, *keluat,* retirement; *berchalwat,* to retire.

Chamis, *Kemis,* Thursday.

chas, particular.

chatan, circumcision; *mengchatankan,* to circumcise.

chattulistiwa, equator.

chawatir, worried, doubtful.

chianat, treachery, disloyalty, betrayal; *mengchianat, berbuat chianat,* to betray; *pengchianat,* traitor.

chidmat, *berchidmat,* to serve.

chilaf, *kechilafan,* mistake, error.

chotbah, sermon.

chusus, special, particular; *sekolah ~,* non-provided school; *pada ~nja,* especially.

D.

dabung, *mendabung,* to file the teeth.

dada, breast, chest.

dadak, *mendadak,* to vomit violently; *datang mendadak,* acute (ly).

dadar, omelet.

dadih, milk, curd.

dadu, die, dice; *main* ~, to play with dice.

daerah [daérah], district, territory, area.

daftar, list, register, roll; ~ *harga,* catalogue, price-list; ~ *barang-barang,* inventory; *mendaftar-kan,* to book, to enrol, to re-gister; *pendaftaran,* enrolment, registration.

dagang, trade; foreign; *orang dagang, pedagang,* merchant, trader; *perkongsian* ~, trading-company; *berdagang,* to trade; *perdagangan,* commerce, trade; *memperdagangkan,* to deal.

dagangan, merchandise, commo-dities.

daging, meat, flesh; *tukang* ~, *pendjual* ~, butcher.

dagu, chin.

dahaga, *daga,* thirst; thirsty.

dahak, phlegm, mucus.

daham, *mendaham,* to hum and haw.

dahan, branch.

dahi, forehead.

dahsat, *dahsjat,* horrifying, dreadful, terrible.

dahulu, *dulu,* before, first, former-(ly); ~ *kala,* in former times; ancient; *kemarin* ~, the day before yesterday; *mendahului,* to precede, to anticipate; *hak mendahulu,* privilege, prero-gative; *pendahuluan,* intro-duction; *kata pendahuluan,* preface.

daif, weak, feeble.

daja, resource; south; energy, power; ~ *kuda,* horse-power; ~ *upaja,* resources, means; *memperdajakan,* to deceive;

barat ~, south-west; *tipu* ~, deceit, trick.

dajang-dajang, attendants.

dajung, oar; *berdajung,* to row.

dakap, *mendakap,* to embrace, to clasp.

daki, dirt (of the skin); *mendaki,* to ascend.

daksina, south.

dakwa, accusation; *mendakwa,* to accuse; *pendakwa,* accuser; *terdakwa,* the accused.

dalal, broker.

dalam, in, inside, into; deep; court, palace; *Menteri* ~ *Negeri,* Minister of the Interior, Home Secretary; ~-~, profound; *mendalam,* to penetrate; *men-dalamkan,* to deepen; *memper-dalamkan diri,* to lose oneself in; *dalaman,* intestines; *pedala-an,* inland; ~ *pada itu,* in the meantime.

dalang, narrator, story-reciter.

dalih, pretext, pretence; *berdalih,* to pretend.

dalil, thesis; argument; *berdalil,* motivated, grounded.

damai, peace; *mendamai,* to make peace, to reconcile; *berdamai,* to be at peace; *perdamaian,* peace, reconcilement.

damar, resin; torch.

dampar, *terdampar,* grounded, to be washed ashore.

damping, *berdamping dengan,* in close proximity.

dan, and; ~ *lain-lain,* ~ *seba-gainja,* and so on.

dana, gift; fund.

danau, lake, pool.

dandan, *mendandan,* to adorn.

dandang, a copper cooking utensil.

dangkal, *dangkar,* shallow.

dangsa, a dance; to dance.

dapat, to find, to get, to obtain; to be able, can; *tak dapat tiada,* it must be; *mendapat,* to get, to obtain; to invent; *mendapatkan,* to visit, to call on, to meet; *kedapatan tertangkap tangan,* to take in the very act; *mendapati,* to experience; *pendapat,* opinion; invention; *menurut pendapat saja,* in my opinion; *pendapatan,* proceeds, income; *berpendapatan,* to conclude; *sependapatnja,* if possible.

dapur, kitchen; ~ *umum,* cookshop; *perkakas* ~, kitchenutensils.

dara, *anak* ~, virgin; *burung* ~, pigeon.

daradjat, *deradjat,* degree, rank.

darah, blood; *berdarah,* to bleed; *peredaran* ~, blood circulation; *pindah tuang* ~, blood transfusion; *tempat tumpah* ~, birthplace.

darat, land; shore; *kedarat,* ashore; *angin* ~, land-wind; *mendarat,* to land; *pendarat,* landing-gear; *pendaratan,* landing; disembarkment; *pendaratan terpaksa,* forcedlanding, emergency-landing.

daratan, continent.

dari, from; of; *selain* ~, except for; *sedari,* since.

darmawisata, excursion.

darurat, emergency; *kcadaan* ~ case of emergency.

dasar, ground, foundation, basis, base; *undang-undang* ~, constitution; *menurut* ~, on principle; *peta* ~, ground-plan; *mendasarkan,* to base; *berdasar*

atas, in virtue of; *berdasarkan,* based on, on the ground of.

dasi, (neck)tie.

datang, to come, to arrive; *minggu jang akan* ~, next week; *berdatang sembah,* to pay one's respects to, to bring a respectful greeting; *mendatangkan,* to cause; *kedatangan,* the coming, arrival.

datar, level, horizontal, flat.

dataran, plain.

datjing, steelyard.

datuk, grandfather; head of the family.

daun, leaf.

daulat, sovereign; majesty; *negara jang berdaulat,* a sovereign state; *kedaulatan,* sovereignty; *mendaulat,* to kidnap, to rob.

dawat, ink; *tempat* ~, inkstand.

debar, *berdebar,* beating of the heart; ~ *djantung,* heart-beat.

debu, dust; *berdebu,* dusty.

dedak, bran.

definisi [définisi], definition.

degil, obstinate.

dekak-dekak, counting-frame.

dekar [dékar], *mendekar,* to fence; *pendekar,* fencingmaster; champion, leader.

dekat, close by, near; *mendekati,* to approach; *mendekatkan,* to bring close; *berdekatan,* near by, adjacent.

deklarasi [déklarasi], voucher.

dekor [dékor], scene, scenery.

delapan, eight.

delapan belas, eighteen.

delapan puluh, eighty.

delegasi [délegasi], delegation.

delima, pomegranate; *batu* ~, ruby.

demam, fever; ~ *kura,* malaria;

lepas ~, free from fever.

demang, head of a district.

demap, gluttonous; *pendemap,* glutton.

demi, on, at, when, by; *seorang* ~ *seorang,* one by one; ~ *Allah,* by God.

demikian, such, so, thus, in this way.

demokrasi [démokrasi], democracy.

demokratis [démokratis], democratic(al).

dempul, putty.

denda, a fine; *mendenda,* to fine; *ia kena* ~, he was fined.

dendam, longing; grudge, hate; *menaruh* ~, to have a grudge against one.

dendeng [déndéng], jerked meat.

dengan, with, by means of; *sesuai* ~, *setudju* ~, in accordance with; ~ *alamat,* care of; ~ *hormat,* respectfully, politely; ~ *sepertinja,* properly; ~ *tiada,* without.

dengar, *mendengar, menengar,* to hear, to listen; to learn; *mendengarkan,* to listen to; to obey; *memperdengarkan,* to play, to sing; *terdengar, kedengaran,* audible; *pendengar,* listener; *pendengaran,* sense of hearing.

dengki, envy; ~ *akan,* envious, jealous.

dengking, *berdengking,* to yelp.

dengkur, *berdengkur,* to snore.

dengung, *berdengung,* to drone; to hum.

denjut, *berdenjut,* to throb; ~ *nadi,* pulsation.

depa, fathom.

depan, front; *didepan,* in front of; *tahun* ~, next year.

departemen [departemén], department.

deradjat, degree, rank.

deras, fast, quick (movement); heavy, violent.

deret [dérét], row, long line, progression; *berderet-deret,* in long lines.

derita, *menderita,* to suffer, to bear, to endure; *tiada terderita,* unbearable; *penderitaan,* sufferings.

derma, alms, gift; *pasar* ~, fancy-fair.

dermawan, charitable; *kedermawanan,* charity.

deru, *menderu,* to roar.

desa [désa], village.

desak, *mendesak,* to push; to press, to urge; pressing, urgent; *atas desakan,* at the instigation of; *desakan,* pressure.

desas-desus, rumours, dark whisperings.

Desember [Désémber], December.

desersi [désérsi], desertion.

destar, head-cloth.

detik, second.

dewa [déwa], divinity; godhead, god; *mendewakan,* to idolize.

dewan [déwan], court, board, council; ~ *Kesedjahteraan,* Security Council; ~ *Perwakilan Rakjat,* Parliament.

dewasa [déwasa], time; adult; *orang* ~, a grown-up person.

dewata [déwata], gods; *burung* ~, bird of paradise.

dewi [déwi], goddess.

di, at, on, in, up, to.

dia, he, him; she, her; it.

diam, to be silent; to live; ~-~, secretly, clandestine; *mendiamkan,* to silence; *mengediami,* to live in, to occupy; *pendiam*, silent person; *tempat kediaman*, dwelling-place, domicile.

dian, candle.

didih, *berdidih*, *mendidih*, to boil.

didik, *mendidik*, to educate, to bring up, to breed; *(pen)didikan*, education; *ilmu mendidik*, pedagogy; *pendidik*, educator.

dikit, *sedikit*, a little; *berdikit-dikit*, gradually, little by little; *dalam sedikit waktu*, in a short time, soon.

diktat, dictation.

diktator, dictator.

dikte [dikté], dictation; *mendiktekan*, to dictate.

dim, inch.

din, religion.

dinamit, dynamite.

dinamo, dynamo.

dinas, *dines*, service, duty.

dinding, wall.

dingin, cold, cool, chilly; *mendinginkan*, to chill, to ice; *kedinginan*, numb; *pendinginan*, cooling.

dinihari, dawn, daybreak.

dipan, divan.

dipisi, division.

diplomasi, diplomacy.

diplomat, diplomat.

direksi [diréksi], managing board, management.

direktur [diréktur], director, manager.

dirgahaju, long life.

diri, self, person; *seorang* ~, alone, by oneself, single-handed; *berdiri*, to stand, to get up; *mendirikan*, to erect, to build; *berdiri atas*, to be based, to be founded on; *terdiri dari*, to consist of; *pendirian*,

erection, foundation; standpoint, point of view, opinion; *berpendirian*, to hold an opinion.

disel, *motor* ~, Diesel engine; *kereta api disel*, Diesel electric train.

disenteri, dysentery.

disertasi, dissertation.

disiplin, discipline.

distrik, district.

djabar, *mendjabar*, to reduce.

djabat, *mendjabat*, to grasp, to hold, to seize; *berdjabat tangan*, to shake hands; *pendjabat*, official, functionary; *orang sedjabat*, colleague.

djabatan, *djawatan*, employment, profession, function, department; ~ *kesehatan rajat*, public health department; *karena* ~, officially.

djadi, to become, to happen; to be born; *mendjadikan*, to create; *kedjadian*, creation; event.

djadja, *mendjadja*, *berdjadja*, to hawk (about); *pendjadja*, hawker.

djadjah, *mendjadjah*, to travel about; to colonize, to subject; *pendjadjah*, colonizer, ruler.

djadjahan, colony, territory; *pendjadjahan*, colonization.

djadjar, row, line, file; *berdjadjar*, in a row; *sedjadjar*, parallel.

djadwal, list, schedule.

djaga, awake; *mendjaga*, to watch, to guard; *pendjaga*, watchman, guard; *mendjagakan*, to wake a person.

djagal, butcher; *pedjagalan*, abattoir, slaughter-house.

djagat, world.

djago, cock; champion.

djagung, maize.

djahanam, hell.

djahat, bad, wicked, evil; *orang ~, pendjahat,* evil-doer, criminal; *pendjahat perang,* war criminal; *kedjahatan,* wickedness, crime; *suluh kedjahatan,* criminal investigation.

djahe [djahé], ginger.

djahit, *mendjahit,* to sew; *mesin ~,* sewing-machine; *tukang ~,* tailor.

djaja, glorious, victorious.

djaksa, judge; *~ agung,* attorney-general; *~ umum,* public prosecuter.

djakun, Adam's apple.

djala, net, casting-net; *mata ~,* meshes of a net; *selaput ~,* retina.

djalan, street, road, way; *~ bahasa,* style, idiom; *~ kereta api,* railway; *~ raja,* main road; boulevard; *sport ~,* hiking; *uang ~,* travelling-expenses; *berdjalan,* to walk, to be on his (her) way; *berdjalan-djalan,* to take a walk; *mendjalani,* to travel over; *mendjalankan,* to set in motion; *perdjalanan,* journey.

djalang, wild, wandering about; *perempuan djalang,* prostitute.

djalar, *mendjalar,* to creep.

djalur, stripe; *berdjalur,* striped.

djam, clock; hour; *~ berapa?* what o'clock?; *~ bitjara,* consulting-hour; *upah ~-djaman,* hourly wage.

djaman, *zaman,* time.

djamban, water-closet, lavatory, privy.

djambang, vase, flower-pot.

djambatan, bridge, pier, jetty.

djamin, *djaminan,* guarantee,

security; *mendjamin,* to guarantee, to warrant; *terdjamin,* guaranteed.

djamrud, emerald.

djamu, guest; *tuan ~,* host, entertainer; *mendjamui,* to entertain, to feast; *perdjamuan,* reception, banquet, entertainment.

djamu-djamu, medicinal herbs.

djamur, toadstool; *paku ~,* drawing-pin, thumb-tack.

djanda, widow, widower.

djandji, *perdjandjian,* promise, agreement, contract; *menurut perdjandjian,* according to agreement; *menepati ~,* to fulfil a promise; *berdjandji,* to promise, to agree.

djangan, do not, don't.

djangan-djangan, maybe.

djangankan, not to mention, so far from.

djanggal, deformed; discordant.

djanggut, beard.

djangka, pair of compasses.

djangkit, *penjakit berdjangkit,* an infectious, contagious disease; *mendjangkit,* to spread; infectious; *mendjangkiti,* to infect.

djangkrik, cricket.

djanin, foetus.

djantan, male; *ajam ~,* cock.

djantung, heart; core; *~ betis,* calf; *~ hati,* darling, sweetheart; *lajuh ~,* heart-failure.

Djanuari, January.

djarak, interspace, distant between; radius (of a circle); castor-oil plant; *minjak ~,* castor-oil.

djarang, rare, scarce, seldom.

djari, finger; *~ hantu (malang,*

mati), middle finger; ~ *kaki,* toe; *(~) kelingking,* little finger; ~ *manis,* ring finger; ~ *telundjuk,* forefinger, index-(finger); *ibu* ~, thumb; *sarung* ~, thimble; *tjap* ~, fingerprint.

djari-djari, spokes; radius.

djaring, net.

djaringan, texture; *ilmu* ~ *tubuh,* histology; *pindah* ~, transplantation.

djarum, needle; ~ *arlodji,* hand of a watch; ~ *penjemat,* pin.

djas, coat.

djasa, merit; *uang* ~, pension; *berdjasa,* meritorious; to deserve well of.

djasmani, bodily, corporal, physical; *latihan* ~, gymnastics, physical training.

djati, *kaju* ~, teak; *sedjati,* real, original, genuine.

djatuh, to fall; to fail, to become a bankrupt; *mendjatuhkan,* to drop; *mendjatuhkan hukuman,* to condemn, to sentence; ~ *sakit,* to fall ill; ~ *tjinta,* to fall in love.

djauh, far, remote, distant; *sedjauh,* as far as; *mendjauhkan,* to remove, to get out of the way; *mendjauhkan diri,* to refrain from, to avoid, to shun.

djauhari, jeweller.

djauhnja, distance.

Djawa, Java; *orang* ~, Javanese.

djawab, *djawaban,* answer, reply; *tanggung* ~, responsibility; *tanja* ~, interview; *bertanggung* ~, responsible; *mendjawabi,* to reply.

djawat, *mendjawat, mendjabat,* to grasp, to hold; *orang sedjawat,* colleague.

djawatan, employment, profession department.

djazirah, peninsula.

djebak, snare, trap; *terdjebak,* trapped; *geranat pendjebak,* booby-trap.

djeda, break, pause.

djedjak, step, tread, foot-print; *berdjedjak,* to step on.

djedjal, to close, to stop; to feed a child.

djedjer [djédjér], line, row; *berdjedjer,* in a row.

djeladjah, *mendjeladjah,* to cruise; *kapal pendjeladjah,* cruiser.

djelas, clear, settled, distinct; *mendjelaskan,* to explain; *pendjelasan,* explanation.

djelata, *rakjat* ~, populace, common people.

djelatang, stinging-nettle.

djelek [djelék], ugly; *tiada ada djeleknja,* there is no harm in that.

djelita, charming, enchanting.

djelma, *pendjelmaan,* incarnation, embodiment; *mendjelma,* to be incarnated, to embody, to materialize.

djelus, jealous, envious.

djemala, skull.

djempol, thumb; first-class, first-rate; *tjap* ~, thumb-print.

djemput, *mendjemput,* to grip between the fingers; to meet, to invite.

djemu, weary of, tired of, sick of.

djemur, *mendjemur,* to dry (in the sun); *berdjemur,* to sun oneself.

djenaka, funny, comic.

djenazah, dead body, corpse.

djendela [djendéla], window.

djenderal, general; ~ *besar,* marshal.

djengkal, *sedjengkal,* a span between thumb and middle finger.

djengkel [djéngkél], peevish.

djenis, kind, sort; *berdjenis-djenis,* of all kinds, various, miscellaneous; *berat* ~, specific gravity; *menetapkan* ~, *menentukan* ~, to qualify; *penetapan* ~, *ketentuan* ~, qualification; ~ *kelamin,* sex; ~ *ubah,* variety.

djentera, wheel.

djenuh, saturated.

Djepang, Japan; *orang* ~, a Japanese.

djepit, *mendjepit,* to pinch, to squeeze.

djepitan, clip, tweezers; ~ *kertas,* paper-clip.

djera, deterred from.

djeram, (water)fall, rapids.

djerami, stubble, straw.

djerang, *mendjerang,* to put on the fire.

djerat, snare, noose; *mendjerat,* to snare; *terdjerat,* snared; to be taken in.

djerawat, pimple.

djerih, tired; ~ *pajah,* exhausted.

djerit, *mendjerit,* to shriek.

Djerman [Djérman], German: *negeri* ~, Germany.

djernih, clear, pure, transparent.

djeroan, bowels.

djeruk, citron, orange.

djerumat, *mendjerumat,* to darn.

djiarah, *ziarah,* pilgrimage, visit to a holy place; *berdjiarah,* to pilgrimage.

djidjik, abhorrence, abhorrent; *mendjidjikkan,* to abhor.

djika, if, in case of.

djikalau, if, in case of.

djilat, to lick; *pendjilat,* lick-spittle.

djilid, volume, binding; *mendjilid,* to bind; *pendjilid,* bookbinder.

djimat, talisman.

djin, ghost, spirit.

djinak, tame; *mendjinakkan,* to tame.

djindjing, to carry something by using the fingers only.

djingga, orange (colour).

djingkat, *djingket, berdjingkat,* to go on tiptoes; to walk with a limp.

djintan, cum(m)in.

djiran, neighbour.

djirat, tomb.

djitu, precise(ly), exact(ly).

djiwa, soul, life; *membuang* ~, to risk one's life; *kantor pentjatatan* ~, register-office; *ahli* ~, psychiater; *ilmu* ~, psychology.

djodoh, pair, match, better half; *memperdjodohkan,* to give in marriage.

djoget [djoget], dance, dancing-girl.

djoki, jockey.

djoli, sloop; *dua sedjoli,* married couple.

djolok, *mendjolok,* to poke with a stick (fruits); to pump (a person).

djongkok, to squat.

djongos, servant-boy, waiter.

djoran, fishing-rod.

djorong, *penampang* ~, ellipse.

djua, only.

djuadah, provisions, victuals; dainty bit.

djual, *mendjual,* to sell; *mendjual obral,* to sell off; *berdjual,* to trade, in trading, dealing, to merchandise; *pendjual,* trader, dealer; seller, monger; *pendjual besar*, wholesale dealer; *pendjual etjeran*, retail dealer; *pendjualan*, sale; *buku pendjualan*, sales-book.

djualan, merchandise, commodities; *harga* ~, selling-price.

djuang, *berdjuang*, to fight, to combat; *perdjuangan*, battle, fight, combat, struggle; *saudara seperdjuangan*, brother in arms.

djuara, champion; *kedjuaraan*, championship.

djubah, gown, robe; ~ *hakim*, toga, gown.

djubin, floor-tile.

djudi, *berdjudi*, *main* ~, to play at dice, to gamble; *pendjudi*, gambler.

djudjur, honest, fair, reliable, trustworthy; *kedjudjuran*, honesty, fairness, reliability.

djuga, too, also; fairly; *pada hari itu* ~, that very day.

Djuli, July.

djuling, squinting.

Djumahat, *Djum'at*, Friday.

djumbai, fringe, tassel.

djumlah, sum, amount, total; *mendjumlahkan*, to add(up); to totalize.

djumpa, *berdjumpa*, to meet; *mendjumpai*, to meet with; to find out.

djundjung, to carry on the head; *mendjundjung duli*, to obey the radja's order; *mendjundjung tinggi*, to defer to, to abide by.

djungkel, to tumble, to topple.

Djuni, June.

djuntai, *berdjuntai*, to dangle.

djuragan, captain, skipper; master.

djurang, ravine.

djuri, jury.

djuris, jurist, barrister, lawyer.

djurnal, journal.

djurnalis, journalist, reporter.

djuru, expert, skilled workman; ~ *basa*, interpreter; ~ *berita*, ~ *warta*, reporter; ~ *bitjara*, spokesman; ~ *kabar*, correspondent (of a newspaper); ~ *masak*, cook; ~ *mudi*, steersman, coxswain; ~ *rawat*, nurse; attendant; ~ *sita*, processserver; ~ *tafsir*, commentator; ~ *terbang*, airman, aviator; ~ *tulis*, writer; clerk; ~ *uang*, treasurer, cashier; *pendjuru*, angle, corner.

djurus, pause; *sedjurus*, a moment; *mendjuruskan*, to direct.

djurusan, direction.

djusta, *dusta*, lie.

djustru, exact(ly).

djuta, million.

dll, *dan lain-lain*, and so on.

doa, prayer; *berdoa*, *minta* ~, to pray.

dobi, laundry-man, washerman.

dok, dock.

dokter, doctor, physician; *kedokteran*, medical.

dolak, *mendolak-dalikkan*, to pervert.

domba, sheep; *mengadu-dombakan*, to play off against each other.

dompet [dompét], purse.

dongeng [dongéng], tale, fable, narration; *pendongeng*, narrator.

dongkrak, jack(-screw).

dorong, *mendorong*, to push on; to stimulate; *pendorong*, *dorongan*, stimulant.

dosa, sin, crime; *berdosa*, to sin; sinful.

dosin, *losin,* dozen.

dsb, *dan sebagainja,* and so on.

dua, two; *mendua hati,* to hesitate; *perdua,* half; *kedua,* both, secondly; *jang kedua,* the second; ~ *kali,* twice; *berdua,* together.

dua belas, twelve.

dua puluh, twenty.

duai, brother- or sister-in-law.

dubur, anus.

duduk, to sit, to take a seat; to reside; *menduduki,* to sit on (a chair); to occupy; *tentera jang menduduki,* army of occupation; *penduduk,* inhabitant; *pendudukan,* occupation; *kedudukan,* position, situation; *tempat kedudukan,* residence; *pedudukan,* posterior(s); ~ *perut,* pregnant, to be in the family way.

duga, *menduga,* to gauge, to fathom, to sound; *batu* ~, sounding-lead; *patokan* ~, hypothesis, supposition; *tidak terduga,* unfathomable.

dugaan, supposition, prognosis.

duit, money.

dujun, sea-cow; *berdujun-dujun,* crowding forward.

duka, *dukatjita,* grief, sorrow.

dukun, native doctor; ~ *beranak,* midwife.

duli, dust; ~ *baginda,* ~ *jang dipertuan,* Your Majesty.

dulu, *dahulu,* first; former, in former days; before.

dungu, stupid; *orang* ~, blockhead.

dunia, world; *djuara* ~, world champion; *duniawi,* secular; *keduniawian,* worldly-mindedness, materialism; ~ *archirat,* the hereafter.

dupa, incense; *pedupaan,* incensory; *mendupai,* to incense.

durdja, countenance.

durdjana, wicked, evil.

durhaka, disobedient, revolutionary; *orang* ~, rebel, mutineer; *mendurhaka,* to rebel, to mutiny; *pendurhakaan,* revolt, mutiny.

duri, thorn; *berduri,* thorny; *kawat berduri,* barbed wire.

dusta, *djusta,* lie; *berdusta,* to lie; *pendusta,* liar.

dusun, village; *orang* ~, countryman.

duta, envoy, minister; ~ *besa* ambassador; *kedutaan,* embas

E.

edar [édar], *mengedar,* to circulate, to revolve; *beredar,* to go about, to walk about, to wander round; *bintang beredar,* planet; *peredaran,* circulation, rotation, revolution; *peredaran bumi,* rotation of the earth; *peredaran darah,* circulation of the blood.

edaran, *surat* ~, circular letter, circular note.

edja [édja], *mengedja,* to spell.

edjaan, spelling; ~ *resmi,* official spelling; ~ *menurut bunji,* phonetic spelling.

edjek [édjék], to tease, to mock to ridicule.

edjekan, mockery, ridicule; *nama* ~ nickname.

effisien [effisién], efficient.

ekonomi [ékonomi], economic. economical; *perekonomian,* economy.

ekor [ékor], tail; *kuda tiga* ~, three horses; *mengekor,* to follow a person about; *bintang berekor,* comet; *pengekor,* follower.

ekspedisi [ékspedisi], expedition.

ekspor [ékspor], export.

eksportir [éksportir], *mengeksportir,* to export.

ekstrak [ékstrak], extract.

ela [éla], ell.

elak [élak], *mengelakkan,* to avoid, to dodge, to evade; *tak dapat dielakkan,* unavoidable, inevitable. [tricity.

elektrik [éléktrik], electric; elec-

elemen [élemén], element.

elok [élok], pretty, beautiful; *keelokan,* beauty, charm.

email [émail], enamel.

emak, *mak,* mother.

emas, *mas,* gold; ~ *kawin,* dowry; *bidjih* ~, gold-ore; *tukang* ~, gold-smith; *mengemasi,* to gild; to bribe, to corrupt; *kena* ~, bribed.

ember [émbér], bucket, pail.

embik, *mengembik,* to bleat.

embun, dew.

embus, *mengembus,* to blow; to prompt, to suggest.

embusan, *pengembus,* bellows; ~, prompting(s), suggestion, instigation.

empang, valve; ~ *aman,* safety-valve; ~ *pemadang,* throttle-valve; *mengempang,* to bar, to dam, to barricade; *pengempang,* dam; fishpond.

empas, *mengempas,* to throw down.

empasan, breakers, surf.

empat, four; *perempat,* fourth (part), quarter.

empat belas, fourteen.

empat puluh, forty.

empedu, gall, bile; *kandung* ~, gall-bladder.

emper [émpér], penthouse-roof.

empuk, mouldy, soft.

empulur, core, pith.

empunja, owner, possessor; *mempunjai,* to own, to possess, to have; *jang empunja,* whose.

enak [énak], delightful, nice, tasty, delicious.

enam, six.

enam belas, sixteen.

enam puluh, sixty.

enap, *mengenap,* to settle (down).

enapan, sediment.

enau, arenga-palm.

endal, *mengendal,* to stuff into.

endap, *mengendap,* to crouch, to lurk; to precipitate.

endapan, precipitate, sediment.

engah, to gasp.

enggah, no, not.

enggan, dislike, unwilling; *mengenggankan,* to refuse; ~ *mendjalankan kewadjiban,* unwilling to do his duty.

enggang, hornbill.

engkau, *kau,* you; ~ *punja,* your, yours.

engku, a title.

engsel [éngsél], hinge.

enjah, *enjahlah!,* get away, get along!

entah, I don't know; perhaps, maybe.

entak, *mengentak-entakkan,* to pound, to stamp; *mengentak-entakkan kaki,* to stamp one's feet; *pengentak,* pounder, stamper.

enteng [énténg], light, not heavy.

mengentengkan, to make easy, to ease.

entimun, cucumber.

entjer [éntjér], watery.

entjok [éntjok], rheumatism, gout.

epakuasi [épakuasi], evacuation.

eram, *mengeram,* to brood, to hatch; *pengeraman,* brood.

erang, *mengerang,* to moan, to groan.

erat, strong, solid, tight; *mengerat,* to constrict, to tighten.

eret [érét], *mengeret,* to drag, to haul.

Eropah, Europe, European.

erti, meaning; *mengerti,* to understand; *mengertikan,* to explain; *bererti,* to mean; *pengertian,* understanding, comprehension.

ertjis [értjis], peas.

es [és], ice; ~ *putar,* ~ *krim,* ice-cream; *hudjan* ~, to hail; *lemari* ~ *listrik,* refrigerator.

esa, one, only; *Jang Esa, Jang Maha Esa,* God.

esok [ésok], *besok,* to-morrow; *keesokan harinja,* the morrow, (the) next day.

espres [ésprés], express-train.

etikad, *itikat,* faith, belief.

etiket [étikét], label.

etjeran [étjéran], *nomor* ~, odd numbers (of a newspaper); *mendjual* ~, to sell by retail; *pendjual* ~, retail dealer.

F.

fa'al, deed, work; *ilmu* ~ *(alat) tubuh,* physiology.

fadjar, dawn, daybreak; ~

menjingsing, the break of day.

faedah [faédah], profit, benefit, advantage; *berfaedah,* profitable, useful; *tidak berfaedah,* useless.

faham, competent; idea, opinion; ~ *akan,* to understand; *sefaham,* agreed; *salah* ~, misunderstanding, misunderstood.

fakir, poor, destitute person; mendicant friar.

faktor, factor.

fakultet [fakultét], . faculty.

falak, heaven; *ilmu* ~, astronomy.

famili, family, relations.

fana, transitory, mortal.

fantasi, fantasy, imagination.

faradj, genitals.

faraid, *hukum* ~, hereditary law.

Farsi, Persian.

fasal, article, paragraph; regarding, concerning.

fasih, eloquent.

fasihat, eloquence.

fasik, evil, sinful.

fatal, fatal.

Februari [Fébruari], February.

federal [féderal], federal.

federasi [féderasi], federation.

festa [fésta], feast, festival.

fihak, side; ~ *sana,* opponent, opposition; *kedua belah* ~ bilateral.

fi'il, deed, work.

fikir, to think.

fikiran, thought, idea.

Filastun, Palestine.

filial, branch-establishment, branch-office.

filsafat, *ilmu* ~, philosophy.

firasat, *ilmu* ~, physiognomy.

Fira'un, Pharao.

firdaus, paradise.

firma, firm.

firman, word (of God): order, command, resolution.

fisik, *ilmu* ~, physics.

fitnah, slander; *memfitnahkan,* to slander.

fitrah, religious contribution at the end of the fasting month (Ramadan).

foja, *berfoja-foja,* to be on the spree.

formasi, formation.

formil, formal.

fosfor, phosphorus.

fosil, fossil.

foto, photo, photograph.

fraksi, fraction.

franko, stamp; post-paid.

fuad, heart.

fungsi, function.

fusi, fusion.

G.

gaba-gaba, garlands.

gabah, unhusked rice, paddy.

gabardin, gabardine.

gabung, *menggabungkan,* to connect, to combine, to fuse.

gabungan, *pergabungan,* connection, union, league, combination, fusion.

gabus, a kind of fish; cork.

gada, cudgel.

gadai, *menggadaikan,* to pawn; *rumah* ~, *pegadaian,* pawnshop; *surat* ~, pawn-ticket.

gade [gadé], *rumah* ~, pawnshop.

gading, tusk; ivory.

gadis, virgin, maiden; *sekolah* ~, girls' school.

gadjah, elephant.

gadji, salary, wages, pay; *meng-*

gadji, to salary; *makan* ~. to earn, to be in the pay of; ~ *bersih,* nett-salary; *peraturan* ~, scale of salary; *tambahan* ~. *kenaikan* ~, rise.

gaduh, noise, uproar, tumult; noisy; *bergaduh,* to be noisy; *pergaduhan, kegaduhan,* tumult, insurrection, revolt.

gagah, strong; *menggagahi,* to overpower; to violate; ~ *berani,* ~ *perkasa,* ~ *perwira,* heroic.

gagak, crow.

gagal, to fail; *menggagalkan,* to frustrate.

gagang, handle; ~ *pena,* penholder.

gagap, *menggagap,* to stammer, to stutter.

gagau, *menggagau,* to grope, to feel; *kedjang* ~, convulsions.

gahara, of royal birth.

gaib, mysterious, invisible.

gairah, envy, ambition, lust.

gaja, energy, strength, power; ~ *berat,* ~ *bobot,* gravitation, gravity; ~ *pegas,* resilience, elasticity; *ilmu* ~, mechanics.

gajang, light-headed.

gajung, water-dipper.

galah, a long pole; *menggalahkan,* to pole.

galak, wild, threatening, fierce.

galang, stock; *menggalang,* to have on the stocks.

galangan, slipway, slip (of a ship), dock.

gali, *menggali,* to dig; *penggali,* spade; *barang galian,* mineral.

galib, *pada galibnja,* mainly, principally.

gambar, *gambaran,* picture, drawing, photo, illustration;

menggambar, to draw, to picture; ~ *hidup,* the pictures; ~ *olok-olok,* caricature.

gamelan, a set of Javanese musical instruments.

gampang, easy; *anak* ~, a bastard.

ganas, fierce, wild, ferocious; *keganasan,* fierceness, ferocity.

ganda, fold; *dua kali* ~, double; *berlipat* ~, manifold.

gandar, axle, axle-tree.

gandel [gandél], clapper.

gandeng [gandéng], *bergandengan,* together; *bergandengan dengan,* in connection with; *bergandengan tangan,* arm in arm.

gandjar, *gandjaran,* reward.

gandjil, uneven, odd, unusual, peculiar; *kegandjilan,* peculiarity.

gandum, corn, wheat.

gang, alley.

ganggu, *mengganggu,* to tease, to worry, to interfere, to disturb.

gangguan, disturbance, interference.

gangsa, goose.

gangsi, to doubt.

gantang, a native measure (5 catties).

ganti, substitute, compensation; *akan* ~, in stead of; *pengganti,* successor, substitution; *pengganti kerugian,* compensation, indemnification; *mengganti,* to change, to substitute; *berganti-ganti,* in turns; *ganti-berganti,* alternate, alternative.

gantung, *menggantung,* to hang, to suspend; *bergantung kepada,* to depend on; *penggantungan,* gallows.

gapah, *gopoh-gapah,* in a hurry.

gara-gara, commotion, row.

garam, salt; *menggarami,* to salt; *pegaraman,* salt-pan.

garang, fierce, furious.

garasi, garage.

garebeg, ~ *Puasa,* Islamitic New-Year.

garing, crisp.

garis, line, scratch; ~ *alas,* baseline; ~ *balik,* tropic; ~ *menengah,* diameter; ~ *peperangan,* front; ~ *tegaklurus,* perpendicular (line); *menggaris,* to line, to scratch; *penggaris,* ruler.

garong, *menggarong,* to loot.

garpu, fork.

garuda, legendary giant bird, griffin; eagle.

garuk, *menggaruk,* to scratch, to curry (comb), to scrape; *penggaruk,* scratcher, scraper.

gas, gas.

gasak, *menggasak,* to wallop,, to thrash; to gorge.

gasang, lustful, lewd.

gasing, top.

gatal, itchy, lustful.

gaul, *bergaul, bertjampur* ~ *dengan,* to hold intercourse with, to associate; *pergaulan,* (social) intercourse, association; *pergaulan hidup,* society.

gaung, echo.

gawang, goal.

gedang, large, great.

gedek [gedék], plaited bamboo.

gedjala, symptom, phenomenon.

gedor, to batter, to burgle; *peng gedoran,* burglary, looting.

gedung, building; ~ *artja,* museum; ~ *umum,* public building.

gegaman, (hand)weapon.

gegap, ~ *gempita,* noisy, boisterous.

gegar, to shake, to quiver; ~ *otak,* concussion of the brain.

gegas, *bergegas-gegas, tergegas-gegas,* hasty, hurried.

gegat, moth.

gegep [gégép], (pair of) tongs.

geger [gégér], noise, clamour; *gegeran,* riot, disturbance.

geladah, to search, to ransack; *penggeladahan,* search of the house, razzia.

geladak, deck of a ship.

gelagapan, confused.

gelagat, mark, token, badge; aspect, symptom.

gelak, *tertawa ~-~,* to shout with laughter.

gelambir, dewlap.

gelang, bracelet, anklet; *pergelangan,* pulse, ankle.

gelanggang, circular space, arena ring; ~ *dunia,* stage of the world.

gelap, dark, secret; ~ *gulita,* ~ *katup,* pitch-dark; *mata ~,* frenzy, madness; *pasar ~,* black market; *pergerakan ~,* illegality; *tjara ~,* clandestine(ly); *barang-barang ~,* contraband; illegal goods; *menggelapkan,* to darken; to embezzle; *kegelapan,* darkness; *penggelapan,* blackout, embezzlement.

gelar, title; nick-name; *gelaran,* titles, forms of address; *bergelar,* entitled, titled.

gelas, glass, drinking glass.

gelatuk, to tremble, to shiver, to chatter (of the teeth).

geledah [gelédah], to search.

geledek [gelédék], thunder, lightning.

gelegata, nettle-rash.

gelembung, bubble; *bergelembung,* swollen.

gelendong [geléndong], spool.

geleng [géléng], *menggelengkan kepala,* to shake one's head.

gelenjar, *menggelenjar,* to tingle.

gelepar, to flounder, to sprawl.

geletar, *menggeletar,* to tremble.

geli, ticklish; *menggeli,* to tickle; *penggeli hati,* joke; *bersifat penggeli,* humoristic, comic.

geligi, set of teeth; ~ *buatan,* set of artificial teeth.

gelintjir, to slide; *tergelintjir,* slipped (to the side).

gelintjuh, to stumble.

gelisah, unquiet, fidgety, restless.

gelodjoh, gluttonous.

gelombang, long wave; *riak ~,* wave-length.

gelongsor, to slip (down).

gelora, boisterous, stormy; ~ *semangat,* enthusiasm.

gelut, *bergelut,* to wrestle; to romp.

gema, echo, reverberation; *bergema,* to re-echo, to reverberate.

gemar, *kegemaran,* pleasure, delight; hobby; *menggemari,* to like, to take pleasure in; *digemari,* popular with; *penggemar,* amateur.

gembala, cattle-guard, shepherd; *menggembalakan,* to guard, to look after.

gembar, *bergembar-gembor,* to brag; *menggembar-gemborkan,* to trumpet forth, to blazon abroad.

gembira, cheerful, enthusiastic; *kegembiraan,* enthusiasm, excitement.

gembleng [gemblèng], *menggembleng*, to ally; *gemblengan*, allied.

gembung, swollen.

gemerlap, to glitter, to sparkle.

gemetar, to shiver, to tremble.

gemilang, to glitter, to twinkle: *gilang-~*, sparkling, resplendent; glorious.

gempa, *~ bumi*, earthquake.

gempar, clamour, noise, commotion, stir, tumult; *menggemparkan*, to cause a stir.

gempita, *gegap ~*, noisy, boisterous.

gempur, *menggempur*, to attack, to destroy; *kapal penggempur*, battle-ship.

gemuk, stout, fat; grease; *tanah ~*, humus.

gemuruh, thunderous.

genap, complete; even; *segenap*, whole, all; *menggenapi*, to complete.

gendala, hindrance, obstacle.

gendang, drum; *~ pendengar*, *gendangan*, tympanum.

gendjang [gèndjang], wry; *djadjaran ~*, parallelogram.

gendong [gèndong], to carry on the back.

gendut, swollen (of the stomach).

genggam, fist; *segenggam*, a handful; *menggenggam*, to grip, to grasp.

genggaman, grip, grasp.

gensi [gènsi], prestige.

genta, bell.

gentar, to shiver, to tremble.

genteng [gentèng], *genting*, (roof) tile.

genting, (roof) tile; very slender; critical.

gentingan, isthmus; *kegentingan*,

critical position (situation, condition), suspense.

gentjat, to stop, to cease.

gentjatan, *~ sendjata*, armistice.

gentjet [gentjèt], oppressed; *tergentjet*, to be in a cleft stick.

gentjetan, oppression.

geraham, grinder, molar tooth.

gerak, movement, motion; *~ gerik*, one's doings; *pergerakan badan*, gymnastics; *pergerakan sekerdja*, trade-unionism; *bergerak*, to move.

geram, angry, wrathful.

gerangan, a word to express doubt or interrogation.

gerbang, *pintu ~*, main gate, gateway.

gerebek, *menggerebek*, to invade, to search; *penggerebekan*, razzia, invasion.

geredja, church; *burung ~*, sparrow.

gerek [gèrèk], *menggerek*, to bore; *penggerek*, drill, awl.

geretak, *menggeretak gigi*, to gnash one's teeth.

geretan [gerètan], *~ api*, matches.

gergadji, a saw; *abu ~*, sawdust; *menggergadji*, to saw.

gergasi, giant.

gerhana, eclipse.

gerilja, *perang ~*, guerilla war.

gerimis, *hudjan ~*, drizzling rain; to drizzle.

gering, sick.

gerip, slate-pencil.

gerobak, ox-cart, waggon; *tambahan*, trailer.

gerombolan, group.

gertak, *menggertak*, to threaten, to intimidate; to spur on, to stimulate.

gesa, *tergesa-gesa,* in a hurry, rash.

gesek [gésék], *menggesek,* to rub, to scrape; *menggesek biola,* to play the violin.

geser [gésér], *menggeser,* to scrape.

gesper [géspér], clasp, buckle.

getah, latex, gum; bird-lime.

getak, to drop off.

getar, *bergetar,* to tremble, to shiver.

getas, frail, fragile.

getek [géték], float.

gewang [géwang], mother-of-pearl.

giat, active, industrious, enthusiastic; *kegiatan,* enthusiasm, ambition.

gigi, tooth; *dokter* ~, dentist; *gosok* ~, tooth-brush; *obat gosok* ~, tooth-paste; *sakit* ~, toothache; *tjungkil* ~, tooth-pick.

gigil, shiver; *menggigil,* to shiver (with cold).

gigit, *menggigit,* to bite.

gila, mad, insane; *orang* ~, lunatic, mad-man; *rumah* ~, lunatic asylum, mad-house; *djangan main* ~*!,* no fiddle-sticks!

gilang, ~*-gemilang,* glittering, sparkling; *kemenangan* ~*-gemilang,* a brilliant victory.

gilap, *menggilap,* to polish.

giling, *menggiling,* to grind; to roll out; *beras* ~, polished rice; *penggiling djalan,* steam-roller.

gilingan, roller; *penggilingan,* (rice)-hulling mill.

gilir, *bergilir-gilir,* by turns.

giliran, turn.

gindjal, kidney.

girang, very pleased, glad, happy; *kegirangan,* gladness, happiness.

giring, *menggiring,* to drive (cattle).

gisar, *menggisar,* to twist.

goda, *menggoda,* to tempt; *penggoda,* tempter; temptation.

godok, *menggodok,* to stew.

gogoh, to shiver with cold.

gojah, labile.

gojang, *bergojang,* to shake, to sway; to fluctuate; *kegojangan,* fluctuation.

golak, *pergolakan,* trouble, turbulence, disturbances.

golok, chopping knife, chopper.

golong, *tergolong,* to form part of, to belong to; included.

golongan, group, party.

gondok, goitre, struma.

gondol, *menggondol,* to carry off.

gonggong, *menggonggong,* to carry off in the mouth; to bark.

gopoh, *tergopoh-gopoh,* in haste, pressed, in a hurry; *bergopoh-gopoh,* to hurry.

goreng [goréng], *menggoreng,* to fry; *penggorengan,* frying-pan.

gores [gorés], line, scratch; *menggores,* to scratch; ~ *api,* matches; ~ *nama,* paraph; *menggores nama,* to paraph.

gosok, *menggosok,* to rub, to polish; *menggosok sepatu,* to brush, to shine (up) shoes; *kulit penggosok,* shammy.

gosong, shoal; burnt, singed; sandbank.

gotjoh, *menggotjoh,* to beat with the fist; *bergotjoh,* to box.

gotong-rojong, mutual assistance.

gram, gramme.

gratis, gratis.

gropjokan, razzia.

gua, cave; I, my.

gubah, *menggubah,* to make, to achieve, to compose.

gubahan, work, achievement, composition.

gubernur, governor.

gubuk, bamboo-hovel, hut.

gudang, godown, shed, store, magazine.

gugat, shock.

gugup, nervous; to be put out; *kegugupan,* nervousness.

gugur, to fall off prematurely; to be killed (in action); *musim ~,* autumn; *keguguran,* miscarriage.

gugus, *gugusan,* bunch, group.

gula, sugar; *~ batu,* candy, lump-sugar; *~-~,* sweetmeats; *~ pasir,* cane-sugar.

gulai, curry-dish served with rice; *menggulai,* to prepare such a dish.

gulat, to wrestle, to fight; *pergulatan,* wrestling, struggle, fight.

guli, marble (to play with).

guling, to roll; *bantal ~,* bolster, Dutch wife.

gulita, *gelap ~,* pitch dark.

gulung, *menggulung,* to roll up.

gumpal, clot, lump; *bergumpal,* to clot.

gumul, *bergumul,* to wrestle.

guna, use, benefit, utility; *mempergunakan,* to use; *berguna,* useful; *tepat dan berguna,* effective, to the purpose; *~-~,* magic arts.

gunawan, useful.

gundik, concubine.

gundul, bald.

gung, gong.

guni, jute, gunny.

gunting, scissors; *menggunting,* to cut, to cut out.

guntingan, cut (of clothes).

guntjang, *mengguntjang,* to shake.

guntur, thunder.

gunung, mountain; *~ berapi,* volcano; *pegunungan,* chain of mountains, mountain-range.

gurau, pleasantry, jest, joke; *senda ~,* all kinds of jokes; *bersenda-~,* to joke.

gurdi, borer, drill; *menggurdi,* to bore.

gurih, tasteful, savoury. [bore.

guru, teacher; *~ kepala,* head-teacher; *~ besar, maha ~,* professor; *perguruan,* school, tuition; *perguruan tinggi,* university education.

guruh, thunder.

gurun, desert, wilderness.

gus, *dengan sekali ~,* all at a time.

gusar, angry; *~ akan,* angry with; to take amiss.

gusi, gums.

gusti, a title; *bergusti,* to wrestle.

gutji, jar, pot (earthenware).

H.

habis, finished, done; entirely; *~ besarnja,* grown-up; *~ perkara,* basta; *sehabis-~,* completely, utterly; *penghabisan,* end, termination; *udjian penghabisan,* final examination; *menghabiskan,* to finish, to complete; to spend.

hablur, crystal; *menghablur,* to crystallize.

Habsji, *negeri ~,* Abyssinia; *orang ~,* Abyssinian.

had; limit.

hadap, *menghadap,* to appear before, to have an audience; *menghadapi,* to face; *menghadapkan (usul),* to put forward (a proposal); *dihadapan,* in front of; *berhadapan muka dengan,* face to face; *terhadap,* with respect to, regarding.

hadiah, gift, present; prize; ~ *kerdja,* bonus; ~ *penghibur,* consolation prize.

hadir, *hadlir,* to be present, available; *menghadiri,* to be present at, to attend, to witness; *tidak* ~, absent; *ketiadaan* ~, absence.

hadirin, *hadlirin,* audience.

hadj, pilgrimage to Mecca.

hadjat, want, need, wish; *berhadjat,* to want, to need, to wish; *kada* ~, to defecate.

hadji, one who has made the pilgrimage to Mecca; *naik* ~, to go to Mecca for this pilgrimage.

hadlir, *hadir,* to be present, available.

hafal, *apal,* to learn by heart.

hai!, hoi, I say!

haibat, *hebat,* terrible, violent.

haidl, menstruation.

hajat, life; *ilmu* ~, biology.

hajati, vital.

hak, right, competence; ~ *memilih,* qualified to vote; ~ *pengarang,* copyright; ~ *pilih,* suffrage; ~ *punja,* proprietary right(s); *berhak,* to have a right to, competent, to be entitled to.

hakekat, truth; *pada* ~*nja,* essentially, in fact.

hakim, judge; *kehakiman,* justice.

hal, case, condition, affair, circumstance; *dari* ~, regarding, concerning; *perihal,* subject (of a letter); *pada* ~, whereas.

halai-balai, neglect, negligence; *menghalai-balai,* to neglect.

hal-ihwal, circumstances, events, adventures.

halal, legitimate, legal, permitted.

halaman, front yard; page; *lihat* ~ *sebelah* (l.h.s.), please turn over (p.t.o.).

halang, *menghalangi,* to prevent, to hinder.

halangan, prevention, hindrance, obstacle; *sebab berhalangan,* in case of prevention; *berhalangan,* to be prevented; *kalau tak ada* ~; if nothing has come between.

halau, *menghalau,* to drive away

halia, ginger.

halilintar, *halintar,* thunderbolt.

halkum, *lekum,* throat.

haluan, bows of a ship, prow; course, direction; *golongan jang berhaluan sabar,* the moderates; *berhaluan madju,* progressive.

halus, fine, not coarse; *orang* ~, ghost, shade; *menghalusi,* to refine.

hama, ~ *penjakit,* bacteria, microbe; *hapus* ~, disinfection; *sutji* ~, sterile.

hamba, slave; I, me; *berhamba,* to serve; *jang diperhamba,* your (humble) servant; *tuan* ~, you (used to superiors); *perhambaan,* vassalage, servitude.

hambat, *menghambat,* to chase, to pursue; *penghambat,* chaser, pursuer.

hambur, *berhamburan,* scattered about.

hamil, pregnant.

haminte, municipal; *pegawai* ~, municipal official.

hampa, empty; ~ *udara,* void of air, vacuum.

hampar, *menghampar,* to spread out.

hamparan, carpet.

hampir, near, nearly, almost, close by; ~-~, very nearly; *menghampiri,* to approach; *menghampirkan,* to get close to.

handai, *handai-tolan,* mates, comrades.

handuk, towel.

hangat, hot; ~ *kuku,* lukewarm; *berita* ~, timely news.

hanja, only, except.

hanjut, to drift, to float.

hantam, to beat violently.

hantar, *antar, menghantarkan,* to accompany away, to escort; *bahasa penghantar,* vehicular language; *kata penghantar,* preface.

hantjur, smashed, crushed, dissolved; *menghantjurkan,* to smash, to crush, to dissolve; ~ *lebur,* ~ *luluh,* entirely crushed.

hantu, ghost, evil spirit; *burung* ~, owl; *djari* ~, middle finger.

hapus, *menghapus,* to wipe, to erase; *penghapus,* wiper.

hara, nutrition; *ilmu* ~, science of nutrition; *menghara,* nutritious; *huru* ~, uproar.

harakat, *huruf* ~, vowel.

haram, not permitted, forbidden; ~ *djadah,* ~ *zadah,* bastard.

harap, *mengharap,* to hope, to expect, to trust.

harapan, *pengharapan,* hope, trust, expectation.

hardik, *menghardik,* to scold, to abuse.

harga, price, value; ~ *beli,* ~ *pokok,* cost price; ~ *djual,* selling price; ~ *mati,* fixed price; ~ *mutlak,* absolute value; ~ *tunai,* cash price; *menghargai,* to appreciate, to prize; *menghargakan,* to price; *penghargaan,* appreciation; *seharga,* equal in value, equivalent; *berharga,* precious, valuable; *tiada terharga,* invaluable, priceless.

hari, day; ~ *djadi,* ~ *kelahiran,* birthday; ~ *hudjan,* it is raining; ~ *ini,* to-day, this day; ~ *raja,* ~ *besar,* holiday; ~ *ulang tahun,* birthday; anniversary; *petang* ~, afternoon; *siang* ~, daylight; *tengah* ~, midday; *malam* ~, night-time; *keesokan* ~, the morrow; *kemudian* ~, later, in the future; *sepandjang* ~, all day; *orang upah harian,* day-labourer; *pimpinan harian,* daily direction; *sehari* ~, every day, daily; *sehari-harian,* all day.

harian, daily (newspaper). [day.

harimau, tiger.

haru, disturbance, uproar; ~ *biru,* ~ *hara,* great disturbance; *pengharu,* disturber; *pengharuan,* disturbance; *terharu,* moved, upset; *mengharukan,* to disturb.

harta, belongings, treasures; ~ *benda,* property, goods and chattels.

hartawan, wealthy.

harum, sweet-smelling, sweet-scented; *minjak* ~, perfume; *namanja* ~, he is a well-known man.

harus, should, ought to, have to, to be obliged to; *mengharuskan.*

to oblige; *keharusan*, obligation, necessity.

hasad, envy.

hasil, proceeds, products; results; *berhasil,* to succeed; *tidak berhasil,* without result, resultless, *penghasilan,* production; income; *padjak penghasilan,* income-tax.

hasrat, longing, desire, wish, lust.

hasta, distance from the elbow to the top of the middle finger.

hati, liver, heart; ~ *besar,* proud, high-spirited; ~-~, with care, careful(ly); *menarik* ~, to attract; attractive; *mendua* ~, to hesitate, to feign; *berkata didalam* ~, to say to oneself; *perhatian,* attention; *menarik perhatian,* to attract (catch) attention; *menaruh perhatian terhadap,* to pay attention to; *memperhatikan,* to pay attention; *buah* ~, *tangkai* ~, darling, sweetheart; *keras* ~, wayward, wilful; *ketjil* ~, to take amiss; *panas* ~, angry; *sakit* ~, grief, sorrow; *sehati,* unanimous, of one mind; *tjenderung* ~, sympathy.

hatur, *menghaturkan,* to address; *menghaturkan terima kasih,* to render thanks.

haus, *aus,* thirst(y); *kehausan,* to be thirsty.

hawa, atmosphere, air, climate; ~ *darat,* continental climate; ~ *laut,* marine climate; *menghawa,* to evaporate; ~ *nafsu,* passion, lust.

Hawa, Eve.

hebat [hébat], terrible, enormous.

hela [héla], *menghela,* to drag, to draw.

helai, *sehelai kertas,* a sheet of paper.

helat, trick; ~ *perang,* ruse (of war); *orang penghelat,* schemer, plotter.

hemat [hémat], economical, thrifty; *berhemat, menghemat,* to economize; *kehematan,* economy, thrift; *pada* ~ *saja,* in my opinion; *penghematan,* economy; cut (in wages).

hembus, to blow.

hendak, wish; will, shall; *kehendak,* wish, desire; *kehendak rakjat,* will of the people (nation); *sekehendak hati,* at pleasure, at will; *berkehendak,* to need; *mengehendaki,* to wish, to desire, to require; *hendaklah,* (if you) please.

hening, clear, transparant.

henti, *berhenti,* to stop, to cease; *ia diberhentikan,* he got the sack; *minta berhenti,* to tender one's resignation; *memperhentikan,* to stop, to abolish; *memberhentikan,* to dismiss, to discharge; *(tempat) perhentian,* stopping-place, stop; *penghentian tembak,* cease fire.

heran [héran], astonished; *dengan* ~, wonderingly; *keheranan,* astonishment, surprise, wonder; *mengherankan,* to surprise.

hewan [héwan], livestock, animals, cattle; *dokter* ~, veterinary surgeon; *ilmu* ~, zoology; *taman* ~, zoological gardens; *kehewanan,* cattle-breeding.

hias, *menghiasi,* to adorn, to decorate; *perhiasan,* adornment, decoration; ornament.

hibah, *hibahan,* gift, donation.

hibur, *menghiburkan,* to comfort, to console; *penghibur,* comforter; *hadiah penghibur,* consolation prize; *penghiburan,* comfort, condolence; *surat penghiburan,* letter of condolence.

hidang, *menghidangkan,* to serve up; to offer, to present.

hidangan, dish; offer, presentation.

hidjau, green; *kehidjauan,* greenish.

hidung, nose; *menghidung,* to speak through the nose.

hidup, to live; alive; *selama ~nja,* lifelong; *masih ~,* still alive; *menghidupkan,* to bring to life; to start (a motor); *menghidupkan serutu,* to light a cigar; *kehidupan,* life, livelihood; support, sustenance; *riwajat kehidupan (hidup),* biography.

hikajat, tale, history.

hikmat, wisdom, science, magic art.

hilang, to disappear, to lose; died; missing.

hilir, downstream; *~ mudik,* to and fro, up and down; *menghilir, milir,* to go downstream.

himpun, *menghimpunkan,* to gather, to collect, to bring together; *berhimpun,* to assemble, to meet, to come, together; *perhimpunan,* assembly, meeting; union, association, club; *penghimpun listrik,* accumulator.

hina, low, mean, ignoble, humble; *orang ~ dina (dena),* plebs; *menghinakan,* to humiliate, to abase; *kehinaan,* humiliation, abasement.

hindar, *menghindarkan,* to evade, to avoid, to protect from.

hingga, *sehingga,* as far as, so that, until; *~ sekarang,* up to now; *berhingga,* limited, bounded; *tidak terhingga,* unlimited, boundless; *perhinggaan,* limit, boundary.

hinggap, to alight somewhere (of a bird), to perch; *dihinggapi,* affected with.

hipotek [hipoték], mortgage; *menghipotekkan,* to mortgage.

hirau, emotion; *menghiraukan,* to trouble about, to care.

hisab, *menghisabkan,* to calculate.

hitam, black; *daftar ~,* black list; *~ legam,* pitch black.

hitung, *menghitung,* to count, to calculate, to reckon; *terhitung,* inclusive; *perhitungan,* account; *daftar perhitungan,* account current.

hitungan, calculation; sum; *ilmu ~,* arithmetic; *itu tidak masuk ~,* that does not count.

hiu, shark.

hiuran, collection, contribution, subscription.

hormat, respect, honour; *memberi ~,* to pay respect, to do honour; to greet, to salute; *dengan ~ saja beritahukan kepada Tuan,* I have the honour to inform you, I beg to inform you; *menghormati,* to honour, to respect; *Tuan jang terhormat,* dear Sir; *kehormatan,* homage; *dokter kehormatan,* honorary doctor.

hotel [hotél], hotel.

hubaja-hubaja, especially, above all things.

hubung, *menghubungkan,* to connect, to join, to unite, to link, to communicate; *berhubung dengan*, in connection with; *penghubung*, switch; *kata penghubung*, conjunction; *perhubungan*, communication, connection, relation, contact; *perhubungan udara*, air-route.

hubungan, link, connection.

hudjan, rain; ~ *batu*, ~ *manik*, ~ *es*, hail; ~ *bunut*, ~ *rintik-rintik*, drizzling rain; ~ *deras*, pouring rain; *hari* ~, it is raining; *musim penghudjan*, rainy season; *menghudjan(i)*, to rain down upon; *kehudjanan*, to be caught in the rain.

hudjat, *menghudjat*, to slander.

hukum, law, sentence, penalty; ~ *pidana*, criminal law; *menghukum*, to sentence, to condemn, to punish.

hukuman, punishment; ~ *mati*, capital punishment; ~ *pendjara*, imprisonment; *kitab undang-undang* ~, criminal code, penal code.

hulu, beginning; source; head; handle; *gering* ~, head-ache; *berhulu*, to rise (of a river); ~ *kepala*, the crown; ~ *keris*, handle of a creese; ~ *sungai*, source of a river.

hulubalang, leader, commander in war.

huma, field.

huni, *penghuni*, rural resident, occupant.

hunus, *menghunus*, to unsheathe.

huru-hara, confusion, alarm.

huruf, letter; ~ *besar*, capital letter; ~ *hidup*, vowel; ~ *mati*, consonant; ~ *miring*, italics; *buta* ~, illiterate; illiteracy.

hutan, forest, wood; ~ *rimba*, jungle; *kehutanan*, forestry.

I.

ia, he, she, it; yes; ~ *itu*, namely; *beria*, to say yes; *seia sekata*, unanimous; of one mind; *mengiakan*, to confirm, to assent to.

iba, ~ *hati*, moving, heart-breaking.

ibadat, worship, service to God; *beribadat*, religious, pious.

ibarat, example, likeness, allusion, parable; *mengibaratkan*, to take example by, to use figuratively.

iblis, devil.

ibnu, *ibn*, *bin*, son of.

ibrani, Hebrew.

ibu, mother; ~ *bapa*, parents; ~ *djari*, thumb; ~ *kaki*, big toe; ~ *kota*, ~ *negeri*, capital; ~ *pertiwi*, native country; ~ *tentera*, main body of an army; ~ *tiri*, step-mother; *bahasa* ~, mother tongue; *keibuan*, mother-hood, maternity.

ichlas, straight, sincere, whole-hearted; *keichlasan*, sincerety, whole-heartedness.

ichtiar, attempt, initiative, plan; *berichtiar*, to try, to endeavour, to exert oneself; *mengichtiarkan*, to try, to advise.

ichtisar, summary, extract, survey; *mengichtisarkan*, to sum up briefly, to summarize.

idam, desire, lust; *mengidam-idamkan*, to desire, to long for; *idam-idaman*, longing; ideal.

idap, *mengidap*, to be ailing;

mengidapkan, to suffer from.

identik [idéntik], identical; *keidentikan*, identity.

idjazah, certificate, diploma; permit; *beridjazah*, qualified.

idjin, *izin*, consent, permission, licence; *mengidjinkan*, to allow to permit.

idjuk, fibre (of the arenga-palm)

iga, rib.

igama, *agama*, religion.

igau, *mengigau*, to wander in one's mind, to walk in one's sleep; *~-igauan*, nightmare, delirium.

ihwal, *hal* ~, circumstances, matters.

ikal, curl, curly; *mengikal*, to curl, to friz.

ikan, fish; ~ *air tawar*, freshwater fish; ~ *asin*, salted fish; ~ *basah*, fresh fish; ~ *bilalang*, flying fish; ~ *kering*, dried fish; ~ *laut*, sea-fish; ~ *paus*, whale; *perikanan*, fishery, fisheries.

ikat, bunch; ~ *pinggang*, girdle, waist-cloth; *mengikat*, to fasten, to tie; *pengikat*, binder; *tali pengikat*, string.

ikatan, connection, alliance, union; ~ *dinas*, contract of service; ~ *surat*, sheaf of papers.

iklan, advertisement.

iklim, climate; *beriklim*, to acclimatize; ~ *laut*, marine climate.

ikrar, promise, pledge; *berikrar*, to promise, to pledge.

ikut, *mengikut*, to follow, to accompany; ~ *serta*, to take part, to join; *mengikut udjian*, to sit for an exam; *berikut-*~, again and again, in succession; *jang berikut*, who's next, next, please

sebagai berikut, as follows; *pengikut*, follower; *pengikut kursus*, follower of a course; *terikut*, inclusive.

ilah, God.

ilat, invalid.

ilmu, science, knowledge, magic art; *berilmu*, learned; *berdasar* ~, scientific; *keilmuan*, science; ~ *alam*, physics; ~ *aldjabar*, algebra; ~ *bangsa*, ethnology; ~ *bedah*, surgery; ~ *binatang*, zoology; ~ *bumi*, geography; ~ *djiwa*, psychology; ~ *falak*, astronomy; ~ *filsafat*, philosophy; ~ *fisik*, physics; ~ *gaja*, mechanics; ~ *hajat*, biology; ~ *hewan*, zoology; ~ *hitungan*, arithmetic; ~ *kemasjarakatan*, sociology; ~ *kesehatan*, hygiene, sanitary science; ~ *kimia*, chemistry; ~ *mendidik*, pedagogy; ~ *pasti*, mathematics; ~ *pelajaran*, art of navigation; ~ *riwajat*, history; ~ *sedjarah*, history; ~ *tata bahasa*, grammar; ~ *tumbuh-tumbuhan*, botany; ~ *ukur*, geometry.

imam, religious leader.

iman, *keimanan*, creed, faith, belief; *beriman*, religious.

imbang, balance, *seimbangan*, evenly balanced; well-balanced; *berimbangan*, proportional, equivalent; *menurut perimbangan*, in proportion.

imbuh, make-weight.

imigrasi, immigration.

imla, dictation.

imperialis, imperialist, imperialistic.

impi, *mimpi*, to dream; *impian*, dream.

impit, close against; *mengimpit,* to oppress; *terimpit,* oppressed.

impitan, oppression.

impor, import; *mengimpor,* to import.

importir, importer.

impotensi [impoténsi], impotency.

imunitet, [imunitét], immunity.

inang, wet-nurse.

inap, *menginap,* to stop (during the night), to pass the night; *rumah penginapan,* inn, hotel.

indah, fine, beautiful; *memperindahkan,* to beautify; *mengindahkan,* to care about.

indera, god; *keinderaan,* world of the gods; *pantja ~,* the five sense-organs.

indjak, *mengindjak,* to stamp, to trample on; *~-~,* stirrup; *terindjak,* trampled down.

indjakan, *~ speda,* pedal of a bicycle; *~ gas,* accelarator (pedal).

indjil, gospel; *Kitab ~,* Bible; *guru ~,* evangelist.

Indonesia [Indonésia], Indonesia, Indonesian; *mengindonesiakan,* to translate into Indonesian; *apakah ~nja?,* how do you put it in Indonesian?

induk, mother, mother animal; *~ ajam,* mother hen; *~ karangan,* leader, leading article, editorial; *~ sungai,* principal river; *~ semang,* landlady; employer; *kapal ~,* aircraft-carrier.

induksi, induction; *kumparan ~,* induction-coil.

indung, mother animal; *~ mutiara,* mother of pearl; *~ telur,* ovary.

industri, *perindustrian,* industry.

inflasi, inflation.

informil, informal.

ingar, noise.

ingat, *mengingat,* to remember, to recollect; *mengingatkan,* to remind of; *~ akan dirinja,* to regain consciousness, to come round; *mengingati,* to warn; *memperingati,* to commemorate; *~-~,* cautious, prudent; *dengan ~-~,* attentive(ly).

ingatan, remembrance, memory; *peringatan,* warning, commemoration; note; *batu peringatan,* memorial stone; *hari peringatan,* memorial day, anniversary; *surat peringatan,* memorandum; *tanda peringatan,* souvenir, keepsake; monument, memorial.

Inggeris, *negeri ~,* England; *orang ~,* Englishman.

ingin, to long for, to desire; *keinginan,* desire.

ingkar, *mengingkari,* to deny; *keingkaran,* denial.

ingus, mucus; *membuang ~,* to blow one's nose.

ini, this, these; *disini,* here.

inisiatip, initiative, enterprise.

insaf, *insjaf,* to realize; *menginsafkan,* to convince; *keinsafan,* realization, notion.

insang, gill.

insiden [insidén], incident.

insinja, badge.

insinjur, engineer.

insja Allah, God willing.

inspeksi [inspéksi], inspection.

inspektur [inspéktur], inspector.

instansi, authority.

instruksi, instruction.

instruktur, instructor.

intai, *mengintai,* to spy upon, to watch, to peep at; *penembak* *pengintai,* sniper; *pengintaian.* reconnoitring.

intan, diamond; *tukang ~,* diamond-polisher; *perusahaan ~,* diamond-polishing factory.

intelek [intelék], *kaum ~,* the intellectuals.

internasional, international.

internir, to intern.

interpelasi, interpellation.

interpiu, interview; *menginterpiu,* to interview.

inti, delay; core; *terinti,* delayed; *~ bahasa Inggeris,* basic English.

intip, *mengintip,* to spy upon, to reconnoitre, to scout; *pesawat pengintip,* scouting-plane; *pengintipan,* reconnoitring.

intjang, *~ intjut,* higgledy-piggledy.

intjar, drill.

intjut, awry; *~ lafalnja,* he expresses himself badly (poor-

introduksi, introduction. [ly).

intuisi, intuition.

ipar, brother- or sister-in-law.

ipuh, poison.

iradat, will of God.

Irak, Irak, Iraq; Iraqi.

irama, rhythm, pace; *berirama,* rhythmical.

Iran, Iran; Iranian.

iri, *mengiri,* to envy; *~ hati,* envious, jealous.

Irian, New Guinea, Papua.

irigasi, irrigation.

iring, *mengiring(i),* to accompany, to escort; *~-iringan,* convoy; *beriring-iringan,* in succession; *pengiring,* companion, satellite; *pengiringan,* followers, escort.

iringan, followers, suite, retinue.

iris, slice; *mengiris,* to slice (up);

luka ~, incised wound, cut.

irisan, section.

Irlandia, Ireland, Irish.

irup, *mengirup,* to lap up.

Isa, *nabi ~,* Jesus.

isap, *mengisap,* to suck; *mengisap serutu,* to smoke a cigar; *mengisap tjandu,* to smoke opium; *pengisap,* piston, plunger; *kelep pengisap,* piston-valve; *pengisap darah,* extortioner, vampire.

isapan, *~ djempol,* gratuitous assertion, invention.

isi, contents, volume; *~ kapal,* those on board, the passengers and crew; *~ perut,* bowels; *~ rumah,* the family; *mengisi,* to fill, to load; *berisi,* to contain; *pengisi,* filling; *pengisi,* fill-up (pars); *pengisi waktu,* pastime.

isjarat, signal, sign, hint, wink, gesture; *mengisjaratkan,* to beckon, to give a person a sign.

Islam, Islam; *orang ~,* Islamite; *... Islam,* Islamic, Islamitic; *mengislamkan,* to islamize.

isolasi, isolation, insulation.

isolator, insulator.

isolir, *mengisolir,* to isolate, to insulate.

Israil, Israel.

Istambul, Istanbul.

istana, palace; *anggota ~,* courtier.

istanggi, incense.

isteri, wife; *beristeri,* married.

istilah, term, word; *kata-kata* terminology.

istimewa [istiméwa], special, extraordinary; *dokter ~,* specialist (medical); *pasukan ~,* picked troups; *teristimewa,* especially.

istirahat, rest, recreation;

beristirahat, to take rest;
tempat beristirahat, holiday
resort, retreat; *peristirahatan
kanak-kanak,* children's holiday
camp.
itik, duck; *anak* ~, duckling.
itikat, faith, belief; *dengan* ~
baik, in good faith.
itjak, ~-~, quasi, seeming,
pretended.
itjip, *mengitjipi,* to taste.
itu, that, those; ~ *dia!,* there's the
rub!
iuran, subscription, contribution.
izin, *idjin,* permission; leave;
surat ~, pass; *dengan seizin,*
with the permission of;
mengizinkan, to allow, to
permit.

J.

ja, *ia,* yes; ~ *Allah!,* my God!
j.a.d., *jang akan datang,* next,
forthcoming.
Jahja, (St.) John.
Jahudi, Jew, Hebrew; Jewish.
jaitu, namely.
jajasan, institute, foundation.
jakin, serious, convinced, confi-
dent; *kejakinan,* conviction,
seriousness; *menjakinkan,* to
convince of.
jakni, namely.
Jakub, Jacob.
Jaman, Yemen.
jang, who, which, that.
jang-jang, gods.
jatim, orphan; *rumah* ~,
orphanage.
jaum, day; ~ *uddin,* day of
judgement.

j.b.l., *jang baru lalu,* last.
jijid, phlegm, mucus.
j.l., *jang lalu,* last.
jodjana, *teropong* ~, telescope.
jogia, *sejogianja,* properly, as is
fitting.
ju, *hiu,* shark.
Junani, *negeri* ~, Greece: *orang*
~, Greek; ... ~, Greek.
Junus, Jonah.
juran, *(h)iuran,* subscription,
contribution.
jus, gravy.
Jusuf, Joseph.
juta, *djuta,* million.

K.

ka', *kakak,* elder brother or sister.
Kaabah, the Caaba at Mecca.
kabal, invulnerable; *kekabalan,*
invulnerability.
kabar, message, news, tidings; ~
angin, rumours; ~ *kawat,* tele-
gram; *apa* ~?, how do you do?;
surat ~, newspaper; *surat* ~
pagi, morning paper; *pesurat
kabaran,* the press; *mengabar-
kan,* to inform; ~*nja,* it is un-
derstood that ..., it is said; ~
kebelakangan, stop-press.
kabel, cable.
kabinet [kabinét], cabinet,
government; *penjusun* ~,
pembentuk ~, cabinet-maker.
kabisat, *tahun* ~, leap-year.
kabul, *mengabulkan,* to grant, to
approve, to consent; *penga-
bulan,* grant, approval, consent.
kabung, *berkabung,* to mourn:
perkabungan, mourning.
kabur, dim of sight, hazy; gone.

kabut, fog, mist.

kadal, lizard.

kadang, ~-~, *terkadang*, sometimes, now and then.

kadar, power, ability, grade; *sekadar*, proportional(ly); *sekadarnja*, more or less, about; *ala* ~, to the best of one's ability; ~ *dua puluh*, about twenty.

kadaster, land-registry.

kader, (regimental) cadre.

kadera [kadéra], chair.

kadet [kadét], cadet.

kadi, judge.

kadir, almighty.

kadjang, matting.

kadji, *mengadji*, to read the Koran.

kado, present.

kafan, *kapan*, pall.

kafilah, caravan.

kafir, infidel, giaour.

kaget [kagét], frightened.

kagum, *mengagumi*, to admire; *kekaguman*, admiration.

kahar, *sebab* ~, superior power, force majeure.

kahwa, coffee.

kail, angling-rod; fishing-rod; *mengail*, to fish, to angle; *pengail*, angler.

kain, cloth; ~ *alas*, table-cover; ~ *pentang*, banner.

kais, *mengais*, to scratch.

kaisar, emperor.

kait, *pengait*, hook; *mengait*, to hook.

kaja, rich; ~ *raja*, very rich, wealthy; *kekajaan*, riches, wealth, fortune; *padjak kekajaan*, property tax.

kaja, as, like.

kaju, wood, stick; ~ *bakar*, fire-

wood; ~ *djati*, teak; ~ *manis*, cinnamon; *mata* ~, knot; *pohon* ~, timber; *tukang* ~, carpenter.

kajuh, *pengajuh*, paddle; *mengajuh*, to paddle.

kakak, elder brother or sister.

kakatua, pair of pincers; *burung* ~, parrot.

kakek [kakék], grandfather, old man.

kaki, foot, leg, lower end; *mata* ~, ankle; ~ *langit*, horizon; ~ *tangan*, helper; *tapak* ~, sole of the foot.

kaku, stiff.

kakus, water-closet (W.C.), lavatory.

kala, time; *apakala*, *manakala*, *ada kalanja*, sometimes; *berkala*, periodical(ly); *surat berkala*, periodical, magazine; *dahulu* ~, in former times.

kala, scorpion.

kalah, to lose; defeated; *mengalahkan*, to conquer.

kalakian, then, further.

kalam, pen.

kalang, underlayer, support; ~ *kabut*, confused, disordered.

kalangan, ship-yard; crowd, circle, group; ~ *pemerintah*, government circles; ~ *jang mengetahui*, well-informed circles.

kalau, if; ~-~, maybe.

kalbu, heart.

kaldu, broth, beef-tea.

kaleng [kaléng], tin, can; *surat* ~, anonymous letter.

kali, time; *sekali*, once; *dua* ~, twice; *enam* ~, six times; *besar sekali*, very large (big); *sekali ini*, this time; *sekalian*, all; *sekali-*~ *tidak*, by no means, not at all; *sekali gus,* at a time, at once; *berkali-~,* repeatedly, again and again; *mengalikan,* to multiply.

kali, river.

kalian, *daftar ~,* the multiplication tables.

Kalimantan, Borneo.

kalimat, sentence; *pokok ~,* subject of a sentence; *susunan ~,* construction of a sentence.

kalipah, caliph.

kalori, calorie.

kalung, necklace.

kalut, confused.

kamar, room; *~ bola,* club; *~ ketjil,* W.C., lavatory; *~ makan,* dining-room; *~ tidur,* bedroom.

kambing, goat.

kami, we, us; *~ punja,* our, ours.

Kamis, *Kemis,* Thursday.

kampak, *kapak,* axe.

kampas, canvas.

kampret [kamprét], bat.

kampung, village, quarter; *~ rakjat marhaen,* popular neighbourhood; *orang sekampung,* fellow-villager; *berkampung,* to assemble, to meet.

kamu, you; *~punja,* your, yours.

kamus, dictionary.

Kanada, Canada.

kanak-kanak, little child, kid.

kanan, right; *kekanan,* to the right; *tangan ~,* right-hand; *menganan,* to keep to the right.

kandang, stable; *~ lebah,* beehive.

kandas, to run aground (of a ship).

kandidat, candidate.

kandil, candlestick.

kandji, starch; *mengandji,* to starch.

kandung, sack; uterus; *mengandung,* to contain; *~ harapan,* to cherish (entertain) a hope; *berkandung,* pregnant; *~ empedu,* gall-bladder.

kandungan, pregnancy.

kangkang, *mengangkang,* to straddle.

kanta, lens.

kantin, canteen.

kantjil, kanchil.

kantjing, button; *mengantjing,* to button up.

kantong, pocket, sack.

kantor, office; *~ bea,* custom-house; *~ padjak,* tax-collector's office; *~ pusat,* head-office; *~ pos,* post office; *~ telepon,* telephone station; *~ uang,* bank.

kantung, *kantong,* pocket, sack.

kapak, axe.

kapal, ship, vessel; *~ api, ~ asap,* steamer; *~ dagang,* merchant ship; *~ induk,* aircraft carrier; *~ pendjeladjah,* cruiser; *~ pengangkut,* transport-ship; *~ penggempur,* battleship; *~ penjapu periuk api,* mine-sweeper; *~ penjebar randjau,* mine-layer; *~ penumpang,* passenger-steamer; *~ perang,* warship; *~ perusak,* destroyer; *~ selam,* submarine; *~ terbang,* aeroplane; *orang ~,* crew; *perkapalan,* navigation; tonnage, shipping.

kapan, *kafan,* pall.

kapan, when.

kapas, cotton, cotton-wool.

kapasitet [kapasitét], capacity.

kapitalis, capitalism; *bersifat ~* capitalistic.

kapitan, captain.

kapok, capoc.

kapur, lime; ~ *barus,* camphor; ~ *belanda,* chalk; ~ *mati,* slaked lime; ~ *tohor,* quicklime; *mengapuri,* to whitewash.

karabat, *kerabat,* relatives.

karam, to be shipwrecked.

karang, coral-reef, rock; *bunga* ~, sponge; *pulau* ~, coral-island; *udang* ~, lobster; *mengarang,* to arrange; to compose; *pengarang,* composer, author, writer; *hak pengarang,* copy-right.

karangan, article, essay; ~ *bunga,* bouquet; *induk* ~, leading-article, editorial.

karantina, quarantine.

karap, water-bottle, decanter.

karat, rust; *berkarat,* rusty.

karat, carat.

karbit, carbide.

karburator, carburettor.

karena, for, as, because; ~ *Allah,* for God's sake, for Heaven's sake; ~ *djabatan,* officially.

karet [karét], rubber; ~ *anak negeri* ~ *rakjat,* native rubber; ~ *lembaran,* sheet-rubber; *kebun* ~, rubber plantation; *ularan* ~, *pipa* ~, rubber tube.

kari, curry.

karib, closely; *sahabat* ~, close friend, fast friend.

karikatur, caricature.

karmonantji, chop, cutlet.

kartel [kartél], cartel.

kartjis, ticket.

karton, cardboard.

kartu, card; ~ *pindahan,* notice of departure; ~ *pos,* post-card; *pekartuan,* card-index (system).

karung, bag, sack (of gunny).

karunia, favour, gift; *mengaruniai,* to favour, to confer upon.

kas, cash, (cashier's) desk.

kasa, *kain* ~, gauze.

kasad, intention.

kasar, rough, rude.

kasasi, cassation, appeal.

kasau, cross-beam, rafter.

kasbuk, cash-book.

kasi, to give.

kasih, affection, love; *terima* ~! thank you!; *mengutjapkan terima* ~, to thank, to render thanks; *mengasihi,* to like, to love; *mengasihani,* to have pity on, to pity; *berkasih-kasihan,* to love each other; *kekasih,* sweetheart, beloved.

kasihan, pity.

kasim, *mengasim,* to castrate; *orang* ~, eunuch.

kasip, too late.

kasir, cashier.

kasta, caste.

kastroli, castor-oil.

kasur, mattress.

kasut, shoe.

kata, word; ~*nja,* ~ *orang,* it is said; ~ *pengantar,* preface; *pendek* ~, in short, in a word; *sepatah* ~, one word; *mengatakan,* to tell; *berkata,* to say, to speak; *perkataan,* word; *tiada terkatakan,* inexpressible, indescribable; *tiada terkata* ~, speechless, tongue-tied.

katai, *kate,* dwarf.

katak, frog, toad.

katalogus, catalogue.

katam, end, finished.

katan, circumcision.

kate [katé], dwarf.

kati, catty.

katil, bedstead.

katimumul, corn.

katistiwa, equator.

katja, glass; page; ~ *baur,* milk-glass; ~ *mata,* spectacles; ~ *pembesaran,* magnifying glass.

katjang, bean; ~ *buntjis,* French beans; ~ *kedele,* soy bean; ~ *tanah,* ~ *goreng,* peanut; *kedju* ~, peanut butter.

katjau, disordered, entangled, confused, mixed up; ~ *bilau,* extremely disordered (confused); *mengatjau-ngatjau,* to gossip; *mengatjaukan,* to disorder, to stir; *kekatjauan,* chaos; *pengatjau,* disturber; gossiper; *pengatjauan,* disturbance.

katji, *kain* ~, white cotton cloth.

katjung, *katjong,* boy.

Katolik, Catholic.

katup, closed; valve; *mengatupkan,* to close.

kau, *engkau,* you.

kaula, ~ *(negara),* subject (of a state).

kaum, people, family, race; ~ *buruh,* labourers; ~ *kolot,* conservatives; ~ *kromo,* ~ *marhaen,* ~ *proletar,* proletarians, proletariat; ~ *madjikan,* employers; ~ *pelantjong,* tourists; ~ *penganggur,* the unemployed.

kaus, *kaos,* stocking, sock; *badju* ~, singlet; ~ *lampu,* lamp-wick; ~ *tangan,* glove.

kawah, kettle, cauldron; crater.

kawal, *pengawal,* watchman, guard, sentry; *berkawal,* to be on guard; *barisan pengawal,* life-guard, body-guard.

kawan, comrade, companion, mate; herd, flock, swarm; *mengawani,* to accompany.

kawanan, band, gang.

kawat, wire, telegram; ~ *berduri,* barbed wire; *rintangan* ~ *berduri,* barbed wire entanglement; *mengetuk (memukul)* ~, to telegraph, to wire, to cable; *pengetuk* ~, telegraphist, operator; *dengan* ~, by wire.

kawin, to marry; *emas* ~, dowry; *perkawinan,* marriage; *melangsungkan perkawinan,* to solemnize a marriage.

kawul, fungus. [into.

ke, to; *keatas,* upwards; *kedalam,*

kebaja, garment worn by women.

kebal, *kabal,* invulnerable; *kekebalan,* invulnerability.

kebiri, castrated; *mengebiri,* to castrate; *ajam* ~, capon; *sapi* ~, *lembu* ~, ox.

kebun, *kebon,* garden; ~ *buah-buahan,* orchard; *perkebunan,* plantation, estate.

kedai, shop; *berkedai,* to keep a shop.

kedelai, *kedele, katjang* ~, soy bean.

kedjam, closed (eyes); *mengedjamkan,* to close.

kedjam, cruel, merciless.

kedjang, *kekedjangan,* cramp.

kedjap, *sekedjap,* a moment, a wink; *dalam sekedjap mata,* in a moment, in the twinkling of an eye; *mengedjapkan mata,* to twinkle.

kedjar, *mengedjar,* to chase, to pursue.

kedjepit, pinched.

kedji, bad, mean, scurvy.

kedju [kédju], cheese; ~ *katjang,* peanut butter.

kedjut, *mengedjutkan,* to frighten; *terkedjut,* frightened.

kedok, mask.

kehendak, wish, desire.

kekal, everlasting; eternal.

kekang, bridle; *tali* ~, rein.

kekasih, sweetheart, beloved.

kekeh [kékéh], *ketawa terkekeh* ~, to roar with laughter.

keker [kékér], spy-glass.

kelabu, grey.

kelahi, *berkelahi,* to quarrel, to fight.

kelak, soon; later. [fight.

kelam, dark; ~ *kabut,* hazy, dusky; *kekelaman,* darkness.

kelamarin, *kemarin,* yesterday; ~ *dulu,* the day before yesterday.

kelambu, mosquito-curtain, mosquito-net.

kelamin, couple; *djenis* ~, sex.

kelantang, *mengelantang,* to bleach, to whiten.

kelapa, coco-nut; *pohon* ~, coco-nut tree; ~ *sawit,* oil-palm; *minjak* ~, coco-nut oil; *sabut* ~, coco-nut fibre; *tombong* ~, *kentos* ~, seed-bud of the coco-nut.

kelas, class.

kelasi, sailor.

keledai, ass, donkey.

kelek [kélék], armpit.

kelelawar, *kelawar,* bat.

kelemarin, *kemarin,* yesterday.

kelemumur, dandruff.

kelendjar, gland.

kelenteng [kelénténg], Chinese temple.

kelep [kelép], valve.

kelereng [keléréng], marble; *main* ~, to play at marbles.

kelewang [keléwang], sabre, sword.

keliling, round about; *perdjalanan* ~, round trip, circular tour; *mengelilingi,* to surround, to travel round; *berkeliling,* around; to go around.

kelim, seam.

kelindes, run over.

kelingking, little finger.

kelinik, clinic.

kelintji, rabbit.

kelip, *berkelip,* to twinkle, to flicker, to glitter; ~-~, firefly.

keliru, error, mistake.

kelok [kélok], curve.

kelompok, group.

kelonjor, *air* ~, eau de cologne.

kelontong, pedlar, hawker; *barang-barang* ~, small-wares.

kelopak, ~ *mata,* eye-lid.

kelu, mute, dumb.

keluang, flying-fox.

keluar, to go out (side).

keluarga, *kaum* ~, relatives, family, kinsfolk; *kepala* ~, head of the family; *tundjangan* ~, family allowance.

keluh, sigh; *berkeluh,* to sigh.

kemah [kémah], tent; *perkemahan,* camping; encampment, camp.

kemanakan, cousin; nephew, niece.

kemandang, echo.

kemarau, *musim* ~, dry season.

kemari, here, this way; come here.

kemarin, yesterday; ~ *dulu,* the day before yesterday.

kemas, *berkemas,* to put in order.

kembali, back again, returned; *mengembalikan,* to give back, to return; *pemeriksaan* ~, revision; ~ *kerahmat Allah,* to die; *pengembalian,* return, restitution.

kembang, open; flower; *berkembang,* to open, to expand; *mengembangkan,* to propagate, *perkembangan,* propagation.

kembar, twins; ~ *lima,* quintuplets.

kembara, *mengembara,* to wander; *pengembara,* wanderer; *pengembaraan,* wandering.

kembiri, *kebiri,* castrated.

kembung, swollen.

kemedja [kemédja], shirt; ~ *dalam,* singlet.

kemelut, crisis.

kemenjan, benzoin.

kemia, *kimia,* chemistry.

Kemis, Thursday; *berkemis,* to beg; *pengemis,* beggar.

kempa, *kempaan,* press; *bulu* ~, **kempes** [kempés], flat. [felt.

kempis, *kempes,* flat; hollow, sunken (cheeks, eyes).

kemudi, rudder; *mengemudikan,* to steer; *pengemudi,* driver; director.

kemudian, then, afterwards; ~ *hari,* later on.

kena, hit, touched; ~ *denda,* to be fined; ~ *emas,* to be bribed; *mengenai,* to hit, to touch; concerning; *berkenaan dengan,* in connection with.

kenal, *mengenal,* to know, to be acquainted with; *mengenali,* to recognize; *memperkenalkan,* to introduce; *terkenal,* wellknown, famous.

kenalan, acquaintance; *nomor perkenalan,* specimen copy; *sebagai perkenalan,* on approval.

kenan, pleasure; *memperkenankan,* to approve, to grant, to allow; *surat perkenan,* licence.

kenang, *terkenang,* to recall, to remember; *mengenangkan,* to commemorate; ~ *kenangan,* memoirs, memory, recollection.

kenangan, memory; *dalam* ~, in memory of.

kenapa, why.

kenari, canary.

kendali, bridle, rein; *mengedalikan,* to bridle; *pengendalian harga,* price control.

kendara, *mengendarai,* to ride; *pengendara,* rider, driver.

kendaraan, riding-animal; vehicle; ~ *bermotor,* motor vehicle.

kendati, in spite of.

kendi, pitcher.

kendur, slack, not tight.

kening, eyebrow.

kenini, quinine.

kenjal, elastic.

kenjang, satiated, satisfied; *mengenjangkan,* to satiate, to satisfy.

kental, thick, congealed, coagulated; *mengental,* to congeal, to coagulate; *sobat* ~, fast friend.

kentang, potato; ~ *goreng,* fried potatoes; ~ *rebus,* cooked potatoes. [visible.

kentara, *ketara,* evident, clear;

kentjang, stiff, tight; *mengentjangkan,* to tighten.

kentjing, urine; to urinate; *djamban* ~, urinal; public lavatory.

kentongan, *kentungan,* soundingblock.

kentut, flatus.

kepada, to.

kepala, head; chief; *mengepalai,* to be at the head of; ~ *batu,* obstinate person; ~ *susu,* cream; *puntjak* ~, crown.

kepalang, *bukan* ~, uncommon.

keping, *papan tiga* ~, three planks (boards).

kepingin, *ingin,* to long for.

kepiting, crab.

kepleset [keplését], slipped upon.

kepompong, cocoon.

kepundan, *lubang* ~, crater.

kepung, *mengepung,* to surround, to invest, to besiege; *pengepungan,* investment, besiege.

kera, monkey.

kerabat, relations.

kerah, collar; *mengerahkan,* to convoke, to mobilize.

kerahan, mobilization; *membubarkan* ~, to demobilize; *pembubaran* ~, demobilization.

keramat, holy, sacred.

keranda, coffin.

kerandjang, basket.

kerap, ~ *kali,* often.

keras, hard, strong, severe, violent; *dengan* ~, by force, by violence; *minuman* ~, liquors, alcoholics; *mengerasi,* to force; *kekerasan,* force, violence; *dengan kekerasan sendjata,* by force of arms; *pengeras suara,* loudspeaker.

kerat, cut-off, slice; *mengerat,* to cut off, to slice up.

kerbau, buffalo.

kerdja, work, labour; ~ *sama,* co-operation; *bekerdja,* to work, to be at work; *mengerdjakan,* to do, to achieve; *pekerdja,* worker, labourer; *pekerdja jang tak bersekolah,* unskilled labourer; *pekerdjaan,* work, profession, enterprise; *pekerdjaan tangan,* manual labour; *lapangan pekerdjaan,* field of action.

kerek [kérék], pulley.

kereta [keréta], carriage; ~ *angin,* bicycle; ~ *api,* train.

kerikil, gravel.

kerindjal, kidney.

kering, dry; *tulang* ~, shin-bone; *mengeringkan,* to dry; *mengeringi,* to drain; *kekeringan,* dried up; *pengeringan tanah,* drainage.

keringat, *keringet,* perspiration; *berkeringat,* to perspire.

keris, creese, dagger; *mengeris,* to creese.

Keristen, Christian.

keritik, criticism; *mengeritik,* to pass criticism on, to criticize; *pengeritik,* critic.

keriting, curl(y); *mengeriting,* to perm.

keroket [kerokét], croquet.

kerongkongan, throat.

kerosi, *kursi,* chair.

kertak, *bekertak gigi,* to gnash one's teeth.

kertas, paper; *uang* ~, paper money, banknote; ~ *kembang,* blotting-paper; ~ *kulit,* parchment; ~ *segel,* stamped paper; ~ *tebal,* card-board; ~ *tjakaran,* scribbling-paper.

keruan, *karuan, tidak* ~, below contempt, absurd, foolish.

keruh, turbid.

keruk, *kapal* ~, dredger.

kerumun, *berkerumun,* to swarm, to crowd; *mengerumuni,* to mob.

kerut, wrinkle.

kerutjut, cone.

kesal, *kesel,* peevish.

kesan, trace; impression; *memberi* ~, to give an impression.

kesasar, strayed, lost.

kesat, rough.
keseleo [keseléo], sprained.
kesohor, famous.
kesuari, *burung* ~, cassowary.
ketam, crab; plane; *mengetam,* to plane.
ketan, glutinous rice.
ketara, *kentara,* evident, clear, visible.
ketawa, *tertawa,* to laugh; *mengetawai,* to laugh at.
ketel [kétél], kettle.
ketela [ketéla], cassava.
keti, hundred thousand.
ketiak, armpit.
ketik, *mengetik.* to typewrite, to type; *djuru mengetik,* typist; *mesin mengetik,* typewriter.
ketika, moment, time; *pada* ~ *itu,* at that time.
ketilang, *kutilang,* thrush.
ketimun, cucumber.
ketip, ten cent coin.
ketjam, *mengetjam,* to criticize.
ketjaman, criticism; *melantjarkan* ~, to pass criticism.
ketjap, *mengetjap,* to taste; *mengetjap kenikmatan,* to enjoy pleasures.
ketjap [kétjap], soy.
ketjele [ketjelé], to look blank.
ketjepit, jammed.
ketjewa [ketjéwa], disappointed; *mengetjewakan,* to disappoint; *keketjewaan,* disappointment.
ketjil, little, small; young; ~ *hati,* be annoyed; *nama* ~, proper name; *pedagang* ~, retailer; *dari* ~, from youth up; *mengetjilkan hati,* to annoy, to depress.
ketjoh [kétjoh], cheat, deceit; *mengetjoh,* to cheat, to deceive; *pengetjoh,* cheat, deceiver.

ketju [kétju], robber, robbery.
ketjuali, except; *tiada berketjuali,* without exception; *mengetjualikan,* to except; *pengetjualian,* exception; *terketjuali,* exceptional(ly), outstanding(ly).
ketjup, kiss; *mengetjupi,* to kiss.
ketjut, shrunk; sour; *pengetjut,* coward.
ketua, chairman, president; *mengetuai,* to preside.
ketuk, *mengetuk,* to knock; *mengetuk kawat,* to telegraph, to cable; *berketuk,* to cackle.
ketumbar, coriander.
kiai, religious teacher.
kiamat, *hari* ~, day of judgment.
kian, such; *sekian,* so much; *sekianlah!,* dixi!, I have had my say!
kianat, *chianat,* treachery, betrayal.
kias, *kiasan,* comparison, allusion, analogy; *arti kiasan,* figurative sense.
kibar, *berkibar-*~, to wave; *mengibarkan bendera Indonesia,* to fly the Indonesian flag.
kibas, *mengibaskan,* to wag.
kidal, left handed.
kidul, South.
kikir, file; miserly, close-fisted; *mengikir,* to file.
kikiran, filings; miserliness.
kikis, *mengikis,* to scrape off; to erode.
kikisan, scrapings; erosion.
kilang, *kilangan,* (sugar-) factory.
kilap, *berkilap,* to shine, to gleam.
kilat, lightning; *seperti* ~ *pantasnja,* quick as lightning; *berita* ~, bulletin; *hari* ~, it lightens; *kursus* ~, emergency

course; *rapat* ~, emergency meeting; *penurunan* ~, lightning-conductor; *disambar* ~, struck by lightning; *berkilat*, to shine, to sparkle.

kilau, *berkilau-kilauan*, to glitter, to sparkle.

kilo, kilogramme, kilometre.

kimia, chemistry; *ahli* ~, chemist.

kina, cinchona, quinquina; *kulit* ~, cinchona; *pohon* ~, cinchona-tree.

kini, to-day, nowadays.

kintjir, waterwheel.

kipas, fan; ~ *listrik*, (electric) fan; *mengipas*, to fan.

kira, guess; *saja* ~, in my opinion; ~*nja*, yet; *sudilah* ~*nja*, please; *sekiranja*, supposing; *salah* ~, error; *sekira-* ~, at a rough guess; ~-~, about; *mengirikan*, to count, to estimate; to think; *perkiraan*, balance.

kiri, left; *disebelah kirimu*, on your left; ~ *kapal*, port (on board); *mengiri*, to keep to the left.

kirim, *mengirim*, to send, to forward; *berkirim-kiriman surat*, to correspond; *djuru* ~, forwarding-agent.

kiriman, sending, forwarding.

kisar, *mengisar*, to revolve, to rotate.

kisaran, revolution, rotation.

kisi-kisi, bar, lattice.

kismis, currants; *roti* ~, currant-loaf.

kisut, crease; *mengisut*, to crease.

kita, we, us; ~ *punja*, our, ours.

kitab, book; *Al Kitab*, the Koran; ~ *batjaan*, reading-book, reader.

kitar, *berkitar*, to turn, to rotate; *perkitaran*, rotation; *sekitar*, around; *sekitarnja*, environs, surroundings.

kitir, ~ *utang*, debenture.

kiut, to creak.

klimaks, climax.

klise [klisé], cliché.

koalisi, coalition.

kobar, *berkobar*, to blaze up, to flame up, to flare up, to rage; *berkobar-kobar*, glowing; *mengobarkan*, to encourage, to stimulate.

kodi, twenty.

kodok, frog.

kodrat, omnipotence, power; ~ *kemauan*, will-power.

kohir, register.

kojak, torn; *mengojak*, to tear; ~-~, in rags.

koka, coca.

kokas, coke.

kokoh, *kukuh*, tight, strong; *mengokohkan*, to strengthen, to consolidate.

kokok, *berkokok*, to crow.

kol, cabbage; ~ *kembang*, cauliflower.

kolaboratur, collaborator.

kolam, pond.

koleksi [koléksi], collection.

kolera [koléra], cholera.

koli, packages.

kolonel [kolonél], colonel.

kolonial, colonial.

kolonisasi, colonization.

kolot, old-fashioned, out-of-date; conservative; *kaum* ~, the conservatives; *kekolotan*, conservatism.

koma, comma, *titik* ~, semicolon.

komandan, commander.

komando, command.

kombinasi, combination.

komentar, comment.

komidi, comedy; ~ *gambar,* cinema; ~ *putar,* merry-go-round.

kominike [kominiké]. communiqué.

kominis, communist; communism.

komisaris, commissary; ~ *polisi.* superintendent of police.

komisi, committee.

kompa, pump; *mengompa,* to pump.

kompetensi [kompeténsi], competence.

kompi, *kompanji,* company (army).

komplit, complete.

komponis, composer.

kompor, brazier.

kompromi, compromise.

komunis, communist; communism.

konde [kondé], coil (hair).

kondektur [kondéktur], guard, conductor.

kondensor [kondénsor], condenser.

konggres [konggrés], congress.

kongkol, *sekongkol,* to be in league with.

kongsi, union, company.

konjak, cognac.

konjong, *sekonjong-*~. suddenly.

konon, sure; it is said.

konperensi [konperénsi], conference.

konsekwen [konsekwén], consequent.

konsep [konsép], (rough) draft.

konser [konsér], concert.

konsesi [konsési], concession.

konstitusi, constitution; *menurut* ~. constitutional.

konstruksi, construction.

konsul, *konsol,* consul.

konsulen [konsulén], counsel, adviser.

konsumen [konsumén]. consumer.

kontak, contact.

kontal, ~ *kantil, t*o dangle.

kontan, cash (down).

kontelir, controller.

kontra, contra.

kontrak, contract.

kopal, copal.

koper, *kopor,* trunk.

koperasi, co-operation; co-operative.

kopi, coffee.

kopi, copy.

kopiah, cap.

kopra, copra.

kopral, corporal.

koran, newspaper.

korban, *kurban,* victim; *pengorbanan,* sacrifice; *mengorbankan,* to sacrifice.

korek [korék], *mengorek,* to dig. to niggle; ~ *api,* matches.

koreksi [koréksi], correction: *mengoreksi,* to correct.

koresponden [korespondén]. correspondent.

kornel [kornél]. corner-kick.

kornet [kornét], assistant (of a driver).

korsi, *kursi,* chair.

korupsi, corruption.

kosa, *memperkosa,* to rape: *perkosaan,* rape.

kosong, empty; *mengosongkan,* to empty.

kota, town. city; *wali* ~, burgomaster; *badan pemerintah* ~. city government.

kotak, box: ~ *pos,* post-box.

kotek [koték], tail: *bintang berkotek,* comet.

kotjok, *mengotjok,* to shake.

kotor, dirty; *gadji* ~, gross salary; *penjakit* ~, venereal disease; *mengotori,* to make dirty, to dirty.

kotoran, dirt, dust; *tempat* ~, dustbin.

kotrek [kotrék], corkscrew.

kowe [kowé], you.

kran, tap.

kredit, credit.

kriminil, criminal.

krisis, crisis.

kristal, crystal.

Kristen [Kristén], Christian.

Kristus, Christ.

ksatria, nobleman, knight; *keksatriaan,* chivalry, nobility.

kuah, sauce, gravy.

kuak, *menguak,* to moo.

kuala, mouth of a river.

kuali, frying-pan.

kuap, *menguap,* to yawn.

kuasa, *kekuasaan,* might, power, authority, competence; *berkuasa,* mighty, competent; *surat* ~, power of attorney, proxy; *surat* ~ *leluasa,* full proxy; *menguasakan,* to authorize.

kuat, strong; *menguatkan,* to strengthen; *kekuatan,* strength, power; *kekuatan (mem)beli,* purchasing power.

kuatir, *chawatir,* worried, doubtful; *djangan* ~!, don't worry (your head)!

kubik, cubic.

kubis, cabbage.

kubu, fortification.

kubur, grave; *menguburkan,* to bury; *pekuburan,* churchyard, cemetery.

kuda, horse; ~-~, trestle; *peku-*

daan, stud-farm; *memperkuda,* to fag out.

kudis, scab, scabies.

kuduk, nape of the neck; ~ *kaku,* a stiff neck.

kudung, veil, shawl.

kudus, holy.

kue [kué], pastry, cake.

kui, melting-pot.

kuil, temple.

kujup, *basah* ~, soaking wet.

kuku, nail, hoof, claw.

kukuh, *kokoh,* tight, strong; *mengukuhkan,* to strengthen, to consolidate; *pengukuhan,* sanction.

kukus, steam; *ketel* ~, steam-boiler.

kukusan, a kitchen utensil for steaming rice.

kuli, coolie.

kulit, skin, hide; leather; peel; ~ *tiruan,* imitation leather; *menguliti,* to skin.

kulkas, refrigrator.

kulon, West.

kuman, germs, bacteria.

kumandang, echo; *berkumandang,* to echo.

kumbang, beetle.

kumis, moustache.

kumpul, *mengumpulkan,* to collect, to gather; *berkumpul,* to assemble, to meet, to come together; *perkumpulan,* meeting; assembly; association, club.

kumpulan, group, collection.

kumur, *berkumur,* to gargle.

kunang-kunang, fire-fly.

kundai, *konde,* coil (hair).

kundjung, *mengundjungi,* to visit; *tak* ~, never, not soon.

kundjungan, visit; ~ *kehormatan,* courtesy visit, duty call.

kuning, yellow; ~ *telor,* yolk; *sakit* ~, jaundice.

kunir, *kunjit,* saffron.

kunjah, *mengunjah,* to chew.

kunjir, saffron.

kuno, old-fashioned, conservative; *barang* ~, antique; *kekunoan,* conservatism.

kuntal, ~-*kantil,* to dangle.

kuntji, lock, key; *anak* ~, key; *menguntji,* to lock (up).

kuntum, bud.

kupas, *mengupas,* to peel; to criticize, to state.

kupasan, critique, statement.

kuping, ear.

kupluk, ~ *teh,* tea-cosy.

kupon, coupon.

kupu, ~-~, butterfly.

kura, ~-~, land tortoise.

Kuran, *Al* ~, the Koran.

kurang, be wanting, missing, lack of, less; ~ *adjar,* impolite, rude; ~ *lebih,* about; ~ *makan,* underfed, under-nourished; *sekurang-kurangnja,* at least; *mengurangi,* to subtract; *pengurangan,* subtraction; *mengurangkan,* to diminish; *kekurangan,* shortage, lack; *berkurang,* to decrease.

kurban, *korban,* victim; *pengurbanan,* sacrifice; *mengurbankan,* to sacrifice.

kurma, date.

kursi, chair.

kursus, course.

kurung, *kurungan,* cage; *orang kurungan,* prisoner; *hukuman kurungan,* imprisonment; *mengurungkan,* to cage, to put into a cage.

kurus, thin, lean; ~ *kering,* as lean as a rake. skinny.

kusam, dull.

kusir, coachman.

kusta, *penjakit* ~, leprosy.

kusut, disordered, tangled; *mengusutkan,* to upset, to make a mess; *kekusutan,* entanglement, disturbances, riots.

kutang, (under-) bodice.

kutil, wart.

kutip, derivation; *mengutip,* to pick up, to derive from, to take from.

kutipan, abstract, extract.

kutjar, ~ *katjir,* scattered, confused.

kutjing, cat; *anak* ~, kitten.

kutu, louse; *mati* ~*nja,* he gave it up.

kutub, pole; polar; ~ *utara,* north pole, arctic; ~ *selatan,* south pole, antarctic.

kutuk, curse; *mengutuki,* to curse.

kwadrat, square.

kwalitet [kwalitét], quality.

kwantitet [kwantitét], quantity.

kwartal, quarter (of a year).

kwas, brush.

kwitansi, receipt.

L.

laba, profit, gain; ~ *rugi,* profits and losses; *berlaba,* to yield profit.

labah, ~-~, spider; *sarang* ~-~, cobweb.

laberak, *melaberak,* to thrash, to whack; *laberakan,* thrashing, whacking.

laboratorium, laboratory.

labu, pumpkin.

labuh, *berlabuh,* to anchor; *melabuhkan,* to drop (anchor).

labuhan, *pelabuhan,* harbour, port.

labur, *melabur,* to spread over; to smear; *pelabur,* portion, share.

lada, pepper.

ladam, ~ *kuda,* horseshoe; *meladami,* to shoe.

ladang, dry rice-field; *peladang,* (ladang-)farmer.

laden [ladén], *meladeni,* to serve; to oppose; *peladenan,* service.

lading, knife.

ladju, fast, swift, quick.

ladjur, row, column; strip.

lafal, pronunciation; *melafalkan,* to pronounce.

laga, *berlaga,* to fight.

lagak, manner, fashion, way; ~ *bahasa,* way of speaking, speech; *mendjual* ~, to brag; *pelagak,* braggart.

lagi, more; ~ *pula,* moreover; *seminggu* ~, in a week; *selagi,* as long as, while; *ia* ~ *makan,* he is (still) eating.

lagu, melody, tune, song.

lahap, gluttonous; *pelahap,* glutton.

lahar, lava; *aliran* ~, torrent of lava.

lahir, born, external; *melahirkan,* to give birth to; *kelahiran,* birth; *hari* ~, *hari kelahiran,* birthday.

lain, other, different, without; *dan* ~ ~, and so on; *antara* ~ among other things; *antara satu sama* ~, mutual; *apa* ~*nja?,* what does it matter?; *melainkan,*

to except, to seperate; except, but; *berlainan,* to differ; *selain dari,* besides, except.

lajak, proper, right, suitable; *selajaknja,* rightly, self-evident.

lajan, *melajani,* to serve, to attend; *pelajan,* servant, waiter, attendant; *pelajan udara,* air-hostess; *pelajanan,* service.

lajang, to float (in the air); *djiwanja sudah melajang,* he was dead.

lajang-lajang, *lajangan,* kite; *burung* ~, swallow.

lajar, sail; ~ *putih,* screen (pictures); *berlajar,* to sail; *pelajar,* sailer; *pelajaran,* voyage; *perusahaan pelajaran,* shipping company; *berpelajaran,* used to the sea.

laju, faded.

lajuh, paralysis; ~ *djantung,* heart-failure.

laka, lacquer.

lakan, cloth.

laki, husband; ~ *bini,* married couple.

laki-laki, masculine, male; *orang* ~, man.

lakon, (stage-)play; role, part.

laksa, ten thousand.

laksa, Chinese vermicelli.

laksamana, admiral; ~ *muda,* vice-admiral.

laksana, like, such as; *melaksanakan,* to realize; *penglaksanaan,* realization.

laku, valid, salable; *tingkah* ~, doings; *melakukan,* to do, to execute, to carry out; *berlaku,* to take place, to occur, to behave; *berlaku sebagai,* to act as; *selaku,* in his capacity as; (just) like; *kelakuan,* behaviour, conduct; *kelakuan tak senonoh,* misbehaviour, misconduct.

lalai, careless, negligent; *melalaikan,* to disregard, to neglect; *kelalaian,* carelessness, negligence.

lalat, fly.

laler, fly.

lalim, unjust, tyrannical; *orang ~,* tyrant; *melalimkan,* to tyrannize; *kelaliman,* injustice, tyranny.

lalu, to pass; then; *bulan jang ~,* last month; *~ lalang,* to and fro; *selalu,* always; *melalui,* to pass by, to go by; to trespass via; *terlalu,* too, very; *~ lintas,* traffic; *sepintas ~,* in passing, bird's-eye view of.

lama, long; former; *djangan ~!,* don't be long!; *guru ~,* former teacher; *~-~,* finally, at last; *~-kelamaan,* in the end, at length; *selama,* during, as long as; *selamanja,* always.

lamar, *melamar,* to apply; *pelamar,* applicant; *pelamaran,* application.

lamaran, *surat ~,* letter of application.

lambai, *melambai,* to wave.

lambang, symbol; *~ negara,* government arms.

lambat, slow, late; *~ laun,* gradually, little by little; *melambatkan,* to delay, to put off; *memperlambatkan,* to slow down, to slacken; *selambat-lambatnja,* at the latest, at the utmost; *kamu terlambat,* you are too late.

lambung, stomach; *~ kosong,* sober.

lampai, slender, slim; *kelampaian,*

slenderness, slimness.

lampau, past; *sesudah ~,* after expiry; *melampaui,* to surpass; *terlampau,* too, extremely.

lampir, *melampirkan,* to add, to enclose.

lampiran, enclosure.

lampu, lamp; *~ penjorot,* searchlight; *~ senter,* flashlight.

lamun, in case, if, provided that.

la'nat, curse; *mela'natkan,* to curse.

landai, sloping.

landak, porcupine.

landasan, anvil.

landjut, long; *melandjutkan,* to lengthen; to continue; *selandjutnja,* then, afterwards.

landjutan, continuation, sequel.

langganan, customer, subscriber; *berlangganan,* to subscribe; *uang ~,* subscription-money.

langgang, *tunggang ~,* topsyturvy.

langgar, *melanggar,* to collide, to run up against; to infringe, to violate, to transgress, to break; *pelanggar,* transgressor, breaker, violator; *pelanggaran,* collision, infringement, transgression, violation.

langit, sky; *~-~,* palate (of the mouth); tester (of a bed).

langkah, pace, step; *~ kanan,* good luck; *~ kiri,* bad luck; *~ baik hari ini,* to day we are lucky; *menarik ~ seribu,* to take to one's heels; *se~ demi se~,* step by step; *melangkah,* to stride; *melangkahi,* to step across, to overstep, to trespass.

langsung, direct; *~ terus,* straight;

melangsungkan, to solemnize, to execute, to complete; *berlangsung,* to take place.

lanset [lansét], lancet.

lantai, floor.

lantar, *terlantar,* neglected.

lantaran, because, owing to.

lantas, then, next, thereupon.

lantera [lantéra], lantern.

lantik, *melantik,* to install; *pelantikan,* installation.

lantjana, emblem, badge.

lantjang, quick, rash; ~ *mulut,* to talk big; ~ *tangan,* light-fingered; hard-handed.

lantjar, fluent, fast; *membatja* ~, to read fluently; *melantjarkan ketjaman,* to pass criticism, to criticize.

lantjong, *lantjung, melantjong,* to wander, to ramble; *pelantjong,* wanderer, rambler; tourist; *pelantjongan,* tourism.

lantjung, *uang* ~, false money; *melantjungkan,* to falsify; *pelantjungan,* falsification.

lap, cloth.

lapang, spacious, wide; *tanah* ~, square; *melapangkan,* to enlarge, to widen; *kelapangan,* space; spare time.

lapangan, ~ *bekerdja,* ~ *berusaha,* field of action; ~ *minjak,* oilfield; ~ *olah raga,* sportsground; ~ *terbang,* airfield.

lapar, hungry; *(ber)lapar,* to be hungry; *melaparkan,* to famish, to starve(out); *kelaparan,* famished, starving; *bala kelaparan,* famine.

lapis, layer, fold, lining; *melapis,* to line; *berlapis,* layered, in folds, lined.

lapisan, coat, lining.

lapor, *laporan,* report.

lapuk, mould; *berlapuk,* mouldy.

larang, *melarang,* to forbid, to prohibit; *terlarang,* forbidden; *dilarang masuk,* no entrance; *dilarang berdjalan terus,* no thoroughfare.

larangan, prohibition; prohibitive regulation.

laras, barrel; *bedil empat* ~, four rifles.

laras, agreement; *selaras dengan,* in accordance with, in conformity with; *hukuman jang selaras,* just punishment.

lari, to run; *melarikan,* to abduct, to kidnap; *melarikan diri,* to flee, to escape; *melarikan tjukai,* to evade duties, to smuggle; *berlari,* to run; *pelari,* fugitive.

laris, in demand.

larut, *dapat* ~, soluble; *melarut,* to dissolve.

larutan, solution.

laskar, army, troops; ~ *rakjat,* popular army.

lat, (too) late.

lata, *melata,* to creep.

latih, *melatih,* to practise, to train; *pelatih,* instructor.

latihan, practice, training, exercise; ~ *gerak badan,* physical exercise.

Latin, Latin.

latji, drawer.

latjur, lewd; *orang pelatjuran,* prostitute; *melatjurkan diri,* to prostitute oneself.

laun, *lambat* ~, at last, at length.

laut, sea; *pelaut,* seaman, sailor.

lautan, ocean; ~ *Atlantik,* Atlantic Ocean; ~ *Hindia,* Indian Ocean; ~ *Teduh,* the Pacific (Ocean).

lawak, to joke; *pelawak,* joker.

lawan, opponent, adversary, opposition, contrary; ~*nja,* the opposite, the contrary, the reverse; ~ *asas,* paradox; *berupa* ~ *asas,* paradoxical; *melawan,* to oppose, to resist; *melawan kata,* to contradict; *perlawanan,* resistance.

lawat, *melawat(i),* to visit, to have a trip; *perlawatan,* visit, trip.

lazat, tasty, delicious.

lazim, usual; *pada* ~*nja,* usually; *kelaziman,* usage, custom.

lebah, bee; *kandang* ~, bee-hive; *peternakan* ~, bee-culture; *sarang* ~, bees' nest.

lebam, *biru* ~, black and blue.

lebar [*lébar*], broad, wide; *melebarkan,* to broaden, to widen; *pandjang* ~, ample, detailed.

Lebaran, end of the fasting-time, "New-Year's day".

lebat, thick, dense; *hudjan* ~, pouring-rain, downpour.

lebih, more; ~ *kurang,* about; *melebihi,* to excel, to surpass, to outnumber; *melebihkan,* to favour, to privilege; *melebih-lebihkan,* to exaggerate; *berlebihan,* superfluous; *barang berlebihan,* superfluous goods; *terlebih,* extremely, excessively; *kelebihan,* remainder, rest, surplus, majority; *dipilih dengan kelebihan suara,* elected by a majority.

lebur, *melebur,* to melt; *meleburkan,* to destroy; *menghantjurleburkan,* to devastate.

leburan, *dapur* ~, melting-furnace; *peleburan,* melting together, fusion.

ledak, *meledak,* to explode; *perledakan,* explosion; *bahan-bahan peledak,* explosives.

legalisasi [*légalisasi*], legalization.

legam, *hitam* ~, pitchy.

leher [*léhér*], neck; *batang* ~, nape of the neck.

lekap, sticky, gluey; *melekap,* to stick, to glue.

lekas, fast, quick, speedy; *melekaskan,* to speed up, to accelerate, to hasten.

lekat, sticky, gluey; *melekat,* to stick; *pelekat,* plaster.

lektor [*léktor*], (university) lecturer.

lektur [*léktur*], reading, reading-matter.

lekuk, hollow, cavity, socket; concave; ~ *lutut,* hollow of the eye.

knee; ~ *mata,* socket of the

lekum, throat, gullet.

lela [*léla*], *meradja* ~, to rage; *bersimaharadja* ~, to tyrannize.

lelah, tired; *melelahkan,* to tire; *kelelahan,* tiredness, fatigue; *melepaskan* ~, to take a rest.

lelaki, *laki-laki,* male.

lelang [*lélang*], auction; *melelangkan,* to sell by auction.

lelap, deep (of sleep).

leleh [*léléh*], *meleleh,* to melt.

leler [*lélér*], careless.

leluasa, *dengan* ~, unlimited; *pilih* ~, plenty choice.

leluhur, ancestors.

lemah, weak, feeble; ~ *lembut,* kind, friendly; *melemahkan,* to weaken, to enfeeble; *kelemahan,* weakness.

lemak, fat, grease.

lemari, cupboard.

lemas, *mati* ~, to be drowned, *zat* ~, nitrogen.

lembab, damp, moist.

lembaga, institute, institution, board; ~ *derma,* charitable institution; *Lembaga alat-alat pembajaran luar negeri,* Institute for foreign currency (foreign exchange); *adat* ~, very old customary laws.

lembah, valley.

lembajung, purple.

lembam, slow, inert; *kelembaman,* slowness, inertness.

lembar, sheet (of paper).

lembaran, ~ *Negara,* collection of state-decrees, laws.

lembek [lembék], *lembik,* soft, weak.

lembing, spear, javalin; *melempar* ~, javalin throwing.

lembu, cow.

lembut, soft; *lemah* ~, kind, friendly; *melembutkan,* to soften.

lempar [lémpar], *melempar,* to throw.

lendir, mucus, slime.

lengah [léngah], careless, wasting time; *pelengah waktu,* pastime; *kelengahan,* carelessness.

lengan, arm; ~ *badju,* sleeve.

lengas, moist, damp, humid; *melengas,* to become moist; *melengaskan,* to moisten.

lenggang [lénggang], swaying.

lengkap, complete; *tak* ~, incomplete; *melengkapkan,* to complete; *melengkapi,* to supply; *kelengkapan,* supply, accessories; *alat-alat perlengkapan,* outfit, equipment.

lengkung, bent, convex, vaulting; *melengkungi,* to overarch, to

vault.

lenjap, disappeared, gone, vanished; *melenjapkan,* (to cause) to vanish, to eliminate; *pelenjapan,* elimination.

lensa [lénsa], lens.

lentera [lentéra], lantern.

lentur, bent; *melentur,* to bend.

lepas, loose, free, escaped; after; past; *minta* ~, to send in one's papers; ~ *demam,* free from fever; *melepaskan,* to liberate, to set free; to discharge, to dismiss; *melepaskan tembakan,* to fire a shot; *pelepas uang,* money-lender; *pelepasan,* discharge, dismissal, resignation; anus; *kelepasan,* escape, liberation.

lepasan, former, ex-.

lerai, *melerai,* to separate.

lereng [léréng], ~ *gunung,* slope of a mountain.

lerengan [léréngan], bicycle.

leret [lérét], row; *berleret,* in rows.

les [lés], list; ~ *hitam,* black list.

leset [lését], *meleset,* to slip, to skid.

lesi, *putjat* ~, deathly pale.

lestrik [léstrik], *listrik,* electric, electricity.

lesu, *letih* ~, tired, fatigued, exhausted.

lesung, paddy-pounder.

leta, low, mean.

letak, *meletakkan,* to place, to put, to set down; *meletakkan djabatan,* to resign; *terletak,* lying, situated.

letih, ~ *lesu,* tired, fatigued, exhausted.

letjat, *litjin* ~, smooth as a mirror.

letjeh [létjéh], *meletjeh,* to coax; *peletjeh,* coaxer.

letjet [létjét], *luka* ~, gall (wound).

letnan [létnan], lieutenant.

letup, *meletup,* to explode.

letus, *meletus,* to explode; to erupt; to burst out.

letusan, explosion; eruption.

lewat [léwat], *liwat,* past; via; *melewati,* to pass, to go by, to exceed; ~ *pukul empat,* after four o'clock; *pukul empat* ~ *enam menit,* six minutes past four.

lezat, *lazat,* tasty, delicious.

liang, hole, opening; ~ *telinga,* auditory canal.

liar, wild.

liat, tough; *tanah* ~, clay.

libur, *hari liburan,* holiday; *berlibur,* to go on holiday.

lidah, tongue; *patah* ~, speech-defect; *ikan* ~, sole (fish).

lidi, rib of a palm-leaf.

lihat, *melihat,* to see, to look; to consider; ~ *halaman disebelah* (l.h.s.), please turn over (p.t.o.); *melihati,* to look at, to inspect; *memperlihatkan,* to show; *kelihatan,* visible; *pada penglihatan saja,* it seems to me ....

likir, liqueur.

likwidasi, liquidation.

lilin, wax, candle.

lilit, *melilit,* to wind.

lim, *lem,* glue.

lima, five; *ke*~, fifth.

lima belas, fifteen.

lima puluh, fifty.

limas, pyramid.

limau, lemon.

limbung, dock.

limbur, *sambur* ~, twilight.

limpa, spleen.

limpah, abundant; *melimpah,* to overflow; *melimpahkan,* to shower upon; *kelimpahan,* abundance.

limun, lemonade.

linang, *berlinang-*~, to trickle.

lindu, earthquake.

lindung, *melindungi, melindung-kan,* to shelter, to protect; *ber-lindung,* to take shelter; *ter-lindung,* sheltered; *perlindungan,* shelter, protection; *pelindung,* protector.

linggis, crowbar.

lingkar, *melingkar,* to wind.

lingkaran, circle.

lingkung, *melingkungi,* to surround, to encircle.

lingkungan, circle, quarter; sphere.

linso, handkerchief.

lintah, leech; ~ *darat,* usurer.

lintang, across; ~ *pukang,* head over heels, helter-skelter; *melintangi,* to cross, to thwart, to contradict.

lintas, *melintas,* to pass by in a hurry, to rush past; *pelintas,* passer-by; *lalu* ~, traffic.

lintasan, trajectory.

lipan, centipede.

lipas, cockroach.

lipat, *lipatan,* fold; *melipat, to* fold; *kelipatan,* multiple; *dua kali kelipatan,* double; *berlipat ganda,* manifold.

liput, *meliputi,* to overwhelm, to swamp, to cover up, to flood.

lisan, tongue; *dengan* ~, oral, verbal; *udjian* ~, oral examination.

lisénsi [lisénsi], licence.

listrik, electric, electricity; *kereta*

api ~, electric train; *maknit* ~, electro-magnet; *pengubah* ~, transformer; *waduk* ~ condenser.

lisut, faded, shrivelled.

liter [litér], litre.

litjik, false, mean.

litjin, smooth.

litnan, lieutenant.

liur, spittle, sputum; *berliur,* to spit.

liwat, *lewat,* past, via; *meliwati,* to pass, to go by, to exceed.

loa, *tukang* ~, ragman, rag-and-bone man.

loba, greedy.

lobak, Chinese radish.

lobang, *lubang,* hole.

logam, metal; *barang-barang* ~, metal wares.

logat, *kitab* ~, dictionary.

lohor, noon, midday.

lojang, brass.

lokek [lokék], miserly.

loket [lokét], pigeon-hole, ticket-window.

lokomotip, locomotive.

lolong, *melolong,* to howl.

lombok, red pepper.

lompat, *melompat,* to spring, to jump, to leap; *melompat-*~, to hop.

longgar, spacious, wide, loose; *melonggarkan,* to widen, to loosen; *kelonggaran,* facility, dispensation.

longgok, heap, pile; *melong-gokkan,* to heap up, to pile up; *berlonggok-*~, in heaps.

lontar, *melontar,* to throw; *sepelontar(an) batu,* a stone's throw.

lontjat, *melontjat,* to spring, to jump, to leap.

lontjatan, *papan* ~, spring-board.

lontjeng [lontjéng], bell; *melontjeng,* to ring; ~ *malam,* evening-bell, curfew.

lontok, *tua* ~, decrepit, worn with age.

lopor, *pelopor,* forerunner, pioneer, leader; *pasukan pelopor,* shock-troops, storm-troops; *melopori,* to precede.

lor, North.

loreng [loréng], striped; *matjan* ~, panther.

lori, lorry.

lornjet [lornjét], eye-glasses.

lorong, path, alley.

los, shed; pilot.

losin, dozen.

losmen [losmén], inn.

loteng [loténg], ceiling, loft, garret.

lotere [loteré], lottery.

lotot, *mata melotot,* goggle eyes, bulging eyes.

lowong, vacant.

lowongan, vacancy, vacant place.

lu, you.

luak, marten.

luak, *meluak,* to keck.

luang, *terluang,* open, free, vacant; *waktu jang terluang,* spare time; *keluangan,* occasion, opportunity.

luap, *meluap,* to blaze up, to overflow.

luar, out; ~ *biasa,* exceptional, extraordinary; *politik* ~ *negeri,* foreign policy; *diluar,* outside, except; *orang (di)* ~, *orang keluaran,* outsider; *keluar,* to go outside; *mengeluarkan uang,* to spend money on; *mengeluarkan buku,* to publish books; *menge-luarkan negeri,* to export; *ke-*

luaran, publication, edition, expense.

luas, spacious, wide, extensive; *meluaskan, memperluaskan,* to widen, to broaden, to enlarge, to increase, to extend; *pengluasan,* enlargement, increase, extension; *keluasan,* space, spare time.

luasa, *leluasa,* at ease.

lubang, *lobang,* hole.

ludah, spittle; *berludah,* to spit; *meludahi,* to spit at; *peludahan,* spittoon.

luka, wound; ~ *angus,* ~ *bakar,* burn; ~ *tikam,* stab-wound; *melukai,* to wound.

lukis, *melukis,* to paint, to picture, to draw; *seni* ~, art of painting; *pelukis,* painter.

lukisan, painting, picture, drawing.

lulu, *melulu,* exclusive(ly), only.

luluh, *hantjur* ~, smashed to pieces, pulverized.

lulur, *melulur,* to swallow.

lulur, ~ *dalam,* fillet, undercut (of beef).

lulus, ~ *dalam udjian,* to pass an examination; *tiada* ~, to fail, to be plucked; *meluluskan,* to allow, to grant, to permit.

lumajan, moderate, reasonable.

lumba, *berlumba-lumba(an),* to race; *perlumbaan,* race, match; *ikan* ~-~, sea-hog.

lumbung, rice-shed.

lumpang, pounder.

lumpuh, lame, paralysed; *melumpuhkan,* to paralyse.

lumpur, mud.

lumur, *berlumur,* besmeared; *melumur,* to besmear, to smear.

lumut, moss.

lunak, soft.

lunas, ~ *kapal,* keel of a ship; paid off; *melunaskan utang,* to pay off debts; *melunaskan kewadjiban,* to do one's duty, to acquit oneself of his duty; *pelunasan, penglunasan,* debt redemption.

luntjur, *meluntjur,* to leave the stocks; to be launched; *pesawat peluntjur,* glider.

luntur, to lose colour, to discolour, to fade.

lupa, to forget; *pelupa,* forgetful; forgetful person.

luput, to escape; *meluputkan,* to release, to liberate; ~ *daripada,* to escape from; *terluput dari,* protected from, guaranteed from.

lurah, valley.

lurah, village headman.

luruh, *meluruh,* to drop; to moult.

lurus, straight(line); righteous, honest, fair; *meluruskan,* to straighten, to normalize; *terdjemahan* ~, a near translation.

lusa, the day after to-morrow.

lusin, *losin,* dozen.

lut, *tidak* ~, invulnerable.

lutju, comical, funny.

lutjut, *melutjutkan kedok,* to unmask; *melutjutkan sendjata,* to disarm; *perlutjutan sendjata,* disarming.

lutung, *lotong,* black-monkey.

lutut, knee; *berlutut,* to kneel; *lekuk* ~, hollow of the knee; *tempurung* ~, knee-cap; *menekuk* ~, to submit oneself.

M.

ma', *mak,* mother.

maaf, pardon, excuse; *minta* ~, to beg pardon; *memaafkan,* to forgive, to pardon.

mabuk, drunk; ~ *laut,* ~ *ombak,* seasick; *pemabuk,* drunkard.

machluk, creature.

madarsah, school, college.

madat, opium; *pemadat,* opium-smoker.

madjal, blunt.

madjalah, periodical, magazine; ~ *bulanan,* monthly (magazine); ~ *mingguan,* weekly.

madjelis, assembly, council, meeting; ~ *dagang,* Chamber of Commerce; ~ *kotapradja,* municipal council.

madjemuk, compound, complex; *bunga* ~, compound interest; *kata* ~, compound (word).

madjikan, employer.

madju, to go forward, to advance, to make progress, to improve; ~ *dalam udjian,* to pass an examination; *kemadjuan,* progress, improvement, advance; *memadjukan,* to put forward, to propagate.

madu, honey; *bulan* ~, honeymoon; *berbulan* ~, to honeymoon.

madu, fellow-wife; *permaduan,* polygamy.

mafhum, understood; *memafhumi* to understand, to know.

magang, assistant of a clerk.

magnesium [magnésium], magnesium.

magrib, West.

maha, great (in compounds); ~ *guru,* professor; ~ *kuasa,* al-

mighty; ~ *radja,* emperor; ~ *siswa,* student.

mahal, expensive, costly; *kemahalan,* expensiveness; *tambahan harga* ~, cost-of-living allowance.

mahar, marriage portion, dowry.

mahir, experienced; *memahirkan,* to learn (by heart), to practise.

mahkamah, court of justice.

mahkota, crown; *putera* ~, crown prince; *puteri* ~, crown princess.

Mai, May. [cess.

main, *bermain,* to play; ~ *lajak,* to swank; *ia* ~-~ *sadja,* he took things easy; he turned it into a jest; *bukan* ~, extraordinary, enormous, extremely; *djangan* ~ *gila disini!,* no foolery here! no nonsense, please!; *permainan,* play, toy; *permainan bersama-sama,* ensemble playing; team-work; *pemain,* player, áctor; *pemain pilem,* film-actor; *mempermainkan,* to make a fool of, to ridicule.

majang, *perahu* ~, fishing-boat.

majat, corpse; *perarakan* ~, funeral procession.

major, major.

maka, so, therefore; *hatta* ~, then, and, further; *makanja,* hence, that's why.

makam, grave; *memakamkan,* to bury; *pemakaman,* burial.

makan, to eat; ~ *angin,* to take an airing; ~ *berpantang,* to be on a diet; ~ *gadji,* to earn; ~ *malam,* to dine, to have supper; ~ *pagi,* to breakfast; ~ *suap,* to be bribed; ~ *sumpah,* to commit perjury; ~ *tempo,* ~ *waktu,* taking up much time; ~

tengah hari, to lunch; *kurang* ~, under-nourished; *nafsu* ~, appetite; *rumah* ~, restaurant; *rem tidak* ~, the brake doesn't act; *dimakan karat,* rusty; *pemakan segala,* omnivorous.

makanan, food, victuals.

makanja, hence, that's why.

maki, *memaki,* to scold.

makin, ~ *lama* ~ *besar,* the longer the bigger; ~ *lekas* ~ *baik,* the sooner the better.

maklar, broker.

maklum, *ma'lum,* known; *memaklumkan,* to make known, to announce, to publish.

maklumat, announcement, proclamation, publication, notice.

makmur, *ma'mur,* prosperous; *kemakmuran,* prosperity.

makna, *ma'na,* meaning, sense, signification.

maknawi, spiritual.

maknit, magnet; *kemaknitan,* magnetism.

makota, *mahkota,* crown.

makroni, macaroni.

maksimum, maximum.

maksud, purpose, intention, meaning; *bermaksud,* to intend; *memaksudkan,* to mean, to have in view, to have in mind; *jang dimaksudi,* in question.

maktub, *termaktub,* written, mentioned.

malaekat [malaékat], angel.

malah, *malahan,* moreover.

malakulmaut, angel of death.

malam, night; ~ *Djumahat,* Thursday night; *Djumahat* ~, Friday night; ~ *buta,* at dead of night; ~ *hari,* at night; ~ *tadi,* last night; *djauh* ~, deep (far) into the night; *tengah* ~,

midnight; *semalam,* last night; *semalam-malaman,* the whole night; *bermalam,* to pass the night.

malang, cross; adverse, unlucky; *djari* ~, middle finger; *kemalangan,* reverse, adversity, bad luck.

malapetaka, calamity, disaster.

malas, lazy, idle, sluggish; *pemalas,* sluggard, lazy-bones.

maling, thief.

malu, shy, timid, ashamed, modest, to feel shame; ~-~ *kutjing,* to pretend shyness; *memalukan, mempermalukan,* to put to shame; *kemaluan,* ashamed; pudenda.

ma'lum, *maklum,* known; *memalumkan, memperma'lumkan,* to make known, to announce, to publish.

ma'lumat, announcement, proclamation, publication, notice.

mamah, *memamah,* to chew; *memamah biak,* to ruminate; *binatang jang memamah biak,* ruminant.

mamak, *mama',* uncle.

mampat, tight, compact.

mampir, to call at, to drop in.

mampu, to be able; well-to-do, wealthy; *kurang* ~, poor, indigent; *tidak* ~, unable; impecunious.

mampus, dead; *mati* ~, stone-dead.

ma'mur, *makmur,* prosperous; *kema'muran,* prosperity.

mana, *bilamana,* when; *dimana,* where; *dari mana,* from where; *kemana,* where, where ...... to, to what place; *kemana-*~, everywhere; *bagaimana,* how;

manasuka, at choice, at pleasure, at will: facultative, optional.

ma'na, *makna,* meaning, sense.

manai, pale; *putjat* ~, deathly pale.

mandi, *bermandi,* to bathe, to take a bath; *memandikan,* to bath (a child); *permandian,* bathing-place; christening, baptism.

mandiang, the late ......

mandja, spoilt; *mempermandjakan,* to spoil.

mandjur, efficacious; *obat* ~, sovereign remedy.

mandul, infertile, sterile, barren, childless.

mandur, mandor(e), headman.

manfaat, benefit, profit; *bermanfaat,* useful, profitable.

mangga, mango.

manggis, *manggistan,* mangosteen.

mangkat, to pass away, to decease.

mangkir, to be absent.

mangkuk, *mangkok,* mug, bowl.

mangsa, prey.

mangsi, ink.

mangu, *termangu-mangu,* stunned, dazed, dull.

mangut, to dote.

mani, sperm.

manik, ~-~, beads; *hudjan* ~, to hail.

manikam, gem, jewel.

manis, sweet; pretty, nice, amiable, dear, kind; *djari* ~, ring-finger; *kaju* ~, cinnamon; *memaniskan,* to sweeten.

manisan, *manis-* ~, sweets, sweet stuff.

mantap, stable; *kemantapan,* stabilization.

mantega [mantéga], *mentega,* butter.

mantel, mantle, rain-coat.

mant(e)ri, ~ *guru,* head-master; ~ *tjatjar,* vaccinator.

mantja, ~ *negara,* foreign countries.

mantjing, *pantjing,* to angle.

mantros, sailor.

mantu, *menantu,* son-(daughter)-in-law.

manuk, bird; *dada* ~, chicken-breast.

manusia, man, human being, mankind; *kemanusiaan, peri kemanusiaan, rasa kemanusiaan,* humanity.

mara, danger; ~ *bahaja,* danger and calamity.

marah, angry; *memarahi,* to be angry with, to scold; *kemarahan,* anger; *pemarah,* growler, grumbler, hothead; *mengambil* ~, to take amiss.

Maret, March.

margasatwa, wild animals.

marhaen [marhaén], *kaum* ~, proletariat.

marhum, *al* ~, the late ......

mari, *kemari.* come here; *kesana kemari,* here and there, hither and thither.

markas, quarters; ~ *besar,* head-quarters.

marmar, marble.

marsekal, marshall.

martabat, grade, rank.

martil, hammer.

mas, *emas,* gold; ~ *kawin,* dowry; *tukang* ~, goldsmith.

masa, time, period; ~ *datang,* the future; *pada* ~ *itu,* at that time.

masaalah, *masalah,* (point in)

question, problem; ~ *perasaan hati*, question of conscience; *pemetjahan* ~, solution of a problem.

masak, ripe; ~-~, maturely, profoundly; *menimbang dengan* ~-~, to consider maturely; *memasak*, to cook.

masakan, cooking, dish.

masam, sour, acid; *bermuka* ~, sour faced.

masdjid, *mesdjid*, mosque.

masehi [maséhi], Christian; *tarich* ~, the Christian era.

mas(j)gul, sad, sorrowful; *kemasgulan*, sadness, sorrow.

mas(j)hur, famous, celebrated.

masih, still, yet.

masin, salt, brackish.

masin, *mesin*, engine.

masing, ~-~, each, respectively.

masinis, engine-driver, engineer.

Masir, *Mesir*, Egypt.

masjarakat, society; *kemasjarakát-an*, social; *ilmu kemasjarakatan*, sociology.

maskapai, company; ~ *asuransi*, insurance company; ~ *penerbangan*, air company, aviation company.

masuk, to come in, to enter; to partake; *uang* ~, receipts, takings; ~ *bilangan*, included; *tidak* ~ *diotak*, inconceivable, incomprehensible; *memasuki*, to come in, to enter; to meddle with, to interfere in; *memasuk-kan*, to insert, to import; *kema-sukan*, to be possessed; *pemasuk-an*, import; *termasuk*, inclusive of.

mata, eye; ~ *air*, spring, well; *air* ~, tears; ~ *angin*, point of the compass; ~ *gelap*, in a

rage; ~ *kaju*, knot in wood; ~ *kaki*, ankle; ~ *kerandjang*, dangler (after women); ~-~, spy; ~ *pentjaharian*, means of subsistence; ~ *sapi*, fried egg; ~ *uang*, coin; *memata-matai*, to spy upon, to watch; *semata-*~, entirely, exclusively, simply and solely; *membuang-buang* ~, to keep an eye upon; *ber-main* ~, to ogle; *tanda* ~, souvenir; *tipu* ~, optical illusion; *sajup-sajup* ~ *meman-dang*, as far as the eye can reach.

matahari, sun; *bunga* ~, sunflower; *kelengar* ~, sunstroke; *terbenam* ~, sunset; *terbit* ~, sunrise.

matematika [matématika], mathematics.

mateng, *matang*, ripe; done (meat).

material [matérial], material.

materialis, materialist, materialistic.

mati, dead, to die; extinguished; *arlodjinja* ~, his watch has stopped; *harga* ~, fixed prices; *kapur* ~, slaked lime; *memati-kan*, to kill; to extinguish, to put out; *kematian*, death; *kemati-matian*, to the death.

matjam, sort, kind, model; *bermatjam-*~, miscellaneous.

matjan, tiger; ~ *loreng*, ~ *tutul*, panther.

matros, sailor.

mau, will, wish, to want; ~......~......, either ...... or; ~ *ta'* ~, willy-nilly, willing or unwilling; *semau-maunja*, arbitrary; *kemauan*, will, wish.

Maulud, *Mulud*, the Prophet's

birthday.

mawar, *bunga* ~, rose.

mawas, orang utan.

ma'zul, *mema'zulkan,* to dethrone.

medali, medal.

medan [médan], field, plain, square; ~ *perang,* ~ *peperangan,* battle-field.

medja [médja], table; ~ *makan,* dining-table; ~ *tulis,* writing-table; *uang* ~, costs (of a lawsuit).

medjan [médjan], dysentery.

mega [méga], cloud; ~ *mendung,* rain-cloud.

megah, glorious, famous, proud; *memegahkan diri,* to boast of, to pride oneself on; *kemegahan,* glory, fame.

Mekah, Mecca.

mekanik [mékanik], *ilmu* ~, mechanics.

mekanisasi [mékanisasi], mechanization.

mekar, *pembuluh* ~, varicose vein.

melaikat, *malaekat,* angel.

melainkan, but, except, still.

Melaju, Malay, Malayan.

melarat, miserable, poor; *kemelaratan,* misery, poverty.

melati, jasmine.

meleset [melését], to slide down, to slip; *waktu* ~, depression; *persangkaanmu* ~, you are quite wrong.

meliwis, *belibis,* teal.

melulu, exclusive.

melur, *melati,* jasmine.

memang [mémang], naturally, a matter of fact, of course.

memar, bruised.

memori [mémori], memorandum, statement.

mempelai, bride, bridegroom.

mempelam, mango.

mena, *tidak semena-*~, arbitrary, without reason, unjust.

menang, to win; ~ *dalam udjian,* to pass an exam; *memenangi.* to conquer; *kemenangan,* victory; *mentjapai kemenangan,* to gain the victory; *pemenang,* conqueror.

menantu, son-(daughter-)in-law.

menara, minaret, tower; ~ *api,* lighthouse.

menatu, laundryman.

mendiang, *mandiang,* the late ....

mendikai, water-melon.

mendjangan, deer.

mendung, *mega* ~, rain-cloud.

mengapa, why.

mengetik, to typewrite; *pandai* ~, typist.

meni [méni], red lead, minium.

menikam, *manikam,* gem, jewel.

menit, minute.

mentah, raw, unripe; *air* ~, uncooked water; *bahan-bahan* ~, raw materials; *dengan* ~-~, without mincing matters, crude, point-blank; *menjerah* ~-~, to surrender unconditionally.

mentega [mentéga], butter; ~ *buatan,* margarine.

menteri, minister; *perdana* ~, prime minister; *kementerian,* ministry, department, Office; *dewan kementerian,* cabinet council; ~ *Dalam Negeri,* Minister of the Interior; (dinegeri Inggeris) Home Secretary; *Kementerian Dalam Negeri,* Ministry (Department) of the Interior; (dinegeri Inggeris) Home Office; ~

Luar Negeri, Foreign Minister; (dinegeri Inggeris), Foreign Secretary; *Kementerian Luar Negeri,* Ministry of Foreign Affairs; (dinegeri Inggeris) Foreign Office.

mentimun, *ketimun,* cucumber.

mentjeret [mentjerét], diarrhoea.

mentua, father-(mother-)in-law.

menung, *termenung,* absorbed in thought, in a brown study.

merah [mérah], red; ~ *djambu,* pink; ~ *lembajung,* violet; ~ *padam,* fiery red; ~ *tua,* ~ *sawo,* brown; *Palang Merah,* Red Cross; *kemerah-merahan,* reddish; *memerahi,* to redden.

merak, peacock.

merawal, pennant.

merbuk, dove.

merdeka [merdéka], free, independent; *memerdekakan,* to liberate, to set at liberty; *kemerdekaan,* liberty, freedom, independence.

merdu, soft, sweet.

merek [mérék], mark, brand, make, manufacture; *papan* ~, (shop) sign, sign-board.

mereka [meréka], ~ *itu,* they, them; ~ *punja,* their, theirs.

meriam, gun, cannon; ~ *penangkis,* anti-aircraft artillery; *pasukan* ~, artillery troops.

meritja, pepper.

merkah, to burst open.

merpati, pigeon.

merta, *serta* ~, on that very moment, directly, at once.

mertju, top, summit; ~ *air,* water-tower; ~ *suar,* lighthouse.

mertjun, *mertjon,* crackers, fire-works.

mertua, *mentua,* parents-in-law.

mesdjid, *masdjid,* mosque.

mesem [mésem], to smile.

mesigit, mosque.

mesin, machine, engine; ~ *djahit,* sewing-machine; ~ *pengisap debu,* vacuum cleaner, suction-cleaner; ~ *terbang,* flying-machine, aeroplane; ~ *tulis,* typewriter; *ahli teknik* ~, mechanician.

Mesir, *Masir,* Egypt, Egyptian.

mesiu, gunpowder; ~ *peluru,* munition.

meski, *-pun,* although, even though.

mesra, assimilated, absorbed.

mesti, must; *(sudah)semestinja,* self-evident, naturally.

metah, *putih* ~, snow-white.

meter [métér], metre; ~ *gas,* gas-metre.

meterai, seal, stamp; *memeteraikan,* to seal, to stamp; ~ *surat,* (postage) stamp; ~ *tempel,* receipt-stamp; *bermeterai,* stamped.

metode [métode], method.

mewah [méwah], abundant, luxurious; *kemewahan,* abundance, luxury.

migrasi, migration.

mikrofon, microphone.

mikroskop, microscope.

mil, mail; mile; *kapal* ~, mail-steamer.

milik, property, possession; *pemilik,* owner; *memiliki,* to possess, to own; *hak* ~, proprietary rights, ownership.

milir, *menghilir,* to go down-stream.

milisen [milisén], conscript.

milisi, militia.

militer [militér], military.

mimbar, pulpit (in the mosque); platform, forum.

mimikri, mimicry.

mimpi, dream; *bermimpi,* to dream.

minat, interest, attention; *menarik* ~, to draw attention; *jang menarik* ~, interesting; *peminat-peminat,* those interested.

minggu, week; *hari* ~, Sunday.

mingguan, weekly, weekly paper.

minimum, minimum.

minit, *menit,* minute.

minjak, oil; ~ *djarak,* castor-oil; ~ *katjang,* ~ *salada,* salad-oil; ~ *kelapa,* coco-nut oil; ~ *mawar,* oil of roses; ~ *rambut,* hair-oil; ~ *sapi,* beef fat; ~ *sawit,* palm-oil; ~ *tanah,* petroleum; ~ *tjat,* linseed oil; ~ *wangi,* perfume; *meminjaki,* to oil, to lubricate.

minta, *meminta,* to ask, to beg, to request; ~ *ampun,* to beg a person's pardon; ~ *berhenti,* ~ *lepas* to give in one's resignation; ~ *diri,* to take one's leave; ~ *do'a,* to pray; ~-~, to beg (alms); *orang* ~-~, beggar; *peminta,* petitioner; *permintaan,* request, petition; *permintaan keterangan,* interpellation.

minum, to drink; *air* ~, drinking-water; ~ *rokok,* to smoke; *peminum,* drunkard.

minuman, drink, beverage; ~ *keras,* strong drinks, liquors.

miring, sloping, slanting.

misai, moustache.

misal, example; ~*nja,* for example.

misi, mission.

miskin, poor; *rumah* ~, poor-house; *kemiskinan,* poverty.

mistar, ruler.

mitraljur, machine-gun.

mobil, motor-car, automobile; ~ *badja,* armoured car.

mobilisasi, mobilization.

modal, capital, fund; ~ *perusahaan,* working-capital; ~ *persekutuan,* registered capital; *orang semodal,* partner; *menanamkan* ~, to invest (capital).

model [modél], model.

modern [modérn], modern.

moga, ~-~, may it be, might it be.

mogok, to strike; *pemogok,* striker; *pemogokan,* strike.

mohon, to request, to ask, to beg; ~ *perhatian,* to ask (for) attention; *bermohon,* to make a request; *bermohon diri,* to take one's leave; *permohonan,* request, petition; *si-pemohon,* petitioner.

mojang, great-grandfather; *nenek* ~, ancestors.

molek [molék], pretty, charming.

molekul, molecule.

momen [momén], moment.

momok, ghost.

monjet [monjét], monkey.

monopoli, monopoly; *memonopolikan,* to monopolize.

montir, fitter.

montjong, snout.

montor, motor; *speda* ~, motor-cycle.

moral, moral.

moril, morale.

mortir, mortar.

mosi, ~ *tidak pertjaja,* vote of no-confidence.

moster, mustard.

motor, motor; ~ *disel,* Diesel engine; ~ *listrik,* electromotor; *speda* ~, motor-cycle.

mua, *ikan* ~, eel.

muai, expansion. [at.

muak, to loathe, to be disgusted

muara, mouth of a river.

muat, *memuat,* to contain; *memuati,* to load with; *bermuat,* to be laden with.

muatan, load, cargo.

muda, young; *pemuda,* young man; *pemudi,* young woman; *ketua* ~, vice-president; *merah* ~, light red; *radja* ~, viceroy.

mudah, easy; *mempermudahkan,* to make easier; ~-*mudahan,* possibly, maybe.

mudi, *djuru* ~, coxswain, man at the helm; *kemudi,* helm, rudder; *mengemudikan,* to steer.

mudik, to go upstream; *hilir* ~, to go downstream and upstream; up and down; *belum tentu hilir mudiknja,* you can make neither head nor tail of it; everything is still uncertain.

mudjar(r)ad, abstract.

mudjar(r)ab, souvereign, efficacious.

mudjur, straight on; lucky; *pemudjur,* lucky dog.

mufakat, *mupakat,* to agree; ~! agreed!; *bermufakat,* to deliberate.

muka, face; front; surface; page; *hilang* ~, to lose face; *pembajaran dimuka,* prepayment, payment in advance; ~ *air,* water-level; *air* ~, look, expression; ~ *laut,* sea-level; *pemuka,* party leader, prominent person; *dimuka,* in front of, before; *mengambil* ~, to flatter,

to coax; *terkemuka,* prominent, important; *mengemukakan,* to put forward, to advance. to broach; to nominate; *kemuka, forward,* to the front; *tebal* ~, barefaced, impudent; *bermuka dua,* unreliable, untrustworthy.

mukadimmah, *mukadammat,* preface.

mukah, adultery; *bermukah,* to commit adultery.

muktamar, congress, conference.

mula, beginning, commencement; *gadji bermula,* commencing salary; ~-~, in the beginning, at first; *memulai,* to begin, to commence; *mulai tanggal 23 December,* as from December 23, from December 23; *mulai bekerdja,* entrance upon one's duties; *bermula-*~, firstly, for the first time; *permulaan,* beginning.

mulas, colic; ~ *perut,* gripes.

mulia, honourable, noble, illustrious; *logam* ~, precious metal; *Paduka jang* ~, His Excellency; *memuliakan, mempermuliakan,* to honour, to glorify; *kemuliaan, permuliaan,* splendour, honour, distinction.

mulut, mouth; ~ *besar,* to give lip; ~ *botjor,* blabber; ~ *kotor,* to talk smut; ~ *manis,* to flatter, to coax; *buah* ~, talk of the town; *tutup* ~, to hold one's tongue; *bermulut dimulut orang,* to parrot.

mumia, mummy.

mumin, religious, faithful.

munafik, hypocrite.

mundar, ~-*mandir,* to go to and fro, to patrol.

mundur, to go backwards, to

retreat, to decline; *kemunduran,*
going down, decline.

mungkin, possible; *tidak* ~, im-
possible; *selekas* ~, as soon as
possible; *sedapat* ~, if pos-
sible; *kemungkinan,* possibility;
memungkinkan, to enable.

mungkir, to deny.

munisi, munition.

muntah, to vomit.

muntjul, to appear, to turn up, to
come along.

muntjung, *montjong,* snout.

mupakat, *mufakat,* to agree;
bermupakat, to deliberate;
permupakatan, deliberation;
semupakat, sepakat, agreed.

murah, abundant; cheap; ~ *hati,*
generous; ~ *tangan,* open-
handed; *kemurahan,* abundance,
open handedness, generosity,
cheapness.

murai, magpie.

muram, sombre, mournful, gloomy.

murba, *rakjat* ~, common people.

murid, pupil, disciple.

murka, angry, anger.

murni, pure.

murung, gloomy.

Musa, *Nabi* ~, Moses.

musafir, traveller.

musang, civet-cat.

musik, music; *korps* ~, band;
sekolah ~, school of music.

musim. season, monsoon; ~ *barat,*
south-west monsoon, rainy
season; ~ *kemarau,* ~ *panas,*
north-east monsoon, dry
monsoon; ~ *bunga,* ~ *semi,*
spring; ~ *dingin,* winter; ~
panas, summer; ~ *runtuh,* ~
gugur, autumn.

musium, museum.

musjawarat, *permusjawaratan,*

deliberation, conference,
meeting; *bermusjawarat,* to
deliberate, to confer.

muskil, thorny, ticklish.

muslihat, trick, means; *tipu* ~,
dirty trick.

Muslim, Moslim.

muslin, *kain* ~, muslin.

musna(h), destroyed;
memusna(h)kan, to destroy;
permusna(h)an, destruction.

mustadjab, efficacious, sovereign.

mustahil, impossible, incredible.

musti, *mesti,* must, should.

mustika, *mestika,* bezoar.

musuh, enemy; *bermusuh,* at
enmity; *permusuhan,* enmity,
animosity, hostility;
penghentian permusuhan,
suspension of hostilities.

mutachir, modern.

mutamar, congress, conference.

mutasi, changes, mutation.

mutiara, *mutia,* pearl.

mutlak, absolute, unconditional;
general.

mutu, mute, speechless; pearl;
quality.

N.

nabati, vegetable

nabi, prophet.

nachoda, captain (of a ship)

nada, sound, note; ~ *dasar,*
ground-note; *tangga* ~, scale.

nadi, pulse; *denjut* ~, pulsation;
pembuluh ~, artery.

nadji , dirt, filth; excrement;
menadjiskan, to defile.

nafakah, *nafkah,* means of
livelihood.   [breathe.

nafas, *napas,* breath; *bernafas,* to

nafsi, ~-~, exclusive (ly),

individual(ly).

nafsu, *napsu,* desire; *hawa* ~, passion, lust; ~ *makan,* appetite.

naga, dragon.

nah, well, well then, take it!

nahas, misfortune.

nahu, *ilmu* ~, syntax.

naib, ~ *radja,* viceroy.

naik, to ascend, to climb; to rise; ~ *darahnja,* he flew into a rage (passion); ~ *darat,* to go ashore; ~ *hadji,* to go on the pilgrimage (to Mecca); ~ *kapal,* to go on board, to embark; ~ *kelas,* to be removed; ~ *pangkat,* to be promoted; ~ *radja,* to ascend the throne; ~ *saksi,* to give evidence, to bear witness; *pasang* ~, high tide; *menaiki,* to ascend, to mount; *menaikkan,* to heighten, to raise; to hoist; *kenaikan,* rise; *kuda kenaikan,* riding-horse; *kenaikan gadji,* rise (of salary); *kenaikan harga,* increase, rise, advance (of prices).

nakal, mischievous, naughty.

nakoda, *nachoda,* captain (of a ship).

nam, *enam,* six.

nama, name, title; ~ *edjekan,* nickname; ~ *keluarga,* ~ *turunan,* surname; ~ *ketjil,* first name, Christian name; *menamakan, menamai,* to call, to name; *bernama,* named; *ternama, kenamaan,* famous, celebrated; *senama,* of the same name; *atas* ~, in the name of; *menggores* ~, to paraph.

nampak, *tampak,* visible.

nan, who, which.

nanah, matter, pus; *bernanah,* to supperate.

nanas, *nenas,* pine-apple; ~ *seberang,* agave.

nanti, *menanti,* to wait; ~ *malam,* to night; ~ *pukul enam saja datang,* I'll come at six o'clock.

napas, *nafas,* breath; *bernapas,* to breathe; *sesak* ~, short-breathed, asthma; *tarik* ~ *pandjang,* to sigh; *pernapasan,* breathing, respiration.

napsu, *nafsu,* desire, lust, passion.

naraka, hell.

nasi, cooked rice, boiled rice.

nasib, fate, lot, destiny; *senasib,* fellow-sufferer; *perbaikan* ~, improvement of one's lot.

nasihat, *nasehat,* advice; *menasihatkan,* to advise; *penasihat,* adviser.

nasional, national.

nasionalis, nationalism, nationalist, *bersifat* ~, nationalistic.

naskah, manuscript, original (text); ~ *peringatan,* charter, document.

Nasrani, *Serani, orang* ~, Christian.

natal, *hari* ~, Christmas-day.

naung, shade, shelter; *bernaung,* to take shelter; *pernaungan,* shelter.

negara, state; *antar* ~, international; *kaula* ~, subject; *lambang* ~, government arms; *warga* ~, citizen; ~ *tetangga,* neighbouring state; *kenegaraan,* political; politics.

negeri, country, land; *bahasa* ~, vernacular language; *ibu* ~, capital; *orang senegeri,* (fellow-) countryman.

nekat [nékat], *nekad,* reckless,

stubborn, bold.

nekel [nékél], nickel.

nelajan, fisherman.

nenas, *nanas,* pine-apple.

nenek [nénék], grand-father, grand-mother.   [at.

nengok [néngok], *tengok,* to look

neraka, *naraka,* hell.

neratja, scales, balance.

nesan [nésan], *nisan,* grave-stone.

netral [nétral], neutral; *kenetralan,* neutrality; *menetralkan,* to neutralize.

ngah-ngah, to gasp (for breath).

nganga, *menganga,* to gape.

ngarai, ravine.

ngawur, to talk nonsense (rot).

ngengat, moth.

ngeong [ngéong], to mew.

ngeram, to growl, to grumble.

ngeri, dreadful, fearful.

ngikngik, to languish, to be ailing.

ngiler, to slaver, to slobber; *saja* ~, my mouth waters.

ngilu, on edge (of the teeth).

ngobrol, to chat.

ngukngik, ailing, sickly.

ngutngit, to worry, to tease.

niat, wish, desire, intention; *berniat,* to intend.

nifas, child-bed; *perempuan* ~, woman in child-bed.

nikah, marriage; *menikahi,* to marry; *pernikahan,* wedding.

nikmat, *ni'mat,* delicious, pleasant, comfortable; *kenikmatan,* pleasure, comfort.

nila, indigo.

nilai, value, rate of exchange, market value; *menilai,* to appraise, to value; *tidak ternilai,* priceless.

nilaian, appraisement.

nilam, *batu* ~, sapphire.

ningrat, *kaum* ~, aristocracy.

nipah, marsh-palm.

nipis, *tipis,* thin.

niru, *njiru,* winnow.

nisan, *nesan,* grave-stone.

nisbah, relationship.   [(ly).

nisbi, relative(ly), comparitive-

nista, insult, abuse; *menistai,* to insult, to abuse.

nistjaja, surely, undoubtedly.

njah, ~ *lah engkau!,* clear out!, get away!

njai, mistress.

njala, flame, blaze; *menjala, bernjala,* to burn, to flame, to blaze.

njaman, healthy, fit; delicious, pleasant.

njamuk, mosquito.

njanji, *bernjanji, menjanji,* to sing.

njanjian, song; *kitab* ~, book of songs.

njaring, clear, loud.

njaris, nearly, almost.

njata, plain, clear, obvious; *menjatakan,* to declare, to point out, to prove, to express, to certify, to state; *menjatakan perang,* to declare war (on); *kenjataan,* proof, evidence, statement, fact; *pernjataan,* declaration, expression, demonstration, manifestation.

njawa, soul, life; *membuang* ~, to risk one's life; *kata-kata senjawa,* compound words, compounds.

njenjak, sound (of sleep).

njiru, *niru,* winnow.

njiur, *pohon* ~, coco-nut tree; *buah* ~, coco-nut.

njolong, to nab, to filch.

njonja, married woman, madam; ~ *rumah,* the lady (mistress) of the house; ~ *A.,* mrs. A.

nobat, big drum; *menobatkan,* to install.

noda, stain; *menodai,* to stain, to ravish; ~ *matahari,* solar spot.

noktah, point, dot.

nol, nought, zero.

nominal, nominal; *harga* ~, nominal value, face value.

nomor, number; ~ *berikut,* serial number, reference number; ~ *perkenalan,* ~ *pertjontohan,* specimen copy.

nona, miss.

nonaktif, not in active service.

nonton, to look at.

Nopember [Nopémber], November.

normal, normal; *sekolah* ~, normal school.

normalisasi, normalization, regulation (of a river).

normalisir, to normalize.

Norwegia, Norway.

not, note (music).

nota, bill, account; note, memorial.

notaris, notary.

notes [notés], *buku* ~, notebook.

nudjum, stars, constellations; astrological tables: *ahlunnudjum,* astrologer.

nudjuman, ~ *tjuatja,* weather-fore-cast.

Nuh, *Nabi* ~, Noah.

nuri, parrot.

nusa, island; land.

nusantara, archipelago (Indonesia).

O.

obah, *ubah, mengobah,* to alter;

perobahan, alteration.

obat, medicine, remedy; *ahli* ~, chemist; *rumah* ~. chemist's (shop), dispensary; *pengobatan,* cure, healing; *balai pengobatan,* policlinic; ~ *gosok gigi,* tooth paste; ~ *peledak,* explosive; *mengobati,* to cure.

obeng [obéng], *obing,* screw-driver.

objek [objék], object.

obligasi, bond.

obor, torch.

obrak, *mengobrak-abrik,* to upset, to overthrow.

obral, selling-off, clearance sale.

obrol, *ngobrol,* to chat.

obrus, lieutenant-colonel.

odoh, ugly.

oksid, oxide; *pengoksidan,* oxidation.

oktaf, octave.

oktan, octane.

Oktober, October.

olah, *seolah-*~, as if.

olah raga, *keolah ragaan,* sport(s); *lapangan* ~, sportsground.

oleh [oléh], by, by means of; ~ *sebab,* ~ *karena,* because, as; ~-~, gifts; *beroleh,* to receive; *memperoleh,* to obtain, to get; *perolehan,* obtainment.

oleng [oléng], *mengoleng-*~, to roll (of a ship).

olok, *mengolok-*~, to chaff, to joke; *gambar* ~-~, caricature.

ombak, wave, billow.

ombang, *terombang-ambing,* to bob (up and down), to float; to fluctuate (between hope and fear).

omel [omél], *mengomel,* to grumble.

omong, to chat, to gossip; ~ *kosong,* nonsense.

omongan, chat, gossip. [bed.

ompol, *mengompol,* wetting the

ompong, toothless.

on, ounce; hectogramme.

onar, *keonaran,* disturbance.

ongah-angih, to stagger, to waddle.

onggok, heap.

ongkos, expenses, charges; *mengongkosi,* to pay the expenses of; ~ *biaja,* expenditure, expenses; ~ *perusahaan,* working-expenses.

onjak-anjik, to dawdle, to linger.

opak, to poke up.

opas, watchman, peon, attendant, keeper.

oper, *opor, mengoper,* to make over, to transfer, to hand over.

operasi, operation.

opisil, official, formal.

oplag, impression, circulation.

oposisi, opposition.

opseter [opsétér], overseer, clerk (of works).

opsir, officer.

optik, optics.

orang, human being, person; *kata* ~, it is said; *seorang,* somebody; *barang seorang,* anybody; *seorang diri,* alone, single-handed; *perseorangan,* individual(ly); ~ *asing,* foreigner; ~ *banjak,* public, people; ~ *baru,* new-comer; ~ *berkuda,* horseman; ~ *bertapa,* hermit; ~ *besar,* authority; ~ *buangan,* exile; ~ *dagang,* merchant; ~ *djahat,* ~ *durdjana,* wretch, villain; ~ *durhaka,* rebel, mutineer; ~ *Eropah,* European; ~ *gila,* lunatic, madman; ~

Indonesia, Indonesian; ~ *Inggeris,* Englishman; ~ *Islam,* Islamite; ~ *kafir,* Kaf(f)ir; ~ *kapal,* member of the crew (of a ship); ~ *laki-laki,* man; ~ *Masehi,* ~ *Nasrani,* ~ *Serani,* Christian; ~ *minta-minta,* beggar; ~ *pereman,* civilian; ~ *perempuan,* woman; ~ *rakus,* glutton; ~ *rantai,* chained convict; ~ *tani,* farmer; ~ *tawanan,* internee; ~ *Tiong Hoa,* Chinese; ~ *tua,* parents; ~ *udik,* hillman; ~ *upahan,* work-people, workmen.

ordonansi, order, decree.

organisasi, organization.

organisator, organizer.

originil, original.

orlodji, *arlodji,* watch.

orok, *anak* ~, new-born child.

osmosa, osmose.

otak, brain(s); ~ *besar,* cerebrum; ~ *ketjil,* cerebellum; *otaknja tadjam,* he has quick wits; *gegar* ~, concussion (of the brain).

otentik, authentic.

oto, motor-car; *prahoto,* motor-truck.

otobis, motor bus.

otonomi, autonomy; *berotonomi,* autonomous.

otot, muscle; *berotot,* muscular.

P.

pa', *pak,* father.

pa'al, *fa'al,* deed, good work.

pabean, custom-house.

paberik, factory; *bikinan* ~, manufacture, make.

pada, in, at, by, near, according

to; *daripada*, from; *kepada*, to; *tak ada uang padanja*, he has no money about him; ~ *achirnja*, finally; ~ *awalnja*, at first; ~ *hal*, whereas.

pada, enough, sufficient; *memadai*, to fulfil, to answer; *memadakan*, to satisfy.

padam, put out, extinguished; *memadamkan*, to put out, to extinguish; to appease, to soothe; *pemadam*, fire-extinguisher; *pasukan pemadam api*, fire-brigade.

padam, lotus; *merah* ~, as red as fire.

padan, matching, fitting; *berpadanan*, to match, to fit; to harmonize; *sepadan dengan*, in accordance with; *kesepadanan*, harmony; *tarif berpadanan*, proportional rates (tariffs).

padang, field, plain; ~ *gurun*, desert.

padat, crushing, cramming.

paderi, priest.

padi, paddy, rice (unhusked).

padjak, tax(es), rent; ~ *bumi*, land-revenue, land-tax; ~ *kekajaan*, property-tax; ~ *pendapatan*, ~ *penghasilan*, income-tax; ~ *perang*, war-tax; ~ *rumah tangga*, tax on houses, property; *memungut* ~, to collect taxes; *surat ketetapan* ~, notice of assessment.

padjar, *fadjar*, dawn.

padjek, *padjak*, tax(es).

padma, lotus.

padu, *memadu*, to weld together; *berpadu-padan*, consolidated; *bersatu* ~, in unity.

paduka, honourable; *kepada* ~

jang Mulia, to His Excellency.

paedah [paédah], *faedah*, benefit.

pagar, hedge, fence; ~ *kawat duri*, barbed wire entanglement; *memagari*, to hedge, to fence.

pagi, morning; ~-~, early in the morning.

pagut, *memagut*, to peck; to bite.

paha, thigh; *lipat* ~, groin; *pangkal* ~, hip.

pahala, profit, advantage.

paham, *faham*, to understand, to know; *pada* ~ *saja*, in my opinion; *memahami*, *memahamkan*, to understand, to study; *perbedaan* ~, difference of opinion, divergence of opinion.

pahat, chisel; *memahat*, to chisel; to sculpture; *seni* ~, sculpture; *ahli seni* ~, sculptor.

pahit, bitter; *memahitkan*, to embitter; *kepahitan*, bitterness, embitterment.

pahlawan, hero, champion; *kepahlawanan*, heroism.

pait, *pahit*, bitter.

paja, marsh, fen, swamp, morass.

pajah, difficult; serious; *sakit* ~, mortally ill, sick to death.

pajau, brackish, saltish.

pajung, umbrella; ~ *udara*, parachute; *pasukan* ~, para-troops.

pak, *pa'*, *bapak*, father.

pak, package, parcel.

pak, rent; ~ *temurun*, long lease, hereditary tenure.

pakai, *memakai*, to wear, to put on, to use, to employ; *petundjuk memakai*, directions for use; *penghargaan* ~, utility; *berpakaian*, to dress; *terpakai*, used, in use; *pemakai*, user;

untuk ~ dalam, to be taken interiorly.

pakaian, clothes; harness (of a horse); *~ besar, ~ kebesaran,* full dress, full uniform; *~ dalam,* underwear; *berpakaian preman,* in mufti.

pakansi, holidays, vacation.

pakat, *sepakat!,* agreed!

pake [paké], *pakai,* to use.

paksa, force, compulsion; *bagan pikiran ~,* obsession; *kerdja ~,* compulsory labour, forced labour; *keadaan ~,* state of emergency; *memaksa,* to force, to compel; *terpaksa,* forced; *pendaratan terpaksa,* forced landing.

paksaan, compulsion; *pindjaman ~,* forced loan.

paksi, bird.

paksi, axis; *~ utama,* principal [axis.

paksina, north.

pakt, pact.

paku, nail; *~ djamur,* drawing pin, thumb-tack; *~ sumbat,* rivet; *memaku,* to nail.

paku, fern.

pakum, vacuum. [mace.

pala, *buah ~,* nutmeg; *bunga ~,* [mace.

palam, *palem,* palm.

palang, cross-beam, cross-bar; *~ Merah,* Red Cross; *memalangi,* to cross, to thwart.

palem, palm.

paling, *memalingkan,* to turn.

paling, *~ baik,* the best; *~ besar,* the greatest, the biggest.

palit, ointment; *memalit,* to smear.

palit, bankrupt, bankruptcy.

palsu, false, forged; *sumpah ~* perjury; *uang ~,* false money; *memalsukan,* to falsify; *pe-*

malsuan, falsification; *kepalsuan dalam surat,* forgery.

palu, hammer; *~ pimpinan,* chairman's hammer; *memalu,* to strike.

palung, bed (of a river); trough.

palut, *memalut,* to wrap round.

paman, uncle; *Paman Sam,* Uncle Sam.

pamehan [paméhan], archives, records.

pamili, family.

pamitan, to take leave.

pamong, provider; *~ pradja,* civil service.

pamor, *pamur,* damascene.

panah, bow; *anak ~,* arrow; *memanah,* to shoot with a bow; *pemanah,* archer.

panas, warm, hot; *~ hati,* quick-tempered; to fly into a passion; *~ kuku,* lukewarm; *~ terik,* suffocatingly hot; *deradjat ~,* temperature; *naiknja (deradjat) ~,* rise of temperature; *memanasi,* to heat; *kepanasan,* heated.

pandai, clever, skilled; *~ besi,* smith; *~ emas,* goldsmith; *kepandaian,* cleverness, skilfulness; *kepandaian baru,* invention; *kaum tjerdik ~,* the intellectuals.

pandak, *pendek,* short.

pandang, *memandang,* to see, to behold, to look at, to gaze, to observe; *sajup-sajup mata memandang,* as far as the eye can reach; *dengan tiada memandang bulu,* without respect of persons; *pemandangan,* view; contemplation; observation, consideration, opinion; *singkat pemandangan,* near-sighted, short-sighted.

pandangan, *hilang dari* ~, to lose sight of; *lantang* ~, field of vision, field of view; *perslah* ~ *mata,* eye-witness account.

pandir, foolish. [man.

pandita, *pandeta,* priest, clergy-

pandjang, long; *pandjangnja,* length; ~ *gelombang,* wave-length; ~ *lebar,* ample, detailed; ~ *lidah,* backbiter, slanderer; ~ *tangan,* thievish; *bulat* ~, oval; *sepandjang,* as long as; *sepandjang djalan,* all along the road; *persegi empat* ~, rectangle; *memandjangkan, memperpandjang,* to make longer, to lengthen.

pandjar, *uang* ~, earnest-money.

pandjat, *memandjat,* to climb; to appeal.

pandji, flag, banner, standard.

pandu, guide, pilot; scout; *kepanduan,* scouting; *memandu(kan),* to pilot.

panekuk, pancake.

panembrama, welcoming-song.

panen [panén], *panenan,* harvest.

pangeran [pangéran], prince.

panggal, *penggal, memanggal,* to cut off.

panggang, roasted, toasted; *roti* ~, toast; *memanggang,* to roast, to toast; *pemanggang,* spit, broach.

panggil, *memanggil,* to call, to convoke, to send for.

panggilan, call; convocation.

panggung, platform; stage.

pangkal, beginning; base; ~ *angkatan laut,* naval base; ~ *paha,* hip; ~ *tahun,* beginning of the year.

pangkalan, landing-stage, quay.

pangkat, stage; rank, degree;

class, form; situation: ~ *dua,* square; *naik* ~, to be promoted; to move up to a higher form.

pangku, lap; *memangku,* to take on the lap; *memangku djabatan,* to occupy a post; *pemangku,* occupant; guardian.

panglima, commander; ~ *jang tertinggi,* commander in chief.

pangreh [pangréh], government; ~ *pradja,* civil service.

panili, vanilla.

panitera, secretary; ~ *pengadilan,* clerk of the court; *kepaniteraan,* secretariat(e).

panitia, committee, board.

pantai, beach, strand.

pantang, forbidden, prohibited; ~ *berubah,* unchangeable, constant; *berpantang kalah,* unconquerable, invincible; *makan berpantang,* to be on a diet; *pemantang daging,* vegetarian.

pantas, swift, speedy.

pantas, *pantes,* decent.

pantat, buttocks.

Pantekosta, Pentecost, Whitsun-(tide).

pantes, decent.

panti, building; ~ *derma,* charitable institution.

pantik, *memantik darah,* to bleed, to let blood.

pantja, five.

pantjaindera, the five senses.

pantjang, pile, pole, stake.

pantjar, *memantjar,* to flow out. to pour out; *memantjarkan radio,* to broadcast; *pemantjar radio,* transmitter; *gelombang pemantjar,* wave-length.

pantjaran, ~ *air,* fountain.

pantjaroba, change of the monsoon, turn(ing) of the tide; *usia* ~, puberty.

pantjasila, the five fundamental (basic) principles of the Republic of Indonesia.

pantjawarna, five-coloured.

pantji, pan.

pantjing, hook; *memantjing,* to angle, to fish with hook and line.

pantjung, *memantjung,* to cut off; to mutilate, to behead.

pantjur, to flow out of a conduit.

pantjuran, conduit.

pantul, *memantul,* to rebound, to reflect.

pantulan, reflection.

pantun, a poem (of four lines).

papa, poor; *kepapaan,* poverty.

papan, plank, board; ~ *menjambung,* switch-board; ~ *tjatur,* chess-board; ~ *tulis,* blackboard.

papar, flat, smooth; *memaparkan,* to flatten; to explain, to set forth, to state.

para, ~ *pembatja,* all readers; ~ *pendengar,* all listeners.

para, *getah* ~, rubber.

para-para, rack.

parabol, parabola.

parade, parade, review.

parah, *berluka* ~, mortally wounded, fatally wounded.

param, ointment.

paramasastera, grammar.

parang, chopper; *memarang,* to chop.

parap, paraph, initials; *memparap,* to paraph, to initial.

paras, countenance, face.

parasit, parasite; *ilmu* ~, parasitology.

parau, hoarse.

pari, *ikan* ~, thornback, ray; *bintang* ~, Southern Cross.

parit, ditch, trench.

parkir, *memparkir,* to park; *tempat* ~, parking-place.

parlemen [parlemén], parliament.

paro, *separo, separuh,* a half.

paron, anvil.

Parsi, Persia; *orang* ~, Persian.

partai, party; ~ *politik,* political party; *politik* ~, party politics.

partikelir, *partikulir,* private.

paru, lung; *penjakit* ~-~, tuberculosis.

parud(an), rasp, grater.

paruh, bill, beak.

paruh, *separuh,* a half; partly.

parut, rasp, grater; *memarut,* to rasp, to grate.

pas, passport, permit.

pas, *mengepas,* to fit (clothes).

pasak, wedge, nail.

pasal, *fasal,* chapter.

pasang, pair, couple; ~ *naik,* rising tide, flood; ~ *purnama,* spring-tide; *memasang (lampu),* to light, to switch on; *memasang iklan,* to insert an advertisement; *memasangkan bendera,* to hoist the flag; *memasang (bedil),* to fire.

pasangan, pair; *pasang-*~, line-up (of a team).

pasanggrahan, little hotel.

pasar, market, bazaar; ~ *amal,* fancy-fair; ~ *dunia,* world-market; ~ *gelap,* black market; ~ *perburuhan,* labour market; ~ *uang,* exchange.

pasaran, outlet, market.

paselin, vaseline.

pasiar, *pesiar,* to drive about, to tour.

pasien [pasién], patient.

pasif, passive.

Pasifik, *Lautan* ~, the Pacific (Ocean).

pasih, eloquent.

pasihat, eloquence.

pasik, *fasik,* sinful.

pasir, sand; *emas* ~, gold dust; *gula* ~, (white) sugar.

pasisir, *pesisir,* coast, beach.

pasisir, passenger.

Paska, Easter.

pasrah, *memasrahkan,* to hand over, to delegate, to depute.

pasti, *pesti,* sure(ly), certainly, decidedly; *uang* ~, the exact sum (money); *ilmu* ~, mathematics; *kepastian,* certainty; *pemastian,* assurance; *memastikan,* to assure.

pastor, priest.

pasukan, troops; ~ *berkuda,* cavalry; ~ *djalan,* infantry; *meriam,* artillery; ~ *pajung,* paratroops; ~ *suka rela,* volunteer troops.

patah, broken, fractured; *sepatah kata,* a single word; *mematahkan,* to break, to fracture.

patek [paték], framboesia.

pateri, solder; *tukang* ~, solderer.

pati, starch, farina; essence; quintessence; ~ *arak,* spirits.

patih, obedient; *kepatihan,* obedience.

patihah, the first chapter of the Koran.

patik, I (in adressing a king).

patjat, *patjet,* leech.

patjek [patjék], *mematjek,* to cover; *kuda pematjek,* studhorse.

patjet [patjét], leech.

patju, spur; *matjju,* to spur on.

patjuan, ~ *kuda,* horse-race.

patjul, *patjol,* mattock, hoe.

patok, pole, picket.

patokan, ~ *duga,* hypothesis; ~ *harga,* fixing (fixation) of prices.

patroli, patrol; *berpatroli,* to patrol.

patuk, *mematuk,* to peck; to bite.

patung, statue.

patut, decent, reasonable, proper, suitable, fair; *mematutkan,* to settle, to conciliate; *mematut-matutkan,* to smarten oneself up; ~ *dihukum,* punishable, liable to punishment; ~ *dilihat,* worth seeing; *harga* ~, moderate prices.

pauh, (wild) mango.

pauk, *lauk* ~, all kinds of food.

paus, *ikan* ~, whale.

Paus, the Pope.

paut, *berpaut,* to cling; *bersangkut* ~, connected with.

pawai, procession.

pawang, guide.

pebian, *pabean,* custom-house.

Pebruari [Pébruari], February.

peda, *ikan* ~, salt fish.

pedal, pedal.

pedalaman, interior, hinterland.

pedang, sword.

pedas, *pedis,* pungent, hot.

pedati, cart.

pedes, *pedas,* hot, pungent.

pedih, smarting.

pedjagalan, slaughter-house, abattoir.

pedjal, firm, solid.

pedjam, *memedjamkan mata,* to close the eyes.

pedjara, bead, foresight.

pedoman, compass; leader; manual; directive, guide; *mata* ~, point of the compass.

pedot, broken off, out of order.

peduli, to care, to meddle with; *saja tidak* ~, I don't care; *tidak* ~, irrespective of.

pegang, *memegang,* to hold, to grasp; *berpegang,* to hold fast; *pemegang kas,* cashier.

pegangan, handle, hold; ~ *(pedang),* hilt; *dalam* ~*nja,* (are) in his hands, rest with him.

pegas, (metallic) spring; *neratja* ~, spring-balance; *gaja* ~, spring, elasticity.

pegawai, official, employee; ~ *negeri,* public servant; ~ *tinggi,* higher official; *para* ~, staff, personnel.

pegel, *pegal,* peevish.

pegi, *pergi,* to go; ~ *datang,* to and fro.

pekak, deaf; ~ *batu,* stone-deaf.

pekan, market; *sepekan,* a week; *ichtisar sepekan,* weekly synopsis.

pekarangan, yard, ground; ~ *sekolah,* playground (of a school).

pekat, thick; strong, concentrated; *kepekatan,* concentration.

pekerti, *budi* ~, character, nature.

pekik, *memekik,* to scream, to shriek.

pekikan, scream, shriek.

pekung, cancerous tumour.

pekur, *tepekur,* to muse upon.

pel [pél], *mengepel,* to mop (up), to swab; *kain* ~, mop, swab.

pelabur, ration.

peladjar, pupil, student.

pelahap, glutton; gluttonous, greedy.

pelajan, servant, waiter; *pela-*

janan, service.

pelamin, bridal bed.

pelan-pelan, *perlahan-la.han,* slowly; careful.

pelana, saddle.

pelanduk, kanchil; ~ *djenaka,* (Indonesian) Renard the Fox.

pelanel [pelanél], flannel.

pelangi, rainbow; *selaput* ~, iris.

pelat, sheet; ~ *hitam,* (gramophone) record.

pelatuk, belatuk, woodpecker.

pelbagai, all kinds of, all sorts of.

pelebaja, hangman, executioner.

pelek [pélék], rim.

pelekat, poster, placard.

pelempap, hand's breadth.

pelepah, midrib (of a palmleaf).

peles [pelés], stoppered bottle, jar; *pel*~, water-bottle.

peleset [pelését], *terpeleset,* slipped.

pelesir, pleasure.

peletjeh [pelétjéh], *memeletjeh,* to flatter, to wheedle.

peletjok [pelétjok], *terpeletjok,* sprained.

pelihara, *memelihara, memeliharakan,* to take care of, to breed, to educate, to cultivate, to maintain, to protect; *pemeliharaan,* care, breeding, education, maintenance, protection.

pelik, remarkable, curious.

pelikan, mineral; *ilmu* ~, mineralogy.

pelipis, *pelipisan,* temple; *tulang* ~, temple-bone.

pelir, penis; *buah* ~, testicles.

pelita, lamp.

pelopor, pioneer, leader, leading-man.

pelor [pélor], bullet.

pelosok, hamlet, remote place.

peluang, calm, leisure.

peluh, perspiration, sweat; *berpeluh,* to perspire, to sweat; *biring* ~, prickly heat.

peluit, flute.

peluk, *memeluk,* to embrace; *memeluk agama,* to profess a religion.

pelupuk, ~ *mata,* eyelid.

peluru, cartridge, bullet; ~ *bohong,* blank cartridges.

pemali, forbidden.

pemandangan, view, panorama; consideration, opinion.

pematang, little dyke (in the rice-fields).

pemeluk, follower, confessor, professor.

pemondokan, lodging, accommodation.

pemuda, young man.

pemudi, young woman.

pena [péna], pen; *buah* ~, piece of literary composition; *tangkai* ~, penholder; *perang* ~, paper war.

penabur, small shot.

penala, *garpu tala,* tuning-fork.

penanggalan, calendar.

penat, tired; *memenatkan,* to tire.

pendam, *terpendam,* concealed.

pendar, *berpendar-*~ *fluor,* to fluoresce; *berpendar-*~ *fosfor,* to phosphoresce.

pendaran, fluor, fluorescence.

pendek [péndék], *pandak,* short; *memendekkan,* to shorten; ~ *kata,* in short, to be brief; *kependekan,* abbreviation; *pendeknja,* in a word, in short.

pendekar [pendékar], champion, advocate, leading-man.

pendeta [pendéta], *pendita,*

clergyman, preacher.

pendjahit, needle.

pendjara, prison, jail; *memendjarakan,* to put in prison.

pendjeladjah, *kapal* ~, cruiser.

pendjuru, corner.

penduduk, inhabitant, citizen.

peneker [penékér], flint and steel.

pengalaman, experience.

penganan, dainties.

pengantin, bride, bridegroom.

pengaruh, influence; *berpengaruh,* to have influence, influential; *mempengaruhi,* to influence.

pengawasan, supervision, control.

pengetjut, coward.

penggal, piece, part; *memenggal,* to cut off.

penggledahan [pengglédahan], house-search.

penghulu, local chief; (religious) headman.

pengkar [péngkar], bow-legged; ~ *(ke)dalam,* bandy-legs; ~ *keluar,* knock-kneed legs.

pengkol [péngkol], *memengkol,* to turn off.

pengkolan, turning.

pengumuman, announcement, notice, publication.

pening, dizzy.

peniti, pin.

penjamun, robber.

penjakit, illness, disease; ~ *andjing gila,* rabies; ~ *djantun,* heart-disease; ~ *kusta,* leprosy; ~ *gula,* diabetes; ~ *kolera,* cholera; ~ *pekung,* cancer; ~ *perempuan,* venereal disease; ~ *sampar,* plague; ~ *tjampak.* measles; ~ *turun temurun,* hereditary disease.

penjek [pénjék], flattened out.

penjengat, wasp.

penjerahan, surrender, handing over, delegation.

penjerangan, attack.

penjingkir, evacuee.

penjingkiran, evacuation.

penju, turtle.

pensil, *pinsil,* pencil.

pensiun, pension; ~ *djanda,* widow's pension; *mempensiunkan,* to pension off; *orang pensiunan,* pensioner.

pentang, *kain* ~, banner.

pentil, nipple (of the breast).

pentil, valve.

penting, important; *kepentingan,* importance, interest; *berkepentingan,* to be interested (concerned) in; *jang berkepentingan,* party concerned.

pentjar, *berpentjaran,* to disperse; *terpentjar,* dispersed.

pentjil, *terpentjil,* remote, isolated.

pentol, *orang pentolan,* boss, big shot.

pentung, cudgel, club; *mementung,* to cudgel, to club.

penuh, full; ~ *sesak,* crowded, chock-full; *sepenuh-penuhnja,* fully; *memenuhi,* to fill, to fulfil.

penumpang, passenger.

penutur, ~ *kata,* spokesman.

pepatah, proverb.

per [pér], spring.

perabot, *perabotan,* tools; ~ *dapur,* kitchen-utensils; ~ *rumah,* furniture.

perah, *memerah,* to squeeze; to milk.

perahu, proa, vessel, boat.

perak [pérak], silver; *seperak,* one guilder.

peran, actor.

peranan, role, part; *memainkan* ~, to act (to play) a part.

perandjat, *terperandjat,* startled.

perang, war; ~ *dunia,* world-war; ~ *gerilja,* guerilla (warfare); ~ *pena,* paper war; ~ *saraf,* war of nerves; ~-*perangan,* manoeuvres, sham-fight; *memerangi,* to make war on; *medan peperangan,* battle-field.

perang [pérang], russet, reddish brown.

perangai, character, nature.

perangkap, trap.

perangko, stamp, postage.

Perantjis, *negeri* ~, France; *orang* ~, Frenchman; ...... ~, French.

perapatan, cross-way.

peras, *memeras,* to squeeze, to press, to extort; *pemerasan,* extortion, blackmail.

perasat, *firasat,* face, countenance.

perat, sour, acrid.

perawan, virgin.

perawis, materials, ingredients.

perbahasa, *peribahasa,* proverb.

perban, bandage, dressing.

perbani, *air* ~, slack water, neap-tide.

perdana, ~ *menteri,* prime-minister.

perdata, *hukum* ~, civil law.

perduli, *peduli, memperdulikan,* to meddle with; *saja tidak* ~, I don't care.

perekat, glue, cement, mortar.

pereman, *orang* ~, civilian.

perempuan, woman; female.

peres, *peras,* to squeeze; to milk.

pergam, green pigeon.

pergi, *pegi,* to go, to leave; *bepergian,* to travel; *kepergian,* departure.

pergok, *tepergok,* taken in the very act, caught red-handed.

peri, manner, way, style; *perihal,* subject, circumstances, matters; *tiada terperikan,* indescribable.

peri, fairy.

peridi, fertile, prolific

perigi, well, spring.

perih, smarting.

perikemanusiaan, humanity.

periksa, inquiry, investigation, research; ~ *tilik,* to observe; *ahli* ~, inspector; *ulang* ~, review (of a lawsuit); *kurang* ~, I don't know; *memeriksa,* to inquire, to examine, to investigate, to control; *pemeriksa,* examiner, investigator, research-worker; *pemeriksaan,* examination, investigation, research.

perintah, order, command, commission; ~ *harian,* order of the day; ~ *keras,* strict orders; *mendjalankan* ~, to execute orders; *memerintah, memberi* ~, to order, to command; *memerintahkan,* to rule, to govern; *pemerintah,* government; *pemerintahan,* reign, government; *pemerintahan sendiri,* self-government.

perintis, pioneer.

perintjian, specification.

perisai, shield.

periskop [périskop], periscope.

peristiwa, event, occurrence; *sekali* ~, once upon a time.

periuk, cooking-pot; ~ *api,* mine; *kapal* ~ *api,* mine-layer; *kapal penjapu* ~ *api,* mine-sweeper.

perkakas, tool, instrument, material; ~ *rumah,* furniture; ~ *dapur,* kitchen-utensils.

perkara, matter, case, affair, lawsuit; *mengangkat* ~, to go to law; ~ *ketjil,* futility; *habis* ~, there's an end of the matter.

perkasa, brave, gallant, courageous.

perkosa, *memperkosa,* to oppress; to violate, to rape.

perlahan-lahan, slowly, quietly.

perlente [perlénté], *perlintih, orang* ~, dandy.

perlop, furlough, leave; *berperlop sakit,* on sick-leave.

perlu, necessary, compulsory; *memerlukan,* to want, to need; *keperluan,* want, need; *keperluan hidup,* necessaries of life.

permadani, carpet.

permai, beautiful, lovely.

permaisuri, queen.

permana, *tidak tepermanai,* countless, innumerable.

permata, jewel.

permili, family.

permisi, permission, permit; *minta* ~, to take leave, to ask permission.

pernah, ever; *tidak* ~, never.

perniagaan, trade, commerce.

pernis, varnish.

perosok, *terperosok,* to fall through, to sink in.

persekot, advanced money.

persen [persén], tip, gift; per cent; *uang persenan,* tip.

perseneleng [persenéleng], gear, accelerator.

Persia, Persia.

persil plot (of ground).

persis, exactly; *pukul lima* ~, at five sharp.

perslah, account, report.

personil, personnel, staff.

pertahanan, defence.

pertalan, translation.

pertama, first(ly); ~-*tama,* especially, above all things.

pertanian, agriculture.

pertelan [pertélan], *pratelan,* list, statement.

pertepel [pertepél], wallet; portfolio.

pertiwi, earth; *ibu* ~, native country, mother country.

pertja, rag; *getah* ~, rubber; *Pulau* ~, Sumatra.

pertjaja, to trust, to believe; ~ *akan,* to believe in; *mempertjajakan,* to entrust with; *kepertjajaan,* trust, faith, confidence; reliable; *surat-surat kepertjajaan,* credentials, letters of credence; *kepertjajaan pada diri sendiri,* self-confidence.

pertjik, *memertjiki,* to sprinkle with (water).

pertjuma, in vain; free, gratis.

perut, stomach, belly; *isi* ~, bowels; *sakit* ~, stomach-ache, tummy ache.

perwira, courageous, gallant; officer; *keperwiraan,* courage.

pes [pés], *penjakit* ~, plague; *pemberantasan penjakit* ~, plague-fighting.

pesan, *pesanan,* message, errand; order, instruction; *memesan,* to order.

pesawat, tool, machine; *ilmu* ~, mechanics; ~ *isap,* inhaler; ~ *radio,* radio, wireless set; ~ *terbang,* aeroplane.

pesek [pésék], *hidung* ~, flat-nose.

peser [pésér], *sepeser,* 1/2 cent.

pesiar, *berpesiar,* to drive about, to tour; *kapal* ~, pleasure

pesing, stinking (urine).

pesisir, coast; passenger.

pesona, bewitchment; *terpesona,* bewitched.

pesta [pésta], feast, festival; ~ *dangsa,* ball; ~ *gila,* masked ball.

pesti, *pasti,* sure, positive, decidedly.

peta, picture, map, chart; ~ *dunia,* map of the world; ~ *ichtisar,* survey map; *buku* ~, atlas; *memetakan,* to picture, to paint; to map out.

petak [pétak], compartment, division.

petang, afternoon, evening.

petasan, fireworks.

peti, chest, case, box; ~ *es,* ice-box; ~ *mati,* coffin.

petik, *memetik,* to pick, to gather; to extract; *pemetik,* picker, gatherer.

petikan, extract.

petir, peal of thunder, thunder-clap.

petjah, broken; outbreak (of the war); curdled (of milk); *barang-barang* ~ *belah,* earthenware; *memetjahkan,* to break; *memetjahkan soal,* to solve a problem; *pemetjahan soal,* solution of a problem.

petjahan, fraction.

petjat, *memetjatkan,* to dismiss; *pemetjatan,* dismissal, dismission.

petji [pétji], cap. [sion.

petua, advice.

petundjuk, instruction.

pewarta, news.

piagam, *surat* ~, charter.

pial, wattle (of a cock). [cup.

piala, cup; ~ *berganti,* challenge-

piano, piano.

piara, *pelihara, anak* ~, foster-child.

piatu, orphan; *rumah* ~, orphanage.

pidana, *hukum* ~, civil law.

pidato, speech, address; ~ *radio,* broadcast (speech); ~ *radja,* ~ *mahkota,* royal speech, speech from the throne; ~ *pembukaan,* opening speech; ~ *upatjara,* speech of the day; *berpidato,* to give an address, to make a speech.

pidjak, *memidjak,* to tread on; ~ *speda,* pedal; *pemidjak kaki,* stirrup.

pidjar, *hangat* ~, white heat; *lampu* ~, (electric) bulb.

pidjat, bug.

pidjat, *pidjet,* to massage; *tukang* ~, masseur.

pigi, *pegi, pergi,* to go; ~*!,* get out!

pigura, picture, drawing, painting.

pihak, side, party; *pada suatu* ~, on the one side; *pada* ~ *lain,* on the other hand; ~ *sana,* opponent, other party, other side; *tidak memihak,* impartial-(ly).

pijama, pyamas.

pikat, horse-fly.

pikat, *memikat,* to allure (birds); *pemikat,* call-bird; bird-catcher, fowler.

pikatan, allurement.

piket [pikét], picket.

pikir, *memikir,* to think: *memikirkan,* to consider; *berpikir,* to think about, to ponder.

pikiran, thought, idea; opinion; *menurut* ~ *saja,* in my opinion.

pikmen [pikmén], pigment.

pikul, a weight = 62.5 kilogramme.

pikul, *memikul,* to carry (on the shoulder).

pil, pill; *minum* ~, to take pills.

pileg, *pilek,* having a cold.

pilem, film; *bintang* ~, film-star; *pemain* ~, film-actor, screen-actor; ~ *bisu,* silent film; ~ *bitjara,* talking film, talkie.

pilih, *memilih,* to choose, to select, to vote, to elect; *hak* ~, suffrage; *pemilih,* voter, elector; *pemilihan,* election; *perdjoangan pemilihan,* election fight.

pilihan, choice, selection; ~ *jang sulit,* dilemma.

pilin, *memilin,* to twist, to twine.

pilot, pilot.

pilu, moved; *memilukan hati,* moving, affecting, touching.

pimpin, *memimpin,* to conduct, to lead, to guide, to direct; *pemimpin,* leader, guide; conductor.

pimpinan, leadership, guidance, direction, management.

pinang, pinang, areca-nut; ~ *belah dua,* symmetric(al).

pinang, *meminang,* to propose to a girl; *peminangan,* proposal (of marriage).

pindah, *berpindah,* to remove; to emigrate; ~ *tuang darah,* blood transfusion; *memindahkan,* to move, to remove, to displace, to transfer; *pemindahan,* movement, removal, displacement, transfer.

pindahan, *kartu* ~, notice of departure; *barang-barang* ~, furniture in course of removal.

pindjam, *memindjam,* to borrow; *memindjamkan,* to lend; *si pe-*

mindjam uang, borrower; *si-pemindjamkan uang*, money-lender.

pindjaman, loan.

pinggan, plate.

pinggang, waist; *buah* ~, kidneys; *ikat* ~, waist-band, girdle; *sengal* ~, lumbago.

pinggir, border, brim, edge.

pingsan, unconscious, fainted; *djatuh* ~, to faint (away).

pinset [pinsét], tweezers.

pinsil, pencil.

pinta, *meminta*, to ask, to request, to apply for; *si-peminta*, petitioner, applicant.

pintal, *memintal*, to spin; *pemintal*, spinning-wheel.

pintar, *pinter*, clever; *kepintaran*, cleverness.

pintas, *memintas*, to cut short; *sepintas lalu*, in passing, hasty.

pinter, *pintar*, clever; *ia orang* ~ *busuk*, he is a sly dog, he is a cunning blade.

pintjang, cripple, lame; *kepintjang-an*, lameness.

pintu, door; ~ *air*, sluice; ~ *angin*, swing-door, draught-door.

pipa, pipe; *saluran* ~, pipe-line; ~ *karet*, rubber tube.

pipet [pipét], pipette.

pipi, cheek.

pipih, flat.

pipit, sparrow.

pirai, *penjakit* ~, gout.

pirasah, *firasat*, countenance, face; *ilmu* ~, physiognomy.

piring, plate; ~ *dalam*, soup-plate; ~ *tjeper*, dinner-plate.

piringan, ~ *(hitam)*, (gramophone) record.

pisah, *memisahkan*, to separate,

to isolate; *ilmu* ~, chemistry; *perpisahan*, parting, leave, farewell; *resepsi perpisahan*, farewell reception; *pemisahan*, separation, isolation.

pisang, banana.

pisau, knife; ~ *lipat*, clasp-knife; ~ *tjukur*, razor.

pistol, pistol.

pita, ribbon; ~ *mesin*, driving-belt; ~ *suara*, vocal chords; *tjatjing* ~, tapeworm.

pitam, giddiness, swimming of the head; *penjakit* ~, apoplexy.

pitamin, vitamin(e).

pitenah, *fitnah*, slander.

pitjik, narrow, narrow-minded, limited; *kepitjikan*, narrow-mindedness, narrowness; to be in a scrape.

pitjis, *sepitjis*, ¹/₁₀ rupiah.

pitju, trigger.

piutang, claims; *utang* ~, debit and credit; *jang berpiutang*, creditor.

plakat, placard, poster.

planel [planél], flannel.

plasma, plasm(a).

plastik, plastic.

platina, platinum.

plebisit [plébisit], plebiscite.

pleno [pléno], plenary; *sidang* ~, full session.

plester [pléstér], plaster.

podeng [podéng], pudding.

podjok, corner.

pohon, tree.

pohon, *memohon*, to beg, to request, to petition; *si-pemohon*, petitioner; *bermohon diri*, to take one's leave; *permohonan*, request, petition.

pokok, plant, tree; capital; ~ *kalimat*. subject of a sentence; ~

pikiran, leading thought; ~ *surat,* subject of a letter; ~ *utama,* main point, essential; *pada pokoknja,* fundamentally, on principle; *harga* ~, cost-price; *tambahan* ~ *padjak,* additional percentage on taxes.

pokrol, lawyer, solicitor; ~ *bambu,* hedge-lawyer; ~ *djenderal,* Attorney General.

polan, *si* ~, Mr. So-and-so.

polip, polypus.

polisi, police; *agen* ~, policeman; ~ *militer,* military police; *kantor* ~, police station.

politik, politics.

politur, (French) polish.

Polonia, Poland.

pompa, pump; ~ *bensin,* petrol pump; ~ *djarum,* injection syringe; ~ *hawa,* air-pump; ~ *kebakaran,* fire-engine; ~ *speda,* inflator; *mengompa,* to pump.

pondamen [pondamén], foundation, fundament.

pondok, cottage, hut.

pongah, arrogant, proud.

pontang-panting, scattered about.

ponten [pontén], fountain.

popi, (little) doll.

popok, (baby's) napkin.

porak-parik, topsyturvy, in a mess.

pordeo [pordéo], in forma pauperis, gratis.

poret, *anggur* ~, port(-wine).

pori, pore; *berpori,* porous.

pormulir, form, blank.

pornes [pornés], kitchen-range; ~ *gas,* gas-cooker.

porok, fork.

poros, axis; ~ *utama,* principal axis.

porstel [porstél], proposal; *memporstelkan,* to propose, to suggest.

portret [portrét], portrait, photo(graph); *memportret,* to take a photo.

Portugal, Portugal.

Portugis, Portuguese; *negeri* ~, Portugal.

pos, post; *kantor* ~, post-office; *pegawai* ~, post-office employee; *tabung uang* ~, post-office savings-bank; *tjap* ~, postmark; *tukang* ~, postman; *dengan* ~ *udara,* by air-mail.

positif, positive(ly).

poswesel [poswésél], money-order, post-office order.

pot, pot; ~ *bunga,* flower-pot.

potensi [poténsi], potency.

potlot, pencil.

potong, piece, cut off; *memotong,* to cut (off); to deduct from (wages); to slaughter; to amputate.

potongan, deduction, cut, reduction; fashion; *ternak* ~, slaughter cattle.

potret [potrét], portrait, photo(graph); *perkakas* ~, camera; *tukang* ~, photographer; *memotretkan,* to photograph.

prabawa, induction; *kumparan* ~, induction-coil.

prabot, *prabotan,* tools.

Praha, Prague.

pradja, *pamong* ~, civil service.

pradjurit, *pendjurit,* soldier.

prahoto, motor-truck.

praktek [prakték], practice; *mempraktekkan,* to put (carry) into practice.

praktis, practical.

prasangka, prejudice.

pratelan [pratélan], specification, report.

preman [préman], civil; *orang* ~, civilian; *penerbangan* ~, civil aviation.

premi [prémi], premium.

presiden [presidén], president.

prestasi [préstasi], performance, achievement.

priai, official.

pribadi, self, independent, individual.

prihatin, careful(ly), tender(ly).

primitip, primitive(ly).

prinsipil, fundamentally, on principle.

prisma, prism; *teropong* ~, prism binoculars.

priwil, freewheel.

produksi, production.

profesor [profésor], professor.

prognosa, prognosis.

program(a), program(me).

projek [projék], project, scheme.

projeksi [projéksi], projection.

proklamasi, proclamation.

proklamir, *memproklamirkan,* to proclaim.

promosi, promotion.

prop, *perop,* stop, cork (of a bottle).

propaganda, propaganda; *mempropagandakan,* to propagate.

propil, profile; section.

propinsi, province.

proporsi, proportion.

prosedure, procedure; lawsuit.

prosen [prosen], per cent, percentage.

proses [prosés], lawsuit, trial.

prospektus [prospéktus], prospectus.

protes [protés], protest; *memprotes,* to protest, to make a protest.

Protestan, Protestant.

protokol, protocol.

provokasi, provocation.

pual, *kain* ~, voile.

pualam, *batu* ~, marble.

puas, satisfied, content; ~ *dingan dirinja,* self-complacent; *memuaskan,* to satisfy, to content.

puasa, fasting; *bulan* ~, fasting-month; *berpuasa,* to fast.

puding, *podeng,* pudding.

pudja, *memudja,* to worship, to address prayers; *pemudja,* worshipper.

pudjaan, worship.

pudjangga, *budjangga,* learned man, scholar, man of letters.

pudji, *memudji,* to praise; *memudjkan,* to recommend; *kepudjian,* praiseworthy; *pemudji,* flatterer, coaxer.

pudjian, praise; recommendation; *pudji* ~, praises, hymn.

pudjuk, *budjuk, memudjuk,* to coax, to flatter.

puju, *angin* ~, whirlwind.

pujuh, quail.

pukang, *lintang* ~, head over heels, helter skelter.

pukat, drag-net.

puki, female genitals.

pukul, *memukul,* to beat, to strike; ~ *berapa?,* what o'clock is it?; ~ *tiga,* three o'clock; ~ *rata,* on an average; ~-*memukul, berpukul-pukulan,* to beat each other; *pemukul,* hammer.

pukulan, beat, stroke.

pula, also, again; *lagi* ~, moreover.

pulang, to go home, to return; ~ *balik,* to and fro; ~ *kerahmat*

Allah, berpulang, to pass away, to die; *memulangkan,* to give back, to restore; *pemulangan,* return, coming back; *pemulangan kehormatan,* rehabilitation.

pulas, *memulas,* to twist, to wring.

pulau, island; ~ *karang,* coral-island; *kepulauan,* archipelago.

pulih, recovered; *memulihkan,* to restore; *pemulihan,* recovery, restoration; *pemulihan kemuliaan,* rehabilitation.

pulkanisir, to vulcanize.

pulpen [pulpén], fountain-pen; *tinta* ~, fountain-pen ink.

puluh, *sepuluh,* ten.

pulut, sticky, glutinous.

pun, emphasizing particle: too, also, yet, even.

punah, destroyed, extinct.

punai, green pigeon.

pundak, shoulder.

pundi, ~-~, purse, bag; ~ *pengadjaran,* scholarship.

punggah, *memunggah,* to unload, to discharge.

punggahan, port of discharge.

punggung, buttocks, seat.

pungkir, *mungkir,* to deny.

pungsi, puncture.

pungut, *memungut,* to pick up; to collect.

pungutan, ~ *suara, pemungutan suara,* voting, ballot, plebiscite.

punja, *mempunjai,* to possess; *kepunjaan,* possession, belongings; *jang* ~ *mobil,* the car's owner.

puntal, *memuntal,* to wring, to coil.

puntalan, ~ *kawat,* coil.

puntjak, top, summit; ~ *pimpinan,* general management; head-

quarters; *memuntjak,* to culminate.

puntung, stump.

pupu, *saudara sepupu,* first cousin.

pupuk, manure, dung; ~ *Sili,* Chile salpetre; *memupuki,* to manure, to dung.

pupur, face-powder.

pupus, blurred out, blighted.

puput, *berpuput,* to blow.

pura-pura, pretended, quasi.

purbakala, in olden times.

puri, palace (-fort), kraton.

purnama, *bulan* ~, full moon.

puru, pustule; ~ *sembelik,* hemorrhoids; *sakit* ~, framboesia.

pusaka, inheritance; *barang* ~, heirloom.

pusar, *berpusar,* to turn round, to whirl.

pusaran, ~ *air,* whirlpool; ~ *angin,* whirlwind.

pusat, navel, centre; central; ~ *berat,* centre of gravity; *kantor* ~, head-office; *pemusatan, perpusatan,* concentration; centralization; *daerah pemusatan,* area; *memusatkan,* to concentrate.

puser, *pusat,* navel.

pusing, *berpusing,* to rotate, to revolve; ~ *kepala,* dizzy; *itulah memusingkan kepalanja,* he had to cudgel his brains.

puspa, flower; ~ *warna,* multi-coloured.

pustaka, book; *taman* ~, library; *perpustakaan,* literature; library; *pengurus taman* ~, librarian.

putar, *memutar,* to rotate; to wind up; *berputar,* to turn; insincere(ly); *perputaran,* rotation; *pemutar sekerup,* screwdriver; ~ *balik,* prevarication, shuffling.

putera, prince; son; ~ *mahkota,* crown prince; *bumi* ~, native (population).

puteri, princess; daughter; ~ *malu,* sensitive plant, touch-me-not.

putih, white; ~ *metah,* snowwhite; ~ *telor,* white of an egg; *zat* ~ *telor,* albumen; *memutihkan,* to whiten, to bleach; *menghitam memutihkan,* to rule the roast; to turn (to boss) the show.

putik, bud; *berputik,* in bud.

putjat, pale; ~ *lesi,* ~ *manai,* deathly pale.

putjuk, sprout, offshoot; *seputjuk surat,* one letter; ~ *pimpinan,* supreme management; *mati* ~, impotent.

putus, broken off; ~ *asa,* hopeless, despairing, desperate; ~ *bitjara,* to be at one's wits' end; ~*njawa,* dead; *tak* ~-*putusnja, tak berkeputusan,* continuously, non-stop; *memutuskan,* to break; to terminate; to decide, to conclude; *keputusan,* termination, decision, settlement; end; sentence, judgement, decree; *pemutusan,* decision.

R.

raba, *meraba,* to grope, to fumble.

rabit, rent, gashed.

Rabu, *Rebo,* Wednesday.

rabuk, touchwood, tinder.

rabuk, dung, manure; ~ *toko,* artificial manure.

rabun, fumigation.

rabung, *perabungan,* ridge (of a roof).

rada, somewhat, rather, fairly.

radak, *meradak,* to stab, to spear.

radang, *meradang,* to become angry; ~ *paru,* pneumonia.

radio, radio; ~ *resmi,* official radio; *buntelan kawat* ~, radiocoil; *lampu* ~, valve; *pemantjar* ~, wireless station, broadcasting station; *pengeras suara* ~, loudspeaker; *penjiar* ~, *penjuru* ~, announcer; *penjiaran* ~, broadcast(ing).

radja, king; ~ *perempuan,* queen; *muda,* viceroy; *keradjaan,* kingdom; *meradjakan,* to crown; *meradjalela, bersimaha-radjalela,* to tyrannize; to rage.

radjah, *meradjah,* to tattoo.

radjam, *meradjam,* to stone.

radjawali, eagle.

radjim, stoned.

radjin, industrious, diligent; *keradjinan,* industry, diligence; *keradjinan tangan,* manual labour.

radjuk, *meradjuk,* to grumble.

radjut, *meradjut,* to knit, to darn.

rafal, text, comment.

raga, basket; ball (made of rattan); *olah* ~, sports; *lapangan olah* ~, sports ground.

ragam, manner, way; tune; colour; *pakaian seragam,* uniform; *puspa* ~, multi-coloured.

ragi, yeast.

ragu, ~-~, confused, doubtful; *keragu-raguan,* doubt; *beragu-* ~, to doubt.

ragu, ragout.

rahang, jaw; ~ *atas,* upper jaw;

~ *bawah,* lower jaw; *tulang*
~, jaw-bone.

rahasia, *rahsia,* secret, mystery;
membuka ~, to reveal a se-
cret; ~ *djabatan,* official se-
cret, professional secret; *kera-
hasiaan,* secrecy; *kerahasiaan
surat,* secrecy of corresponden-
ce; *merahasiakan,* to keep se-
cret.

rahib, monk.

rahim, compassionate, merciful.

rahim, uterus.

rahman, compassionate, merciful.

rahmat, mercy.

rahsia, secret, mystery.

raja, great, large; *djalan* ~, high
road, main road, boulevard;
hari ~, feast-day, holiday; *kaja*
~, wealthy; *rimba* ~, forest,
jungle; *merajakan,* to celebrate;
perajaan, celebration.

rajap, white ant; *merajap,* to
crawl, to creep.

raju, sad, melancholy.

rak, ~ *piring,* dish-rack.

rakit, raft.

rakjat, people; ~ *murba,* mob,
populace; *kesehatan* ~, public
health; *pergerakan* ~, popular
movement; *perwakilan* ~, re-
presentation of the people; *ke-
rakjatan,* democratic; demo-
cracy.

raksa, *ra'sa, air* ~, quicksilver,
mercury.

raksasa, giant.

rakus, gluttonous, greedy.

ralat, mistake; rectification.

rama-rama, butterfly.

Ramadan, Islamitic fasting month.

ramah, familiar, cordial, friendly;
~ *tamah,* extremely familiar.

ramai, busy, lively, populous,

crowded, joyous; *dihadapan*
~, in public; *keramaian,* stir,
liveliness, merriment; festivity,
amusements.

ramal, *meramalkan,* to foretell, to
predict, to prophesy; *tukang*
~, predictor, prophet.

ramalan, prediction, prophecy.

ramas, *meramas,* to knead.

rambat, *merambat,* to spread, to
transmit; *tjepat* ~, *ladju* ~,
transmission speed.

rambut, hair; ~ *kedjur,* lank hair;
~ *keriting,* curly hair; *beram-
but,* hairy.

rambutan, a well-known fruit.

rame [ramé], *rami,* hemp.

rame [ramé], *ramai,* busy, lively,
crowded, joyous.

rampai, miscellaneous, varied;
bunga ~, medley, pot-pourry;
anthology.

rampas, *merampas,* to take by
force, to plunder; *perampas,*
plunderer; *perampasan,* plunder.

rampasan, booty, plunder.

ramping, slender.

rampok, *merampok,* to rob, to
plunder; *perampok,* robber; *pe-
rampokan,* robbery.

rampung, *rampong, rompong,*
disfigured.

ramu, *meramu,* to collect
materials.

ramuan, materials, ingredients.

rana, *merana,* to languish, to
pine away.

randa, widow, divorced woman;
~ *tua,* old maid, spinster.

randjang, bed.

randjau, mine; ~ *darat,* land-
mine; ~ *laut,* sea-mine; *kapal
penjapu* ~, mine-sweeper;
kapal penjebar ~, mine-layer.

rang-rangan, sketch, outline.

rangka, skeleton, framework.

rangkai, bunch, clustery; *(orang) tiga serangkai,* triumvirate; *merangkai,* to bind together, to combine.

rangkaian, *perangkaian,* combination.

rangkak, *merangkak,* to crawl on hands and knees.

rangkap, *perangkap,* trap.

rangkap, ~ *dua,* twofold, in duplicate; *berangkap-rangkapan,* in couples; *merangkap,* to fill a place temporarily.

rangsang, *merangsangkan,* to tickle, to stimulate, to excite, to irritate; *perangsang,* stimulant; *barang perangsang,* luxuries.

rangsoman, ration.

ramsum, ration.

rantai, chain; *orang ~,* chained convict; *merantaikan,* to enchain.

rantau, bight, creek; *merantau,* to sail along the bights; to wander; *perantau,* wanderer.

ranting, twig.

rantjang, stake, stick; *merantjangkan,* to project, to plan, to prepare; *perantjang,* projector, planner.

rantjangan, project, plan, program(me); *masih dalam ~,* still in preparation.

rantjap, onanism.

rantju, confused; *kalimat jang ~,* contamination.

ranum, over-ripe.

rapat, close to, tight; meeting, session; *persahabatan ~,* close friendship; *~ bertalian,* closely connected; *~ kilat,* emergency meeting; *~ pleno,* full session;

berapat, to hold a meeting; *merapatkan,* to fit together; *merapati,* to approach; *kerapatan,* assembly, deliberation, session.

rapi, neat, tidy.

rapih, crumb; crumbly; *merapih,* to crumble.

rapor, *rapot,* account, report; *merapotkan,* to report.

rapuh, brittle.

rasa, feeling, sense; taste; opinion; *pada ~ saja,* in my opinion; *~ malu,* sense of shame; *rasanja,* it appears, it would seem; *~ rasanja,* probable, most likely; *~ deradjat rendah,* inferiority complex; *merasa,* to feel; *merasai,* to taste; to experience; to suffer; *perasaan,* feeling, opinion; *masalah perasaan hati,* question of conscience; *kerasaan,* perceptible, noticeable.

rasa, *raksa,* quicksilver, mercury.

rasmi, *resmi,* official, formal.

rasul, apostle; *kerasulan,* apostolate, apostleship.

rata, flat, even, level; *pukul ~,* average; *sama ~, sama rasa,* what is sauce for the goose is sauce for the gander; *~-~,* equally; *meratakan,* to smooth, to level, to equalize.

ratap, mourning-song, lament; *meratap,* to lament, to wail.

ratjun, poison; *meratjuni,* to poison; *peratjun,* poisoner; *peratjunan,* poisoning.

ratna, jewel.

ratu, queen.

ratus, hundred; *seratus,* one hundred; *beratus-~,* hundreds of.

raung, *meraung,* to roar, to yelp, to cry out.

raut, ~ *muka,* features.

rawa, morass, marsh, swamp.

rawan, *merawan,* to be uneasy about; *merawan-rawan,* to lament.

rawan, *tulang* ~, cartilage, gristle.

rawat, *merawati,* to nurse; to keep in repair; *perawatan,* nursing, keeping in repair, upkeep; *biaja perawatan,* nursing fees; *djuru* ~, nurse.

reaksi, reaction.

reaksioner [reaksionér], reactionary.

rebah, to fall down; to lie down; *merebahkan,* to fell, to cut down.

rebahan, rest in bed.

rebana, tambourine.

Reba, Wednesday.

rebung, young bamboo shoot.

rebus, *merebus,* to boil in water.

rebut, *merebut,* to tear away, to snatch away; to conquer, to capture; *merebut kembali,* to re-conquer, to recapture.

reda, calm, quiet; abating.

redaksi, editors, editorial staff.

redaktur, editor.

redjan, *batuk* ~, whooping-cough.

redjeki, *rezeki,* means of liveli-hood, sustenance.

reduksi, reduction.

redup, overcast, dimmed.

refleks [refléks], reflex.

regang, taut, tight; *meregang,* in erection; *meregangkan,* to stretch out.

regen [regén], regent.

regu, group, team.

reka [réka], *mereka,* to invent.

rekah, *merekah,* to split, to crack.

rekan, partner; colleague; market.

rekat, *lekat, merekat,* to stick, to glue; *perekat,* glue.

reken [réken], to calculate, to count, to cipher.

rekening [rékening], bill.

rekes [rekés], petition.

reklame, advertising, publicity.

rekrut, recruit.

rel [rél], rail.

rela [réla], consent, pleasure, willingness, readiness; *barisan suka* ~, volunteer troops; *dengan* ~, ready, willing, kindly; *dengan* ~ *hati,* with pleasure; *kerelaan,* kindness, benevolence, agreement, ap-proval.

relatif [rélatif], relative(ly).

rem [rém], brake; ~ *tidak makan,* the brake doesn't act.

remadja, adolescent; *masa* ~, puberty.

remah [rémah], crumb; *meremah-remah,* to crumble.

rembang, zenith; ~ *matahari,* meridian.

rembuk, *berembuk,* to discuss, to deliberate, to confer; *perembuk-an,* discussion, deliberation, conference.

remis, $1/2$ cent.

rempah, spice; balm; *merempah-rempahi,* to embalm.

rempak, *serempak,* simultaneous.

remuk, crushed; *meremukkan,* to crush.

renang, *berenang,* to swim.

renangan, swimming; ~ *kodok,* breast-stroke swimming.

renda [rénda], lace.

rendah, low, humble; *sekolah* ~, elementary school; *merendah-kan,* to humiliate; *merendahkan* *diri,* to humble oneself; *meren-dahkan upah,* to lower wages; *kerendahan,* humility, humbleness; *serendah-rendahnja, terendah,* minimal.

rendam, *merendam(kan),* to soak; to inundate, *terendam,* soaked; inundated.

rendang, *merendang,* to fry; *sago ~,* pearl-sago.

rendjis, *merendjis(kan),* to sprinkle.

reng-rengan [réng-réngan], diagram, outline.

rengek [réngék], *merengek,* to tease, to worry; *perengek,* worrying; bore.

renggang, wide, distant, with space; *merenggangkan,* to widen, to loosen; to depress.

renggut, *merenggutkan,* to tear away.

rengus, gruff, surly.

rengut, *merengut-rengut,* to grumble, to murmur.

renik, *liang ~,* pore; *berliang ~,* porous.

renjai, *hudjan ~,* drizzling rain.

renjuk, *merenjuk,* to crumple (up), to rumple.

renta [rénta], *tua ~,* worn with age.

rentak, *merentakkan kaki,* to stamp one's foot; *serentak,* simultaneous, at the same time.

rentang, *merentang,* to spread out, to stretch out.

renteng [rénténg], *serenteng pantji,* a nest pans.

rentjana, narrative, story; account, project, program; *~ lima tahun,* five-year plan; *~ undang-undang,* draft-act; *merentjanakan,* to draft, to project;

to report.

rentjik, *retjik,* to sprinkle, to splash.

rentjong [réntjong], Acheenese dagger.

renung, *merenung,* to gaze at, to stare at; *merenungkan,* to meditate on.

reorganisasi [réorganisasi], reorganization.

reparasi, repair(s).

repek [répék], *merepek,* to twaddle.

repet [répét], *merepet,* to chatter.

repolper, revolver.

repot [répot], to be very busy, to be in trouble.

reproduksi [réproduksi], reproduction.

republik, republic.

republikan, republican.

repuh, *~-~,* padlock.

resam, habit, custom, constitution

resap, *resep, meresap,* to absorb; to disappear.

resep [resép], recipe.

resepsi [resépsi], reception.

resi, receipt.

resia, *rahasia,* secret.

residen [residén], resident.

residif [résidif], relapse (into crime).

residu [résidu], residue.

resimen [resimén], regiment.

resmi, official, formal; *dengan ~,* officially, formally; *perkundjungan ~,* state visit; *meresmikan,* to legalize; to install.

resolusi [résolusi], resolution.

restan [réstan], remainder.

restoran [réstoran], restaurant.

retak, *retakan,* crack, burst; *meretak,* to crack, to burst.

retas, *meretas djalan,* to clear (to break) a way; *peretas djalan,* pioneer.

retjeh [rétjéh], *uang* ~, (small) change.

retjik, *meretjik,* to sprinkle, to splash up.

retor, retort.

revolusi [révolusi], revolution.

rewel [réwél], trouble, nuisance; *tukang* ~, a troublesome customer.

rezeki, livelihood; food.

ria, merry, gay, cheerful; *keriaan,* merriment, gaiety, cheerfulness.

riak, ripples of water; *meriak,* to ripple; ~ *gelombang,* wavelength.

riak, phlegm.

rial, real, a Portuguese coin = 2 guilders.

riam, rapid (in a river).

riang, gay, cheerful.

rias, *kamar* ~, dressing-room; lavatory.

riba, *ribaan,* lap; *meriba,* to have on the lap.

riba, usury; *makan* ~, to practise usury.

ribu, thousand; *seribu,* one thousand; *beribu-*~, thousands of.

ribut, noise, noisy; *angin* ~, storm; *keributan,* disturbances.

riil, real.

rim, *rem,* brake.

rim, *serim kertas,* printer's ream.

rimau, *harimau,* tiger.

rimba, forest, wood.

rimbu, jungle.

rimbun, leafly.

rindang, shady.

rindu, longing; ~ *akan,* to long for, to hanker after; *kerinduan,*

longing, hankering.

ringan, light, easy; ~ *kepala,* intelligent; *meringankan,* to lighten, to ease, to relieve.

ringgit, $2^1/_2$ guilder.

ringkas, brief, short; *ulangan* ~, recapitulation; *dengan* ~, in brief, briefly; *meringkaskan,* to shorten, to summarize, to abridge.

ringkasan, summary, synopsis, abridgement.

ringkik, *meringkik,* to neigh.

rintang, *merintangi, merintangkan,* to thwart, to hinder.

rintangan, barricade, hindrance, obstacle; ~ *kawat berduri,* barbed wire entanglement.

rintas, *merintas,* to take the shortest way.

rintik, *hudjan* ~-~, drizzling rain.

rintis, *merintis,* to trace; *perintis djalan,* pioneer.

risalat, pamphlet, brochure.

risau, ~ *hati,* uneasy, anxious; *perisau,* vagabond, tramp.

risiko, risk.

riuh, ~ *rendah,* noise, noisiness, uproar.

riwajat, story, narrative; ~ *hidup,* biography; ~ *si-mati,* necrology; *meriwajatkan,* to tell, to narrate.

robah, *merobah,* to alter; *perobahan,* alteration.

robak-rabik, in tatters.

robek [robék], torn up; *merobek,* to tear up.

roboh, to fall down, to fall in (of a house), to collapse.

robohan, *kerobohan,* falling down; collapse; rubbish.

roda, wheel; ~ *angin,* bicycle;

~ *gigi*, cog-wheel; ~ *gila*, flywheel.

rodi, order, command; forced labour.

rodok, *pertjobaan* ~, sample taken at random.

rogol, *merogol*, to rape.

roh, *ruh*, spirit, ghost.

rohani, spiritual; mental, intellectual.

rojal, spendthrift.

rojan, after-pains.

rojong, *gotong-*~, mutual assistance.

roki, skirt.

rokok, cigarette, cigar; *merokok*, *minum* ~, to smoke; *uang* ~, tip.

rolet [rolét], roulette.

roma, *bulu* ~, the down on the human skin.

Roma, Rome.

roman, appearance, looks.

roman, *buku* ~, novel.

romantik, romantik.

Romawi, Roman.

rombak, *merombak*, to pull down, to demolish; to reorganize.

rombengan [rombéngan], lumber, rubbish, rags.

rombong(an), group, party.

romolan, rubbish.

rompak, piracy; *merompak*, to pirate; *perompak*, pirate.

rompi, waistcoat, vest.

rompong, mutilated; mutilation.

ronda, *meronda*, to patrol; *peronda*, patrol.

rongga, hollow, hole, cavity; ~ *dada*, cavity of the chest; ~ *hidung*, nasal cavity; ~ *mulut*, cavity of the mouth.

ronggeng [ronggéng], dancing-girl.

rongkongan, *kerongkongan*, gullet.

rongseng [rongséng], discontented, peevish; *merongseng*, to be discontented.

rontak, *berontak*, *memberontak*, to rebel, to revolt; *pemberontak*, rebel; *pemberontakan*, rebellion, revolution.

rontoh, *runtuh*, to fall down; *musim* ~, autumn.

ros, *bunga* ~, rose.

roseng [roséng], *meroseng*, to grumble.

rosot, *merosot*, to decrease, to tumble.

rotan, rattan.

roti, bread, loaf; ~ *bola*, (French) roll; ~ *kismis*, currant-loaf; ~ *panggang*, toast; *bubur* ~, bread-porridge; *pisau* ~, bread-knife; *remah* ~, (bread-) crumb; *tempat* ~, bread-tin; *tempat bakar* ~, bakery; *tukang* ~, baker; bread-seller.

ruam, ~ *saraf*, shingles.

ruang, space, cavity; hold (of a ship); *ilmu ukur* ~, solid geometry.

ruangan, section (of a newspaper); column, room, hall; ~ *santap*, dining-room; ~ *penerimaan tamu*, reception-room; ~ *singgasena*, throne-room.

ruas, joint, phalanx; ~ *djari*, finger-joint; ~ *tulang belakang*, vertebra.

rubah, fox.

rubiah, *riba*, usury.

rubuh, collapse.

rudji, lattice, trellis.

rugi, *kerugian*, loss, damage; ~ *kebakaran*, damage (caused) by fire; *merugi*, to sustain damage, to be damaged; *me-*

rugikan, to do damage to, to inflict damage on, to hurt, to harm, to injure; *pengganti kerugian,* indemnification, compensation; *kerugian perang,* war damage; *penanggung kerugian,* insurer.

ruh, *roh,* spirit, ghost.

ruhani, spiritual; mental, intellectual.

rukun, pillar, principle; *serukun,* of one mind, in harmony; *kerukunan,* harmony.

Rum, Rome, Byzantium.

rumah, house; *dirumah,* at home; ~ *bola,* club; ~ *djabatan,* official residence; ~ *djaga,* ~ *monjet,* sentry-box; ~ *gadai,* pawnshop; ~ *gila,* madhouse, lunatic asylum; ~ *hantu,* haunted house; ~ *kediaman,* dwelling-house; ~ *makan,* restaurant; ~ *mandi,* (public) baths; ~ *miskin,* almshouse; ~ *obat,* chemist's (shop); ~ *pandjang,* brothel; ~ *piatu,* orphanage; ~ *sakit,* hospital; ~ *sembahjang,* chapel; ~ *setan,* lodge (of freemasons); ~ *sewa,* hired house, rented house; ~ *tangga,* housekeeping, household, family; ~ *turutan,* outbuilding; *isi* ~, household, family; *perkakas* ~, furniture; *induk* ~, main building; *tuan* ~, the master of the house; *perumahan,* lodging, accommodation, housing.

rumahan, model (of a house).

Rumania, Roumania; ...... ~, Roumanian.

rumbia, sago-palm.

rumpang, with a hiatus; *gigi* ~ wobbling teeth.

rumpun, stool (of bamboo).

rumput, grass; ~ *kering,* hay; ~ *kedjut-kedjut,* ~ *kemaluan,* touch-me-not; *lapangan* ~, grass-field; lawn; ~-*rumputan,* weeds; *merumput(i),* to weed.

rumus, formula; *merumus,* to formularize; *perumusan,* formularization.

runding, *berunding,* to discuss, to deliberate; *merundingkan, memperundingkan,* to deliberate upon; *perundingan,* discussion, deliberation.

rungut, *merungut,* to grumble, to murmur.

runtjing, sharp, pointed; *meruntjingkan,* to sharpen, to point.

runtuh, to fall down; *meruntuhkan,* to overthrow; *musim* ~, autumn; *keruntuhan,* fall, crash.

runtuhan, ruins.

runut, trace, track.

rupa, appearance, looks; shape; ~-~, all kinds of; ~-*rupanja,* it would seem, it appears; *merupakan,* to shape, to model; *berupa,* in the shape of, to look like; *serupa,* of the same form, similar; *menjerupai,* to be like.

rupawan, handsome, beautiful.

rupiah, guilder.

Rus, *negeri* ~, Russia.

rusa, deer; ~ *betina,* hind.

rusak, damaged, destroyed, spoilt, defective, out of order; *merusakkan,* to damage, to spoil; *kerusakan,* damage, defect; *pengrusak,* destroyer; *kapal pengrusak, kapal perusak,* (torpedo-boat) destroyer.

Rusia, Russia.

rusuh, *kerusuhan,* tumult, row,

disturbances.

rusuk, flank, side; *tulang* ~, rib.

ruwet, complicated.

S.

sa, *esa,* one, only.

saat, moment, time; *pada* ~ *itu djuga,* at that very moment.

saban, *saben,* every, each; ~ *hari,* every day; ~ *orang,* everyone.

sabar, patient; *golongan jang* ~, the moderates; *mensabarkan, menjabarkan,* to calm, to soothe, to appease; *menaruh* ~, to have patience; *tidak tahan* ~, to lose patience.

sabda, saying; *bersabda,* to say, to speak.

saben, *saban,* every, each.

sabil, *perang* ~, the holy war.

sabit, sickle; *menjabit (rumput),* to mow.

sabot, sabotage; *penjabot,* saboteur.

sabotir, *menjabotir,* to sabotage.

Sabtu, Saturday.

sabun, soap; ~ *mandi,* bath-soap; ~ *tjutji,* washing-soap; *menjabuni,* to soap, to lather.

sabung, *menjabung,* to fight (a cock).

sabungan, cock-fighting; *ajam* ~, fighting cock.

sabur, ~ *limbur,* dusky, dim.

sabut, ~ *kelapa,* coconut fibre.

sadai, *menjadaikan,* to ferment.

sadap, *menjadap,* to tap (rubber); *pisau* ~, knife (for tapping rubber).

sadar, *sedar,* conscious; *balik* ~, to come round; *tidak* ~, to be

unconscious; *penjakit kesadaran,* psychosis; *ilmu penjakit kesadaran,* psychiatry.

sadja, *sahadja,* only, but.

sadjak, rhyme, poem; *bersadjak,* to rhyme; *bersadjak dengan,* to rhyme with, to rhyme to.

sadji, *menjadjikan,* to serve up, to dish up; to offer, to present.

sadjian, dish.

sadur, ~ *emas,* gilding, gilt; *menjadur emas,* to gild; *menjadur kitab,* to compile a book.

saduran, compilation.

saf, rank, file.

saf, *kertas* ~, blotting-paper.

sagu, sago.

sah, legal, legitimate; *anak* ~, a legitimate child; *tidak* ~, not valid, illegal; *mensahkan, mengesahkan,* to legitimate, to legalize; to authorize; *pengesahan,* validity, legitimation, legalization, authorization.

sahabat, *sobat,* friend; ~ *karib,* ~ *keras,* ~ *kental,* close friend; *bersahabat,* to be friends; *persahabatan,* friendship.

sahadja, *sadja,* only, but; *bersahadja,* simple, plain; *dengan bersahadja-*~, without ceremony.

sahaja, slave; I, me.

saham, share.

sahib, master, owner; *sahibulhikajat,* the narrator, the author.

sahid, *sjahid, mati* ~, to die a martyr.

sahut, *menjahut,* to answer, to reply.

sahutan, answer, reply.

Sailan, Ceylon.

saing, *bersaing,* to compete; *harga bersaingan,* competitive prices; *menjaingi,* to compete with; *persaingan,* competition.

sair, *sja'ir,* poem.

sais, coachman, driver.

saja, *sahaja,* I; me.

sajambara, prize question.

sajang, pity, regret; *kasih* ~, love; ~ *betul!,* it 's a great pity!; *menjajangi,* to have pity on; to love; *kesajangan,* pity, compassion; *anak kesajangan,* pet (child).

sajap, wing; *kemudi* ~, aileron; ~ *kiri,* left wing; the (parliamentary) Left; ~ *roda,* mudguard.

sajarat, *bintang* ~, planet.

sajat, *menjajat,* to slice off.

saju, melancholic, sad; *kesajuan,* melancholy, sadness.

sajup, faintly; ~ *kedengaran,* faintly audible; ~ *mata memandang,* as far as the eye can reach.

sajur, vegetable(s); ~ *majur,* all kinds of vegetables; ~ *daun(an),* greens.

sakal, *angin* ~, head wind, contrary wind.

sakar, sugar; ~ *anggur,* glucose: ~ *susu,* lactose; ~ *tebu,* cane-sugar.

sakit, sick, ill; pain, ache, painful; ~ *gigi,* toothache; ~ *hati,* grief, sorrow; offended; ~ *kepala,* headache; ~ *pajah,* mortally ill, sick to death; ~ *perut,* stomach-ache, belly-ache; *perlop* ~, sick-leave; *rumah* ~, hospital; *si-sakit,* sick person, patient; *penjakit,* disease, complaint; *penjakit djiwa,* mental derangement; *penjakit gula,* diabetes; *penjakit kotor,* vene-

real disease; *gedjala penjakit,* symptoms of a disease; *hama penjakit,* disease germs; *ilmu penjakit,* pathology; *menjakiti, mempersakiti,* to ache, to hurt, to treat ill, to maltreat; *mempersakiti hati,* to offend, to injure; *menjakitkan,* to vex, to trouble; *kesakitan,* to have a pain, to be in pain; *persakitan,* morbidity; *pesakitan,* the accused.

sakratulmaut, agony.

saksama, accurate, correct.

saksi, witness; *menjaksikan,* to witness; *menjaksikan diri,* to convince oneself; *penjaksian, kesaksian,* evidence, testimony; *memberi penjaksian, naik* ~, to give evidence of; *penjaksian palsu,* false witness.

sakti, magic power, supernatural power.

saku pocket; *uang* ~, pocket-money.

salah, mistake, fault, error; *apa salahnja?,* what does it matter?; *kalau saja tidak* ~, if I am not mistaken; ~ *berkata,* to make a slip of the tongue; ~ *faham,* ~ *mengerti,* misunderstood; ~ *satu,* one or the other (thing); ~ *seorang,* one or the other (person); ~ *tjerna,* indigestion; ~ *tjetak,* misprint; ~ *urat,* strained of a sinew; *menjalahi,* to contradict; *menjalahkan,* to blame; *bersalah,* to be wrong, to be guilty; *jang bersalah,* the guilty party, the delinquent; *tidak dapat dipersalahkan,* inviolable; *kesalahan,* offence, infringement, breach; trespass, transgression.

salak, *menjalak,* to bark.

salak, *buah* ~, a fruit.

salam, peace; *assalam alaikum!,* a salute: peace be with you!; *memberi* ~, to salute; *bersalam-salaman,* to shake hands.

salam, *daun* ~, laurel-leaf.

salam, *ikan* ~, salmon.

salat, divine service; ~ *sjukur,* prayer of thanks.

saldju, snow.

saldo, balance.

saleh [saléh], devout, pious; *kesalehan,* devotion, piety.

salep, ointment.

salib, cross; *mensalibkan,* to crucify; *mati disalib,* death on the cross; *tanda* ~, sign of the cross.

salin, *menjalin,* to change, to copy; to translate; *bersalin,* to be confined.

salinan, copy; translation; ~ *pertama,* duplicate; ~ *kedua,* triplicate; *membuat* ~ *apik,* to make a fair copy of; *persalinan,* a change of clothing; a (royal) gift.

saling, mutual.

salur, *saluran,* gutter; ~ *air,* waterworks, waterpipe; *saluran isi perut,* intestinal canal; *saluran pipa,* pine-line.

salut, cover; *bersalut,* covered with; *kawat bersalut,* insulated wire.

sama, same, identical, equal; together; with; ~ *manusia,* fellow-man; ~ *sekali,* altogether; ~ *djuga,* equal, the same; *menjamakan, mempersamakan,* to equalize, to assimilate; *menjamai,* to be like, to equal; *menjamakan surat-surat,* to collate, to check; *menjama-*

ratakan, to treat all alike; *bersama-~,* collective, joint; *kepentingan bersama,* joint interests: *persamaan,* likeness, resemblence; equation; ~ *rata,* ~ *rasa,* what is sauce for the goose is sauce for the gander.

samak, *menjamak,* to tan; *asam* ~, tannic acid.

samar, concealed, disguised; *menjamarkan diri,* to conceal oneself, to disguise oneself; *waktu* ~ *muka,* at twilight.

samaran, mask; *nama* ~, pseudonym; *penjamaran,* mimicry, camouflage.

sambal, condiment prepared with red pepper.

sambang, watch, guard, round; *bersambang,* to keep watch, to patrol.

sambar, *menjambar,* to pounce upon; *disambar kilat,* struck by lightning.

samben [sambén], *setjara* ~, as a pastime.

sambil, at the same time, while.

sambilan, accessory matter.

sambung, *menjambung,* to join, to continue, to lengthen; *menjambung surat kami,* referring to our letter; *papan menjambung,* junction-board; *akan disambung,* to be continued.

sambungan, lengthening-piece, continuation; *tjeritera bersambungan,* serial story; *penjambungan,* lengthening, prolongation.

sambur, ~ *limbur,* dim, dusky.

sambut, *menjambut,* to receive, to welcome; *menjambut dengan terima kasih,* to accept gratefully.

sambutan, reception, welcome.

sampah, rubbish, dirt.

sampai, to arrive, to reach; till, until, enough, sufficient; ~ *berdjumpa pula!,* so long!; ~ *dengan,* as far as, inclusive; ~ *keakar;* ~ *umur,* of age; *menjampaikan,* to deliver, to hand to; *sampaikanlah tabik saja kepada ajahmu!,* remember me to your father!

sampai, *menjampaikan,* to hang out (clothes).

sampaian, coat-stand, coat-rack, drying rack.

sampan, boat.

sampanje, champagne.

sampar, *penjakit* ~, plague.

sampi, *sapi,* cow.

samping, side; ~ *kesamping,* side by side; *disamping,* next (to); besides; *disampingi,* flanked; *terkesamping,* put on one side.

sampinjon, mushroom.

sampiran, hat-and coat-stand.

sampul, cover, envelope; *menjampul,* to cover, to upholster; *diberi bersampul,* to cover (a book).

sampurna, *sempurna,* perfect.

samudera, ocean; ~ *Atlantik,* Atlantic Ocean; ~ *Hindia,* Indian Ocean.

samun, *menjamun,* to rob; *penjamun,* robber, highwayman.

samunan, highway robbery.

sana, yonder; *disana,* there; *disana-sini,* here and there; *pihak* ~, other party, opponent.

sanak, relative; ~ *saudara,* blood relations, family.

sanat, year; ~ *alhidjrah,* Islamitic year.

sanatorium, sanatorium.

sandang, shoulder-belt, bandoleer; *menjandangkan,* to wear a band over the shoulder.

sandar, *bersandar,* to lean.

sandaran, back, arm-rest (of a chair); easel (of a painter).

sandera, hostage, prisoner for debt; *menjanderakan,* to imprison for debt; *penjanderaan,* imprisonment for debt.

sanding, *duduk bersanding,* to sit together.

sandiwara, (native) play, stage.

sandung, *tersandung,* to stumble at.

sandungan, *batu* ~, a stone of offence, a stumbling-block.

sang, a honorific prefix; *Sang Merah Putih,* the Indonesian flag.

sangat, very, extremely; *kesangatan,* excess.

sangga, *menjangga,* to sustain, to hold up.

sanggah, *menjanggah,* to contradict, to protest.

sanggahan, protest.

sanggup, to be able; *menjanggup,* to guarantee; *kesanggupan,* ability, capacity.

sanggupan, *modal* ~, invested capital.

sanggurdi, stirrup.

sangka, supposition, suspicion, presumption; *menjangka,* to suppose, to suspect, to presume; *pada* ~ *saja, pada persangkaan saja,* I suppose; in my opinion; *belandja jang tidak tersangka,* incidental expenses; *jang tersangka,* suspected person; *prasangka,* prejudice.

sangkal, *menjangkal,* to deny.

sangkalan, *penjangkalan,* denial.

sangkar, cage.

sangkur, bayonet.

sangkut, *bersangkut, tersangkut.* to stick; *orang jang bersangkutan,* the person concerned, the person interested; *bersangkut paut dengan,* to be concerned in, to be mixed up with.

sangkutan, hindrance; connection; peg, hook.

sangsekerta, *bahasa ~,* Sanskrit.

sangsi, doubt; *menjangsikan,* to doubt.

sanja, *bahwa ~,* verily.

santan, *santen,* coconut-milk.

santap, to eat (of prominent persons).

santapan, the dishes, the food (for prominent persons); *ruang ~,* dining-room; *persantapan,* repast.

santen, *santan,* coconut-milk.

santiran, (reflected) image.

santuk, to bump against.

santun, modest, polite, dignified; *sopan ~,* well-mannered.

sanubari, *hati ~,* heart, inner (life), interior (feelings).

sap, *saf,* row.

sap, *kertas ~,* blotting-paper.

sapa, *tegur ~,* to address in a friendly way.

sapi, cow; *~ djantan,* bull; *~ kebiri,* ox; *anak ~,* calf; *telor mata ~,* fried egg.

sapu, *penjapu,* broom; *~ tangan, setangan,* handkerchief; *menjapu,* to sweep, to wipe; *kapal penjapu periuk api,* minesweeper.

sara, *~ bara,* in a mess, topsyturvy.

saraf, *sjaraf, ilmu ~,* grammar (accidence).

saraf, *sarap,* nerve; *susunan ~,* nerve-system; *penjakit ~,* nervous disease; *ilmu penjakit ~,* neurology; *perang (urat) ~,* war of nerves; *ruam ~,* shingles.

saran, *saranan,* suggestion, propaganda; *menjarani,* to suggest; *menjarankan,* to propagate; *djuru saranan, penjaran,* propagandist.

sarang, nest; *~ lebah,* bees' nest; *~ madu,* honeycomb; *~ labah-labah,* spider's web; *bersarang,* to nest.

sarap, *~ sampah,* rubbish.

sarap, *saraf,* nerve.

sarat, heavily laden.

sarat, *sjarat,* condition.

sardin, *ikan ~, ikan sardintjis,* sardine.

sardjana, learned man, scholar; *~ bahasa,* linguist, philologist; *~ hukum,* jurist.

sari, essence, extract; *timah ~,* zinc; *~ pidato,* quintessence of a speech.

sari, flower; *taman ~,* flowergarden.

saring, *menjaring,* to filter, to sieve.

saringan, filter, sieve.

sarung, *sarong,* sheath, cover, case, sarong; *~ bantal,* pillowcase, pillow-slip; *~ katja mata,* spectacle-case; *~ keris,* sheath of a creese; *~ pistol,* pistolcase; *menjarungkan,* to sheathe.

sasar, foolish, dazed.

sasar, *kesasar,* lost; to have lost one's way.

sasaran, target.

sastera, *susastera, kesasteraan,* literature.

sasterawan, literary man, man of letters.

satai, *sate,* roasted pieces of meat on a skewer.

satin, satin.

satu, one; *kesatu,* first(ly); *jang kesatu,* the first; ~ *dengan* ~, the things mentioned; ~ *dan lain hal,* a few things; ~-~, ~ *persatu,* one by one, seperate(ly), individual(ly); *bersatu,* united; *bersatu padu,* firmly united, in harmony; *salah* ~, one or other, some; *persatuan,* union, society; *menjatukan, mempersatukan,* to unite, to join; *kesatuan,* uniformity; ~-*satunja,* sole, only.

satuan, unit.

saudagar, merchant, business-man, trader, dealer; *kota* ~, commercial town, trading town.

saudara, brother, sister; ~ *sepupu,* cousin; *persaudaraan,* brotherhood, fraternity.

sauh, anchor; *membongkar* ~, to weigh anchor; *membuang (melabuhkan)* ~, to drop anchor, to cast anchor.

saus, *saos,* gravy, sauce.

sawah, irrigated rice-field.

sawan, epilepsy, convulsions.

sawi, mustard plant.

sawit, *kelapa* ~, oil-palm; *minjak* ~, palm-oil.

sawo, a fruit; *warna* ~, brown; *warna* ~ *tua,* dark-brown.

sebab, reason, motive, cause; because; ~ *itu,* therefore; ~ *kahar,* superior power, force majeur; *menjebabkan,* to cause.

sebar, *menjebarkan,* to spread, to distribute; *kapal penjebar randjau,* mine-layer.

sebaran, *surat* ~, pamphlet, handbill.

sebarang, common, everyday; any.

sebelah, next to; *berkendaralah disebelah kanan!,* drive on the right!; *disebelah kiri,* on the left; ~ *menjebelah,* on both sides, on either side.

sebelas, eleven; *kesebelasan,* (number of) eleven.

sebelum, before; ~ *waktu,* premature(ly).

sebentar, a moment, a while; ~ *ini,* just now, a minute ago.

seberang, other side, opposite side; ~ *lautan,* overseas; *menjeberang,* to cross (over); to go over, to desert; ~ *menjeberang,* on both sides; *menjeberangkan,* to take across, to ferry over; *berseberangan,* opposite, over the way.

sebut, *menjebut,* to mention, to name, to enumerate, to utter; *tersebut,* mentioned; *jang disebut diatas,* above-mentioned; *penjebut petjahan,* denominator of a fraction.

sebutan, utterance, citation, quotation; ~ *kalimat,* predicate.

sedak, *tersedak, kesedakan,* to choke on something.

sedan, sob; *tersedan-~,* sobbing.

sedang, moderate, medium; tolerable, sufficient.

sedang, as, while; *sedangkan,* whereas; *ia* ~ *tidur,* he is still sleeping.

sedap, tasteful, delicious; pleasant, agreeable.

sedapan, delicacy, dainty bit; *kesedapan,* agreeableness.

sedar, *sadar,* conscious; ~ *akan*

diri, to regain consciousness, to come round; *kesedaran,* consciousness.

sedari, since.

sedekah, alms, charity.

sedekala, always.

sedelinggam, red lead, minium.

sederhana, average, plain, simple; *menjederhanakan,* to simplify; *kesederhanaan,* simplicity, plainness; *penjederhanaan,* simplification.

sedia, ready, prepared; *siap* ~, ready (to hand); *bersedia,* to hold oneself in readiness, to stand by; *menjediakan,* to get ready, to prepare, to put at the disposal of; to keep in stock; *tersedia,* ready, prepared, willing.

sediaan, preparation; *kesediaan,* readiness, willingness; *persediaan,* preparation, stock, supply.

sediakala, in olden times.

sedih, sad; *menjedihkan,* to sadden; *kesedihan,* sadness.

sedikit, a little, few; ~ *hari lagi,* before long; *banjak-sedikitnja,* more or less; ~*-dikitnja,* at least; *menjedikiti,* to diminish, to decrease.

sedjahtera, *kesedjahteraan,* safety, security; *Dewan Kesedjahteraan,* Security Council.

sedjak, *semendjak,* since.

sedjarah, pedigree, history; *bersedjarah,* historical.

sedjati, original, genuine, real.

sedjuk, cold, cool; *menjedjukkan,* to ice (drinks).

sedu, sob; *tersedu-*~, sobbing.

segala, all, every; *pemakan* ~, omnivorous; ~ *sesatunja,*

segala-galanja, all, the whole of.

segan, dislike, aversion, antipathy.

segar, fresh, healthy; ~ *buger,* quite fit; *penjegar, obat penjegar,* tonic; stimulating remedy; *menjegarkan,* to refresh, to comfort.

segara, sea; ~ *dunia,* ocean.

segel [ségél], seal, stamp; *kertas* ~, stamped paper; ~ *tempel,* receipt-stamp; *undang-undang* ~, stamp-act.

segera, soon, immediately, directly; *dengan* ~, with all speed, at speed; *menjegerakan, mempersegerakan,* to speed up, to hasten, to expedite, to hurry up; *bersegera,* to make haste; *persegeraan,* speeding up, hastening.

segi, side, angle; ~ *tiga,* triangle; *persegi, meter persegi,* square meter; *empat persegi,* square; *empat persegi pandjang,* rectangle.

sehat [séhat], healthy; *menjehatkan,* to restore to health, to cure; *kesehatan,* health; *ilmu kesehatan,* hygiene, sanitary science; *Dines Kesehatan Rakjat,* Public Health Service.

sehingga, until.

seia, ~ *sekata,* unanimous.

seka [séka], *menjeka,* to wipe off, to rub off.

sekakar, *sekaker,* miserly, close-fisted.

sekal, scale.

sekali, once; ~ *gus,* all at once; ~ *peristiwa,* once upon a time.

sekalian, all; *kamu* ~, all of you.

sekam, rice-husk.

sekarang, now; ~ *djuga,* imme-

diately; ~ *ini,* just now;
nowadays.

sekat, bar, block, partition; ~
rongga badan, midriff,
diaphragm; *menjekat(i),* to
partition off, to isolate.

sekerobi, ~*!,* get out!

sekertaris, secretary.

sekerup, screw.

sekesel [sekésél], draught-screen.

sekian, so much; *sekianlah
perkataan saja,* I have had my
say out.

sekin, dagger.

sekolah, school; *alat-alat* ~,
school-necessaries; *bilik* ~,
class-room; *buku* ~, school-
book, class-book; *kebon* ~,
school-çarden; *komisi* ~, edu-
cation committee; *kepala* ~,
head-master; *udjian masuk* ~,
entrance examination; *penga-
wasan* ~, school inspection;
perkakas ~, school-furniture;
pesta ~, *perajaan* ~, school-
function; *rapat* ~, masters'
meeting; *tabib* ~, *dokter* ~,
school doctor; *tamasja* ~,
school walk; *waktu* ~, school-
time; *uang* ~, school fee; ~
chusus, denominational school;
~ *gadis,* girls' school; ~ *guru,*
training-college, teachers' se-
minary; ~ *kepandaian,* technic-
al school; ~ *menengah,* secon-
dary school; ~ *normal,* normal
school; ~ *rakjat,* ~ *rendah,*
public elementary school; ~
tinggi, university; *bersekolah,* to
go to school; *waktu ia masih
bersekolah,* when he was at
school; *buruh jang tidak berse-
kolah,* unskilled labourer; *me-
njekolahkan,* to put to school;

menamatkan ~, to pass through
a school.

sekon, second.

sekongkol, to conspire.

sekonjar, *sekunar,* schooner.

sekop, *sekopang,* spade.

sekotah, *sekotahnja sudah tahu.*
all the world knows.

sekotji, sloop, boat.

sekretariat, secretariat(e).

sekretaris, secretary.

seksi [séksi], section.

sektor [séktor], sector.

sekunar, *sekonjar,* schooner.

sekutu, partner, ally, confederate;
negeri ~, the allied countries;
bersekutu, to ally; *persekutuan,*
partnership, alliance; *pembagi
persekutuan terbesar,* greatest
common divisor; *kelipatan
persekutuan terketjil,* least com-
mon multiple.

sel [sél], cell; *djaringan* ~,
cellular tissue.

sela, interval, intervening space;
menjela, to interrupt, to inter-
vene; *tidak bersela,* continuous-
ly; *disela-*~, broken off; *tersela,*
incidental(ly).

sela [séla], saddle.

selada, salad.

seladeri, celery.

selagi, as long as.

selalu, always.

selam, *menjelam,* to dive; *kapal*
~, submarine; *penjelam,* diver.

selam, Islam: *orang* ~, Islamite.

selamanja, always.

selamat, welfare, health, fortune,
congratulation; safe, lucky;
saved; ~*!,* congratulations!;
memberi ~, *mengutjapkan* ~,
to congratulate; *pulang dengan*
~, to return safe and sound;

~ *bergembira!*, have a good time!; ~ *datang!*, welcome!; ~ *djalan!*, a pleasant journey (to you)!; ~ *malam!*, good evening, good night!; ~ *pagi!*, good morning!; ~ *tahun baru!*, happy New Year!; *Djuru* ~, the Saviour; ~ *tidur!*, good night!; ~ *tinggal!*, good-bye!; *keselamatan*, welfare, fortune, safety, salvation; *Tentera Keselamatan*, Salvation Army; *menjelamatkan*, to put in safety.

selamatan, a meal with religious ceremonies.

Selan [Sélan], Ceylon.

selang, interval, interspace; ~ *sehari*, every other day; the next day; ~ *berapa lama, belum berapa lama berselang*, lately, recently; *menjelang*, to alternate; *berselang*, alternately; *berselang-seling*, turn and turn about.

selangka, *tulang* ~, collar-bone.

selaput, film; ~ *bening*, cornea; ~ *djala*, retina; ~ *mata*, tunic of the eye; ~ *pelangi*, iris; ~ *perut*, peritoneum; *berselaput*, filmy.

selaras, harmonizing, in harmony.

Selasa, Tuesday.

selasih, *mabuk* ~, stupefied, drunk.

selat, strait.

selatan, south.

sele [selé], jam

selekeh [selékéh], stain, blot; *tjakaran* ~, rough copy; *menjelekeh*, to stain, to blot.

seleksi [seléksi], selection.

selempang [selémpang], shoulder-belt, bandoleer; *menjelempang*, to wear cross-wise.

selendang [seléndang], shawl worn over the head or over the shouders.

selenggara, *menjelenggarakan*, to take care of, to manage; *penjelenggaraan*, care, management; *nafkah penjelenggaraan*, livelihood, sustenance; *uang penjelenggaraan*, cost of upkeep, maintenance cost.

seleo [seléo], *keseleo*, sprained.

selera [seléra], appetite.

selesai, finished, terminated, settled; *menjelesaikan*, to finish, to terminate, to settle; *menjelesaikan kewadjibannja*, to acquit oneself of his duty; *menjelesaikan kesulitan-kesulitan*, to surmount difficulties; *penjelesaian*, solution, settlement, completion.

selesma, having a cold; cold.

seleweng [seléwéng], *orang* ~, busybody.

selidik, *menjelidiki*, to investigate, to scrutinize; *penjelidik*, investigator, scrutinizer, scrutator; *penjelidikan*, investigation, scrutiny, research.

selimut, blanket; *menjelimuti*, to wrap up in a blanket, to cover up.

seling, *selang* ~, turn and turn about; ~ *menjeling*, to alternate, to vary.

selingan, variation, change.

selip, *terselip*, slipped into.

selisih, *perselisihan*, difference, quarrel, conflict; *perselisihan paham*, difference of opinion, divergence of opinion; *pokok perselisihan*, matter (point) of difference; *berselisih*, to differ in opinion, to quarrel.

selo [sélo], cello.

selokan, *slokan,* ditch, gutter.
selompret [selomprét], trumpet.
selop, slipper.
selopkaos, gaiter.
selot, lock; ~ *gantung,* padlock.
seluar, trousers, breeches.
selubung, covering, veil; *berselubung,* veiled.
seluk, ~*-beluk,* details, the ins and outs.
selundup, *menjelundup,* to dive, to smuggle, to infiltrate; *menjelundupkan,* to smuggle in; *menjelundupi,* to elude, to dodge; *pesawat penjelundup pelempar bom,* divebomber; *penjelundup,* smuggler.
seluruh, entire, whole.
semadi, concentration, meditation.
semai, *semaian,* seedling; *persemaian,* seed-bed.
semajam, *bersemajam,* to reside; *persemajaman,* residence.
semak, shrubs, bushes.
semang, *anak* ~, boarder, employee; *induk* ~, landlord, landlady; employer.
semangat, soul; zeal, spirit, enthusiasm; *bersemangat,* enthusiastic; *bersemangat perang,* war-minded; ~ *masa,* the spirit of the age; ~ *berdjuang,* militancy.
semangka, water-melon.
semat, *penjemat,* pin; *menjemat,* to fasten with pins.
semata, ~*-mata,* simply and solely, utterly.
sembah, homage, tribute, respect, reverence; *menjembah,* to do (to pay) homage to, to pay a tribute to; to worship; *berdatang* ~, to speak reverently; *mempersembahkan,* to inform,

to convey, to offer, to present; *persembahan,* tribute, information, statement; *penjembahan,* worship; *penjembah,* worshipper.
sembahjang, to pray; ~ *pendek,* ejaculatory prayer.
sembarang, *sebarang, sembarangan,* any, no matter which.
sembelih, *menjembelih,* to slaughter.
sembelihan, *ternak* ~, slaughter cattle.
sembelit, constipation.
sembilan, nine.
sembilan belas, nineteen.
sembilan puluh, ninety.
sembilik, *puru* ~, hemorrhoids, piles.
sembojan, watch-word, motto, slogan.
sembrono, thoughtless, frivolous.
sembuh, recovered; *menjembuhkan,* to cure; *kesembuhan,* cure, recovery.
sembunji, hidden, concealed; ~*-*~, secretly, in secret, clandestinely; *bersembunji,* to hide oneself, to conceal oneself; *menjembunjikan,* to hide, to conceal; *persembunjian,* hiding-place, place of concealment.
sembur, *menjemburkan,* to spit out; *menjemburi,* to spit upon; *mata air panas menjembur,* geyser; *bersemburan,* to spout, to gush; *pesawat penjembur api,* flame-projector, flame-thrower.
semburit, pederasty.
semedera, *semudera,* ocean.
semedi [semédi], concentration, meditation.
semen [semén], cement.
semena, *dengan tidak* ~*-mena,*

without reason.

semenandjung, peninsula.

semenda, *keluarga* ~, kinsman, kinswoman, relations, relatives.

semendjak, *sedjak,* since.

sementara, during, temporary; ~ *itu,* in the meantime, meanwhile; *buat (untuk)* ~ *waktu,* for the present, for the time being; temporary.

semi, *musim* ~, spring(-time); *bersemi,* to put forth buds.

semir, ~ *sepatu,* boot-polish.

sempat, *kalau tuan* ~, *kalau tuan ada kesempatan,* when it is convenient to you; *kesempatan,* opportunity; *berkesempatan,* to have an opportunity to; *memberi kesempatan,* to give (to afford) a person an opportunity to.

semperong, lamp-chimney.

semperot, *semprot,* spout, squirt, enema syringe; *menjemperot,* to spout; to administer an enema.

sempit, narrow; *hidup* ~, to be in straitened circumstances; *waktunja* ~ *sekali,* he is very busy, he has no spare time.

semprot, *semperot,* spout; syringe.

sempurna, perfect(ly), complete(ly); *menjempurnakan,* to perfect, to complete.

semua, all, the whole; *achir baik semuanja baik,* all's well that ends well.

semudera, ocean; ~ *Hindia,* Indian Ocean.

semula, anew, again.

semut, ant; *menjemut,* to swarm.

sen [sén], cent.

senak, oppressed.

senam, *bersenam,* to have gymnastic exercise.

senang, content, comfortable, agreeable, easy; *menjenangkan,* to meet the convenience of, to make agreeable, to make pleasant, to content, to satisfy; satisfactory, satisfying; *kesenangan,* pleasure, comfort, amusement.

senantiasa, always, continually.

senapang, rifle, gun; ~ *mesin,* machine-gun.

senat, senate.

senda, ~ *gurau,* joke, jest; *bersenda gurau,* to joke, to jest.

sendawa, salpetre, nitre; gunpowder; *asam* ~, nitric acid.

sendi, joint.

sendiri, self, alone; *dengan sendirinja,* of itself, self-acting, automatic; *bersendiri,* solitary, self-contained; *menjendiri,* to seclude oneself, to retire; *tersendiri,* apart, separate(ly); *hak tersendiri,* right of self-determination.

sendirian, alone, single-handed.

sendja, ~ *kala,* twilight.

sendjata, weapon; *bersendjata,* armed; ~ *api,* fire-arm; *alat-alat* ~, arms; *gentjatan* ~, armistice; *persendjataan,* armament; *mempersendjatai,* to arm.

sendok [séndok], *senduk,* spoon; ~ *besar,* table-spoon; ~ *gula,* sugar-spoon; ~ *ketjil,* dessert-spoon; ~ *saos,* gravy-spoon; sauce-ladle; ~ *sop,* soup-spoon; soup-ladle; ~ *teh,* tea-spoon; ~ *telor,* egg-spoon.

senduk, *sendok,* spoon.

senel [senél], fast train.

Senen [Senén], Monday.

seng [séng], zinc.

sengadja, *dengan* ~, on purpose,

intentionally, designedly, purposely; *tiada dengan* ~, unintentionally, undesignedly.

sengal, rheumatism; ~ *pinggang,* gout.

sengat, sting; *menjengat,* to sting; *penjengat,* wasp.

sengau, to talk through the nose.

sengketa [sengkéta], lawsuit.

sengsara, *kesengsaraan,* torture, misery; *menjengsarakan,* to torture.

seni, thin, fine; *kesenian,* art; ~ *bangunan,* architecture; ~ *lukis,* art of painting; ~ *pahat,* sculpture; ~ *sandiwara,* dramatic art, stage-craft; ~ *suara,* art of singing; *ahli* ~ *pahat,* sculptor.

seni, *air* ~, urine.

seniman, *orang* ~, *seniawan,* artist.

Senin, *Senen,* Monday.

seniwati, (woman) artist.

senjap, *sunji* ~, extremely lonely, still as death.

senjum, *senjuman,* smile; *tersenjum,* to smile, smiling.

senonoh, fitting, decent; *tidak* ~ indecent, improper.

sensasi [sénsasi], sensation.

sensor [sénsor], censor.

sensur [sénsur], censorship; *disensurkan,* censored.

sentak, *menjentak,* to pull, to jerk.

sentausa, *sentosa,* safe; *kesentausaan,* peace, rest, safety.

senter [séntér], *lampu* ~, flashlight; *menjenteri,* to light; ~ *por,* centre-forward.

sentimen [séntimén], sentiment.

sentosa, *sentausa,* safe; *kesentosaan,* peace, rest, safety.

sentral [séntral], central.

sentuh, *menjentuh,* to bump up against, to touch.

sep [sép], chief, head, boss, leader.

sepada, ~*!,* shop!

sepak, spoke.

sepak [sépak], ~ *bola,* to play football; ~ *terdjang,* activities, action; *menjepak,* to kick.

sepakat, agreed, unanimous.

Sepanjol, Spain; Spanish; *orang* ~, Spaniard.

separuh, half; partly.

sepat, *sepet,* sour, harsh.

sepatbor, mudguard.

sepatu, shoe; ~ *kuda,* horseshoe; ~ *tinggi,* boot; *kembang* ~, a well-known flower; *sendok* ~, shoe-horn; *telapak* ~, sole of a shoe; *tukang* ~, shoe-maker; cobbler.

sepeda [sepéda], bicycle; ~ *mo(n)tor,* motor-bicycle.

sepen [sepén], pantry, larder.

seperai, *sepere,* bed-spread, coverlet, sheet.

sepersi [sepérsi], asparagus.

seperti, like, as, corresponding, according; *dengan sepertinja,* as it should be, properly, duly.

sepesial [sepésial], special.

sepet, *sepat,* sour, harsh.

sepi, still, lonely, desolate.

sepiritus, spirits.

sepit, narrow; ~, *penjepit,* tweezers; *menjepit,* to pinch; *tersepit,* pinched; to be in a scrape.

sepoi, *angin* ~-~, zephyr.

sepor, *sepur,* train, railway.

sepot, hotchpotch.

September [Septémbér], September.

sepuh, *menjepuh,* to gild.

sepur, train, railway.

seput, *sebagai kiriman* ~, by fast goods service.

serabut, fibre; *berserabut,* fibrous.

seragam, *pakaian* ~, uniform.

serah, *menjerah,* to surrender; *menjerah dengan tiada memakai perdjandjian,* to surrender unconditionally; *menjerah kalah,* to capitulate; *menjerahkan,* to hand over, to transmit, to delegate; *penjerahan,* handing over, surrender, transmission, delegation; *penjerahan kalah,* capitulation.

serai, *sere,* citronella.

seraja, while, during; ~ *menjanji,* singing all the while.

serak, hoarse.

serak [sérak], scattered in disorder; *menjerak,* to scatter in disorder, to disperse.

seram, ~ *kulitku,* it made my flesh creep.

serambi, veranda(h); ~ *muka,* front veranda.

serampang, harpoon; *menjerampang,* to harpoon.

serampangan, *ia orang* ~, he is a nonentity; he is no good.

serang, *menjerang,* to attack; *penjerang,* attacker.

serang, boatswain.

serangan, *penjerangan,* attack, raid.

serangga, insect.

serani, *nasrani,* Christian; *menseranikan,* to christianize; *masuk* ~, christianized; *air* ~, baptismal water; *permandian* ~, baptism.

serap, *menjerap,* to absorb, to suck up.

serapan, absorption.

serap [sérap], *serep,* reserve; *menjerapkan,* to reserve.

serasi, effective, suitable.

serat, *seret,* stiff.

serat, fibre.

serba, all kinds of, various; ~ *baru,* brand-new; ~ *mahal,* very expensive; ~ *nasib,* fatalism; ~ *rumah,* furniture; ~ *sama,* homogeneous; ~ *serbi,* ~ *neka,* all kinds of, sundries, miscellaneous; ~ *terus,* continuous.

serban, turban.

serbu, *menjerbu,* to attack, to charge, to invade; *penjerbuan,* attack, charge, invasion.

serbuk, powder, dust; ~ *besi,* iron-filings; ~ *gergadji,* sawdust; *menjerbuk,* to pulverize.

serdadu, soldier.

serdawa, belch; *beserdawa,* to belch.

sere [seré], *serai,* citronella.

serempak, simultaneous, synchronous.

serenta, *dengan* ~, immediately.

serep, *serap, menjerep,* to absorb.

serep [sérép], *serap,* reserve.

seret, *serat,* stiff.

seret [sérét], *menjeret,* to drag.

seri, beauty, splendour, grace, charm; *berseri muka,* to blush, to colour; ~ *paduka,* His (Her) Highness; ~ *maharadja,* His (Her) Majesty; *gigi* ~, incisor, cutting tooth; *hilang* ~, to volatilize.

seri, *Dewi Seri,* Goddess of the [rice.

seri, quits, drawn.

seri [séri], series.

seriawan, sprue.

serigala, jackal; wild dog.

serigunting, oriole.

serikaja, a fruit.

serikat, *berserikat,* united, federated; *Amerika* ~, the United States of America; *perserikatan,* partnership, union, federation; *Perserikatan Bangsa-bangsa,* the U.N.O.

serimpi, court dancer.

sering, often; ~ *sakit,* sickly.

sero [séro], *serok,* fish-trap.

sero [séro], *untung* ~, dividend; *pesero,* partner; *perseroan,* company partnership; *perseroan terbatas,* limited liability company.

serobot, *menjerobot,* to filch from, to pilfer from.

serok [sérok], creek, bay.

serokan [sérokan], channel, ditch.

serong [sérong], oblique, askew; ~ *hati,* insincere; *keserongan,* insincerity.

sersan, sergeant; ~ *major,* sergeant-major.

sersi [sérsi], detective force; detective.

serta, with, together with; *turut* ~ *dalam,* to take part in; ~ *merta,* immediately; *beserta,* along with, accompanied by; to be in accordance with; *menjertai,* to accompany.

sertipikat [sértipikat], certificate.

seru, *seruan, penjeruan,* shout, cry, exclamation; *menjeru,* to shout, to cry out; *penjeru radio,* announcer.

seruit, harpoon.

seruling, flute.

serum [sérum], serum.

serunai, clarinet.

serutu, cigar.

serupa, of the same form, similar.

sesak, closely pressed, crowded; ~ *dada,* ~ *napas,* asthmatic; *penuh* ~, chock-full; *menjesakkan,* to oppress; *kesesakan,* oppression.

sesal, *menjesal,* to regret, to repent; ~ *akan dirinja,* self-reproach; *menjesalkan,* to feel sorry for, to repent of; *penjesalan,* reproach, blame; *pikir dahulu pendapatan,* ~ *kemudian tiada berguna,* look before you leap.

sesat, to lose one's way; *menjesatkan,* to lead a person astray.

sesatan, aberration.

sesuai, concordant, harmonizing, conformable; *menjesuaikan,* to bring into line; *persesuaian,* concord, harmony, adaptation.

sesuatu, one or other.

sesudah, after; ~ *lampau,* after expiry of.

setan [sétan], devil; *pe(r)gi per* ~*!,* go to hell!

setani [sétani], devilish, diabolical.

setangan, *sapu tangan,* handkerchief.

setanggi, *istanggi,* incense.

setap, staff.

setasiun, station.

setater, starter.

setel [sétél], *setelan,* set; *pakaian setelan,* one suit of clothes; *menjetel radio,* to tune in; *menjetel roda,* to adjust a wheel.

setelah, ~ *itu,* after that.

seteleng [setéléng], exhibition, show; *menjetelengkan,* to exhibit, to show.

seterika, iron; *menjeterika,* to iron.

seteril [setéril], sterile; *mensèterilkan,* to sterilize.

seterip, stripe.

sterop, syrup.

seteru, enemy; *berseteru,* to be at enmity with; *perseteruan,* enmity, feud.

setia, loyal, faithful; ~ *usaha,* secretary; *kesetiaan,* loyalty, faithfulness.

setiawan, loyal, faithful.

setimbang, balance, equilibrium; *kesetimbangan,* equilibrium.

setip, india-rubber.

setir, handle-bar, wheel; helm, rudder; *menjetir,* to be at the wheel.

setirman, steersman, mate.

setop, *menjetop,* to stop.

setor, *menjetor,* to pay in, to deposit; *penjetoran,* payment, deposit.

setudju, agreed; unanimous; *menjetudjui,* to agree, to ratify; *persetudjuan,* agreement, ratification, approval; *persetudjuan dagang,* commercial agreement, trade agreement.

seturi, *setori,* story, flim-flam, poor excuse.

sewa [séwa], hire, rent; ~ *rumah,* house-rent; *rumah* ~, rented house, hired house; *kontrak* ~, lease, tenancy agreement; *penghargaan* ~, rental value; ~ *tanah,* land-revenue; ~ *angsuran, sewabeli, beliseri,* hire-purchase (system); *penjewa,* hirer, renter, tennant; *menjewa,* to hire, to rent; *menjewakan, mempersewakan,* to let, to hire out, to lease; *jang menjewakan,* letter, lessor, landlord.

sewenang-wenang, arbitrary.

si, ~ *Anu,* Mr. So-and-so; ~ *pengirim,* the sender; also used for proper names: *si Ali.*

sia-sia, vain, useless, fruitless; in vain, vainly; *menjia-njiakan,* to frustrate, to neglect, to waste; *kesia-siaan,* uselessness, vainness.

sial, unlucky, ominous, ill-omened.

siamang, a monkey.

siang, daylight, day-time; *haripun sianglah,* day was breaking; ~ *ini,* this afternoon; ~ *malam,* day and night; ~-~, early in the morning; *menjiangi,* to weed; to gut (fishes).

siap, ready; ~ *sedia,* ready to hand, in readiness; *bersiap,* to stand by; *bersiap!,* attention!; *persiapan,* preparation; *menjiapkan,* to get ready, to equip.

siapa, who; ~ *namanja?,* what's his name?; *barang* ~, whoever; ~ *sadja,* anybody; ~ *punja,* whose.

siar, *menjiarkan,* to spread, to announce; *penjiar radio,* announcer; *bersiar-siar, pesiar,* to walk about.

siaran, *surat* ~, pamphlet; ~, *penjiaran,* broadcast; publicity, publication.

siasat, discipline, chastisement; *mensiasatkan,* to chastise; ~ *pekerdjaan,* working method; ~ *perang,* strategy, tactics.

sibuk, busy, lively; *kesibukan,* fuss, bustle, liveliness.

sidang, *persidangan,* meeting, session, assembly; *bersidang,* to assemble; ~ *pengarang,* editorial staff; ~ *pembatja,* all the readers; *hak bersidang,* the right of public meeting.

sidik, *menjidik,* to investigate, to search.

sifat, *sipat,* quality, nature, character; ~ *perawakan,* description (of a person); *mensifatkan,* to consider as; *tidak tersifatkan,* indescribable; *bersifat penggeli,* comic, humoristic.

sigaret [sigarét], cigarette.

sigera, *segera,* soon, quick.

sihir, magic; *ilmu ~,* hypnotism; *tukang ~,* hypnotist.

sikap, attitude, posture; *bersikap,* to stand at attention; *bersikap tengah-tengah,* to keep aloof; *disikap,* confined, locked up.

sikat, brush; ~ *gigi,* tooth-brush; ~ *pakaian,* clothes-brush; ~ *rambut,* hairbrush; ~ *sepatu,* shoe-brush; *menjikat,* to brush; *sesikat pisang,* a part of a bunch of bananas.

siksa, *siksaan, penjiksaan,* torture, maltreatment; *menjiksakan, menjiksai,* to torture, to maltreat.

siku, elbow, T-square; *kurung ~,* brackets; ~ *keluang,* zig-zag; *sudut ~-~,* right angle; *menjiku,* angled, angular.

sikut, elbow; *main ~,* to elbow out; to practise deception. to scrounge; unfair(ly).

sila, *menjilakan, mempersilakan,* to invite; *silakan masuk!,* come in, please!; *silakan batja!,* please, read!

silam, dark, past; *tahun jang ~,* past year.

silang, cross, cross-wise; *djalan ~ empat,* cross-way; *teka-teki ~,* cross-word puzzle; ~ *selisih,* discord; *bersilang,* crossed

silap, delusion, optical illusion; *bermain ~, bersilap,* to juggle, to conjure; *menjilap,* to delude;

penjilap, tukang ~, juggler, conjurer, illusionist.

silap, *kesilapan,* mistake, error.

silat, *menjilat,* to ward off; *bersilat,* to fence; *bersilat kata,* to allude to; to hint at.

silau, dazzled, blinded; *menjilaukan,* to dazzle, to blind; *kesilauan,* dazzle, blinding; *penjilau mata,* eye-flap, blinker.

silih, *menjilih,* to put right, to repair; *menjilih kerugian,* to make good damages, to compensate; *pedang ~,* sword of honour, presentation sword.

silinder, cylinder.

silsilah, genealogical register, pedigree.

simbol, symbol.

simpan, *menjimpan,* to keep, to put away, to save up; *menjimpankan,* to deposit, to entrust; *penjimpan,* saver, keeper, care-taker.

simpanan, *uang ~,* savings, deposit.

simpang, *djalan ~, djalan simpangan,* side-way, by-way; ~ *empat (djalan),* cross-way; *djalan ~ siur,* winding path; *menjimpang,* to turn into a side-way; to draw aside; *bersimpang,* to branch; *persimpangan,* crossing.

simpul, knot, tie; *menjimpulkan,* to knot, to tie; ~ *mati,* a fast knot; ~ *tali perut,* twisting of the bowels; *kesimpulan,* conclusion; *menarik kesimpulan,* to conclude; *tersimpul,* implied in.

sinar, ray, beam; ~ *matahari,* sun-ray, sunbeam; ~ *tjahaja,* ray (beam) of light; ~ *x,* X-rays; *menjinarkan,* to beam forth; *menjinari,* to shine upon, to X-ray; *bersinar-sinarkan,* to reflect; *penjinaran tembus,* X-raying.

sindir, *menjindir,* to allude, to insinuate.

sindiran, allusion, insinuation.

singa, lion; ~ *betina,* lioness; *anak* ~, whelp, cub; *radja* ~, syphilis.

singgah, to call at, to stay temporarily, to visit.

singgasana, throne.

singgit, *persinggitan,* friction.

singgung, *garis* ~, tangent; *menjinggung,* to offend, to allude to.

singkat, short, concise, brief; ~ *kata,* term; *dengan* ~, in brief, briefly, in a few words; *menjingkatkan,* to cut short, to shorten, to abridge.

singkir, *menjingkir,* to evacuate; *menjingkirkan,* to avoid, to put away; *penjingkir,* evacuee; *penjingkiran,* evacuation.

singkong, cassava.

singsing, *fadjar menjingsing,* the day is breaking.

sini, *disini,* here; *dari fihak* ~, on this side; *kesini,* here, this way.

sinjalir, to signalize, to call attention to.

sintesis [sintésis], synthesis.

sipat, *sifat,* nature, character; *mensipatkan,* to describe; *tidak tersipatkan,* indescribable.

sipi, *tembak* ~, grazing shot.

sipil, civil; *hukum* ~, civil law.

sipir, warder, jailer.

sipit, *mata* ~, slit eyes.

sipu, *malu kesipu-sipuan (tersipu-sipu),* extremely abashed.

siput, snail; *rumah* ~, *kulit* ~, snail-shell.

siram, *menjiram,* to water, to pour; *bersiram,* to bathe (of royal persons).

sirap, wooden tile.

sirat, *menjirat,* to darn, to net.

sirena [siréna], siren.

sirih, betel-vine; *makan* ~, to chew betel; *uang* ~, tip.

sirip, fin.

sirkol, sour-crout, sauerkraut.

sirlak, shellac.

sisa, rest, remainder.

sisi, side, flank; *segitiga samasisi,* equilateral triangle; *menjisi,* to dodge; *bersisi,* side by side.

sisih, *menjisih,* to quarrel; to keep off.

sisik, scale (of a fish); *menjisik ikan,* to scale a fish.

sisip, *menjisip,* to insert; *tersisip,* inserted; *menjisip dalam,* to interpolate; *penjisip dalam,* interpolation.

sisipan, infix.

sisir, comb; harrow; *sesisir pisang,* a part of a bunch of bananas; *menjisir,* to comb; to harrow.

sistem [sistém], *sistim,* system.

siswa, pupil; *maha* ~, student; *bea* ~, scholarship.

sita, *mensita, menjita,* to cite, to summon, to confiscate; *djuru* ~, process-server, bailiff; *surat* ~, citation, summons.

situ, *disitu,* there.

situasi, situation.

siul, *bersiul,* to whistle.

siur, *simpang* ~, zigzagging.

sjah, king.

sjahbandar, harbour master.

sjahid, *mati* ~, to die a martyr; *kesjahidan,* martyrdom.

sjair, poem.

sjaitan, *setan*, devil.

sjak, *sjakwasangka*, doubt, suspicion, prejudice; *menaruh* ~, to have one's doubts (about); to be in two minds (about).

sjal, shawl.

Sjam, *negeri* ~, Syria.

sjarat, condition; *dengan* ~, on condition; ~-~ *kawin*, marriage settlement; ~-~ *perburuhan*, working (labour) conditions; *hukuman bersjarat*, suspended sentence; *menjerah dengan tiada memakai* ~-~, *menjerah dengan tidak bersjarat*, to surrender unconditionally; ~-~ *udjian*, requirements of an examination; *mentjukupi* ~-~, to come up (to meet) the requirements; ~-~ *penghidupan*, conditions of life.

sjukur, thanks, thanksgiving; ~!, thank God!, thank heaven!; *menjukuri*, to give thanks, to render thanks.

sjurga, *sorga*, heaven.

s.k., *surat kabar*, newspaper; *s.s.k.*, *surat-surat kabar*, newspapers.

skala, scale.

slokan, *selokan*, gutter.

soal, question, problem; ~ *djawab*, debate, discussion; *bersoal djawab*, to debate, to discuss; *mempersoalkan*, to debate on, to discuss; *memetjahkan* ~, to solve a problem.

sobat, *sahabat*, friend; ~ *betul (kental, keras, karib)*, close friends.

sobek [sobék], *menjobek*, to tear off.

soda, soda.

sodok, shovel; *menjodok*, to shovel.

soek [soék], *menjoek*, to tear off.

sogok, *menjogok*, to pierce; to bribe.

sogokan, *uang* ~, hush-money, bribe.

sohor, *kesohor*, *tersohor*, famous; *tersohor dunia*, world-famous, world-famed.

soklat, chocolate; *batang* ~, a bar of chocolate.

sokong, support, shore; *menjokong*, to support, to shore up; to contribute; *penjokong*, helper, assistant; donor.

sokongan, contribution, support.

sol, sole.

soldadu, soldier.

Soleiman, Solomon.

solek [solék], showy; *pesolek*, dandy.

sombong, arrogant; *menjombong*, to boast, to brag; *penjombong*, braggart; *kesombongan*, arrogance.

sop, soup.

sopan, modest, honourable; ~ *santun*, correct, proper in conduct, decent; *kesopanan*, modesty, decency.

sopi, gin; ~ *manis*, liqueur.

sopir, chauffeur, driver.

sorak, cheering, shouting; *bersorak*, to cheer, to shout.

sore [soré], afternoon.

sorga, *surga*, heaven.

sorong, *menjorong*, to push, to propose; *menjorong damai*, to make peace proposals.

sorongan, slide, damper, valve; ~ *kukus*, steam-valve.

sorot, beam of light; *lampu pe-*

njorot, flash-light, searchlight; *menjorotkan,* to light.

sosial, *kesosialan,* social.

sosialis, socialist; socialistic.

sosis, sausage.

sositet [sositét], club(-house).

sotong, cuttle-fish.

Spanjol, Spain, Spanish; *orang ~,* Spaniard.

spasi, space.

spesial [spésial], special.

spiritus, spirits; *lampu ~,* spirit-lamp.

spontan, *dengan ~,* spontaneous-(ly).

stabilisasi, stabilization.

Stambul, Stamboul; *komedi ~,* native opera.

stasion, station.

statistik, statistics.

statit, the articles of association, the regulations.

steleng [stéléng], exhibition.

stensil [sténsil], stencil.

studen [studén], student.

sua, *bersua dengan,* to meet.

suai, *sesuai,* comformable, corresponding, in accordance; *penjesuaian,* adaptation; *persesuaian,* agreement, accord.

suam, lukewarm.

suami, husband; *bersuami,* married; *bersuamikan,* to be married to; *~ isteri,* married couple; *mempersuamikan,* to marry off.

suap, *sesuap,* a mouthful; *makan ~,* to be bribed.

suapan, bribery, corruption.

suar, *mertju ~,* lighthouse.

suara, voice; *dengan ~ bulat,* unanimously; *dipilih dengan kelebihan ~, dengan ~ terbanjak,* elected by a majority; *~*

memberi nasihat, advisory voice; *memungut ~,* to collect the votes; *ilmu suarakata,* phonetics; *pengeras ~,* loudspeaker; *pita ~,* vocal chords; *pemungutan ~,* referendum, plebiscite; *seni ~,* art of singing.

suasa, alloyage of gold and copper.

suasana, situation, atmosphere, circumstances; *~ politik,* the political situation.

suatu, one; *sesuatu,* one or other, some; *barang ~,* whatever.

subang, ear-ring.

subhana, *~ Allah,* praise be to God.

subjek [subjék], subject.

sublimat, sublimate.

subsidi, subsidy.

subuh, dawn.

subur, fertile, healthy.

sudah, finished, done, ready; *~ besar,* full-grown; *~ bosan (bosen),* sick of, fed up with; *~ djatuh,* bankrupt; *bulan jang ~ lalu,* last month; *~ liwat,* expired; *~ selajaknja,* rightly, justly; *~ itu,* after that; *sesudahnja,* after; *sebelum dan sesudahnja,* in advance, in anticipation; *menjudahkan,* to finish, to complete; *kesudahan,* end, result, consequence; *tidak berkesudahan,* endless, infinite.

sudi, inclined, disposed, willing; *kesudian,* inclination, willingness.

sudji, *menjudji,* to embroider.

sudjian, embroidery.

sudjud, to bow down during the ,,sembahjang".

sudu, spoon, laddle; beak.

sudut, corner, angle; point of view; *ilmu ukur* ~, goniometry; *garis* ~ *menjudut,* diagonal; *pengisi* ~, fill-up.

suh, *suhu,* temperature; *pengukur* ~, clinical thermometer.

suhad, sleeplessness, insomnia.

suka, pleasure, liking; ~ *hati,* glad, joyful; *barisan* ~ *rela,* volunteer troops; ~ *menolong,* helpful; ~ *akan damai,* peaceable; *mana* ~, at pleasure; *menjukakan,* to gladden; *menjukai,* to like; *kesukaan,* joy, enjoyment, pleasure, gladness; *bersuka-sukaan,* to enjoy oneself.

sukar, difficult; *kesukaran,* difficulty; *menjukarkan,* to make difficult.

sukarela [sukaréla], voluntary; *barisan* ~, volunteer troops.

sukatjita, glad, gladness.

sukses [suksés], success.

suku, quarter; ~ *djam,* quarter of an hour; ~ *tahun,* quarter of a year; ~ *bangsa,* tribe.

suku, ~ *kata,* syllable.

suku, term; ~ *dua,* binomial; ~ *banjak,* multinomial.

sula, *menjula,* to impale (a criminal); *trisula,* trident.

sulam, *menjulam,* to embroider.

sulaman, embroidery.

sulap, *main* ~, to juggle; *penjulap,* juggler.

sulapan, juggling, jugglery.

Sulawesi, Celebes.

suling, flute.

suling, *menjuling* to distil.

sulit, hidden, complicated; *menjulitkan,* to complicate; *kesulitan,* complication.

suluh, torch; *penjuluh,* scout; man of light and leading; *dines pe-*

njuluh ......, information service ......

sulung, eldest; *gigi* ~, milk-tooth.

sulur, *tangga* ~ *batang,* winding staircase.

Sumatera, Sumatra.

sumbang, *menjumbang,* to contribute, to support.

sumbangan, contribution, support, subsidy.

sumbat, cork; tampon, plug; *menjumbat,* to cork, to tampon, to plug.

sumber, source; ~ *minjak,* oilwell; *air* ~, spring water.

sumbing, *bibir* ~, hare-lip.

sumbu, slow match, fuse; axle.

sumpah, oath, curse; ~ *djabatan,* oath of office; *atas* ~, *dengan* ~, on oath; *menjumpah, mengangkat* ~, to take an oath; *pengangkatan* ~, taking an oath; *bersumpah,* to swear; *mempersumpahkan, mengambil* ~, to take the oath to, to swear in; *persumpahan,* administration of the oath; *penjumpahan,* swearing in.

sumpitan, blow-pipe.

sumsum, marrow (in bones).

sumur, well.

sunat, circumcision; *menjunatkan,* to circumcise.

sundal, *perempuan* ~, prostitute; *persundalan,* prostitution.

sungai, river; *induk* ~, principal river; *anak* ~, tributary (river); *pergi kesungai,* to ease nature.

sungging, *menjungging,* to enamel.

sungguh, real(ly), true, truly; ~-~, serious; *bersungguh-*~, *bersungguh hati,* to do one's utmost; *sungguhpun,* althougn; *sesungguhnja,* indeed, in truth; *menjungguhkan,* to affirm, to confirm; *kesungguhan,* earnest; *penjungguhan,* affirmation, confirmation.

sunglap, *main* ~, to juggle; *tukang* ~, juggler.

sungsang, upside down; reversed.

sungsum, *sumsum,* marrow.

sungut, moustache; *bersungut,* to grumble.

sunji, solitary; lonely; ~ *senjap,* still as death, deserted; *kesunjian,* loneliness, desertion.

suntik, *menjuntik,* to vaccinate; to inject.

suntikan, *penjuntikan,* vaccination, injection.

supaja, *agar* ~, in order that.

supir, *sopir,* chauffeur, driver.

surah, chapter of the Koran.

suram, clouded, gloomy; *menjuram,* to get dim, to get covered over.

surat, letter, writing; *memberi kabar dengan* ~, to inform (to report) in writing, to inform by letter; *kursus dengan* ~, correspondence course; *menjurat,* to write; *menjurati,* to describe; *menjuratkan,* to write down, to set down, to record; *tersurat,* written; *bersurat, batu bersurat,* inscription on a stone; *menjaᵗing* ~-~, to censor letters; *hal* ~ *menjurat,* correspondence; ~ *menjurat,* to correspond; *bukti* ~, written evidence; *pesurat kabaran,* the press; ~ *asal,* ~ *asli,* minute, draft; ~ *bea,* customs declaration; bill of entry; ~ *berkala,* periodical; ~ *bukti diri,* identity

card; ~ *chabar,* newspaper; ~ *edaran,* circular (letter); ~ *gadai,* pawn-ticket; ~ *idjazah,* diploma, certificate; ~ *isian,* form, blank; ~ *kabar,* newspaper; ~ *kawat,* telegram; ~ *kawin,* marriage-certificate; ~ *kelahiran,* birth-certificate; ~ *keterangan,* written statement; ~ *kuasa,* written power of attorney, written proxy; ~ *lepas,* discharge certificate; ~ *padjak,* notice of assessment; ~ *pengakuan,* identity card; ~ *penghargaan,* letter of recommendation; ~ *perdjandjian,* contract; ~ *perintah,* warrant; ~ *perkenan,* licence; ~ *permintaan,* ~ *permohonan,* petition; ~ *pudjian,* testimonial; ~ *sewa,* lease; ~ *tertjatat,* registered letter; ~ *undi,* voting-paper; ~ *utang,* debenture; ~ *wakil,* power of attorney; ~ *wasiat,* (last) will.

surau, house of worship, little mosque.

surga, *sorga,* heaven; *naik kesurga,* Ascension.

suri, *mati* ~, apparently dead.

suria, sun.

suruh, *menjuruh,* to command, to order; to have a person do a thing; *penjuruh,* principal; *pesuruh,* message, errand; messenger, mandatary.

suruhan, messenger, commissioner; order, message, command.

surut, *air* ~, *pasang* ~, ebb-tide; ~ *berat,* loss of weight; *menjurutkan hati,* to calm, to soothe, to appease.

susah, trouble, sorrow, difficulty; troublesome, sorrowful, difficult;

menjusahkan, to make difficult, to hinder; *bersusah pajah,* to drudge, to work oneself to the bone; *kesusahan,* trouble, difficulty, inconvenience.

susastera, *kesusasteraan,* literature.

susila, modest, demure; *kesusilaan,* modesty, demureness; *kesusilaan budi,* moral.

susu, *(air)* ~, milk; *kepala* ~, cream; *menjusui,* to suckle; *binatang jang menjusui anaknja,* mammalia; *penjusu,* wetnurse.

susul, *menjusul,* to follow, to go after; *kata menjusul,* postcript.

susulan, continuation, sequel; *tagihan* ~, additional assessment.

susun, heap, pile, nest (of pans); *menjusun,* to heap, to pile; to arrange, to organize, to compose, to compile; *penjusun,* organizer, composer, compiler, author; *tersusun,* compiled.

susunan, arrangement, organization, system, composition, compilation; ~ *kalimat,* construction of a sentence; ~ *negara,* form of government; political science; ~ *saraf,* nerve-system.

susup, *menjusup,* to penetrate, to infiltrate; *penjusupan,* infiltration.

susur, *menjusur,* to skirt; ~ *galur,* pedigree.

susuran, ~ *tangga,* banisters.

susut, to shrink; *menjusutkan,* to reduce; *penjusutan,* reduction.

sutan, a title.   [silk.

sutera, silk; ~ *buatan,* artificial

sutji, pure, clean, holy; *air* ~, holy water; *kitab* ~, the

Bible; ~ *hama,* sterile; *pelanggaran hal* ~, sacrilege, profanation; *menjutjikan,* to purify, to clean, to sanctify; *penjutji,* cleanser; *kesutjian,* purification, cleaning, cleansing, sanctification.

swapradja, self-government.

Swedia, Sweden.

Swis, *negeri* ~, Switzerland; *orang* ~, Swiss.

T.

ta', *tak,* no, not.

taadjub, wonder, surprise, astonishment; *menaadjubkan,* to surprise, to astonish; to cause a surprise.

taala, *Allah* ~, God Most High.

taat, obedient; *ketaatan,* obedience.

tabah, ~ *hati,* resolute(ly), firm(ly); *ketabahan hati,* resoluteness, firmness.

tabal, *menabalkan,* to install, to enthrone.

tabe [tabé], *tabik,* greeting, salute, compliment.

tabiat, character, nature, temper, temperament.

tabib, doctor, physician; *ketabiban,* medical science; medical.

tabik, *tabe,* greeting, salute; *memberi* ~, to greet, to salute; *sampaikanlah* ~ *saja kepada ajahmu!,* remember me to your father!

tabir, curtain.

tabrak, *menabrak,* to collide.

tabrakan, collision.

tabuh, mosque, drum; *menabuh,* to drum.

tabuhan, wasp.

tabung, money-box; ~ *surat,* letter-box, pillar-box; *menabung,* to save money.

tabungan, fund; *uang* ~, savings; ~ *uang djasa,* pension-fund; *pertabungan,* savings-bank; *pertabungan pos,* post-office savings bank.

tabur, *menabur,* to scatter, to sow; *penabur,* sower; small shot.

taburan, seed (sown); *bertaburan,* scattered over.

tachjul, superstition.

tachta, throne; *bertachta,* to sit enthroned, to throne; *mentachtakan,* to enthrone; *naik* ~, to mount (to ascend) the throne; *turun (dari)* ~, to abdicate; *duduk diatas* ~ *keradjaan,* to reign.

tadah, *menadahkan tangan,* to stretch out the arms with the palms of the hands upwards; *menadah,* to receive stolen goods; *orang* ~, *tukang* ~, receiver.

tadi, *tahadi,* just now; ~ *pagi,* this morning; ~ *sore,* this afternoon.

tadjam, sharp; *otak* ~, clever, intelligent; *mempertadjamkan,* to sharpen.

tadji, spur (of a fighting cock).

tadjuk, ~ *karangan,* leading-article, editorial.

tafsir, *tafsiran, penafsiran,* comment, interpretation; *menafsirkan,* to comment, to interpret; *djuru* ~, commentator.

tagih, *menagih,* to press for payment, to dun; *penagih utang,* creditor.

tagihan, dun, demand; *ketagihan,* addicted to, craving.

tahadi, *tadi,* just now.

tahajul, *tachjul,* superstition.

tahan, *menahan,* to bear, to endure, to stand, to sustain, to stop, to arrest, to apprehend; ~ *air,* waterproof; ~ *besi,* invulnerable; ~ *hati,* to control oneself, to command one's temper; ~ *lama,* durable, lasting; *penahanan,* apprehension, arrest; *mempertahankan,* to maintain; *tidak tertahan,* unbearable; irresistible.

tahanan, custody, detention; *orang* ~, arrested person; *pertahanan,* defence; *kementerian pertahanan,* ministry of defence.

tahi, dirt, filth, faeces; ~ *besi,* rust; ~ *gergadji,* sawdust; ~ *lalat,* mole, mother's mark; ~ *minjak,* refuse oil.

tahu, to know, to be able; ~-~, suddenly, unexpectedly; *setahu,* knowledge; *dengan setahu,* with the knowledge of, with the privity of; ~ *adat,* well-mannered; ~ *bahasa,* courteous; ~ *balas,* thankful, grateful; *memberitahukan,* to inform, to report, to announce, to notice; *pemberitahuan, pemberian tahu,* announcement, notice; *mengetahui,* to know; *ketahuan,* to become known, to get abroad; *pengetahuan,* knowledge, science, skill.

tahun, year; ~ *almanak,* calendar year; ~ *anggaran,* financial year; ~ *baru,* New Year; ~ *buku,* ~ *pembukuan,* fiscal year; ~ *kabisat,* leap-year; *perhitungan* ~, era; *hari ulang*

~, anniversary, birthday; *penjakit menahun,* a chronic disease: *bertahun-tahun,* for years and years.

tahunan, yearly, annual; *buku* ~, year-book, annual; *berita* ~, annual report.

tak, *tidak,* not; *takberhingga,* endless, infinite; *taklengkap,* incomplete(ly); ~ *usah,* it is not necessary; *takhadir,* absent; *daftar takhadir,* attendance-register; *taktjakap,* incapable, unable; *takberhak, takberkuasa,* incompetent, unqualified; *jang takhak,* illegal(ly), unlawful-(ly).

takal, block, pulley.

takar, *takaran,* cubic measure; *gelas* ~, measuring glass; *menakar,* to measure.

takdir, predestination; will (of God); *ketakdiran,* fatalism; *mentakdirkan,* to preordain, to predestinate.

takdjub, surprised; *menakdjubkan,* to surprise.

takik, notch; *menakik getah,* to tap rubber.

takluk, dependent, subordinate, subdued; *mentaklukkan, menaklukkan,* to subdue, to bring into subjection; *penaklukan,* subjection.

takrim, respect, honour, reverence.

taksir, *menaksir,* to estimate, to value, to appraise.

taksiran, estimate, appraisement.

taktik, tactics.

takuk, *takik,* notch; *menakuk,* to notch; *menakuk djandji,* to make an arrangement.

takut, afraid, fearful; *menakutkan,* to make afraid, to frighten;

menakuti, to be afraid of, to fear for; *ketakutan,* fear, fright; *penakut,* coward.

takwim, calendar.

tala, *garpu* ~, tuning-fork; *menala,* to tune.

talak, repudiation; divorce; *menalak, mentalak,* to repudiate, to divorce.

talam, tray.

talang, roof-gutter.

talen [talén], *setalen* = $^1/_4$ guilder.

talenan, chopping-block.

tali, rope, cord; ~ *kail,* angling-line, fishing-line; ~ *pengikat,* string; ~ *perut,* belly-band; bowels, entrails; ~ *pinggang,* belt; ~ *rame,* ~ *sisal,* hemp-rope; ~ *sepatu,* boot-lace; *setali* = $^1/_4$ guilder; *bertali dengan,* to be connected with; allied; *pertalian,* connection.

taligrap, telegraph.

ta'lim, *ta'zim,* homage, honour, reverence.

talu, *bertalu-*~, continuous, unceasing.

tama, greedy; greed; *orang* ~, egoist.   [familiar.

tamah, *ramah* ~, intimate;

taman, garden; ~ *batjaan,* ~ *pustaka,* reading-room, library; ~ *kanak-kanak,* kindergarten.

tamasja, spectacle, scene, show-place; excursion; ~ *alam,* scene of natural beauty; ~ *sekolah,* school walk, school yourney; *pergi* ~, *bertamasja,* to go on a pleasure yourney, to trip for sight-seeing.

tamat, *tammat,* ended, finished.

tambah, *menambah,* to add, to increase; *bertambah,* to increase, to grow.

tambahan, addition, increase, supplementary; *anggaran (belandja)* ~, supplementary estimates; ~ *tjatjah djiwa,* increase of population; ~ *pokok padjak,* additional percentage on taxes; *penghasilan* ~, extra profit; *gerobak* ~, trailer; *kantor* ~, branch-office; *lampiran* ~, addition, appendix, supplement; ~ *harga mahal,* cost-of-living allowance; ~ *pula,* moreover, besides; *pertambahan,* increase; *penambahan,* addition.

tambak, dyke, dam; *menambak,* to dam in.

tambal, patch.

tambang, *menambang,* to ferry over, to take across; *penambang,* ferryman; *perahu penambang,* ferry-boat.

tambang, mine; ~ *arang batu,* coal-mine, colliery; ~ *besi,* iron-mine; ~ *emas,* gold-mine; *penjakit tjatjing* ~, hookworm disease; *pertambangan,* mining; *menambang,* to dig.

tambangan, *barang* ~, mineral.

tambangan, *perahu* ~, ferry-boat; *uang* ~, fare.

tambat, *menambat,* to fasten, to tie up; *pertambatan,* tie; *pertambatan orang laki bini,* marriage tie, marriage bond; *tertambat,* moored.

tambo, history, chronicle, annals.

tambun, stout, corpulent, fat; *menambunkan,* to fatten.

tambung, impertinent, insolent.

tambur, drum; drummer.

tammat, *tamat,* ended, finished; end, finish; *menamatkan,*

mentammatkan, to end, to finish; *sidang menamatkan,* closing session, concluding session.

tampa, opinion, suspicion; *salah* ~, misunderstanding; *menampa,* to suspect.

tampak, *nampak,* visible.

tampal, patch, plaster; *menampal,* to patch, to plaster.

tampan, sturdy; ~ *muka,* ~ *rupa,* appearance, shape.

tampang, ~ *muka,* profile.

tampar, *tamparan,* slap; *menampar,* to slap; *tempat* ~ *njamuk,* shoulder-blade.

tampi, *menampi,* to winnow; *penampi,* winnow.

tampil, to come forward.

tampon, tampon, plug.

tampuk, ~ *keradjaan,* ~ *kekuasaan,* sceptre; ~ *lampu listerik,* socket of a bulb.

tampung, *menampung,* to catch a falling object; *penampung getah,* rubber-cup.

tamsil, parable, metaphor, example.

tamu, *tetamu,* guest, visitor; ~ *agung,* distinguished guest; *menamu,* to entertain; to pay a visit; *bertamu,* to visit.

tanah, earth, ground; country, land, soil; ~ *air,* ~ *tumpah darah,* native country, native soil, father-land; ~ *daun,* leaf-soil; ~ *hutan,* woodland; ~ *liat,* ~ *pekat,* clay; *pegunungan,* mountainous country; *minjak* ~, petroleum; ~ *seberang,* outlying (oversea) provinces.

tanak, *bertanak,* to cook rice.

tanam, *menanam,* to plant, to bury; *menanam modal,* to invest capital; *menanami,* to plant with.

tanaman, plant; ~, *penanaman,* plantings; ~ *gunung,* upland culture; *penanaman modal,* investment of capital.

tanda, sign, mark, token, symbol, emblem; ~ *bahaja udara,* air-raid alarm; ~ *bajar,* receipt; ~ *batjaan,* punctuation mark; ~ *kehormatan,* mark (badge) of honour; ~ *mata,* keepsake, souvenir; ~ *peringatan,* monument, memorial; ~ *sah,* legalization; ~ *salib,* sign of the cross; ~ *tangan,* signature; *menandasahi,* to legalize; *menandatangani,* to sign; *jang bertanda tangan dibawah ini,* the undersigned; *penandatanganan,* signing; *menandai,* to mark; *pertanda,* hangman, executioner.

tandak, *bertandak,* to dance.

tandan, bunch.

tandang, visit; *bertandang,* to pay a visit; *menandangi,* to visit.

tanding, *tandingan,* equal, match, comparison; quantity; *bertanding,* to match, to compare; *tidak bertanding,* matchless, unequalled; *pertandingan,* match, competition.

tandjung, cape; *semenandjung,* peninsula.

tandu, litter, stretcher.

tanduk, horn; *bertanduk,* horned; *menanduk,* to butt.

tandun, *zaman* ~, time immemorial.

tangan, hand, forearm, sleeve; ~ *dingin,* succesful; *kaki* ~, accomplice; *tertangkap* ~, taken in the very act; *pekerdjaan* ~, manual labour; *bawah* ~, pri-

vately, by private contract; *buah* ~, gift; ~ *pandjang,* thievish; *sarung* ~, glove; *sapu* ~, handkerchief; *tanda* ~, signature; *tapak* ~, palm; *menandatangani,* to sign.

tangas, vaporization; *menangas,* to vaporize.

tangga, ladder, staircase; *setangga, tetangga,* neighbour; *rumah* ~, housekeeping, household, family; *padjak rumah* ~, duty (tax) on houses; *bertangga-~,* step by step; ~ *sulur batang,* winding staircase.

tanggal, loosened; *menanggalkan pakaian,* to take off clothes.

tanggal, date; ~ *permulaan,* commencing date; *tertanggal,* dated; *mulai* ~ *1 Mai,* as from May 1st; *menanggalkan, membubuh tanggalnja,* to date; *penanggalan,* dating; calendar.

tangguh, *pertangguhan, penangguhan,* delay, respite, postponement; *menangguhkan, mempertangguhkan,* to delay, to postpone, to put off; *penangguhan pembajaran,* extension of time for payment.

tanggung, *anak* ~, semi-skilled hand.

tanggung, *menanggung,* to guarantee, to warrant, to be responsible; *dipertanggungkan dengan,* charged with, entrusted with; *harga dipertanggungkan,* insured; ~ *djawab,* responsibility; *perasaan* ~ *djawab,* sense of responsibility; *bertanggung djawab atas,* to be responsible for; *menanggung djawabkan,* to hold a person responsible for; *orang penanggung,* surety; *penang-*

gung kerugian, insurer.

tanggungan, obligation, duty, responsibility; *diluar ~ Negeri,* at one's own expenses; *~ djiwa,* life-insurance; *pertanggungan,* responsibility, guarantee, insurance; *pertanggungan hari tua,* old-age insurance; *perkiraan dan pertanggungan djawab,* (treasurer's) accounts.

tangis, *menangis,* to weep, to cry; *menangisi,* to weep over, to mourn; *penangis,* blubberer, cry-baby.

tangisan, weeping, crying.

tangkai, stem, stalk; *~ hati,* darling, sweet-heart.

tangkal, *menangkal,* to avert; *penangkal,* a preventive for, a defence against; prophylactic.

tangkap, *menangkap,* to seize, to catch, to capture, to arrest; *tertangkap tangan,* taken in the very act.

tangkapan, catch, capture; *penangkapan,* arrest, apprehension; *ketangkapan,* to be seized by apoplexy.

tangkas, quick, swift.

tangki, tank.

tangkis, *menangkis(kan),* to keep off, to avert; *meriam penangkis,* anti-aircraft gun; *obat penangkis,* prophylactic remedy.

tangkisan, *penangkisan,* defence.

tangkup, *setangkup,* symmetric-

tangsi, barracks. [(al).

tani, *orang ~, petani,* farmer, peasant; *kaum ~,* peasantry; *pertanian,* agriculture; *ahli pertanian,* agriculturist; *sekolah pertanian,* agricultural college; *ketanian,* farm.

tanja, question; *menanjai,* to

question, to examine; *~ djawab,* to interview; *pertjakapan ~ djawab,* interview; *bertanja,* to ask; *bertanjakan,* to ask after, to inquire after; *pertanjaan,* question; *mengadjukan pertanjaan,* to ask questions.

tantang, *menantang,* to challenge.

tantangan, challenge.

tapa, penitential exercise; *bertapa,* to do penance; *orang bertapa,* hermit; *pertapaan,* hermitage.

tapak, *~ kaki,* sole; *~ tangan,* palm.

tapal, *~ batas,* border, frontier; frontier-area.

tapal, paste; *~ gigi,* tooth-paste.

tapelak, table-cloth.

tapi, *tetapi,* but.

tapir, tapir.

tapis, *menapis,* to filter; to sieve; *penapis(an),* filter, percolator, sieve.

tapisan, filtrate.

tar, tart, cake.

tara, equal, even; *tiada taranja,* peerless, matchless; *setara,* equivalent.

taraf, stage, phase.

tarbantin, turpentine.

tari, dance; *menari,* to dance; *penari,* dancer.

tarich, date; era; *~ hidjrah,* Islamitic era; *~ masehi,* Christian era.

tarif, *tarip,* tariff, rate; *~ berpadanan,* proportional tariff; *~ naik-naik,* graduated tariff.

tarik, *menarik,* to pull, to draw; *~ hati,* interesting, fascinating; *~ gaja,* tractive power; *~ napas,* to breathe; *menarik lagu,* to strike up a song; *kapal pe-*

narik, tugboat; *menarik langkah seribu,* to take to one's heels; *menarik kesimpulan,* to conclude, to draw the conclusion.

taring, tusk.

tarpin, turpentine.

taruh, *menaruh,* to place, to set, to put; to bet; *menaruh dendam,* to bear one a grudge; *menaruh minat,* to take an interest in; *menaruh sabar,* to have patience; *menaruhkan, mempertaruhkan,* to deposit; *bertaruh,* to bet, to stake; *petaruh,* security, guarantee, pledge; *bepetaruhan,* to pledge.

taruhan, bet, wager.

tarum, indigo plant.

tas, bag.

tasik, lake.

tata, ~ *bahasa,* grammar; ~ *negara,* form of government; ~ *tertib,* discipline; ~ *usaha,* administration.

tatkala, at the time when; ~ *itu,* at that time.

taubat, *tobat,* repentance; *bertaubat,* to repent.

tauladan, *teladan,* example.

taulan, *tolan,* friend.

tawa, *tertawa, ketawa,* to laugh; *menertawai,* to laugh at.

tawan, *menawan,* to take as a prisoner of war, to intern.

tawanan, prisoner of war, internee; *tempat* ~, prisoners' of war camp; *penawanan,* internment.

tawar, tasteless; *air* ~, fresh water; ~ *hati,* out of heart, down-hearted; *penawar,* antidote.

tawar, *menawar,* to bargain, to make a bid for; to haggle;

penawaran, offer, bid.

tawas, alum.

tebak, to guess.

tebakan, riddle.

tebal, thick; *kertas* ~, cardboard; ~ *hati,* hard-hearted; ~ *muka,* ~ *telinga,* to have a thick skin.

tebang, *menebang,* to fell.

tebar [tébar], *menebar,* to scatter, to cast (a net); *bertebaran,* scattered.

tebat, pond; ~ *ikan,* fish pond; *menebat,* to dam.

tebing, bank of a river.

tebu, sugar-cane.

tebus, *menebus,* to redeem, to ransom; *menebus dosa,* to expiate; *penebus,* ransom.

tebusan, ransom; *penebusan,* redemption.

teduh, still, quiet, shady; *Lautan* ~, the Pacific Ocean; *berteduh,* to take shelter.

tegah, *tjegah, menegah(kan),* to prohibit, to fight against; *penegahan,* fighting against.

tegak, upright; ~ *lurus,* vertical; *bertegak sendiri,* independent; *menegakkan,* to erect, to maintain.

tegang, taut, tight; *gaja* ~, tension; *menegangkan,* to stretch, to tighten.

tegap, strong, sturdy.

tegas, *dengan* ~, clear(ly), resolute(ly); *menegaskan,* to explain, to make clear to a person; *ketegasan,* explanation.

teguh, firm, fast, strong, solid; *meneguhkan, memperteguhkan,* to strengthen, to confirm, to consolidate; *mene_juhkan djandji,* to fulfil a promise; *berteguhteguhan,* to agree on.

teguk, draught, swallow, gulp; *meneguk,* to swallow, to guzzle.

tegur, *menegur,* to address, to warn, to admonish; ~ *sapa,* friendliness.

teguran, reprimand, warning, admonition.

teh [téh], tea.

teka, ~-*teki,* riddle, puzzle; ~-*teki silang,* cross-word puzzle.

tekak, palate; *anak* ~ uvula.

tekan, *menekan,* to press, to squeeze, to oppress.

tekanan, pressure, tension, squeeze, oppression; ~ *bunji suara,* accent.

tekat, embroidery; *menekat,* to embroider.

tekebur, arrogant, proud, conceited.

teken [tékén], to draw, to sign; *djuru* ~, drawer, designer.

teket [tékét], ticket.

teki, *teka* ~, riddle, puzzle.

teknik [téknik], technics, technical; *ahli* ~, technician; *pengadjaran* ~, technical instruction.

teko [téko], tea pot.

teks [téks], text.

tekstil [tékstil], textile.

tekuk, *bertekuk lukut,* forced to one's knees, subdued.

tekukur, dove.

tekun, *bertekun,* to persevere, to persist, to stick to.

teladan, example, model.

telaga, lake.

telah, already; *setelah,* after; *setelah itu,* after that.

telah, *menelah,* to predict; *penelah,* predictor; *penelahan,* prediction.

telan, *menelan,* to swallow.

telandjang, naked, bare; ~ *bogel,* ~ *bulat,* stark naked; *kaki* ~, barefooted; *menelandjangkan, menelandjangi,* to denude.

telandjur, gone too far; let one's tongue run away with one.

telantar, neglected.

telapak, sole.

teledor [telédor], careless, nonchalant; *meneledorkan,* to neglect, to disregard; *keteledoran,* carelessness, nonchalance.

telegrap [télegrap], telegraph.

telempap, hand's breadth.

telepon [télepon], telephone; *menelepon,* to phone, to ring one up; *djaga* ~, (telephone) operator; *pertundjuk* ~, *buku* ~, directory.

telinga, ear; *daun* ~, shell of the ear; *tjuping* ~, ear-lobe, earlap; ~ *telepon,* headphone.

teliti, *dengan* ~, accurately, carefully.

telor, *telur,* egg.

telor [télor], *berkata dengan* ~, to lisp.

teluk, bay, bight.

telundjuk, index-finger.

telungkup, face downwards.

telur, *telor,* egg; ~ *ajam,* hen's egg; ~ *ikan,* spawn; ~ *mata sapi,* fried egg; *merah* ~, yolk; *putih* ~, white of an egg.

temali, *tali* ~ cordage.

teman, comrade, friend, fellow; ~ *sekerdja,* colleague; *berteman,* on friendly terms with, friendly; *menemani,* to accompany, to attend.

tembaga, copper, brass; ~ *putih,* nickel.

tembak [témbak], *menembak,* to

shoot, to fire; ~ *sipi*, grazing shot; *menembaki*, to fire at; *menembakkan*, to discharge, to fire off; *penembak*, marksman; *penembak pengintai*, sniper.

tembakan, shot; *melepaskan* ~, to fire a shot.

tembakau, tobacco.

tembel [témbél], stye.

tembikar, potsherd; pottery, crockery.

tembilang, spade.

tembok [témbok], wall.

tembolok, crop (of a bird).

tembuni, placenta.

tembus, holed, perforated.

tembusan, tunnel; carbon copy.

tempa, *menempa*, to forge, to weld; *besi* ~, wrought iron; *penempa*, smith.

tempaan, smith's work.

tempajan, water-cask.

tempat, place; ~ *abu*, ash-tray; ~ *berhenti*, ~ *perhentian*, stop, stopping-place; ~ *beristirahat*, ~ *berlibur*, holiday resort; ~ *djabatan*, ~ *kedudukan*, station, post; ~ *kediaman*, dwelling-place; ~ *kelahiran*, ~ *tumpah darah*, birth-place; ~ *kotoran*, dust-bin; ~ *mentega*, butter-dish; ~ *rokok*, cigar-case; ~ *sabun*, soap-dish; ~ *tidur*, bed; ~ *tinta*, inkstand; *menempati*, to occupy; *menempatkan mobil*, to park a car; *setempat-setempat*, local; *penempatan*, placing, appointment, occupation; *mengambil* ~, to take a seat; *tidak pada tempatnja*, improper.

tempel [témpél], *menempel(kan)*, to stick, to paste; *segel* ~, *meterai* ~, receipt-stamp.

tempeleng [tempéléng], a box on the ear.

tempik, ~ *sorak*, cheering, shouting.

tempo(h) [témpoh], time, extension of time; ~ *hari*, the other day, recently; ~-~, now and then; ~ *dulu*, in former days (times); *djatuh* ~, to due (of a draft).

tempua, *burung* ~, weaver-bird.

tempuh, *menempuh*, to attack, to charge; *menempuh djalan*, to cover (a road); *menempuh udjian*, to sit for an exam.

tempur, *bertempur*, to fight; *pertempuran*, fight, battle; *kapal penempur*, battleship.

tempurung, half of a coconut-shell; ~ *kepala*, the upper part of the skull; ~ *lutut*, knee-pan.

temu, *bertemu*, *ketemu*, to meet; *sampai kita bertemu lagi!*, so long!; *disanalah ia menemui adjalnja*, there he met his death (fate, doom); *pertemuan*, meeting.

temurun, *turun* ~, from generation to generation; *penjakit turun* ~, hereditary disease.

tenaga, energy, capacity, strength, power; *bertenaga*, to exert oneself; *sekedar* ~, to the best of one's ability; ~ *atom*, atomic energy; ~ *listrik*, electric energy.

tenang, still, calm; *menenangkan*, to calm.

tenda [ténda], tent.

tendang, *menendang*, to kick.

tendangan, kick; ~ *pertama*, kick-off; *melakukan* ~ *pertama*, to kick off.

tendensi [téndénsi], tendency.

tengadah, *menengadah,* to look upwards.

tengah, middle, midst, half; ~ *hari,* midday; ~ *malam,* midnight; ~ *dua,* one and a half; *setengah,* a half; *setengah tua,* middle age (d); *ia ~ makan,* he is still eating; *garis menengah,* diameter; *kaum pertengah,* the middle class (es); *sekolah menengah,* secondary school; *menengahkan,* to bring forward; *pertengahan tahun,* the middle of the year; *abad pertengahan,* the Middle Ages.

tenggala, plough; *menenggala,* to plough.

tenggara, south-east.

tenggelam, sunk, sunken, to sink; *menenggelamkan,* to sink, to torpedo.

tengger [ténggér], *bertengger,* to squat; to perch.

tenggiling, ant-eater.

tenggulung, millipede.

tengik, rancid.

tengkar, *bertengkar,* to quarrel: *pertengkaran,* quarrel.

tengkorak, skull.

tengku, a title.

tengkuk, nape of the neck; ~ *kaku,* a stiff neck.

tengkulak, commission-agent, buyer-up; ~ *kontrak,* crimp.

tengok [téngok], *menengok,* to look at, to see.

tentang, opposite; about, concerning; *menentang,* to face, to stare; resist; *bertentang,* opposite; *bertentangan,* to face each other; *bertentangan dengan,* contrary to; contradictory; *pertentangan,* contrast, controversy.

tentera, *tentara, bala* ~, army, troops, forces; *pengadilan* ~, court-martial; *polisi* ~, military police; *ketenteraan,* military; ~ *kebangsaan,* national army; ~ *kedudukan,* army of occupation; ~ *pajung (udara),* paratroops.

tenteram, safe, peaceful; *menenteramkan,* to pacify; *ketenteraman,* peace.

tentu, certain (ly), sure (ly), definite (ly); *menentukan,* to ascertain, to assure, to confirm, to decide, to define, to fix, to prove, to provide, to stipulate; *ketentuan,* certainty, security, decision; *tertentu,* fixed, definite, positive.

tenuk, tapir.

tenun, *menenun, bertenun,* to weave *paberik* ~, textile-works.

tenunan, tissue, fabric; *barang-barang* ~, textiles; *pertenunan,* textile industry.

teori [téori], theory.

tepat, precisely, exactly; ~ *dan berguna,* efficacious, effective; *bertepat dengan,* in connection with; *pertepatan,* coincidence; *menepati djandji,* to fulfil a promise.

tepekur, meditation; absorbed in thought, in a brown study.

tepi, border, edge, brink; ~ *djalan,* the side of the road, the roadside; *menepi,* to go to the roadside; *djalan* ~, pavement, footway.

tepuk, *menepuk,* to pat, to slap; *bertepuk tangan,* to applaud.

tepung, flour; ~ *terigu,* wheaten ter [tér], tar.   [flour.

tera, stamp, seal, gauge; *menera,*

to stamp, to gauge, to impress, to print off; *tertera*, printed.

teraan, print, imprint, stamp; *perteraan*, printing-office.

teradjang, *meneradjang*, to kick.

teral, *meneral*, to work up; to stimulate.

terang, clear, plain, evident; *terus* ~, frank, plain-spoken; ~ *terus*, transparant; *menerangi*, to light, to illuminate; *menerangkan*, to declare, to explain; *keterangan*, explanation, declaration, information; *penerangan*, enlightenment, illumination; information; *djawatan penerangan*, information service.

terapi [térapi], therapeutics.

teras, heart (of wood).

terasi, *trasi*, fish-paste.

teratai, lotus.

teratak, hut.

terbang, to fly; *djuru* ~, pilot, aviator; *pesawat* ~, *kapal* ~, *mesin* ~, aeroplane; *pesawat* ~ *air*, hydroplane; *lapangan* ~, air-field; *pelabuhan mesin* ~, air-port; *menerbangkan*, to fly, to fly away with something; *beterbang*, flying; *beterbangan*, to fly about; *penerbang*, pilot, aviator; *penerbangan*, flight, aviation; *maskapai penerbangan*, aviation company.

terbis, *tanah jang* ~, earth-fall, fall of earth.

terbit, *matahari* ~, the rising sun; *menerbitkan*, to publish; *diterbitkan oleh*, published by; *penerbit*, publisher; *penerbitan*, edition.

terbus, fez.

terdjal, extremely steep.

terdjang, *menerdjang*, to kick; to

attack, to charge; *penerdjangan*, attack, charge; *barisan penerdjang*, shock troops.

terdjemah, *terdjemahan*, translation; *kantor* ~, translation-office; *menterdjemahkan*, to translate; *penterdjemah*, translator.

terdjun, to jump down; *air* ~, waterfall.

terhal, prevented.

teriak, *berteriak*, to scream, to shout.

terigu, wheat; *tepung* ~, wheaten flour.

terik, *panas* ~, burning hot.

teriko, *triko*, tricot.

terima, *menerima*, to accept, to receive, to believe; *tanda* ~, receipt; ~ *kasih*, thanks; *kurang* ~ *kasih*, ungrateful; *menerima kasih*, to thank; *mengutjapkan* ~ *kasih*, to express one's thanks; *pernjataan* ~ *kasih*, expression of thanks; *penerimaan*, receipt, acceptance.

teripang, sea-cucumber.

terka, *menerka*, to guess; *penerkaan*, guess; *penerka*, riddle, puzzle.

terkam, *menerkam*, to leap upon.

terlalu, too, badly; *itu keterlaluan*, that is too bad.

termometer [térmométér], thermometer; ~ *suhu*, clinical thermometer.

ternak, cattle; ~ *sembelihan*, slaughter cattle; *peternakan*, cattle-breeding; *beternak*, *menternakkan*, to breed; *peternak*, *penternak*, (cattle)-breeder.

terobos, *menerobos*, to break through, to force.

teromol, tin, case.

terompah, wooden clogs.

terompet [terompét], trumpet.

terongko, *terungku,* jail, prison.

teropong, spyglass, telescope; ~ *kuman,* microscope.

terowong(an), tunnel, shaft.

tertawa, *ketawa,* to laugh; ~ *ketjil,* to smile; *menertawai,* to laugh at.

tertib, good order; *dengan* ~, orderly, regularly; ~ *atjara,* program, agenda; *ketertiban,* good manners; *tata* ~, discipline; *tata* ~ *tentera,* military discipline.

terubuk, *telor* ~, a sort of caviare.

teruna, marriageable.

terus, through, straight on; continuous, lasting, constant; ~ *terang,* plain-spoken; *terang* ~, transparant; *seterusnja,* further, henceforth; *meneruskan,* to pierce, to dig through, to continue.

terusan, canal.

terusi, vitriol.

terwelu [terwélu], rabbit.

tetak, *menetak,* to hack, to hew.

tetamu, guest.

tetangga, neighbour; *negara* ~, neighbouring state.

tetap, fast, definitely, regular, constant, fixed; *buruh* ~, regular workman; *tidak* ~, uncertain; *padjak harta* ~, ground-tax; *barang* ~, immovables; *penjokong* ~, donor; *menetap,* continuous; *menetapkan,* to appoint, to state, to fix, to confirm, to establish; *penetapan,* resolution, disposal, decree; *ketetapan,* firmness,

constancy; *ketetapan hati,* perseverance.

tetapan, *harga* ~, nominal value, face value.

tetapi, *akan* ~, but, however.

tetas, *menetas,* to hatch (of eggs).

tetek [téték], breast, udder; *meneteki,* to suckle.

tetes [tétés], drop; *botol* ~, dropping-bottle; *menetesi,* to drop.

tewas [téwas], *tiwas,* killed in action.

tiada, not, not being; *tak dapat* ~, positively, absolutely; *meniadakan, mempertiadakan,* to undo, to cancel; *ketiadaan,* lack, absence.

tiang, mast, post, pillar.

tiap, ~-~, each, every.

tiarap, *meniarap,* to lie on one's face.

tiba, to arrive; ~-~, unexpectedly, suddenly.

tidak, no, not; ~ *beralasan,* ungrounded, unfounded; ~ *hadir,* absent; ~ *sah,* illegal, unlawful; *belandja jang* ~ *tersangka,* incidental expenses; *ketidak pastian,* uncertainty, insecurity; *setidak-tidaknja,* at least, at any rate.

tidur, to sleep; *kamar* ~, bedroom; *tempat* ~, bed; *meniduri,* to sleep upon; *menidurkan,* to put to sleep; *penidur,* sleeper; *obat penidur,* sleeping-draught.

tiga, three; *kembar* ~, triplets; *ketiga,* third; *ketiganja,* all three; *sepertiga,* one third.

tiga belas, thirteen.

tiga puluh, thirty.

tikai, *bertikai,* to be quarreling, to

dispute; *pertikaian,* quarrel, dispute.

tikam, *menikam,* to stab; *luka ~,* stab-wound.

tikar, mat.

tikus, mouse; *~ besar,* rat.

tilam, mattress.

tilgram, telegram.

tilik, *menilik,* to observe, to inspect, to examine; *penilik,* observer; *penilikan,* control, observation, inspection, examination.

tilpon, telephone. [tion.

timah, *~ putih,* tin; *~ daun,* tin-foil; *~ hitam,* lead; *~ sari,* zinc.

timang, *menimang,* to toss up and down, to pet.

timangan, *nama ~,* pet name.

timba, bucket; *menimba,* to draw water, to bale.

timbal, *menimbal(i), bertimbalan dengan,* to (counter) balance, to match; *~ balik,* mutual, reciprocal; *setimbal,* equal in value, evenly balanced.

timbalan, counterpart, equal.

timbang, *menimbang,* to weigh, to consider, to think it over, to judge; *~ menimbang,* to weigh the pros and cons; *mempertimbangkan,* to consider, to judge; *setimbang,* in balance; *kesetimbangan,* equilibrium.

timbangan, scales; consideration, judgement; *batu ~,* measure of weight; *~ buku,* (book)-review; *pertimbangan,* consideration, judgement.

timbul, to come to the surface; *batu ~,* pumice; *bulan ~,* the new moon; *peta ~,* relief-map; *menimbulkan,* to cause, to raise.

timbun, pile, heap; *menimbunkan,* to pile up, to heap up, to accumulate; *bertimbun-~,* in heaps; *menimbun barang-barang makanan,* to hoard food.

timbunan, pile, heap; *penimbunan,* accumulation; *penimbunan barang-barang makanan,* food-hoarding.

timpa, *menimpa,* to fall down upon.

timpang, lame, crippled.

timun, *mentimun, ketimun,* cucumber.

timur, east; *~ laut,* north-east; *~ Tengah,* Middle-East; *bintang ~,* morning-star; *ketimuran,* eastern, oriental.

tindak, step; *bertindak, mengambil tindakan,* to act, to take action, to take measures.

tindakan, step, action, measure; *~ jang tepat,* effective measures; *~ pentjegah,* preventive measures.

tindih, *menindih,* to press, to oppress; *bertindih tepat,* to coincide.

tindihan, *penindihan,* oppression.

tindis, *menindis,* to press, to oppress.

tindisan, *penindisan,* oppression.

tindjau, *menindjau,* to look out; to consider, to examine, to observe; *penindjau,* a look-out, observer.

tindjauan, *penindjauan,* view, examination, orientation-journey.

tindju, fist; *bertindju,* to box; *penindju, pemain ~,* boxer.

tinggal, to stay, to remain, to live; *rumah ~,* dwelling-house; *meninggal,* to die; *meninggali,* to live in, to dwell in; *mening-*

galkan, to leave (behind), to abandon; *peninggal,* departure; *sepeninggalnja,* after his departure; *ketinggalan,* left behind.

tinggi, high, tall; *sekolah* ~, university; *pegawai* ~, higher official, superior officer; *setinggi-tingginja,* maximum, maximal; *mempertinggi penghasilan,* to step up production; *mendjundjung* ~, to respect, to defer to; *tingginja,* height.

tingkah, ~ *laku,* behaviour, doings.

tingkap, *tingkapan,* window; porthole.

tingkat, flour, storey, deck; *kelas-kelas setingkat,* parallel forms; *menurut* ~, of degree, gradual; *meningkat,* to rise, to advance, to grow worse.

tingkatan, stage.

tinta, ink; ~ *pertjetakan,* printer s ink; ~ *pulpen,* fountain-pen ink; *tempat* ~, inkstand.

Tionghoa, Chinese.

Tiongkok, China.

tipis, thin; *laba* ~, *untung* ~, slender (small) profits; ~ *(nipis) telinga,* touchy.

tipu, deceit, deception, cheat; ~ *daja,* all manner of intrigues; ~ *mata,* optical illusion; *menipu,* to deceive, to cheat; *kena* ~, *ketipuan,* to be deceived; *penipu,* deceiver, cheat.

tirai, curtain; ~ *besi,* iron curtain.

tiram, oyster.

tiri, *bapa* ~, step-father.

tiris, to ooze through, to leak out.

tirisan, leakage, leak.

tiru, *meniru,* to imitate, to copy.

tiruan, imitation.

tisik, *menisik,* to darn.

titah, order, command; *atas* ~ *radja,* by royal command; *bertitah,* to command, to speak.

titi, *titian,* foot-bridge.

titik, drop, point, full stop; ~ *berat,* centre of gravity; main point; ~ *koma,* semicolon; ~ *mendidih,* boiling-point; *bertitik, menitik,* to drop.

titis, *tetes,* drop; *menitis,* to drop slowly.

tituler [titulér], titular.

tiup, *bertiup, meniup,* to blow.

tiwas, *tewas,* killed in action.

tjabai, long pepper.

tjabang, branch; ~ *kantor,* branch-office, branch; *bertjabang,* branched, ramified.

tjabar, ~ *hati,* cowardly, disheartened; *mentjabarkan hati,* to dishearten.

tjabe [tjabé], *tjabai,* long pepper.

tjabik, *mentjabik,* to rend, to tear; *mentjobak-tjabik,* to tear to tatters.

tjabul, immoral, frivolous; *kitąb* ~, pornographic book; *mentjabuli,* to rape, to violate.

tjabut, *mentjabut,* to pull out, to uproot; to withdraw, to cancel; *mentjabut hak,* to dispossess, to expropriate; *pentjabutan hak,* dispossession, expropriation; *beslit pentjabutan,* rescission decree; *tertjabut,* pulled out; drawn (of a dagger).

tjadang, *mentjadangkan,* to reserve, to deposit.

tjadangan, reserve, deposit; *uang* ~, reserve fund.

tjadok, near-sighted, myopic.

tjagak, ~ *djalan,* cross-way; ~ *hidup,* life-annuity.

tjagar, *tjagaran,* guarantee, security.

tjahaja, glow, shine, light; *kuat ~,* light-intensity; *sinar ~,* ray (beam) of light; *titik ~,* point of light; *~ bulan,* moonlight; *~ matahari,* sunshine; *bertjahaja,* to glow, to shine, to glitter.

tjahar, *mentjahar,* to take a purgative; *pentjahar,* a purgative.

tjahari, *mentjahari,* to look for, to seek, to search for; *mentjahari redjeki,* to earn a livelihood; *pentjaharian,* livelihood; *bertjahari-tjaharian,* to play at hide-and-seek.

tjair, liquid, fluid; *zat ~,* liquid; *mentjairkan,* to liquefy, to smelt; *pentjairan,* melting-house, smelting-works.

tjakap, to be able, to be capable; *ketjakapan,* ability, capability; *~ angin,* boasting; *bertjakap,* to speak; *bertjakap-tjakap,* to talk, to chat, to converse; *mempertjakapkan,* to talk about, to discuss; *pertjakapan,* conversation.

tjakar, claw, scraper; *pentjakar langit,* sky-scraper; *kertas ~,* scribbling-paper; *~ ajam,* scrawl; *mentjakar,* to scrape, to scratch.

tjakaran, rough draught, rough copy.

tjakram, discus; *melempar(kan) ~,* throwing the discus.

tjalon, aspirant, applicant, candidate; *~ opsir,* cadet; *mentjalonkan,* to nominate a person; *pentjalonan,* nomination.

tjam, *mentjamkan,* to mind, to pay attention to, to criticize; *pengetjam,* critic; *pengetjaman,*

ketjaman, criticism, strictures; *ketjaman pedas,* severe strictures.

tjamar, sea-gull.

tjambang, whiskers.

tjambuk, whip.

tjampak, *mentjampakkan,* to throw away; *mentjampakkan diri,* to throw oneself away on; *penjakit ~,* measles.

tjamping, *tjompang ~,* in tatters, in rags.

tjampur, mixed; *~ aduk,* miscellaneous; *~ baur,* utterly mixed up; *bertjampur gaul,* to hold intercourse with a person, to be on familiar terms with; *bertjampur tangan,* to meddle with, to interfere with; *mentjampurkan,* to mix; *mentjampur adukkan,* to mix together.

tjampuran, mixture.

tjanang, a gong.

tjandi, mortuary monument, mausoleum.

tjandit, trigger.

tjandu, opium; *makan ~, minum ~, mengisap ~,* to smoke opium; *pengisap ~,* opium-smoker.

tjang, *mama ~,* grand-mother.

tjanggung, awkward, clumsy.

tjangkir, cup.

tjangkukan, slip, cutting.

tjangkul, hoe.

tjangkung, *bertjangkung,* to squat.

tjantik, good-looking, beautiful, lovable, charming.

tjantum, *tertjantum,* mentioned.

tjap, seal, stamp, mark; *~ djempol,* thumb-print; *~ pos,* post-mark; *bantal ~,* stamp pad.

tjapai, *mentjapai,* to reach, to

grasp, to strive after, to attain; *tidak tertjapai*, unreachable, unattainable; *maksud jang tertjapai*, the attained object.

tjape [tjapé], tired.

tjaplok, *tukang ~*, plagiarist.

tjapung, dragon-fly.

tjara, way, manner, method, custom, mode; *setjara besar-besaran*, on a large scale; *~ gelap*, clandestine.

tjari, *tjahari*, to look for, to search for.

tjarik, *mentjarik*, to tear; *tjorak-~*, tattered.

tjat, paint; *~ air*, water-colours; *~ minjak*, oil-paint, oil-colours; *mentjat*, to paint.

tjatat, *mentjatat*, to note, to register, to book, to enter (on a list); *tertjatat*, registered; *surat tertjatat*, registered letter.

tjatatan, note, noting, quotation; *buku ~*, note-book, memorandum-book.

tjatjah, *mentjatjah*, to puncture, to tattoo.

tjatjah, number; *daftar ~ djiwa*, population register.

tjatjar, *penjakit ~*, small-pox; *mentjatjar*, to vaccinate; *mantri ~*, vaccinator; *pentjatjaran*, vaccination.

tjatjat, flaw, defect; *~ badan*, bodily defect; *~ logat*, speech-defect; *mentjatjat*, to criticize, to rail at.

tjatji, *mentjatji*, to scold, to disapprove.

tjatjing, worm; *umbai ~*, appendix.

tjatu, *mentjatukan*, to distribute.

tjatuan, ration, portion; *pentjatuan*, distribution.

tjatuk, *mentjatuk*, to peck.

tjatur, *permainan ~*, game of chess; *main ~*, *bertjatur*, to play at chess; *papan ~*, chess-board; *benda ~*, *buah ~*, chess-man, piece; *perlumbaan ~*, chess-tournament.

tjatut, *mentjatut*, to sell on the black market; *tukang ~*, black marketeer.

tjawan, tea-cup.

tjawat, loin-cloth.

tjebok [tjébok], *mentjebok*, to cleanse with water after defecating.

tjebol [tjébol], dwarf.

tjegah, *tegah*, *mentjegah*, to prohibit, to prevent, to fight against; *pentjegahan*, fighting against.

tjek [tjék], cheque.

tjekatan, handy, clever.

tjekek [tjekék], *tjekik*, to strangle.

tjektjok [tjéktjok], *pertjektjokan*, quarrel, conflict, trouble.

tjekung, hollow, concave; *mata ~*, hollow eyes, sunken eyes.

tjela, *ketjelaan*, blame, slur, fault; *mentjela*, to blame, to criticize.

tjelaan, criticism.

tjelah, cleft, crevice; *~ suara*, glottis.

tjelaka, misfortune, disaster, calamity; *ketjelakaan*, accident; *undang-undang ketjelakaan*, employers' liability act, workman's compensation act.

tjelana, trousers.

tjeleng [tjéléng], wild pig.

tjelengan, saving-box.

tjelomes [tjelomés], sickly.

tjeloteh [tjelotéh], *bertjeloteh*, to chatter.

tjelup, *mentjelup*, to dip, to dye;

tukang ~, dyer.

tjemar, dirty, greasy; *mentjemari,* to dirty, to defile, to stain; *bertjemar,* to dirty oneself.

tjemara, casuarina-tree.

tjemas, anxious.

tjemburu, jealous, suspicious; *tjemburuan,* jealousy, suspicion.

tjemerlang, to glitter, to sparkle; *ketjemerlangan,* glittering, sparkling.

tjemeti, whip.

tjemooh, mockery, ridiculous; *mentjemoohkan,* to mock at, to ridicule.

tjempelung, to plump into water.

tjendana, *kaju* ~, sandalwood.

tjendawan, mushroom, toadstool.

tjendekia, ingenious, sharp-witted; *kaum* ~, the intellectuals.

tjenderawasih, bird of paradise.

tjenderung, ~ *kepada,* inclined, apt to; ~ *hati,* sympathy; *ketjenderungan,* inclination, aptitude.

tjenela [tjenéla], slipper.

tjengang, *tertjengang,* astonished, surprised.

tjengkeh [tjengkéh], *tjengkih,* clove.

tjengkeram, advance payment.

tjengkeraman, grip, grasp.

tjengkih, clove.

tjengkung, sunken (of the eyes).

tjentjang, *mentjentjang,* to mince.

tjepat, quick, speedy, fast, rapid; *mempertjepat(kan),* to hurry, to speed up, to accelerate, to hasten.

tjeper [tjépér], *piring* ~, dinner-plate.

tjepiau, hat.

tjeplok, *(telor)* ~, fried egg.

tjerai, *mentjeraikan,* to separate; *bertjerai,* to divorce; *pertjeraian,* separation, divorce.

tjeramah, causerie, talk.

tjerdas, educated, intelligent; *ketjerdasan,* education, intelligence.

tjerdik, clever, sly, cunning; *orang* ~ *pandai,* intelligent, intellectual.

tjerek [tjérék], kettle.

tjerewet [tjeréwét], censorious.

tjeritera, *tjerita,* tale, story; *mentjeriterakan,* to tell, to relate; *bertjeritera,* to tell a story.

tjermat, careful, accurate, neat.

tjermin, mirror; ~ *mata,* spectacles; *mentjerminkan,* to reflect, to mirror.

tjerna, digested; *salah* ~, indigestion; *mentjerna,* to digest; *pentjernaan,* digestion.

tjeroboh, rude, vulgar, impudent.

tjerpu, sandals.

tjertja, *mentjertjai,* to abuse, to call (a person) names.

tjerurut, shrew-mouse.

tjerutu, *serutu,* cigar.

tjet [tjét], *tjat,* paint.

tjetak [tjétak], *mentjetak,* to print; ~ *biru,* blue print; *pentjetak,* printer; *pertjetakan,* printing-office.

tjetakan, impression, copy; printing-form; ~ *jang kedua,* second edition; *barang-barang* ~, printed matters.

tjeti, money-lender.

tjetjak, *tjitjak,* lizard.

tjetjap, *mentjetjap,* to taste.

tjetjer [tjétjér], *bertjetjeran,* scattered, dispersed.

tjiap, ~ *miap,* chirping.

tjidera, *tjedera,* flaw, defect;

treason, treachery.

tjilik, little, small.

Tjina, *negeri* ~, China; *orang* ~, Chinese.

tjinta, love; mistress; *mentjintai,* to love; *pertjintaan, ketjintaan,* love; *tertjinta,* dear, beloved; *pentjinta,* lover.

tjintjin, ring; *sebentuk* ~, one ring.

tjipta, thought, idea; *mentjiptakan,* to create, to make; *tertjipta,* created; *pentjipta,* creator, maker.

tjiptaan, creation.

tjiri, mark of identification.

tjis, ~*!,* fy!, for shame!

tjita, *kain* ~, chintz.

tjita, ~*.*~, feeling, ambition, ideal, aspiration; *duka* ~, sorrow; *suka* ~, gladness.

tjitak, *tjetak, mentjitak,* to print.

tjitjak, *tjetjak,* lizard.

tjitjil, *tjitjilan,* payment by instalments; *mentjitjil,* to pay by instalments.

tjitjit, great grand-child.

tjium, *mentjium,* to smell, to kiss; *pentjium,* organ of smell.

tjoba, *mentjoba,* to try; *pertjobaan,* trial, test, experiment, attempt; *pertjobaan rodok,* sample taken at random.

tjobak, ~ *tjabik,* tattered, torn.

tjodot, bat.

tjokelat, *tjoklat,* chocolate.

tjolong, to steal.

tjombol, *tombol,* door-handle, knob.

tjomel [tjomél], pretty, nice.

tjomel [tjomél], babbling.

tjompang, ~ *tjamping,* in rags.

tjondong, to lean over; to incline to; *ketjondongan,* inclination,

tendency.

tjongak, *mentjongak,* mental arithmetic.

tjongkak, haughty, arrogant.

tjontoh, model, specimen, sample; *nomor pertjontohan,* specimen copy.

tjopet [tjopét], *mentjopet,* to steal from pockets; *tukang* ~, pickpocket.

tjorak, design, pattern, type; *segala* ~ *masjarakat,* all sections of the community, all classes of the people; ~ *pikiran,* way of thinking, line of thought; *sama tjoraknja,* similar, homogeneous.

tjorat, ~ *tjoret,* to sketch.

tjorek [tjorék], scratch.

tjoreng [tjoréng], *mentjoreng,* to scratch out, to streak; ~ *moreng,* full of streaks.

tjoret [tjorét], *mentjoret,* to strike out, to scratch.

tjorong, ~ *asap,* chimney; funnel; ~ *radio,* microphone.

tjotjok, to tally, to square, to fit in, to agree; *mentjotjokkan,* to verify, to check; *ketjotjokan,* agreement; *pentjotjokan,* verification, checking.

tjotok, beak.

tjuatja, clear; weather; *hari terang* ~, it is bright weather; *dinas berita* ~, meteorological service, weather-service; *nudjuman* ~, weather-forecast.

tjubit, *mentjubit,* to pinch.

tjuka, vinegar.

tjukai, tax, toll, duties, customs.

tjukup, sufficient, enough; *setjukupnja,* plenty of; *mentjukupi,* to satisfy, to fulfil.

tjukur, *mentjukur,* to shave;

tukang ~, barber; *pisau* ~, razor.

tjulik, *mentjulik,* to kidnap; *pentjulik,* kidnapper; *pentjulikan,* kidnapping.

tjuma, but, only; ~-~, in vain, needless; *pertjuma,* gratis, free.

tjumi, ~-~, ink-fish.

tjungkil, *mentjungkil,* to pick out; ~ *gigi,* toothpick; *kelapa* ~, copra(h).

tjuping, ~ *hidung,* wing of the nose; ~ *telinga,* lobe of the ear.

tjurah, *mentjurahkan,* to pour out; *mentjurahkan tenaganja,* to give his energies to.

tjuram, steep, sloping.

tjurang, false, treacherous; *mentjurangkan,* to cheat, to deceive; *ketjurangan,* falseness, treachery.

tjuri, *mentjuri,* to steal; ~-~, clandestine; *pentjuri,* thief, burglar; *pentjurian,* theft, burglary.

tjuriga, suspicious; *ketjurigaan,* suspicion; *mentjurigakan,* to suspect.

tjuti, leave, furlough; *bertjuti,* to be on leave.

tjutji, *mentjutji,* to wash, to clean; ~ *maki,* to call names, to scold; *(tempat)* ~ *tangan,* finger-bowl.

tjutju, grand-child; *anak* ~, progeny.

tjutjuk, *mentjutjuk,* to prick, to pierce.

tjutjur, *bertjutjuran,* to flow in small quantities, to drip.

tobat, repentence; *bertobat,* to repent of, to regret.

tohor, shallow; *kapur* ~, quick-lime.

toke [toké], gecko.

toko, shop, store.

tokowan, shopkeeper.

tokoh, shape, type.

tokok, make-weight; *menokok,* to give into the bargain.

tokok, *menokok,* to knock.

tolak, *menolak,* to keep off, to push away; to refuse, to reject; ~ *bara,* ballast; *bertolak,* to depart; *alat penolak,* insulator; *penolak bisa,* antitoxin.

tolan, comrade.

toleh [toléh], *menoleh,* to look back.

tolol, awfully stupid.

tolong, *menolong,* to help, to assist; *menolongi,* to save; *penolong,* assistant.

tolongan, *pertolongan,* help, aid, assistance; *pertolongan pertama,* first aid; *tidak ketolongan,* not to be saved.

tombak, spear, javelin; *melempar* ~, javelin throwing.

tombok, supplementary payment.

tombong, ~ *njiur,* seed-bud of the coconut; ~ *parit,* land-mine.

tomong, *meriam* ~, mortar (artillery piece).

tong, cask, barrel, drum.

tonggok, heap.

tongkang, barge, lighter.

tongkat, stick, crutch.

tongkol, *ikan* ~, tunny.

tongkrong, squatting.

tongtong, sounding-block.

tonil, stage; *anak* ~, actor; *(ber)main* ~, to act, to play; *pertundjukan* ~, theatrical performance.

tonton, *menonton,* to look at, to look on; *penonton,* looker-on;

mempertontonkan, to display.

tontonan, spectacle, view.

topan, *taufan,* typhoon, hurricane.

topeng [topéng], mask.

topi, hat; ~ *tikar,* straw hat.

totok, full-blooded.

tradisi, tradition.

transformator, transformer.

trapesium [trapésium], trapezium.

trem [trém], tram.

tribulan, quarter of a year; quaterly.

triko, *teriko,* tricot.

trombosa, thrombosis.

tsb., *tersebut,* mentioned.

tua, old; ripe; (of colours) dark; ~ *bangka,* ~ *renta,* senile; *orang tua,* old man, old woman; parents; *ketua,* chairman.

tuah, luck; *bertuah,* lucky.

tuai, *menuai,* to reap (the paddy); *penuai,* reaper; cutter; *penuaian,* rice-crop.

tuak, palm-wine, toddy.

tuala, towel.

tuan, gentleman, master; sir, Mr.; ~ *rumah,* the master of the house.

tuang, *menuang,* to pour; *pindah* ~ *darah,* blood-transfusion.

tuangan, casting-mould.

tubi, *bertubi-*~, persevering, persistent.

tubruk, *menubruk,* to collide; *kopi* ~, black coffee.

tubrukan, collission.

tubuh, body; *kesehatan* ~, state of the body, physical condition; *resam* ~, constitution; *bersetubuh,* to copulate.

tudju, *tudjuan,* direction, course, intention, aim, tendency; *menudju,* to direct, to point, to aim; *bertudjuan,* purporting to;

setudju, agreed, in harmony; *menjetudjui,* to agree, to approve; *persetudjuan,* agreement approval.

tudju, *tudjuan,* direction, course,

tudjuh belas, seventeen.

tudjuh puluh, seventy.

tuduh, *menuduh,* to accuse; *penuduh,* accuser; *si-tertuduh,* the accused.

tuduhan, *penuduhan,* accusation.

tudung, veil.

tugas, task, function; ~ *kewadjiban,* duty.

tugu, pillar, column; ~ *peringatan,* commemorative column, monument, memorial.

Tuhan, God.

tuil, lever, jack, jack-screw.

tukang, skilled workman; ~ *batu,* bricklayer; ~ *besi,* blacksmith; ~ *gigi,* dentist; ~ *kaju,* carpenter; ~ *mas,* goldsmith; ~ *roti,* baker; ~ *sepatu,* shoemaker; ~ *tjat,* painter; ~ *tjukur,* barber; *sekolah pertukangan,* technical school.

tukar, *menukar,* to change; *menukarkan uang,* to change money; ~ *udara,* ventilation; *bertukar,* to exchange; *perdagangan* ~-*menukar,* barter; *alat penukar,* medium of exchange.

tukaran, *uang* ~, small change; *pertukaran pikiran,* exchange of thoughts, interchange of views.

tukul, hammer; *menukul,* to hammer.

tulang, bone; ~ *belakang,* backbone, spine; ~ *belikat,* shoulderblade; ~ *dada,* breastbone; *menulang,* bony; *tinggal* ~ *dengan kulit,* to be nothing but skin and bone; *membanting* ∼, to drudge.

tular, contagious, infectious; *ketularan*, infected; *menulari*, to infect; *penjakit menular*, contagious disease; *penularan*, contagion, infection.

tulen [tulén], pure, genuine.

tuli, deaf; *bisu* ∼, deaf and dumb.

tulis, *menulis*, to write; *menulis indah*, to calligraph; *menulisi*, to write upon; *menuliskan*, to write down, to note (down); *batu* ∼, slate; *anak batu* ∼, slate-pencil; *djuru* ∼, clerk; *medja* ∼, writing-table; *mesin* ∼, typewriter; *papan* ∼, blackboard; *penulis*, writer, author; *penulis tonil*, playwright.

tulisan, writing; ∼ *tjepat*, ∼ *ringkas*, stenography; *dengan* ∼, written; *udjian* ∼, written examination.

tulus, ∼ *hati*, sincere; *ketulusan hati*, sincerity.

tumbang, *menumbangkan*, to fell.

tumbuh, to grow; *ditumbuhi*, grown over with; *ketumbuhan*, small pox; *berparut ketumbuhan*, pock-marked.

tumbuh-tumbuhan, plants; *ilmu* ∼, botany.

tumbuk, *menumbuk*, to pound (rice), to collide, to fight, to box; *penumbuk*, pounder; *kapal penumbuk*, cruiser; *bertumbuk dengan*, to collide with; *ketumbukan*, troop, company.

tumit, heel.

tumor, tumour.

tumpah, *tanah* ∼ *darah*, native soil, birthplace; *menumpahkan*, to spill, to pour out; *tertumpah*, spilt.

tumpang, *menumpang*, to lodge, to stay with; *menumpang kapal*, to go by boat; *menumpang oto*, to get a lift; *penumpang (kapal, kereta api)*, passenger; *kapal penumpang*, passenger-steamer.

tumpangan, lodgings; cargo.

tumpat, filled up, stopped up.

tumpu, *titik* ∼, point of support; *bertumpu*, to rest on (with the feet); *penumpu kaki*, footstool.

tumpuk, *ketumpukan*, troop, company, group; *bertumpuk-tumpuk*, in groups.

tumpul, blunt.

tunai, *uang* ∼, cash, ready money; *harga* ∼, cash-price; *menunaikan kewadjiban*, to do one's duty.

tunang, *tunangan*, fiancé(e), betrothed; *bertunangan*, to be engaged; *pertunangan*, engagement, betrothal.

tunas, shoot, sprout; *masa* ∼, incubation period; *bertunas*, to bud forth.

tunda, *menunda*, to tow; to put off, to postpone; *penunda*, towing-line; *penundaan*, postponement; *tertunda*, postponed.

tundjang, *menundjang*, to support, to aid.

tundjangan, allowance; ∼ *harga mahal*, ∼ *kemahalan*, cost-of-living allowance.

tundjuk, *menundjuk*, to show, to indicate, to point out; referring to (your letter); *pe(r)-tundjuk*, indication, instruction; *petundjuk memakai*, directions for use; *pertundjukan*, show, performance; *penundjuk*, guide; *mempertundjukkan*, to show, to put on the stage, to perform.

tundjung, water-lily.

tunduk, to stoop, to bow, to bend, to subject; *penundukan,* subjection.

tunggak, *menunggak,* to be in arrear, to be behind (with one's payments).

tunggakan, *sewa* ~, back rent; *utang* ~, arrears, outstanding debts.

tunggal, single, sole; *pembukuan* ~, book-keeping by single entry.

tunggang, ~ *langgang,* head over heels.

tunggang, *menunggang kuda,* to ride on a horse.

tunggu, *menunggu,* to wait; *bertunggu,* to watch; *gadji* ~, half-pay; *penunggu,* watchman.

tunggul, stump of a tree; banner, standard.

tuntun, *menuntun,* to guide, to conduct; *penuntun,* guide, manual.

tuntunan, guidance, conduct.

tuntut, *menuntut,* to claim, to aim at, to strive after; *penuntut,* claimer, plaintiff.

tuntutan, ambition, endeavours, claim.

tunu, *menunukan,* to burn, to set on fire; *menunukan hati,* to annoy; *penunu,* incendiary, fire-raiser.

tupai, squirrel.

turbin, turbine.

Turki, Turkish; *negeri* ~, Turkey; *orang* ~, Turk.

turun, to descend, to come down; *harga sudah* ~, the prices are falling (going down); *menurun,* to decline; *menurunkan,* to lower, to reduce; *penurun kilat,*

lightning-conductor.

turunan, copy; derivation; descent; *keturunan,* descendant.

turut, to take part, to join; ~ *bunji,* to resound; ~ *berbuat,* to be an accessary to; *jang* ~ *berbuat,* accessary, accomplice; ~ *serta,* to take part in; ~ *turun tangan,* to lend a helping hand; *menuruti,* to follow; *menurut pendapat saja,* in my opinion; *menurut dasar,* fundamentally, on principle; *berturut-*~, successively; *penurut,* follower.

turutan, *angin* ~, following wind; *rumah* ~, outbuilding.

tusuk, *menusuk,* to stab, to prick, to pierce; to incite.

tusukan, incitement.

tutuh, *menutuh,* to lop (trees).

tutup, closed, shut; ~ *mulut,* to be silent; ~ *mulut!,* hold your tongue!, silence!; *menutup(i),* to close, to shut; *menutup ongkos,* to cover the expenses; *penutup,* shutter, lock; end; *perhitungan penutup,* the final accounts; *sidang penutup,* closing session, concluding session.

tutupan, cover, lid; jail.

tutur, *bertutur,* to speak, to talk; *menuturkan,* to pronounce, to tell; ~ *kata,* expression, saying; *buah* ~, topic.

tuturan, *penuturan,* information, announcement, discourse.

U.

uang, money; ~ *bantuan,* subsidy; ~ *bea,* import duties; ~ *belandja,* housekeeping money; ~

djamin, caution money; ~ *dja sa,* ~ *pensiun,* pension; ~ *kantong,* ~ *saku,* pocket-money; ~ *kertas,* banknote; ~ *kontan,* ~ *tunai,* cash, ready money; ~ *medja,* legal charges; ~ *muka,* advanced money; ~ *persenan,* tip; ~ *saksi,* conduct money; ~ *sekolah,* school fee; ~ *tunggu,* half-pay; *djuru* ~, cashier; *gedung* ~, banking-house; *mata* ~, coin; *setali tiga* ~, it is six of one and half a dozen of the other; *tabungan* ~ *pos,* post-office savings-bank; *nilai berupa* ~, money-value; *keuangan,* finances; *djuru keuangan,* cashier; *Menteri Keuangan,* Minister of Finance; (dinegeri Inggeris) Chancellor of the Exchequer.

uap, vapour, steam; *menguap,* to steam, to evaporate; to yawn; ~ *air,* (water-) vapour; *kapal* ~, steamship, steamer.

uapan, evaporation.

ubah, *mengubah(i),* to change, to alter, to transform; *berubah,* to be altered; *berubah-*~, changeable, variable; *tidak dapat diubah,* irrevocable; *perubahan,* change, alteration, mutation; *pengubah listrik,* transformer.

uban, grey; *ia sudah beruban,* he is grey-haired.

ubi, sweet potato; ~ *kaju,* ~ *pohon,* cassava, manioc.

ubin, (floor-) tile.

ubun-ubun, fontanel.

ubur-ubur, jelly-fish.

udang, shrimp; ~ *karang,* lobster.

udara, air, atmosphere; *angkatan* ~, air-force; *benteng* ~, flying-fortress; *hampa* ~,

vacuum; *kapal* ~, *pesawat* ~, aeroplane; *pelajan* ~, air-hostess; *perhubungan* ~, air-route; *pos* ~, air-mail; *dengan pos,* by air-mail; *serangan* ~, air-raid; *tekanan* ~, atmospheric pressure; *tukar* ~, ventilation; *perdjalanan melalui* ~, voyage by air.

udet, girdle.

udik, *orang* ~, countryman.

udjar, to speak, to say; *udjarnja,* he said.

udji, *mengudji,* to examine, to test; *jang diudji,* examinee; *pengudji,* examiner.

udjian, examination, exam, test; ~ *lisan,* oral exam; ~ *tulisan,* written exam; ~ *masuk,* entrance exam; ~ *penghabisan,* final exam; *lulus (menang) dalam suatu* ~, to pass an exam; *tidak lulus (alah) dalam suatu* ~, to fail, to be ploughed; *ikut* ~, *menempuh* ~, to sit for an exam.

udjung, end, point; ~ *djari,* finger-tip; ~ *tanah,* point of land, cape.

ugahari, moderate, sober.

ugama, *agama,* religion.

ukir, *mengukir,* to engrave; *pengukir,* engraver.

ukiran, carved work; carving.

ukup, incense; *mengukupi,* to incense.

ukupan, incensory, censer.

ukur, *mengukur,* to measure; *pengukur,* meter, measurer; *ilmu* ~, geometry.

ukuran, measure, measurement, size.

ulang, repeatedly; ~ *kedjahatan,* relapse into crime; ~ *periksa,* review of a lawsuit (sentence); ~ *tahun,* anniversary; *berulang-* ~, again and again, repeatedly, frequently; *petjahan berulang,* repeating fraction; *mengulang-kan,* to repeat; *pengulang ke-djahatan,* recidivist.

ulangan, repetition; refrain, chorus; ~ *ringkas,* recapitulation.

ular, snake.

ularan, ~ *karet,* rubber tube.

ulas, *mengulas,* to cover; to comment; *djuru* ~, commentator; *djuru* ~ *tonil,* dramatic critic.

ulasan, cover; comment, review.

ulat, worm, caterpillar; ~ *bulu,* hairy caterpillar; ~ *sutera,* silkworm; *berulat,* worm-eaten.

ulir, screw-thread.

ulung, excellent, first-rate, masterly; *buah karangan* ~, masterpiece (of an author); *pendjahat jang* ~, arch-villain; *keulungan,* superiority.

ulur, *mengulur,* to veer out; *meng-ulurkan,* to stretch out; *meng-ulurkan tangan,* to lend a helping hand.

umat, ~ *manusia,* mankind.

umbai, dangling; ~ *tjatjing,* appendix.

umbi, *akar* ~, main-root.

umbut, palm-cabbage.

umpama, example, instance; *se-umpama,* like; *umpamanja, se-umpamanja,* for instance; *per-umpamaan,* likeness, proverb.

umpan, bait.

umpat, slander; *mengumpat,* to slander, to backbite; *pengum-pat,* slanderer, backbiter.

umpatan, slanderous talk, scandal, backbiting.

umpil, *mengumpil,* to lever up; *pengumpil,* lever.

umum, public, common; *anggapan* ~, *pendapat* ~, public opinion; *kepentingan* ~, the public benefit, the common (public) interest; *penuntut* ~, the Public Prosecutor; *mengumumkan,* to publish, to proclaim, to announce, to declare; *pengumuman,* publication, notice, announcement; *pengumuman perang,* declaration of war; *pada umum-nja, seumumnja,* generally, in general, commonly.

umur, age; *dibawah* ~, under age; *sampai* ~, of age; *se-umur hidup,* for life, lifelong; ~ *jang landjut,* advancing age.

undan, *burung* ~, pelican.

undang, *mengundang,* to invite; *mengundangkan,* to proclaim.

undangan, invitation; *atas* ~, at the invitation of.

undang-undang, law, act; ~ *anggaran,* appropriation act; ~ *dasar,* constitution; ~ *hukuman,* criminal law, penal law; *kitab* ~, code; *Kitab* ~ *Warga Ne-gara,* Civil Code; *perundang-undangan,* legislation.

undi, lot, die; *membuang* ~, to draw lots; *surat* ~, voting paper.

undian, *pengundian,* lottery; vote, voting; ~ *uang,* money-lottery.

undjuk, *mengundjuk,* to offer, to hand in; *pengundjukan,* offer.

undur, *mundur,* to go backwards, to draw back, to withdraw, to retreat; *mengundurkan,* to postpone; *pengunduran,* retreat; postponement.

unggas, bird.

unggat, ~ *unggit,* to see-saw, to bob.

unggul, superior; *keunggulan,* superiority.

unggun, wood-fire, log-fire.

ungkang-ungkit to bob up and down; *kursi* ~, rocking-chair.

ungkap, *mengungkap,* to gape; tc express oneself.

ungkapan, saying.

ungkil, *mengungkil,* to lever up; *pengungkil,* lever.

ungkit, *mengungkit-*~, to bob up and down.

ungsi, *pengungsi,* evacuee; *pengungsian,* evacuation; *mengungsi,* to evacuate.

ungu, purple; ~ *tua,* violet.

uni, union.

universiter [universitér], *pendidikan* ~, university education.

universitet [universitét], university.

unsur, element.

unta, camel; *burung* ~, ostrich.

untai, *menguntai,* to dangle.

untal, pill; *menguntal,* to roll pills.

unting, ~-~, plummet, waterlevel, levelling-instrument; *garis* ~-~, plumb-line.

untuk, for, for the benefit of; ~ *kepentingan umum,* for the public good; *teruntuk,* in behalf of; *menguntukkan,* to destine for.

untung, advantage, gain, profit, fortune, destiny; ~ *pegawai,* bonus; ~ *sero,* dividend; *beruntung,* to be lucky, to be in luck; to win, to gain; *menguntungkan,* to yield profit; *keuntungan,* advantage, profit; *untuk keuntungan,* in favour of.

upa, ~ *guru besar,* lector.

upah, wages; ~ *bulanan,* monthly wages, monthly pay; ~ *djamdjaman,* hourly wage; *padjak* ~, P.A.Y.E. (= pay-as-you-earn income-tax); *peraturan* ~, wages settlement; *mengupahi,* to keep in pay, to hire.

upahan, wage-worker.

upaja, *daja* ~, means, resources.

upam, *mengupam,* to polish.

upama, *umpama,* example, instance.

upas, poison.

upatjara, ceremony; *pidato* ~, speech of the day, official speech.

upeti, tribute.

urai, loose; ~ *sendi,* dislocation; *menguraikan,* to unloosen, to dislocate, to disjoint, to analyze, to anatomize; to explain; *ilmu* ~ *tubuh,* anatomy.

uraian, explanation, analysis; ~ *tuntutan,* requisitory; ~ *satu persatu,* specification.

urat, vein, muscle, sinew; fibre; ~ *saraf,* nerve; *kuat* ~, muscular strength; *perang* ~ *saraf,* war of nerves.

ure [uré], ~!, hurrah!

uri, placenta.

urus, *mengurus,* to arrange, to organize, to manage, to settle; *pengurus,* manager, organizer, director, administrator, superintendent; *pengurus besar,* managing committee.

urusan, arrangement, settlement, management, administration; dealings, affairs; *itu bukan* ~ *saja,* I have no dealings with it, that's none of my business; *berurusan,* to have dealings with, to have to do with.

urut, *mengurut,* to massage.

urut, *urutan,* order of succession, sequence; *berurut-~,* successive, consecutive, sequential.

usah, *tak ~,* it is not necessary; *usahkan,* let alone ......; instead of.

usaha, effort, industry, diligence, initiative; *atas ~,* at the initiative of; *atjara ~, daftar ~,* working-programme; *djuru ~,* clerk; *tata ~,* administration; *berusaha,* to exert oneself, to try; *mengusahakan,* to take the trouble to, to practise, to cultivate; *pengusaha,* undertaker; *pengusahaan,* exploitation; *perusahaan,* exertion, enterprise, business, industry; *modal perusahaan,* working-capital; *dunia perusahaan,* commerce and industry, industrial life.

usai, *perang ~,* war is over.

usia, age; *ia berusia 20 tahun,* he is twenty years old; *~ pantjaroba,* puberty; *batas ~,* age limit.

usik, *mengusik,* to tease, to molest.

usir, *mengusir,* to drive away, to chase away, to expel.

uskup, *(tuan) ~,* bishop.

usul, *asal ~,* descent, parentage.

usul, proposal, motion; *mengusulkan,* to propose, to move, to suggest; *atas ~,* on the proposal of, on the motion of, at the suggestion of.

usung, *usungan,* litter; *mengusung,* to carry a litter; *berusung,* to be carried in a litter.

usus, intestines; *~ besar,* large intestine; *~ halus,* small intestine; *mulas ~,* gripes.

usut, *mengusut,* to investigate.

utama, excellent, first-rate; *terutama,* especially, principally, mainly; *mengutamakan,* to give preference to, to pay special attention to, to emphasize.

utang, debt; *berutang,* to owe; *jang berutang,* debtor; *berutang budi,* to be under great obligations; *piutang,* credit; *~ piutang,* debit and credit; *surat ~,* I. O. U. (= I owe you); *~ tiap helai bulu,* up to one's ears in debt.

utara, north.

utas, *orang ~,* manual worker.

utas, string (of beads), cord.

utjap, *mengutjap,* to say, to utter; *mengutjapkan terima kasih,* to give thanks, to thank; *mengutjapkan selamat,* to congratulate.

utjapan, *~ selamat,* congratulation.

utjus, *usus,* intestines.

utus, *mengutus,* to delegate, to depute.

utusan, delegate, deputy; envoy, mission; *perutusan,* delegation, deputation.

uzur, hindrance; *djika keuzuran,* in case of prevention.

uzur, sickly, ailing; invalid.

W.

waba(h), plague; epidemic; *~ kolera,* cholera epidemic.

wadja, *badja,* steel; *mobil ~,* armoured car.

wadjah, countenance.

wadjar, *sewadjarnja,* naturally.

wadjib, obliged, liable; ~ *tentera,* liable to military service; *mewadjibkan,* to oblige; *kewadjiban,* obligation, duty; *kewadjiban bersekolah, kewadjiban beladjar,* compulsory education; *mendjalankan kewadjibannja, menjelesaikan kewadjibannja,* to do one's duty; *kelalaian kewadjiban,* failure of duty, neglect of duty; *pembesar-pembesar jang berwadjib,* competent authorities.

waduk, reservoir; ~ *air;* water-reservoir; ~ *listrik,* condenser.

wafat, to depart this life, to die.

wah, exclamation of surprise.

wahai, oh!, ah!

wahid, one, single.

wahju, revelation, vision, inspiration; *mewahjukan,* to reveal, to inspire.

wajang, ~ *kulit,* Javanese puppet-performance.

wakaf, devoted to religious purposes.

wakil, representative, attorney, proxy, substitute, vice; ~ *presiden,* vice-president; *mewakilkan,* to represent; *perwakilan,* representation, delegation; *perwakilan rakjat,* representation of the people; *dewan perwakilan rakjat,* parliament.

waktu, time, term; ~ *dines,* term of office, period of service; ~ *angsuran,* ~ *tjitjilan,* term of repayment, repayment instalment; *sebelum* ~, premature-(ly); *pada waktunja,* in due time; *sampa! pada waktunja,* till; *sewaktu-*~, at any moment; *pengisi* ~, pastime; *membuang* ~, to waste time.

walaupun, although.

wali, guardian, tutor; a saint; ~ *kota,* burgomaster; *pembantu* ~ *kota,* alderman; *perwalian,* guardianship, tutorship, tutelage.

wandu, hermaphrodite.

wang, *uang,* money.

wangi, sweet-smelling; perfumed: *air* ~, perfume.

wanita, woman, feminine; *kaum* ~, the fair sex.

wanti-wanti, repeatedly, emphatically.

warangan, arsenic.

waras, healthy.

warga, ~ *negara,* citizen, subject (of the state); *kewarganegaraan,* citizenship.

waris, heir, heiress; *ahli* ~, the joint heirs; *mewarisi,* to inherit; *warisan, pewarisan,* inheritance.

warkat, letter.

warna, colour; ~-*warni,* multi-coloured.

warta, tidings, news; *mewartakan,* to inform, to report, to let know; ~ *berita,* news items.

wartawan, journalist, reporter.

warung, little shop, booth, stall.

wasangka, *sjak* ~, mistrust, suspicion.

wasiat, last will; ~ *istimewa,* legacy; *Wasiat jang Lama,* the Old Testament; *mewasiatkan,* to bequeath to.

wasit, arbiter, referee.

waspada, on guard.

waswas, suspicion; suspicious, worried.

watak, nature, character; ~ *kebangsaan,* national character.

watas, *batas,* boundery, border, limit.

wazir, vizier, minister.
wedana, chief of a district.
wedjangan, doctrine.
welirang, sulphur.
wenang, *sewenang-~,* tyrannical; *kekuasaan jang sewenang-~,* tyranny.
wesel [wésél], bill, draft; *pos ~,* money-order.
wetan [wétan], east.
widjen [widjén], sesame.
wilajah, *wilajat,* area, territory; *~ daerah,* province.
wudjud, *udjud,* existence; object; *dengan ~, berwudjud,* concrete; *perwudjudan,* realization, actualization; *mewudjudkan,* to realize, to actualize.

Z.

zabur, psalm; *kitab ~,* psalm-book.

zadah, *haramzadah,* bastard.
zafaran, saffron.
zahid, hermit.
zakar, penis; *lemah ~,* impotent.
zakat, alms (on Lebaran).
zaman, *djaman,* time, period; *~ beralih musim bertukar,* other times other manners.
zamrud, *djamrud,* emerald.
zat, substance; *~ air,* hydrogen; *~ arang,* carbon; *~ asam, ~ pembakar,* oxygen; *~ lemas,* nitrogen; *~ tjair,* liquid.
ziarah, *djiarah, berziarah,* to visit a holy place or cemetery.
zikir, *dikir,* Koran-recite.
zinah, adultery; *berzinah, berbuat ~,* to commit adultery.
zirah, *badju ~,* a coat of mail.
zirafah, *zurafat,* giraffe.
zohal, the planet Saturn.
zohrat, the planet Venus.
Zulkarnain, Alexander the Great.

IRREGULAR VERBS.

to be	was, were	been.
to bear	bore	borne.
to beat	beat	beaten.
to become	became	become
to begin	began	begun.
to bend	bent	bent.
to bind	bound	bound.
to bite	bit	bitten.
to bleed	bled	bled.
to blow	blew	blown.
to break	broke	broken.
to breed	bred	bred.
to bring	brought	brought.
to build	built	built.
to burn	burnt	burnt.
to buy	bought	bought.
can	could	—
to cast	cast	cast.
to catch	caught	caught.
to choose	chose	chosen.
to come	came	come.
to cost	cost	cost.
to creep	crept	crept.
to cut	cut	cut.
to deal	dealt	dealt.
to dig	dug	dug.
to do	did	done.
to draw	drew	drawn.
to dream	dreamt	dreamt.
to drink	drank	drunk.
to drive	drove	driven.
to eat	ate	eaten.
to fall	fell	fallen.
to feed	fed	fed.
to feel	felt	felt.
to fight	fought	fought.
to find	found	found.
to flee	fled	fled.
to fly	flew	flown.
to forbid	forbade	forbidden.
to forget	forgot	forgotten.

to forgive	forgave	forgiven.
to freeze	froze	frozen.
to get	got	got.
to give	gave	given.
to go	went	gone.
to grind	ground	ground.
to grow	grew	grown.
to hang	hung	hung.
to have	had	had.
to hear	heard	heard.
to hide	hid	hid(den).
to hit	hit	hit.
to hold	held	held.
to hurt	hurt	hurt.
to keep	kept	kept.
to know	knew	known.
to lay	laid	laid.
to lead	led	led.
to learn	learnt	learnt.
to leap	lept	lept.
to leave	left	left.
to lend	lent	lent.
to let	let	let.
to lie	lay	lain.
to light	lit	lit.
to lose	lost	lost.
to make	made	made.
may	might	—
to mean	meant	meant.
to meet	met	met.
to mow	mowed	mown.
to pay	paid	paid.
to put	put	put.
to read	read	read.
to ride	rode	ridden.
to ring	rang	rung.
to rise	rose	risen.
to run	ran	run.
to say	said	said.
to see	saw	seen.
to seek	sought	sought.
to sell	sold	sold.
to send	sent	sent.
to set	set	set.

shall	should	—
to shine	shone	shone.
to shoot	shot	shot.
to show	showed	shown.
to shut	shut	shut.
to sing	sang	sung.
to sink	sank	sunk.
to sit	sat	sat.
to sleep	slept	slept.
to speak	spoke	spoken.
to spell	spelt	spelt.
to spend	spent	spent.
to spin	spun	spun.
to spread	spread	spread.
to spring	sprang	sprung.
to stand	stood	stood.
to steal	stole	stolen.
to strike	struck	struck.
to swear	swore	sworn.
to sweep	swept	swept.
to swim	swam	swum.
to take	took	taken.
to teach	taught	taught.
to tear	tore	torn.
to tell	told	told.
to think	thought	thought.
to throw	threw	thrown.
to tread	trod	trodden.
to understand	understood	understood.
to wake	woke, waked	woke, waked.
to wear	wore	worn.
to weep	wept	wept.
will	would	—
to win	won	won.
to wind	wound	wound.
to wring	wrung	wrung.
to write	wrote	written.